全国科学技术名词审定委员会

公　布

# 编 辑 与 出 版 学 名 词

## CHINESE TERMS IN EDITOLOGY AND PUBLISHING STUDIES

### 2022

编辑出版学名词审定委员会

科 学 出 版 社

北 京

# 内 容 简 介

本书收录的是全国科学技术名词审定委员会审定公布的编辑与出版学名词,内容包括综论、编辑、印刷、音像复制、发行与经营、数字出版、出版物、著作权8部分,共3 373条,每条名词均给出了定义或注释。正式公布的编辑与出版学名词科研、教学、生产、经营及新闻出版等部门应遵照使用。

**图书在版编目(CIP)数据**

编辑与出版学名词/编辑出版学名词审定委员会审定. —北京:科学出版社,2022.5
ISBN 978-7-03-071685-9

Ⅰ.①编… Ⅱ.①编… Ⅲ.①编辑工作-名词术语②出版工作-名词术语 Ⅳ.①G23-61

中国版本图书馆 CIP 数据核字(2022)第 032762 号

责任编辑:代晓明 杜振雷 刘英红/责任校对:樊雅琼
责任印制:张 伟/封面设计:黄华斌

**科学出版社** 出版
北京东黄城根北街 16 号
邮政编码:100717
http://www.sciencep.com

**北京厚诚则铭印刷科技有限公司** 印刷
科学出版社发行 各地新华书店经销

\*

2022 年 5 月第 一 版　　开本:787×1092 1/16
2023 年 7 月第二次印刷　　印张:19 3/4
字数:406 000

**定价:198.00 元**
(如有印装质量问题,我社负责调换)

# 全国科学技术名词审定委员会
# 第七届委员会

# 编辑出版学名词审定委员会

# 白春礼序

　　科技名词伴随科技发展而生,是概念的名称,承载着知识和信息。如果说语言是记录文明的符号,那么科技名词就是记录科技概念的符号,是科技知识得以传承的载体。我国古代科技成果的传承,即得益于此。《山海经》记录了山、川、陵、台及几十种矿物名;《尔雅》19篇中,有16篇解释名物词,可谓是我国最早的术语词典;《梦溪笔谈》第一次给"石油"命名并一直沿用至今;《农政全书》创造了大量农业、土壤及水利工程名词;《本草纲目》使用了数百种植物和矿物岩石名称。延传至今的古代科技术语,体现着圣哲们对科技概念定名的深入思考,在文化传承、科技交流的历史长河中做出了不可磨灭的贡献。

　　科技名词规范工作是一项基础性工作。我们知道,一个学科的概念体系是由若干个科技名词搭建起来的,所有学科概念体系整合起来,就构成了人类完整的科学知识架构。如果说概念体系构成了一个学科的"大厦",那么科技名词就是其中的"砖瓦"。科技名词审定和公布,就是为了生产出标准、优质的"砖瓦"。

　　科技名词规范工作是一项需要重视的基础性工作。科技名词的审定就是依照一定的程序、原则、方法对科技名词进行规范化、标准化,在厘清概念的基础上恰当定名。其中,对概念的把握和厘清至关重要,因为如果概念不清晰、名称不规范,那么势必会影响科学研究工作的顺利开展,甚至会影响对事物的认知和决策。举个例子,我们在讨论科技成果转化问题时,经常会有"科技与经济'两张皮'""科技对经济发展贡献太少"等说法,尽管在通常的语境中会把科学和技术连在一起表述,但严格说起来,这会导致在认知上没有厘清科学与技术之间的差异,而简单把技术研发和生产实际之间脱节的问题理解为科学研究与生产实际之间的脱节。一般认为,科学主要揭示自然的本质和内在规律,回答"是什么"和"为什么"的问题;技术以改造自然为目的,回答"做什么"和"怎么做"的问题。科学主要表现为知识形态,是创造知识的研究;技术则具有物化形态,是综合利用知识于需求的研究。科学、技术是不同类型的创新活动,有着不同的发展规律,体现不同的价值,需要形成对不同性质的研发活动进行分类支持、分类评价的科学管理体系。从这个角度来看,科技名词规范工作是一项必不可少的基础性工作。我非常同意老一辈专家叶笃正的观点,他认为:"科技名词规范化工作的作用比我们想象的还要大,是一项事关我国科技事业发展的基础设施建设工作!"

科技名词规范工作是一项需要长期坚持的基础性工作。我国科技名词规范工作已经有110年的历史。1909年清政府成立编订名词馆,1932年南京国民政府成立国立编译馆,都是为了学习、引进、吸收西方科学技术,对译名和学术名词进行规范统一。中华人民共和国成立后,"学术名词统一工作委员会"随即成立。1985年,为了更好地促进我国科学技术的发展,推动我国从科技弱国向科技大国迈进,国家成立了"全国自然科学名词审定委员会",主要对自然科学领域的名词进行规范统一。1996年,国家批准将"全国自然科学名词审定委员会"改为"全国科学技术名词审定委员会",是为了响应科教兴国战略,促进我国由科技大国向科技强国迈进,而将工作范围由自然科学技术领域扩展到工程技术、人文社会科学等领域。科学技术发展到今天,信息技术和互联网技术在不断突进,前沿科技在不断取得突破,新的科学领域在不断产生,新概念、新名词在不断涌现,科技名词规范工作仍然任重道远。

110年的科技名词规范工作,在推动我国科技发展的同时,也在促进我国科学文化的传承。科技名词承载着科学和文化,一个学科的名词,能够勾勒出学科的面貌、历史、现状和发展趋势。我们不断地对学科名词进行审定、公布、入库,形成规模并提供使用,从这个角度来看,这项工作又有几分盛世修典的意味,可谓"功在当代,利在千秋"。

在党和国家的重视下,我们依靠数千位专家学者,已经审定公布了65个学科领域的近50万条科技名词,基本建成了科技名词体系,推动了科技名词规范化事业协调可持续发展。同时,在全国科学技术名词审定委员会的组织和推动下,海峡两岸科技名词的交流对照统一工作也取得了显著成果。两岸专家已在30多个学科领域开展了名词交流对照活动,出版了20多种两岸科学名词对照本和多部工具书,为两岸和平发展做出了贡献。

作为全国科学技术名词审定委员会现任主任委员,我要感谢历届委员会所付出的努力。同时,我也深感责任重大。

十九大的胜利召开具有划时代意义,标志着我们进入了新时代。新时代,创新成为引领发展的第一动力。习近平总书记在十九大报告中,从战略高度强调了创新,指出创新是建设现代化经济体系的战略支撑,创新处于国家发展全局的核心位置。在深入实施创新驱动发展战略中,科技名词规范工作是其基本组成部分,因为科技的交流与传播、知识的协同与管理、信息的传输与共享,都需要一个基于科学的、规范统一的科技名词体系和科技名词服务平台作为支撑。

我们要把握好新时代的战略定位，适应新时代新形势的要求，加强与科技的协同发展。一方面，要继续发扬科学民主、严谨求实的精神，保证审定公布成果的权威性和规范性。科技名词审定是一项既具规范性又有研究性，既具协调性又有长期性的综合性工作。在长期的科技名词审定工作实践中，全国科学技术名词审定委员会积累了丰富的经验，形成了一套完整的组织和审定流程。这一流程，有利于确立公布名词的权威性，有利于保证公布名词的规范性。但是，我们仍然要创新审定机制，高质高效地完成科技名词审定公布任务。另一方面，在做好科技名词审定公布工作的同时，我们要瞄准世界科技前沿，服务于前瞻性基础研究。习近平总书记在党的十九大报告中特别提到天宫、蛟龙、天眼、悟空、墨子、大飞机等重大科技成果，这些都是随着我国科技发展诞生的新概念、新名词，是科技名词规范工作需要关注的热点。围绕新时代中国特色社会主义发展的重大课题，服务于前瞻性基础研究、新的科学领域、新的科学理论体系，应该是新时代科技名词规范工作所关注的重点。

未来，我们要大力提升服务能力，为科技创新提供坚强有力的基础保障。全国科学技术名词审定委员会第七届委员会成立以来，在创新科学传播模式、推动成果转化应用等方面做了很多努力。例如，及时为 113 号、115 号、117 号、118 号元素确定中文名称，联合中国科学院、国家语言文字工作委员会召开四个新元素中文名称发布会，与媒体合作开展推广普及，引起社会关注。利用大数据统计、机器学习、自然语言处理等技术，开发面向全球华语圈的术语知识服务平台和基于用户实际需求的应用软件，受到使用者的好评。今后，全国科学技术名词审定委员会还要进一步加强战略前瞻，积极应对信息技术与经济社会交汇融合的趋势，探索知识服务、成果转化的新模式、新手段，从支撑创新发展战略的高度，提升服务能力，切实发挥科技名词规范工作的价值和作用。

使命呼唤担当，使命引领未来，新时代赋予我们新使命。全国科学技术名词审定委员会只有准确把握科技名词规范工作的战略定位，创新思路，扎实推进，才能在新时代有所作为。

是为序。

白春礼

2018 年春

# 路甬祥序

我国是一个人口众多、历史悠久的文明古国,自古以来就十分重视语言文字的统一,主张"书同文、车同轨",把语言文字的统一作为民族团结、国家统一和强盛的重要基础和象征。我国古代科学技术十分发达,以四大发明为代表的古代文明,曾使我国居于世界之巅,成为世界科技发展史上的光辉篇章。伴随科学技术产生、传播的科技名词,从古代起就已成为中华文化的重要组成部分,在促进国家科技进步、社会发展和维护国家统一方面发挥着重要作用。

我国的科技名词规范统一活动有着十分悠久的历史。古代科学著作记载的大量科技名词术语,标志着我国古代科技之发达及科技名词之活跃与丰富。然而,建立正式的名词审定组织机构则是在清朝末年。1909 年,我国成立了编订名词馆,专门从事科学名词的审定、规范工作。中华人民共和国成立后,由于国家的高度重视,这项工作得以更加系统地、大规模地开展。1950 年政务院设立的学术名词统一工作委员会,以及 1985 年国务院批准成立的全国自然科学名词审定委员会(现更名为全国科学技术名词审定委员会,简称全国科技名词委),都是政府授权代表国家审定和公布规范科技名词的权威性机构和专业队伍。他们肩负着国家和民族赋予的光荣使命,秉承着振兴中华的神圣职责,为科技名词规范统一事业默默耕耘,为我国科学技术的发展做出了基础性的贡献。

规范和统一科技名词,不仅在消除社会上的名词混乱现象、保障民族语言的纯洁与健康发展等方面极为重要,而且在保障和促进科技进步、支撑学科发展方面也具有重要意义。一个学科的名词术语的准确定名及推广,对这个学科的建立与发展极为重要。任何一门学科(或科学),都必须有自己的一套系统完善的名词来支撑,否则这门学科就立不起来,就不能成为独立的学科。郭沫若先生曾将科技名词的规范与统一称为"乃是一个独立自主国家在学术工作上所必须具备的条件,也是实现学术中国化的最起码的条件",精辟地指出了这项基础性、支撑性工作的本质。

在长期的社会实践中,人们认识到科技名词的规范和统一工作对一个国家的科技发展和文化传承非常重要,是实现科技现代化的一项支撑性的系统工程。没有这样一个系统的规范化的支撑条件,不仅现代科技的协调发展将遇到极大困难,而且在科技日益渗透到人们生活各方面、各环节的今天,还将给教育、传播、交流、经贸等多方面带来困难和损害。

全国科技名词委自成立以来,已走过近20年的历程,前两任主任钱三强院士和卢嘉锡院士为我国的科技名词统一事业倾注了大量的心血和精力,在他们的正确领导和广大专家的共同努力下,取得了卓著的成就。2002年,我接任此工作,时逢国家科技、经济飞速发展之际,因而倍感责任的重大;及至今日,全国科技名词委已组建了60个学科名词审定分委员会,公布了50多个学科的63种科技名词,在自然科学、工程技术与社会科学方面均取得了协调发展,科技名词蔚然成体系。而且,海峡两岸科技名词对照统一工作也取得了可喜的成绩。对此,我实感欣慰。这些成就无不凝聚着专家学者们的心血与汗水,无不闪烁着专家学者们的集体智慧。历史将会永远铭刻广大专家学者孜孜以求、精益求精的艰辛劳作和为祖国科技发展做出的奠基性贡献。宋健院士曾在1990年全国科技名词委的大会上说过:"历史将表明,这个委员会的工作将对中华民族的进步起到奠基性的推动作用。"这个预见性的评价是毫不为过的。

科技名词的规范和统一工作不仅是科技发展的基础,也是现代社会信息交流、教育和科学普及的基础,因此,它是一项具有广泛社会意义的建设工作。当今,我国的科学技术已取得突飞猛进的发展,许多学科领域已接近或达到国际前沿水平。与此同时,自然科学、工程技术与社会科学之间交叉融合的趋势越来越显著,科学技术迅速普及至社会各个层面,科学技术同社会进步、经济发展已紧密地融为一体,并带动着各项事业的发展。所以,不仅科学技术发展本身产生的许多新概念、新名词需要规范和统一,而且由于科学技术的社会化,社会各领域也需要科技名词有一个更好的规范。另外,随着香港、澳门的回归,海峡两岸科技、文化、经贸交流不断扩大,祖国实现完全统一更加迫近,两岸科技名词对照统一任务也十分迫切。因而,我们的名词工作不仅对科技发展具有重要的价值和意义,而且在经济发展、社会进步、政治稳定、民族团结、国家统一和繁荣等方面都具有不可替代的特殊价值和意义。

最近,中央提出树立和落实科学发展观,这对科技名词工作提出了更高的要求。我们要按照科学发展观的要求,求真务实,开拓创新。科学发展观的本质与核心是以人为本,我们要建设一支优秀的名词工作队伍,既要保持和发扬老一辈科技名词工作者的优良传统,坚持真理、实事求是、甘于寂寞、淡泊名利,又要根据新形势的要求,面向未来、协调发展、与时俱进、锐意创新。此外,我们要充分利用网络等现代科技手段,使规范科技名词得到更好的传播和应用,为迅速提高全民文化素质做出更大贡献。科学发展观的基本要求是坚持以人为本,全面、协调、可持续发展,因此,科技名词工作既要紧密围绕当前国民经济建设形势,着重开展好科技领域的学科名词审定工作,同时又要在强调经济社会及人与自然协调发展的思想指导下,开展好社会科学、文化教育和资源、生态、环境领域的科学名词审定工作,促进各个学科领域的相互融合和共同繁荣。科学发展观非常注重可持续发展的理念,因此,我们在不断丰富和发展已建立的科技名词体系的同时,还要进一步研究具有中国特色的术语学理论,以创建中国的术语学派。研究和建立中国特色的术语学理论,也是一种知识创新,是实现科技名词工作可持续发展的必由之路,我们应当为此付出更大的努力。

当前国际社会已处于以知识经济为走向的全球经济时代,科学技术发展的步伐将会越来越快。我国已加入世界贸易组织,我国的经济也正在迅速融入世界经济主流,因而国内外科技、文化、经贸的交流将越来越广泛和深入。可以预言,21世纪中国的经济和中国的语言文字都将对国际社会产生空前的影响。因此,在今后10年到20年之间,科技名词工作将变得更具现实意义,也更加迫切。"路漫漫其修远兮,吾将上下而求索",我们应当在今后的工作中,进一步解放思想,务实创新,不断前进。不仅要及时地总结这些年来取得的工作经验,更要从本质上认识这项工作的内在规律,不断地开创科技名词工作新局面,做出我们这代人应当做出的历史性贡献。

2004 年深秋

# 卢嘉锡序

科技名词伴随科学技术而生,犹如人之诞生其名也随之产生一样。科技名词反映着科学研究的成果,带有时代的信息,铭刻着文化观念,是人类科学知识在语言中的结晶。作为科技交流和知识传播的载体,科技名词在科技发展和社会进步中起着重要作用。

在长期的社会实践中,人们认识到科技名词的统一和规范化是一个国家和民族发展科学技术的重要的基础性工作,是实现科技现代化的一项支撑性的系统工程。没有这样一个系统的规范化的支撑条件,科学技术的协调发展将遇到极大的困难。试想,假如在天文学领域没有关于各类天体的统一命名,那么,人们在浩瀚的宇宙中,看到的只能是无序的混乱,很难找到科学的规律。如是,天文学就很难发展。其他学科也是这样。

古往今来,名词工作一直受到人们的重视。严济慈先生60多年前说过,"凡百工作,首重定名;每举其名,即知其事"。这句话反映了我国学术界长期以来对名词统一工作的认识和做法。古代的孔子曾说"名不正则言不顺",指出了名实相副的必要性。荀子也曾说"名有固善,径易而不拂,谓之善名",意为名有完善之名,平易好懂而不被人误解之名,可以说是好名。他的"正名篇"即是专门论述名词术语命名问题的。近代的严复则有"一名之立,旬月踟蹰"之说。可见在这些有学问的人眼里,"定名"不是一件随便的事情。任何一门科学都包含很多事实、思想和专业名词,科学思想是由科学事实和专业名词构成的。如果表达科学思想的专业名词不正确,那么科学事实也就难以令人相信了。

科技名词的统一和规范化标志着一个国家科技发展的水平。我国历来重视名词的统一与规范工作。从清朝末年的编订名词馆,到1932年成立的国立编译馆,以及中华人民共和国成立之初的学术名词统一工作委员会,直至1985年成立的全国自然科学名词审定委员会(现已改名为全国科学技术名词审定委员会,简称全国科技名词委),其使命和职责都是相同的,都是审定和公布规范名词的权威性机构。现在,参与全国科技名词委领导工作的单位有中国科学院、科学技术部、教育部、中国科学技术协会、国家自然科学基金委员会、新闻出版署、国家质量技术监督局、国家广播电影电视总局、国家知识产权局和国家语言文字工作委员会,这些部委各自选派了有关领导干部担任全国科技名词委的领导,有力地推动了科技名词的统一和推广应用工作。

全国科技名词委成立以后,我国的科技名词统一工作进入了一个新的阶段。在第一任主任委员钱三强同志的组织带领下,经过广大专家的艰苦努力,名词规范和统一工作取得了显著的成绩。1992年钱三强同志不幸谢世。我接任后,继续推动和开展这项工作。在国家和有关部门的支持及广大专家学者的努力下,全国科技名词委15年来按学科共组建了50多个学科的名词审定分委员会,有1 800多位专家、学者参加名词审定工作,还有更多的专家、学者参加书面审查和座谈讨论等,形成的科技名词工作队伍规模之大、水平层次之高前所未有。15年间共审定公布了包括理、工、农、医及交叉学科等各学科领域的名词共计50多种。而且,对名词加注定义的工作经试点后业已逐渐展开。另外,遵照术语学理论,根据汉语汉字特点,结合科技名词审定工作实践,全国科技名词委制定并逐步完善了一套名词审定工作的原则与方法。可以说,在20世纪的最后15年中,我国基本上建立起了比较完整的科技名词体系,为我国科技名词的规范和统一奠定了良好的基础,对我国科研、教学和学术交流起到了很好的作用。

在科技名词审定工作中,全国科技名词委密切结合科技发展和国民经济建设的需要,及时调整工作方针和任务,拓展新的学科领域开展名词审定工作,以更好地为社会服务、为国民经济建设服务。近年来,又对科技新词的定名和海峡两岸科技名词对照统一工作给予了特别的重视。科技新词的审定和发布试用工作已取得了初步成效,显示了名词统一工作的活力,跟上了科技发展的步伐,起到了引导社会的作用。两岸科技名词对照统一工作是一项有利于祖国统一大业的基础性工作。全国科技名词委作为我国专门从事科技名词统一的机构,始终把此项工作视为自己责无旁贷的历史性任务。通过这些年的积极努力,我们已经取得了可喜的成绩。做好这项工作,必将对弘扬民族文化,促进两岸科教、文化、经贸的交流与发展做出历史性的贡献。

科技名词浩如烟海,门类繁多,规范和统一科技名词是一项相当繁重且复杂的长期工作。在科技名词审定工作中既要注意同国际上的名词命名原则与方法相衔接,又要依据和发挥博大精深的汉语文化,按照科技的概念和内涵,创造和规范出符合科技规律和汉语文字结构特点的科技名词。因而,这又是一项艰苦细致的工作。广大专家学者字斟句酌，精益求精，以高度的社会责任感和敬业精神投身于这项事业。可以说，全国科技名词委公布的名词是广大专家学者心血的结晶。这里，我代表全国科技名词委，向所有参与这项工作的专家学者致以崇高的敬意和衷心的感谢！

审定和统一科技名词是为了推广应用。要使全国科技名词委众多专家多年的劳动成果——规范名词，成为社会各界及每位公民自觉遵守的规范，需要全社会的理解和支持。国务院和4个有关部委[国家科学技术委员会(今科学技术部)、中国科学院、国家教育委员会(今教育部)和新闻出版署]已分别于1987年和1990年行文全国，要求全国各科研、教学、生产、经营及新闻出版等单位遵照使用全国科技名词委审定公布的名词。希望社会各界自觉认真地执行，共同做好这项对科技发展、社会进步和国家统一极为重要的基础工作，为振兴中华而努力。

值此全国科技名词委成立15周年、科技名词书改装之际，写了以上这些话。是为序。

卢嘉锡

2000年夏

# 钱 三 强 序

科技名词术语是科学概念的语言符号。人类在推动科学技术向前发展的历史长河中,同时产生和发展了各种科技名词术语,作为思想和认识交流的工具,进而推动科学技术的发展。

我国是一个历史悠久的文明古国,在科技史上谱写过光辉篇章。中国科技名词术语,以汉语为主导,经过了几千年的演化和发展,在语言形式和结构上体现了我国语言文字的特点和规律,简明扼要,寓意深切。我国古代的科学著作,如已被译为英、德、法、俄、日等文字的《本草纲目》《天工开物》等,包含大量科技名词术语。从元、明以后,国人开始翻译西方科技著作,创译了大批科技名词术语,为传播科学知识,发展我国的科学技术起到了积极作用。

统一科技名词术语是一个国家发展科学技术所必须具备的基础条件之一。世界经济发达国家都十分关心和重视科技名词术语的统一。我国早在 1909 年就成立了编订名词馆,后又于 1919 年中国科学社成立了科学名词审定委员会,1928 年大学院成立了译名统一委员会。1932 年成立了国立编译馆,在当时教育部的主持下先后拟订和审查了各学科的名词草案。

中华人民共和国成立后,国家决定在政务院文化教育委员会下,设立学术名词统一工作委员会,郭沫若任主任委员。委员会分设自然科学、社会科学、医药卫生、艺术科学和时事名词五大组,聘任了各专业著名科学家、专家,审定和出版了一批科学名词,为中华人民共和国成立后科学技术的交流和发展起到了重要作用。后来,由于历史的原因,这一重要工作陷于停顿。

当今,世界科学技术迅速发展,新学科、新概念、新理论、新方法不断涌现,相应地出现了大批新的科技名词术语。统一科技名词术语,对科学知识的传播,新学科的开拓,新理论的建立,国内外科技交流,学科和行业之间的沟通,科技成果的推广、应用和生产技术的发展,科技图书文献的编纂、出版和检索,科技情报的传递等方面,都是不可缺少的。特别是计算机技术的推广使用,对统一科技名词术语提出了更紧迫的要求。

为适应这种新形势的需要,经国务院批准,1985 年 4 月正式成立了全国自然科学名词审定委员会。委员会的任务是确定工作方针,拟定科技名词术语审定工作计划、实施方案和步骤,组织审定自然科学各学科名词术语,并予以公布。根据国务院授权,委员会审定公布的名词术语,科研、教学、生产、经营及新闻出版等各部门,均应遵照使用。

全国自然科学名词审定委员会由中国科学院、国家科学技术委员会、国家教育委员会、中国科学技术协会、国家技术监督局、国家新闻出版署、国家自然科学基金委员会分别委派了正、副主任担任领导工作。在中国科协各专业学会密切配合下,逐步建立各专业审定分委员会,并已建立起一支由各学科著名专家、学者组成的近千人的审定队伍,负责审定本学科的名词术语。我国的名词审定工作进入了一个新的阶段。

这次名词术语审定工作是对科学概念进行汉语订名,同时附以相应的英文名称,既有我国语言特色,又方便国内外科技交流。通过实践,初步探索了具有我国特色的科技名词术语审定的原则与方法,以及名词术语的学科分类、相关概念等问题,并开始探讨当代术语学的理论和方法,以期逐步建立起符合我国语言规律的自然科学名词术语体系。

统一我国的科技名词术语,是一项繁重的任务,因为它既是一项专业性很强的学术性工作,又涉及亿万人使用习惯的问题。审定工作中我们要认真处理好科学性、系统性和通俗性之间的关系,主科与副科间的关系,学科间交叉名词术语的协调一致,专家集中审定与广泛听取意见等问题。

汉语是世界五分之一人口使用的语言,也是联合国的工作语言之一。除我国外,世界上还有一些国家和地区使用汉语,或使用与汉语关系密切的语言。做好我国的科技名词术语统一工作,为今后对外科技交流创造了更好的条件,使我中华儿女,在世界科技进步中发挥更大的作用,做出重要的贡献。

统一我国科技名词术语需要较长的时间和过程,随着科学技术的不断发展,科技名词术语的审定工作,需要不断地发展、补充和完善。我们将本着实事求是的原则、严谨的科学态度做好审定工作,成熟一批公布一批,供各界使用。我们特别希望得到科技界、教育界、经济界、文化界、新闻出版界等各方面同志的关心、支持和帮助,共同为早日实现我国科技名词术语的统一和规范化而努力。

1992 年 2 月

# 前　言

编辑出版学名词审定委员会于 2011 年 8 月成立。初期按传统出版基本名词、图书出版、期刊出版、报纸出版、音像电子网络出版、印刷工程、复制工程、发行与阅读 8 个专业组来开展工作，田胜立编审负责牵头传统出版基本名词、图书出版两个专业组，其余专业组长依次为李频教授、王振铎高工、陈生明编审、何晓辉教授、陆达教授、方卿教授。各组按 2011 年编辑出版学名词审定会议的统一要求，搜集、整理、筛选术语，拟写定义，并多次开会讨论统一意见。在拟写名词释义时力争按"属+种差"模式，以显示术语间的从属关系。

各专业组初稿于 2013 年先后完成，之后对术语交叉重复问题进行协调。经过多次讨论，初步形成编辑出版学概念框架体系：01 出版总论；02 出版者（下分出版单位、出版人）；03 出版活动；04 出版物（下分图书、报纸、期刊、音像出版物、网络出版物、数字出版物）；05 出版制度；06 版权；07 出版产业与经营管理；08 印刷与复制；09 发行；10 阅读。

2015 年，对初稿征求业内专家意见，汇总修改意见后形成二审稿。2017 年，征求参与全国出版专业技术人员职业资格考试辅导教材编写和修订的部分专家意见。专家们给出了很好的建议，如体系架构上应体现编辑学和编辑活动、增设数字出版章节、加大著作权条目内容比重等。

2019 年 9 月形成三审稿。安排有关专家对英文名做了进一步修改。由田胜立编审、李频教授、代晓明编审进行统稿和协调。2020 年 10 月形成终审稿。2020 年 11 月 20 日召开编辑出版学名词终审会议，审定新调整的框架、词条结构及其释义。会议比照新闻与传播学把"编辑出版学"调整为"编辑与出版学"。会议决定在综论中增加编辑出版史，最终形成现在的概念框架体系。

终审会议后，结合全国科学技术名词审定委员会的建议，在各专业组进一步修改的基础上汇总形成了送审稿。全国科学技术名词审定委员会委托了多位专家对送审稿进行复审。

2021 年 2 月 5 日至 5 月 4 日对外征求修改意见。征求意见结束后，编辑出版学名词审定委员会汇总和处理了修改意见，并对体系架构和词条排序做了进一步完善。

编辑与出版学名词审定工作面临的困难主要有以下三方面：一是学科概念框架难以取得一致意见；二是分支学科间涉及的术语统一问题，由于各自习惯不同，不容易达成共识；三是信息技术广泛应用及媒体融合发展，新业态、新概念、新术语不断涌现，需要不断补充新名词或修改释义。例如，"融合出版"在当前的背景下是非常重要的名词，但由于学界和业界的专家们对其概念的内涵、外延的理解不同，对于是否收录其为公布名词争议较大。全国科学技术名词审定委员会为此专门召开了专题审定会议。除了全国编辑出版学名词审定委员会部分专家参与外，还特意邀请了于殿利、庄红权、孙寿山、苏磊、李永强、张立、张新华、段乐川等参与研讨。会上经过对其概念进行科学严谨的梳理和论证，多数专家主张将"融合出版"收录为公布名词，并拟出了意见比较一致的释义。

在编辑与出版学名词审定工作中，编辑与出版学界的诸多学人付出了努力。除了前述审定委员会成员之外，主要还有下列各位参与了个别或部分名词的审定工作：朱琳、孙利军、李武、何朝晖、张文彦、陈卫星、范军、赵丽华、段乐川、姚凯波、高坚、葛卉、曾建辉、楚晓情等。李立云、夏悦、黄肖俊等也提出了一些宝贵的修改意见。专此致谢。

殷切希望学界和业界同人多提宝贵意见。

编辑出版学名词审定委员会

2021 年 2 月 3 日

# 编 排 说 明

一、本书公布的是编辑与出版学名词,共 3 373 条。

二、本书名词分为 8 个部分:综论、编辑、印刷、音像复制、发行与经营、数字出版、出版物、著作权。

三、词条按汉文名所属学科的相关知识系统、概念体系排列。定义一般只给出其基本内涵,注释则扼要说明其特点。汉文名后列出与之相对应的英文名。

四、一个汉文名有几个不同概念时,其定义或注释用①、②……分开,其对应的英文名用①、②……表示。

五、一个汉文名对应几个英文同义词时,英文词之间用“;”分开。

六、英文词的首字母大写、小写均可时,一律小写;英文词除必须用复数的,一律用单数。

七、对于常用、熟悉的外国人名,在不引起混淆的情况下,一般采用惯用的名或姓来表示。

八、“简称”“全称”“又称”可以继续使用,“俗称”在学术文章中不宜使用,“曾称”为被淘汰的旧名。

九、索引中标“﹡”的名词为在正文条目释义中出现的异名(简称、全称、又称、俗称、曾称)。

# 目 录

# 01. 综　　论

## 01.01　编辑与出版学相关学科

**01.01.001　编辑学**　editing studies；editology
研究编辑活动性质、任务、作用及其客观规律的学科。

**01.01.002　出版学**　publishing studies
研究出版活动性质、任务、作用及其客观规律的学科。

**01.01.003　发行学**　distribution studies
研究出版物销售及服务规律的出版学分支学科。

**01.01.004　读者学**　reader studies
研究读者阅读、消费心理、消费行为及其与出版发行活动相关的学科。

**01.01.005　阅读学**　reading studies
研究阅读的目的、方法、过程和其间心理、思想、智慧活动规律的学科。

**01.01.006　版本学**　bibliology
研究各种书籍版本的特征和差异,鉴别其真伪、评价其优劣的学科。

**01.01.007　校勘学**　biblio-textual criticism
古代文献学或古籍整理中旨在确定原始文本的学科。古称"校雠学",起于西汉成帝委刘向等首次大规模校理文献遗存时的经验总结,北宋以来又称校勘学。

**01.01.008　目录学**　bibliography
研究书目工作的特点及其一般发展规律的学科。

**01.01.009　训诂学**　Chinese exegetics；classical Chinese semantics
以历代的训诂材料和训诂工作为研究对象的学科。根据其不同时代的内容和特点,可分为传统训诂学和现代训诂学。

**01.01.010　辞书学**　lexicography
研究查考型工具书的设计、编纂、使用、评论和历史等的学科。

**01.01.011　图书馆学**　library science；librarianship
研究图书馆事业的产生和发展,文献资料的组织管理、服务及图书馆工作规律的学科。

**01.01.012　情报学**　information science；informatics
研究情报的产生、加工、传递、利用规律及情报系统管理基本原理的学科。

**01.01.013　文献学**　philology；documentation science
研究文献收集、整理和传播的一般规律的学科。

**01.01.014　新闻学**　journalism studies
研究新闻传播现象和规律的学科。

**01.01.015　传播学**　communication studies
研究人类信息传播活动及其社会影响的学科。

**01.01.016　媒介学**　mediology
研究历史发展中人与人之间的信息交流技术与社会文化实践之间的关系结构的学科。

**01.01.017　语言学**　linguistics
研究人类语言的学科。包括语言的本质、发

展和起源,以及语言的结构、功能、类型等。传统的语言学以研究古代文献和书面语为主,现代语言学以当代语言和口语为主。

## 01.02 编 辑 基 础

**01.02.001 编辑** ①editing ②③editor
①又称"编辑活动"。对资料或已有的作品进行选择、整理、加工的社会文化活动。出版活动的环节之一。②又称"编辑人员"。对资料或已有的作品进行选择、整理、加工活动的专业人员的职业称谓。③出版和新闻专业技术职务中某一类别的中级专业技术职务名称。

**01.02.002 编辑规律** law of editing
编辑活动各要素之间内在的、本质的、必然的联系。

**01.02.003 编辑过程** process of editing; editing process
编辑活动的环节和流程,包括对作品的选择、审读、整理加工、呈现设计等。

**01.02.004 编辑功能** function of editing
编辑活动所具有的功能,包括对作品的把关、规范和价值提升等。

**01.02.005 编辑主体** editorial subject
从事编辑活动的人、群体或组织。

**01.02.006 编辑思想** editorial philosophy
编辑主体在编辑活动中体现出来的相对稳定的价值倾向或理念。

**01.02.007 编辑风格** editorial style
编辑主体在编辑活动中体现出来的相对稳定的个性或特点。

**01.02.008 编辑部** editorial department; editorial office
出版单位内执行编辑事务的工作部门(机构)。

**01.02.009 编辑委员会** editorial board
简称"编委会"。①主持编纂特定作品或特定出版物的组织。②出版单位内制定编辑方针、组织实施编辑出版业务的决策机构。

**01.02.010 编委** editorial board member
全称"编辑委员会委员"。参与主持编辑(纂)特定作品或特定出版物,并指导编辑部从事具体编辑(纂)事宜的组织中的成员的职务名称。

**01.02.011 编译委员会** editorial and translation committee
主持外文作品的翻译和编辑工作的组织。

**01.02.012 总编辑** editor-in-chief; chief editor
出版单位内负责其总体编辑工作构思并对内容把关负最终责任的编辑人员的职务名称。新闻出版单位主要领导职务之一。

**01.02.013 主编** editor-in-chief; chief editor
①多人从事作品的编纂工作的主要负责人的职务名称。②全面负责连续性出版物编辑业务工作的负责人的职务名称。③小型出版单位及连续性出版物某栏目、版面或频道等的编辑工作的主要负责人的职务名称。

**01.02.014 执行主编** executive chief-editor
根据业务需要设立的履行主编职能的编辑业务负责人的职务名称。在主编的领导下,主持和管理编辑部的日常工作。

**01.02.015 责任编辑** responsible editor
对出版物负基础性责任的编辑人员的职务名称。通常指负责稿件初审、编辑加工和付印样的通读等工作,并对编辑、设计、排版、校对、印刷等出版环节的质量负有监督责任的编辑人员。

**01.02.016 策划编辑** planning editor

编辑部门负责开发出版资源、设计选题的编辑人员的职务名称。

**01.02.017　组稿编辑　acquisition editor；commissioning editor**
编辑部门负责与作者或著作权人联系、组织稿件的编辑人员的职务名称。

**01.02.018　特约编辑　contributing editor**
编辑部门约请担任编辑工作的编外专业人员的职务名称。

**01.02.019　技术编辑　technical editor**
负责出版物技术设计的编辑人员的职务名称。

**01.02.020　美术编辑　art editor；artistic editor**
负责出版物美术设计或专职编辑美术出版物的编辑人员的职务名称。

**01.02.021　文字编辑　text editor；copy editor**
负责稿件文字加工的编辑人员的职务名称。

**01.02.022　音像编辑　audio visual editor**
负责出版物音像设计或专职编辑音像制品的编辑人员的职务名称。

**01.02.023　编审　senior editor**
出版专业技术职务中编辑类别的最高专业技术职务名称。

**01.02.024　副编审　associate senior editor**
出版专业技术职务中编辑类别的高级专业技术职务名称。

**01.02.025　技术副编审　associate senior technical editor**
出版专业技术职务中技术编辑类别的高级专业技术职务名称。

**01.02.026　助理编辑　assistant editor**
出版专业技术职务中和新闻专业技术职务中编辑类别的初级专业技术职务名称。

**01.02.027　助理技术编辑　assistant technical editor**
出版专业技术职务中技术编辑类别的初级专业技术职务名称。

**01.02.028　主任编辑　associate senior editor**
新闻专业技术职务中编辑类别的高级专业技术职务名称，比高级编辑低一级。

**01.02.029　高级编辑　senior editor**
新闻专业技术职务中编辑类别的最高级专业技术职务名称。

**01.02.030　校对　①proofreading ②③proofreader**
①根据发排稿核对校样、订正差错、提出疑问的活动。②全称"校对人员"。根据发排稿核对校样、订正差错、提出疑问的人员。③出版专业技术职务名称之一。

**01.02.031　责任校对　responsible proofreader**
对书稿负有主要校对责任的校对人员的职务名称。

**01.02.032　一级校对　first-grade proofreader**
出版专业从事校对工作的中级职务名称。

**01.02.033　二级校对　second-grade proofreader**
出版专业从事校对工作的初级职务名称。承担一般或复杂稿件的责任校对或核对付型工作。

**01.02.034　三级校对　third-grade proofreader**
出版专业从事校对工作的初级职务名称。在一级校对的指导下，承担一般稿件的责任校对或核对付型工作。

**01.02.035　编者　editor**
书稿的编选者。有时也作编辑工作者的代称。

**01.02.036　译者　translator**
对作品做翻译工作的个人或集体。

**01.02.037　文献　document**

记录知识或信息的载体。

**01.02.038　稿件**　manuscript
编辑部对作者交来作品的统称。

**01.02.039　文章**　article
有题名且表达完整意义并独立成篇的文字作品。

**01.02.040　笔名**　nom de plume；pen name；pseudonym
作者发表作品时使用的别名。

**01.02.041　编著**　compilation and authoring
又称"编撰"。对现成素材进行研究、加工整理，形成具有一定创造性作品的著作活动。

**01.02.042　编纂**　compilation
编辑资料众多、篇幅浩大的出版物（如百科全书、年鉴、词典等)的著作活动。

**01.02.043　编写**　compilation
依据已有的素材资料和研究成果，进行加工整理，形成作品的著作活动。

**01.02.044　编选**　selection and compilation
又称"选编"。选择已经发表的作品汇编成册的著作活动。

**01.02.045　缩写**　abbreviation；abridgement
在不改变原作核心内容的基础上压缩作品，使其篇幅缩短的著作活动。

**01.02.046　摘编**　excerption and compilation
从作品或出版物中摘录部分内容以形成新作品的著作活动。

**01.02.047　摘要**　abstraction
从口头或文字作品中摘录要点以形成新作品的著作活动。

**01.02.048　节录**　excerption；extraction
从作品中摘取需要的或重要部分的著作活动。

**01.02.049　古籍整理**　collation of ancient Chinese books
对中国清代及以前历代典籍进行整理的著作活动，包括标点、校勘、编选、译注、辑佚等。

**01.02.050　校勘**　collation
又称"校雠""校订"。依据不同版本、相关资料或原著，对某本书进行比对，订正错漏的著作活动。

**01.02.051　编译**　compilation and translation
兼具翻译和编撰性质的著作活动。

**01.02.052　翻译**　translation
将作品从一种语言文字转换成另一种语言文字的著作活动。

**01.02.053　转译**　relay translation
将翻译作品再次翻译成原作品语言文字以外的另一种语言文字的翻译活动。

**01.02.054　全译**　complete translation
对原作品不加任何删节的翻译活动。

**01.02.055　摘译**　excerpted translation；selective translation
选择原作品若干片段的翻译活动。

**01.02.056　节译**　abridged translation
对原作品进行较多删节的翻译活动。

**01.02.057　回译**　back translation
把译作重新译成原作品语言文字的翻译活动。

**01.02.058　重译**　retranslation
将已有译本的原作品另行翻译为新的译本的翻译活动。

**01.02.059　修订**　revision
对原作品进行修改、增删的著作活动。

**01.02.060　智能写稿**　AI writing
应用人工智能技术形成某些类型的稿件的活动。

**01.02.061 文字** script；writing
可单独或经组合表达某种或某些语义信息的符号及符号集合。

**01.02.062 文本** text
以字母、符号、字、短语、段落、句子、表格或者其他字符排列形式出现,用于表达特定意义的数据。

**01.02.063 标点符号** punctuation；punctuation mark
书面语中用来表示语气、停顿及词语性质和作用的标记。

**01.02.064 图形** graph；graphics
通过造型手段形成的、具有形态特征和(或)数学描述的信息集合。

**01.02.065 图像** image
通过采集或绘制等手段获得的,由像素构成、反映对象面貌的信息集合。

**01.02.066 图画** drawing；picture
用线条和色彩构成的形象。

**01.02.067 图片** picture

图画、照片和拓片等的统称。

**01.02.068 书面材料** written material
用文字等符号及其组成的公式、图表、图片表达并复制在纸张等平面载体上的内容材料。

**01.02.069 录音材料** recording material
记录和加工语音等声音信息并复制到承载体上的内容材料。

**01.02.070 视听材料** audiovisual material
记录和加工视频、音频等信息并复制到承载体上的内容材料。

**01.02.071 图文信息处理** pictorial and textual information processing
简称"图文处理"。对文字、图形、图像等信息进行转换、修正、编辑、组合等加工的过程。

**01.02.072 数据** data
客观事物的符号表示。

**01.02.073 数据库** database
通过系统汇编作品、数据或者其他材料,使用者可以通过电子或者非电子手段使用其中数据的数据集合。

## 01.03 出 版 基 础

**01.03.001 出版** publishing；publication
全称"出版活动(publishing activity)"。对作品进行选择、编辑、复制,向公众传播的专业活动。

**01.03.002 出版方针** publishing policy
一个时期一个社会出版活动的指导思想和行为准则。例如,为人民服务、为社会主义服务,百花齐放、百家争鸣,古为今用、洋为中用等。

**01.03.003 出版导向** publishing orientation
政府以规划、政策与评奖、基金补助等形式引导出版业发展的方向。例如,弘扬主旋律,提倡多样化,将社会效益放在首位,实现社会效益与经济效益相结合等。

**01.03.004 出版文化** publishing culture
以出版价值观为基础形成的出版制度、出版社会组织、出版物及其社会影响的总和。

**01.03.005 印刷文化** print culture
以印刷技术为基础形成的以标准化批量复制和文本固定性为特征的知识生产与信息传播模式,以及由此所塑造的经济社会运行机制与思想观念。

**01.03.006 社会效益** social benefit
出版活动对社会进步的影响与作用。

**01.03.007 经济效益** economic benefit
出版者在出版物经营活动中取得的经济收益。

**01.03.008 出版业 publishing industry**
专门从事出版活动,向公众提供出版物及其服务的行业。强调其公共属性时,可称为出版事业;强调其产业属性时,可称为出版产业。

**01.03.009 书业 book industry**
专门从事图书出版活动,向公众提供图书出版物的行业。

**01.03.010 文化产业 culture industry**
从事文化产品生产和提供文化服务的经营性行业。

**01.03.011 文化产业投资 culture industry investment**
对文化产业的项目或产品进行投资的行为。

**01.03.012 出版管理 publication administration**
出版行政部门依据法规政策,规划、组织、监督和调节出版活动的社会管理活动。

**01.03.013 出版体制 publishing system**
国家规范出版业的制度所构成的体系。

**01.03.014 出版法规 laws and regulations on publishing**
规定出版制度的法律法规的总称。

**01.03.015 出版许可 publication imprimatur**
出版行政部门依法准许申请者从事出版活动的管理方式。

**01.03.016 出版伦理 publication ethics**
出版人员在出版活动中必须遵守的道德要求和行事准则。

**01.03.017 出版策划 publishing project planning**
对出版物及其流程进行谋划与设计的出版活动。

**01.03.018 出版资源 publishing resource**
出版产品形成过程中必须加以开发、利用的各种社会资源,包括人才资源、信息资源和物质资源。

**01.03.019 出版流程 publishing flow**
出版物生产的过程。包括选题策划、组稿、审稿、加工、印制、发行等环节。

**01.03.020 出版要素 publishing element; publishing essential**
又称"出版生产要素"。构成一项完整的出版物生产活动的必要因素,一般包括出版主体、出版资源、市场需求、出版过程等。

**01.03.021 出版产业链 publishing industry chain**
与出版有关的企业基于出版价值实现和增值所组成的企业关联。

**01.03.022 出版形式 mode of publishing; form of publishing**
出版活动运作及出版物呈现的方式。

**01.03.023 出版载体 medium of publication**
承载出版物内容的物质材料。

**01.03.024 出版成本 publishing cost; cost of publication**
为生产出版产品或提供劳务而付出的现金或现金等价物的金额。

**01.03.025 出版利润 publishing profit**
出版单位在一定会计期间内所取得的出版活动经营收益的金额。

**01.03.026 出版企业 publishing enterprise**
从事与出版有关的生产、流通、服务等经济活动的营利性经济组织。

**01.03.027 出版单位 publishing institution**
从事出版活动的专业机构,主要有出版社、报社、杂志社等。

**01.03.028 出版机构 publishing institution**
又称"编辑出版机构"。承担编辑出版任务

的机构。

**01.03.029 主管单位** superintendent institution

主办出版机构的单位的上级单位。

**01.03.030 主办单位** sponsor

开办出版机构的单位。

**01.03.031 出版社** publishing house; publisher; press

出版图书或音像制品或电子出版物的出版单位。

**01.03.032 综合出版社** comprehensive publishing house

出版多种门类知识出版物的出版单位。

**01.03.033 专业出版社** specialized publishing house

出版特定门类、专门知识出版物的出版单位。

**01.03.034 期刊社** periodical publishing house

又称"杂志社"。从事期刊(杂志)出版活动的出版单位。

**01.03.035 报社** newspaper publishing house

经批准有报纸出版发行资格的出版单位。

**01.03.036 社长** president of a publishing house

出版社、报刊社的主要负责人,通常为法定代表人。

**01.03.037 出版家** accomplished publisher

长期从事出版活动并取得成就的出版人。

**01.03.038 出版人** publisher

俗称"出版商"。又称"出版者"。对出版物负总责任的代表人或机构。有时也指发行人(distributor)。

**01.03.039 版本** edition

由同一出版者出版的内容相同的复制品所有式样的总称。

**01.03.040 合作出版** cooperative publishing

其他机构出资,同出版机构合作推出出版物的出版方式。

**01.03.041 自助出版** self-publishing

作品不经过出版机构,利用社交平台等社会资源自行编辑、复制、发行的出版活动及方式。

**01.03.042 自费出版** self-funded publishing

著作权人自筹资金,自负盈亏,委托出版单位出版自己作品的出版活动及方式。

**01.03.043 联合出版** joint publishing

两个或两个以上出版单位共同出版一种或多种出版物的出版活动及方式。

**01.03.044 资助出版** sponsored publishing

国家、行业组织、企业或私人出资资助的出版活动及方式。

**01.03.045 非法出版** illegal publishing

违反法律法规的出版活动。

**01.03.046 禁止出版** prohibition of publication

强制性地禁止某种出版物出版的行政或司法行为。

**01.03.047 数字出版** digital publishing

利用数字技术进行内容编辑加工,并通过网络传播数字内容产品的一种新型出版方式,其主要特征是内容生产数字化、管理过程数字化、产品形态数字化及传播渠道的网络化。

**01.03.048 融合出版** integrated publication; convergence publication

将出版业务与新兴技术、管理创新融为一体的新型出版形态。

**01.03.049 增强出版** augmented reality publishing; AR publishing

应用增强现实技术进行的出版活动。

**01.03.050　网络首发　online first publishing; online first publication**

利用网络即时传播的特点,把确定出版的作品首先在网络上发布,然后在传统媒体上发布的出版方式。

**01.03.051　禁止登载　prohibition of publication**

简称"禁载"。强制性地禁止某种信息登载的行政或司法行为。

**01.03.052　禁止发行　prohibition of distribution; prohibition of circulation**

强制性地禁止某种出版物发行的行政或司法行为。

**01.03.053　公开发行　public distribution; public circulation**

对出版物发行地区和读者对象不做限定的发行方式。

**01.03.054　内部发行　inside distribution; inside circulation**

对出版物发行地区和读者对象加以限定的发行方式。

**01.03.055　禁止发售　prohibition of sale**

简称"禁售"。强制性地禁止某种出版物发售的行政或司法行为。

**01.03.056　书号　book number**

图书的识别代号。

**01.03.057　国际标准书号　International Standard Book Number; ISBN**

一本书或非连续电子出版物的一个版本的唯一确定的国际通用识别代码,以 ISBN 为标识符。编码由包含一位校验码在内的 13 位数字组成,并以四个连接号"-"或四个空格加以分割,每组数字都有固定的含义。

**01.03.058　中国标准书号　China Standard Book Number; CSBN**

中国出版单位出版的一本书的一个版本的唯一识别代码,即组区号为 7 的国际标准书号。

**01.03.059　中国标准连续出版物号　China Standard Serial Number; CSSN**

俗称"刊号(serial number)"。中国连续出版物的唯一识别代码。由国际标准连续出版物号(ISSN)和国内统一连续出版物号(CN)两部分组成。

**01.03.060　国际标准连续出版物号　International Standard Serial Number; ISSN**

曾称"国际标准刊号"。一种连续出版物的唯一确定的国际通用识别代码。以 ISSN 为标识符,由 8 位数字组成。8 位数字分为前后两段,各 4 位,中间用连接号"-"相连,前 7 位数字为顺序号,最后一位是校验码。

**01.03.061　国内统一连续出版物号　CN Serial Numbering**

曾称"国内统一刊号"。由国家新闻出版管理部门负责分配给中国连续出版物的唯一代码。以 CN 为标识符,由 2 位地区代码和 4 位地区序号共 6 位数字,以及分类号组成。

**01.03.062　国际标准录音制品编码　International Standard Recording Code; ISRC**

录音制品的国际唯一识别代码。用以标识音像制品中的节目或节目中可以独立使用的部分。编号由"ISRC"及其后的国家码、出版者码、录制年码、记录码和记录项码组成(2012年后改为国家码、出版者码、录制年码和名称码 4 个数据段),各段之间以一个连接号"-"分割。以 ISRC 为标识符的 12 位字符和数字,不带校验码。

**01.03.063　中国标准音像制品编码　China Standard Recording Code; CSRC**

由中国出版单位分配给一种中国音像制品的唯一代码,以 ISRC 标识符和国际码、出版者码、录制年码、记录码、记录项码 5 部分组成。

**01.03.064　出版物条码**　barcode for a publication

由一组按有效原子序数规则(EAN 规则)排列的条、空及其对应字符组成的出版物机读标识。包括 ISBN 条码和 ISSN 条码等。

**01.03.065　CODEN 码**　coden

一种应用于计算机文献检索的连续出版物的 6 位代码,前 5 位为英文字母,最后一位是校验码。

**01.03.066　版次**　① edition number ② page number

①图书版本的次序。②给报纸版面排出的先后顺序。

**01.03.067　印次**　impression

同一版本的图书印刷的次序。

**01.03.068　出版地**　place of publication; location of publication

出版单位所在地。

**01.03.069　首版时间**　date of first edition

出版物第一次出版的年月。

**01.03.070　图书在版编目**　cataloging in publication; CIP

在图书出版过程中编制有限的书目数据的活动。

**01.03.071　图书在版编目数据**　cataloging in publication data; CIP data

在图书出版过程中编制并印制在图书上的书目数据。

**01.03.072　版本记录块**　edition record block

书刊中记录版本数据的板块。期刊通常置于目录页中,图书则在版权页中。

**01.03.073　样书**　sample copy

用以检查质量、赠送作者和缴送有关单位收

藏的图书样本。

**01.03.074　样书管理**　sample copy management

对样书实行组织、控制、使用、保管、分配的方法和措施。

**01.03.075　样书检查**　sample copy inspection

印刷单位完成排印后,先装订几册送出版单位进行质量检查的工作环节。

**01.03.076　复制**　duplication

对原版内容批量翻制的过程。

**01.03.077　印刷品**　printed matter

使用印刷技术生产的各类成品的总称。

**01.03.078　印制合同**　printing contract

印刷企业和委印单位就出版物印制达成的协议。

**01.03.079　印制成本**　printing cost

印刷装订出版物的总成本。

**01.03.080　印制材料费**　printing material cost

出版物印制过程中所支付的印版费、承印材料费等费用的统称。

**01.03.081　印制加工费**　printing and processing cost

出版物印制过程中所支付的折页费、锁线费、胶装费、骑马订装费、过胶费、烫金(银)费、UV 费、凹凸费、单张折页费、裁切费等工艺费用的统称。

**01.03.082　重印**　reprint; reprinting

对原版内容不做修改或做少量修改,重新印制的出版活动。

**01.03.083　再版**　republishing; republication

经修订或重排后再次印刷发行的出版活动。

**01.03.084　重印率**　reprint rate

出版单位全年的重印书占全年出书种数的比率。是衡量出版单位出书质量的重要标志。

**01.03.085　再版率**　republishing rate

出版单位全年的再版书占全年出书种数的比率。是衡量出版单位出书质量的重要标志。

**01.03.086　图书质量**　quality of a book；book quality

图书的品质。包括内容质量、编校质量、设计质量、印制质量等。

**01.03.087　书稿档案**　manuscript archive

书稿编辑出版过程中的原始记录。

## 01.04　编辑出版史

**01.04.001　出版史**　publishing history

以出版活动为中心，为社会提供出版物等知识服务以维系社会、影响社会变迁的文化传承传播史。

**01.04.002　编辑史**　editing history

以编辑活动为中心，生产知识、推进人类认知和社会变迁的知识传播史。

**01.04.003　印刷史**　printing history

发明并改进、完善印刷技术，用人工或机械化学手段在相关载体上复制信息以利更有效传播的专门史。

**01.04.004　发行史**　distribution history

书、报、刊等出版物物流、营销及其效益、影响的出版流通史。

**01.04.005　阅读史**　reading history

读者在阅读过程中，对书籍等出版物的反应的心理文化史，这种反应主要在阅读经验与实际人生经验、理解出版文本和理解生活这两个区间展开。个体阅读史主要关注阅读在什么情境下发生、读者怎样理解文本、阅读有何影响等。社会阅读史关注阅读群体、阅读品种类别、阅读时空、阅读影响及其社会文化关系等。

**01.04.006　出版观念史**　history of publishing concept

以对出版观念的生成、演变的考察为中心，以再现出版历史、省察对出版的认知为目的的一种跨学科研究方法。包括考辨的出版观念史、实证的出版观念史和批判的出版观念史。

**01.04.007　编辑观念史**　the history of editing concept

以对编辑观念的生成、演变的考察为中心，以再现编辑历史、省察对编辑的认知为目的的一种跨学科研究方法。包括考辨的编辑观念史、实证的编辑观念史和批判的编辑观念史。

**01.04.008　出版生活史**　publishing life history

出版从业人员及与出版关系密切人群的日常生活史。它既是一种以出版人为中心的研究视角，也是一种注重微观的研究方法，更是主张出版回归现实生活世界的出版史学理论。

**01.04.009　书籍史**　history of books

研究书籍内容和形态的变迁，以及人类借以交流、传播的社会文化史。

**01.04.010　辞书史**　history of dictionaries

研究古今中外辞书内容和形式演变、发展规律的知识传播史。

**01.04.011　电子数字出版史**　history of electronic and digital publishing

人类运用、完善电子技术、数字技术等复制、传输信息的传播专门史。

**01.04.012　出版评论史**　history of publishing criticism

以出版活动的历史发展为对象，表现为评论类型更替、话语变迁等的社会文化专门史。

**01.04.013　中国编辑史**　history of editing in China

自文字发明以后，中国人从事编辑活动，规范地记录信息、生产知识，以推进中国文化传承的知识传播专门史。

**01.04.014 中国出版史 history of publishing in China**

中国出版活动起源、发展及其演变的社会文化专门史。

**01.04.015 中国发行史 history of distribution in China**

自汉代"书肆"兴起后,中国书籍等出版物流通及其演变的社会文化专门史。

**01.04.016 中国古代印刷史 history of printing in ancient China**

自隋唐至清代末期,中国以雕版印刷术、活字印刷术批量复制文字传播知识信息的专门史。

**01.04.017 中国近现代印刷史 history of printing in modern and contemporary China**

自19世纪中叶以来,中国逐渐采用铅活字、压印机械和平版石印术等西方先进印刷术,并迭代更新至激光照排技术等,以适应大批量印件印刷需要、提高印刷效率的专门史。

**01.04.018 中国阅读史 history of reading in China**

自甲骨文发明创造以来,中国读者在阅读过程中,对书籍等出版物的利用及反应的社会文化专门史。

**01.04.019 中国书籍史 history of books in China**

研究、揭示中国书籍发生、发展及其演变规律的社会文化传承传播专门史。

**01.04.020 中国辞书史 history of dictionaries in China**

自字典《说文解字》、词典《尔雅》问世以来,中国辞书发展研究的专门史,是语言文字规范史与书籍史和知识传播史的交叉领域。

**01.04.021 中国期刊史 history of periodicals in China**

中国期刊诞生、发展、繁盛并逐渐衰落的出版专门史。主要内容包括:重要期刊的创刊、改刊、停刊及其社会影响;期刊类群的衍生、盛衰及与社会变迁的关系;重要期刊人的思想、事迹及影响等。

**01.04.022 中国报业史 history of newspaper industry in China**

又称"中国报学史"。自唐代"邸报"以来,中国报纸出版发行、自身演变、影响社会变迁的历史。

**01.04.023 中国电子数字出版史 history of electronic and digital publishing in China**

中国运用、完善电子技术、数字技术以提高信息、知识传播效率,促进现代化的专门史。

**01.04.024 中国共产党出版史 publishing history of the Communist Party of China**

中国共产党开展出版活动以建党立国、执政为民的专门史。

**01.04.025 民国出版史 publishing history of the Republic of China**

上承晚清、下启中华人民共和国,以民主、科学为思想主潮的出版断代史。

**01.04.026 改革开放出版史 publishing history of the reform and opening up**

中国出版业自1978年以来,顺应并推进中国改革开放进而影响中国及人类社会变迁的社会文化史。

**01.04.027 石经 Confucian classics engraved on stone tablets**

刻在石上的经书。始于公元前后,现存最早刻于碑石的是《汉石经》,又名《熹平石经》。175—183年共刻46块石经,包括《易》《礼》《春秋》等儒家经典7部。

**01.04.028 刻石文 inscriptions on stone**
刻在石上的文字,始于春秋时期。现存最早刻石文是公元前 219 年为秦始皇统一中国表功的四字韵文《峄山刻石》。

**01.04.029 书厄 destruction of books**
中国古代大规模毁书事件。

**01.04.030 铜字模 copper mould**
一种供铸字机将铅合金制成印刷用活字的凹型字符铸字模具。制造字模的方法有冲压字模法、电镀字模法、雕刻字模法三种。

**01.04.031 诗经 The Book of Songs**
中国古代由口口相传向文字记载传承过渡的第一部采编作品,成为编辑创作方式的范本。它收集了公元前 11—前 6 世纪的诗歌 311 篇。先秦时期称之为"诗",西汉至今沿用此名,汉武帝时成为儒家经典"六经"之一。

**01.04.032 甲骨文献 oracle bone literature**
全称"龟甲兽骨文献"。考古发现的最早文献的实物证据,证明公元前 16 世纪(商代)存在成体系的文字记载。殷墟出土的甲骨文记载了盘庚迁殷至纣王 270 年(12 王)的卜辞,显示此时已有精良笔墨,书体因经契刻,具有刀锋的趣味。已出土的 15 万多块实物显示其 4 500 左右的用字已具备"用笔、结字、章法"书法三要素,体现出汉字"六书"(象形、指事、会意、形声、转注、假借)原则。甲骨文献的功能是传承。甲骨文上承先民的岩壁图符、陶文、骨甲刻文的精髓,下联铭文、金文、木牍竹简载篆文隶书文,是汉文字和版式(最大一片龟甲刻有 404 字 71 条,有留空)的奠基体。

**01.04.033 简牍 bamboo and wooden slips**
用竹片或木片制成的书籍。始于商代(公元前 16—前 11 世纪)。

**01.04.034 简牍制度 institutions of bamboo and wooden slips**
简牍在书写工具、材料规范、刮治缮写、削改标号、题记编连等技术处理方面所形成的一整套制度。

**01.04.035 编连 editorial linking**
把一枚枚形制基本一致的简牍按内容顺序编成书册的工序。

**01.04.036 帛书 silk book**
写在缣帛上的书籍,有时称"素书"或"缣书"。始于商代。缣帛是丝织品,包括帛、素、缯、缣等品种。

**01.04.037 写本 manuscript**
又称"手写本"。以手写形式成书和流传的书本。是印刷术发明以前书籍的主要版本形式,唐以前的纸书绝大多数都是手写本。写本因其性质和作用不同又可分为手稿本、清稿本、抄稿本、影抄本、抄本等类型。

**01.04.038 卷轴装 scroll and rod binding**
写本早期的装帧形式。形式为:在一卷书的末尾安上一根轴,以轴为中心,书卷可以由后向前卷起。

**01.04.039 旋风装 whirlwind binding**
又称"龙鳞装(dragon scale binding)"。写本早期的装帧形式。形式为:以一长条形纸为底,首页单面书写,全部粘裱在底纸的卷端;自第二页起,双面书写,右侧留出一条空白,供粘裱用;然后将各页鳞次相错地自右向左粘裱在前页下面的底纸上。这种装帧形式,展卷时状如龙鳞,收卷时形似旋风。

**01.04.040 经折装 sutra-style binding; concertina binding**
雕版印刷术发明以前,一种主要用于佛教经书的装帧样式。形式为:根据一定的行数宽度,把写好的长条书卷均匀地连续折叠起来,然后在首尾粘加封页。

**01.04.041 雕版印刷术 engraved block printing**

中国古代的一项伟大发明,是一种在版料上雕刻图文进行印刷的技术。主要包括版料制作、写样、上版、雕刻、锯边、刷印、校对等工序。起于隋繁于唐宋盛于明清,19世纪为西方机器印刷逐步取代。

**01.04.042　写样　prototype writing**
雕版印刷术的一道工序。把要刻的文字写在纸上形成的纸样。

**01.04.043　上版　transfer of the prototype writing onto the block**
雕版印刷术的一道工序。把写样有字的一面贴到版片上,这样刻出来的是反字,印出来的是正字。

**01.04.044　刻本　block-printed edition**
用雕版印刷的方法印装的书籍。

**01.04.045　册页制度　institutions of binding leaves into a volume**
刻本生产制作工艺流程方面的制度,主要包括书籍的版式、行款、字体、装帧等内容。

**01.04.046　版框　block chase**
又称"栏线"。刻本书版四周的黑线。

**01.04.047　鱼尾　fish tail**
刻本版面中位于版心处类似鱼尾的印符。

**01.04.048　象鼻　elephant trunk**
刻本版面的版心中上下鱼尾至版框之间的部分,因其中间印有黑线,形如象鼻之下垂,故名。

**01.04.049　蝴蝶装　butterfly binding**
盛行于宋代的册页装帧样式,其特点为:版心向内,边栏向外;书一打开,书页即向两边展开,若蝴蝶的双翅。

**01.04.050　包背装　back-wrapped binding**
盛行于元、明时期的册页装帧样式,其特点为:将书页沿版心向内对折,书页背面相对,版心向外。

**01.04.051　线装　thread binding**
册页装帧样式,其特点为:将书页沿版心的中线对折,折页排序后再前后各加书衣,然后打孔穿线成册。

**01.04.052　官刻　official block printing**
由国家政府部门出资组织雕版印行图书,始于唐代。按照出资渠道,可分为中央官刻和地方官刻。

**01.04.053　家刻　family block printing**
不以营利为目的、由私人出资刻印图书。

**01.04.054　坊刻　bookshop block printing**
民间书商以营利为目的刻印图书。

**01.04.055　套印　process printing; surprinting; overprinting**
将多种颜色同印于一个版面的印刷技术。

**01.04.056　饾版　multi-block color printing**
一种彩色套印技术。技术流程为:将彩色画稿按照不同颜色分别勾摹下来,每色按其画稿形状刻成一块小木板,然后逐色由浅入深套印或叠印,最后完成完整的彩色画面。因每色小木板形如饾饤,故名。

**01.04.057　拱花　printing of arch flowers**
一种使用凹凸两版嵌合压印以使版面拱起花纹、不着墨的刻版印刷技艺。立体感很强,适用于鸟类羽毛及行云流水的印制。

**01.04.058　书肆　bookstore**
又称"书铺"。中国古代买卖书籍的场所。

**01.04.059　槐市　Scholartree Market**
中国最早(西汉末年)由官方组织的图书交易市场。位于长安太学附近槐林中的一个包括买卖教学用书在内的交易市场。

**01.04.060　佣书　commissioned book hand-copying**
以营利为目的的抄书活动,是印刷术发明前主要的文献复制手段。

**01.04.061 写经生** commissioned sutra hand-copier

以抄写佛经为生的佣书人。

**01.04.062 刻工** carver

从事书版雕刻的工匠。

**01.04.063 挟书律** Edict on Private Possession of Books

由秦始皇制定的严禁私家藏书的文化禁锢政策,颁布于始皇帝三十四年(公元前213年),废止于汉惠帝四年(公元前191年)。

**01.04.064 活字印刷术** movable type printing

以单字灵活组成印版的印刷术。包括单字制作、活字字库制作、拣字排版固版和印刷技术。最早在北宋仁宗庆历年间(1041—1048),临安毕昇发明泥(实质是陶)活字印刷技术。元代王祯创制木活字转盘声部排序字库。明代中期,铜活字在苏南等地得到较多的应用。

**01.04.065 美华字** Gamble's APMP type fonts

俗称"宋字"。美国传教士威廉·姜别利(William Gamble)利用电镀汉文字模法制成的宋体铅字,是晚清民国时期中国出版机构通用的宋体铅字。

**01.04.066 西式装订** Western-style binding

以铅印工业技术为基础的装订工艺,主要有平装和精装两种形式。

**01.04.067 毛边书** uncut book

印刷装订后不切边的书。

**01.04.068 晚清官书局** official press in the late Qing Dynasty

同治(1862—1874)、光绪(1875—1908)年间政府大规模设置的一批以雕版印刷为技术基础、以出版传统典籍为核心业务的出版机构。

**01.04.069 出版业近代化转型** modernization of the publishing industry

鸦片战争以后,中国出版业在技术、经营方式、出版物内容及出版观等方面全面向西方出版业靠拢的过程,其突出特征是传统的雕版印刷技术逐渐被石印和铅印所取代。

**01.04.070 近代传教士出版业** modern missionary publishing

晚清民国时期来华传教士所开创的以铅印为技术基础的出版业。代表机构有墨海书馆、广学会、美华书馆、上海土山湾印书馆等。

**01.04.071 洋务派译书** translation of books by advocates of the Westernization Movement

洋务运动期间,洋务派所创建的译书机构及新式学堂开展的译书活动。其中,以京师同文馆和江南机器制造总局翻译馆的成就为最大。

**01.04.072 近代民营新式出版业** modern new-style private publishing industry

晚清民国时期出现的一批采用新出版技术、以出版新式出版物为主、普遍采用资本主义经营方式的出版机构。它们是近代中国出版业的主体,代表机构有商务印书馆、中华书局、世界书局、大东书局、开明书店等。

**01.04.073 新文学出版** New Literature publishing

由五四新文化运动所催生、以倡导"民主"与"科学"为主要特征的出版潮流。代表人物有亚东图书馆的汪孟邹、泰东图书局的赵南公、北新书局的李小峰等。

**01.04.074 国民党党营出版业** Kuomintang's publishing

20世纪三四十年代由国民党所创办和控制的一批出版机构,主要有正中书局、中国文化服务社及国立编译馆等。

**01.04.075 苏区出版业** publishing in Soviet

areas

1927—1934 年,中国共产党在苏区所创建的出版事业。代表机构有闽西列宁书局、中央出版局、工农美术社等。

**01.04.076 抗日根据地出版业** publishing in anti-Japanese base areas

1935—1945 年,中国共产党在陕甘宁、晋察冀、晋冀鲁豫等敌后抗日根据地所创建的出版事业。代表机构有解放社、新华书店、陕西延安书店、华北书店等。

**01.04.077 解放区出版业** publishing in the liberated areas

1946—1949 年,中国共产党在各解放区所创建的以新华书店为主力军的出版事业。

**01.04.078 编著一体** integration of editing and writing

晚清民国时期位居主流的编辑制度。编辑既要负责选题、组稿、审稿、加工、发稿、校对等,也要编撰书稿。除商务印书馆外,其他出版机构的编辑制度均是"编著一体"。

**01.04.079 编著分离** separation of editing and writing

晚清民国时期居于支流的编辑制度。编辑的职责与当今相同,一般不从事书稿编撰。

**01.04.080 编辑所** editorial office

近代中国出版企业中负责管理编辑业务的部门,也有叫"编译所"的。

**01.04.081 发行所** distribution office

近代中国出版企业中负责管理发行业务的部门。

**01.04.082 印刷所** printing office

近代中国大型出版企业中负责管理印刷业务的部门。

**01.04.083 分局** branch distribution office

晚清民国时期的出版企业在外地自办或与人合办的发行机构。

**01.04.084 预约定印** order-based printing

晚清民国时期出版企业的一种经营策略:收取读者订金以印行书籍。

**01.04.085 古籍出版热潮** the publishing boom of ancient books

20 世纪 20 年代,由商务印书馆、中华书局等大企业所领衔的影印古籍的出版潮流。古籍出版热潮与当时社会的"整理国故"思潮互为呼应。

**01.04.086 出版股** publishing houses' stock

晚清民国时期证券交易市场中大型出版企业的股票。商务印书馆、中华书局、世界书局、大东书局等企业的股票均曾上市交易。

**01.04.087 书业广告** advertisements for publications

晚清民国时期出版机构在报纸、杂志等媒介上所刊登的广告。

**01.04.088 一折八扣书** a book sold at a discount of 92%

1930—1940 年,上海广益书局和新文化书社等中小书局推出的销量极广的廉价书籍。这些书大多是翻印的我国传统小说,售价多为定价的一折甚至八分,乃至更低。

**01.04.089 开明风** Kaiming Bookstore's publishing ethics

民国时期开明书店同人的优良作风。叶圣陶将其概括为:"有所爱",爱的是真理;"有所恨",恨的是反真理;"有所为,有所不为",合乎真理的就做,反乎真理的就不做。

**01.04.090 杂志年** the Year of Magazines

新杂志大量涌现的 1934 年。据时任中华书局编辑所所长的舒新城统计,1934 年出版杂志 716 种,和 1933 年相比增加了 81 种,增幅远超之前。

**01.04.091 大学出版部** publishing department of a university
民国时期一些高校设置的管理本校出版业务的部门。

**01.04.092 书业公会** publishers association
近代中国出版业的行业组织。

**01.04.093 近代出版企业家精神** modern publishers' entrepreneurship
近代出版企业家如张元济、夏瑞芳、王云五、陆费逵、沈知方、章锡琛等身上所体现的冒险、创新、团结及爱国等精神。

**01.04.094 韬奋精神** Zou Taofen spirit
中国现代著名出版家邹韬奋（1895—1944）先生在出版实践中所形成的热爱人民、真诚地为人民服务、鞠躬尽瘁、死而后已的精神。

**01.04.095 拒检运动** the Campaign of Resisting Censorship
1945年8—9月，国统区新闻出版界发起的争取新闻出版自由的斗争过程。

**01.04.096 出版业社会主义改造** socialist transformation of the publishing industry
1949—1956年，国家逐步消除私营出版业并最终确立国营出版业主体地位的过程。

**01.04.097 副牌出版社** sub-brand publishing house
一家大出版社的非独立运营的下属出版社。

**01.04.098 出版社转企改制** transformation of a publishing house from a public institution to an enterprise
2003—2010年，在国家政策主导下国内绝大部分出版社由事业单位转为企业单位的制度转型过程。

# 02. 编　　辑

## 02.01　选　　题

**02.01.001 信息采集** information collection
借助各种手段获取信息的活动。

**02.01.002 信息处理** information processing
将采集到的信息经过选择、加工，转换成便于存储、传递和利用的形式的活动。

**02.01.003 出版物市场** publication market
围绕出版物商品交换所进行的各种经济活动及由此而产生的各种经济关系的总称。

**02.01.004 出版物市场调查** publication market research
围绕读者的需求，对出版物市场的过去、现状、发展趋势及变化规律进行调查的活动。

**02.01.005 出版物市场预测** publication market forecast
对未来出版物的供应和需求的发展趋势及相关因素进行分析、评价和判断的活动。

**02.01.006 出版物市场需求** market demand for a publication
出版物市场的潜在消费者想在市场上获得自己所需要的出版物且又具有现实货币支付能力的愿望与要求，是出版物市场细分的基础。

**02.01.007 选题** new title proposal
拟选择的出版方案，包括题名、内容、读者对象、编辑意图、效益预测等内容。

**02.01.008 选题规划** strategic plan for new title development

出版单位提出的一定时期内拟出版的出版物品种、类别、规模等体现方向性、战略性的计划。

**02.01.009　选题计划**　plan for new title development
出版单位提出的一段时间内选题的计划。

**02.01.010　选题策划**　new title planning
编辑人员依据主客观条件,开发出版资源、设计选题的创造性活动。是编辑过程中的重要环节。

**02.01.011　选题论证**　assessment of a new title proposal
出版单位分析选题的价值和可行性的编辑活动。

**02.01.012　选题报告**　report on a new title proposal
关于选题构思与设计的书面陈述材料。

**02.01.013　选题优化**　optimization of a new title proposal
对选题进行选择、分类和价值完善的编辑活动。

**02.01.014　读者**　readership;reader
又称"读者对象(audience)"。阅读或购买出版物的目标客户群体。是出版、发行单位服务的对象。

**02.01.015　读者调查**　readership survey
搜集并分析读者需求和阅读习惯等的出版活动。

**02.01.016　现实读者**　real reader
具有一定阅读能力与购买能力并表现出购买行为和阅读意向的出版物消费者。

**02.01.017　潜在读者**　potential reader
对某种或某类出版物尚未表现出但将来有可能表现出购买行为和阅读意向的人群。

**02.01.018　有效读者**　effective reader
对某种或某类出版物有阅读行为的读者。

**02.01.019　编辑应用文**　editorial practical writing
编辑人员为处理编辑工作过程中的各种事务而写作的应用文。主要有四种类型:选题报告、审稿意见等内部编辑业务文案;约稿信、退修信、退稿信、答读者信等与作者、读者往来的编辑工作书信;为出版物撰写的出版说明、内容提要、作者简介、编者按、出版后记等书刊辅文;广告、出版信息、书刊评论等出版物宣传文字。

## 02.02　组　　稿

**02.02.001　组稿**　① manuscript acquisition ② organization of articles
① 出版单位选择、组织作者创作新的作品,或从作者、著作权人处取得现成作品的编辑活动。② 又称"稿件配置"。报刊编辑中按照一定的报道意图将零散的稿件搭配、组织成有机完备的稿件集合的编辑活动。

**02.02.002　约稿**　submission invitation
出版单位约请作者创作新的作品的组稿行为。

**02.02.003　征文**　article solicitation;paper solicitation
出版单位为特定主题广泛征求文稿的组稿行为。

**02.02.004　征稿**　manuscript solicitation
公开征求文稿的组稿行为。

**02.02.005　稿源**　source of contributions
出版单位的稿件来源。

**02.02.006　投稿**　manuscript submission;article submission; paper submission

作者主动向出版单位投送作品,希望出版、发表或传播的行为。

**02.02.007　自投稿**　voluntary submission

又称"自由来稿"。作者主动投给编辑部的稿件。

**02.02.008　推荐稿**　recommended manuscript

专家或组织团体介绍给出版单位的稿件。

**02.02.009　组织稿**　commissioned manuscript; solicited contribution

出版单位依据列选选题物色作者获取的稿件。

**02.02.010　引进稿**　imported manuscript

出版单位通过著作权贸易或出版交流活动获取的稿件。

**02.02.011　约稿信**　letter of submission invitation

又称"约稿函"。出版单位邀请作者撰稿的信件。

**02.02.012　试写**　trial writing

在正式确定某人撰写某稿件之前,尝试性地让其写作小部分稿件内容的著作活动。

**02.02.013　试译**　trial translation

在正式确定某人翻译某文稿之前,尝试性地让其翻译小部分文稿的翻译活动。

**02.02.014　样稿**　sample manuscript

作者为了让出版单位了解稿件的内容及质量而供其审读的部分篇章。

**02.02.015　草稿**　draft manuscript; draft version

未成熟的原始稿件。

**02.02.016　未定稿**　unfinalized manuscript

已经成文但有待完善,在一定范围内试探性传播,承诺准备修改的稿件。

**02.02.017　征求意见稿**　version for commentary

在定稿前用以向有关各方征求意见的稿件。

**02.02.018　完成稿**　completed manuscript; finished manuscript

经修改、确定后,作者交给出版社的稿件。

**02.02.019　原稿**　original manuscript

①作者创作的未经出版单位编辑加工的稿件,是编辑工作的实物对象。②印前制作所依据的编辑部门审定发稿的稿件。

**02.02.020　书稿**　final version; final text

在原稿基础上,编辑加工后拟发排、出版的定稿。

**02.02.021　底本**　① on-file version　② master copy

①又称"底稿"。留做底子的稿本。②抄写、刊印、校勘等所依据的本子。

**02.02.022　手稿**　manuscript

作者亲手书写的作品底稿。

**02.02.023　图稿**　original graphics

出版物的图片原稿。

**02.02.024　一稿多投**　multiple submission

作者将稿件同时寄给多家出版单位,或者不等前寄的出版单位回复就将稿件转投给另一出版单位的行为。

**02.02.025　稿件送审**　submission of manuscript for review

将稿件报送有关部门审查,或将稿件寄送外单位同行、学者审查把关的编辑活动。

## 02.03 审 稿

**02.03.001 收稿** manuscript receipt
接收作者提交的稿件的编辑活动。

**02.03.002 审稿** manuscript review
从出版的专业角度,阅读稿件并对其内容和
价值进行科学分析、判断的编辑活动。

**02.03.003 审读** review
为了评价、选择和把关,对作品进行审查阅读
的编辑活动。

**02.03.004 泛审** extensive review
对全稿进行浏览式的审读。

**02.03.005 通读** through reading
对稿件从头到尾进行审读的编辑活动。

**02.03.006 三审制** the three-tiered review system
全称"三级审稿责任制度"。又称"三级审稿
制"。初审、复审和终审三个审级组成的审
稿制度。

**02.03.007 初审** initial review
三级审稿责任制度的第一级审稿工作,由编辑
(助理编辑)对稿件进行初步全面的审读。

**02.03.008 复审** second review
三级审稿责任制度的第二级审稿工作,由编
辑室主任或其委托的编审或副编审对稿件做
进一步的审读。

**02.03.009 终审** final review
三级审稿责任制度的最终一级审稿工作,由
总编辑(副总编辑)或由其委托的具有高级
职称的人员,在初审、复审的基础上进行审
读,对稿件能否采用做出决定。

**02.03.010 外审** external review; outside review
编辑部门将稿件送请有关部门或外单位专家
审读,以听取其用稿建议的编辑活动。

**02.03.011 匿名审稿** anonymous review; anonymized review
隐去作者姓名、单位、职务等信息后送给专家
进行审读的活动。

**02.03.012 专家审稿** expert review
由本单位以外的专家进行审读的活动。

**02.03.013 审稿会** review session
出版单位召开的集中式审稿会议。

**02.03.014 审稿意见** reviewer's view
审稿者对稿件的评价和判断。

**02.03.015 稿件评价** manuscript evaluation
审稿者对稿件的判断和分析。是审稿意见的
组成部分。

**02.03.016 稿件处理** editor's decision
对稿件审读后的处置方式。包括采用、退修、
退稿三种。

**02.03.017 采用** acceptance
全称"稿件采用"。出版单位决定采用稿件。

**02.03.018 退修** revision
全称"退回修改"。出版单位对拟采用的稿件
提出修改意见,请作者进行修改的编辑活动。

**02.03.019 退稿** rejection
出版单位将决定不采用的稿件退还作者的编
辑活动。

## 02.04 编辑加工

**02.04.001　编辑加工**　editing and processing
对已决定采用的稿件进行全面审核并作修改润饰和规范化整理的编辑活动。

**02.04.002　编辑计划**　editing plan; editorial plan
编辑人员对某部书稿或某期刊物进行编辑的安排。

**02.04.003　共同编辑**　joint editing
两人或两人以上共同承担某部书稿或某期刊物的编辑任务。

**02.04.004　编辑加工原则**　principles of editing and processing
编辑加工必须遵循的法律法规、标准、方法、程序等。

**02.04.005　调整结构**　restructuring; structural adjustment
对稿件进行结构性调整,使之条理清晰的编辑加工活动。

**02.04.006　修正标题**　title correction; title modification
修改、优化稿件题名、章节题名,使之更契合正文、结构清晰的编辑加工活动。

**02.04.007　润饰文字**　language improvement
又称"修饰"。按照编辑加工原则对稿件文字进行润色修改的编辑加工活动。

**02.04.008　改错**　correction of errors
按照编辑加工原则改正稿件内容中不当提法和错别字等的编辑加工活动。

**02.04.009　增删**　addition and deletion
经作者同意做少量内容的增加或删减的编辑加工活动。

**02.04.010　整理**　neatening
使稿件符合排版要求而做的技术性加工,包括统一体例格式、用字用语,标注说明有关事项,保持书稿整洁等。

**02.04.011　校订**　revision
根据可靠资料,订正引文、事实、数据等方面的差错的编辑加工活动。

**02.04.012　核对引文**　citation check
核对稿件中引文的出处和内容的编辑加工活动。

**02.04.013　查对资料**　data check
核对稿件中资料的出处和内容的编辑加工活动。

**02.04.014　校正注释**　note correction
核查稿件中的注释使其符合注释规范的编辑加工活动。

**02.04.015　规范统一**　implementation of standards and norms
对稿件的语言文字、标点符号、名词术语、体例格式等进行核查、修改,使之符合相关标准和规范的编辑加工活动。

**02.04.016　译稿校订**　translation revision
对照原作品或其他可信资料,对译稿加以审核加工的编辑加工活动。

**02.04.017　校核**　proofreading and check
对稿件内容进行校对与核查的编辑加工活动。

**02.04.018　原稿批注**　author's annotations
作者在文稿空白处的留言和说明,以提请编辑和审稿者注意。

**02.04.019　删节**　abridgement
对稿件内容进行删减的编辑加工活动。

**02.04.020 统一名词术语** unification of terminology

对稿件的名词术语进行核对,使之符合规范的编辑加工活动。

**02.04.021 统一体例格式** unification of style and format

对稿件的形式和格式进行整体性、一致性处理的编辑加工活动。

**02.04.022 编写体例** style guidelines for authors

出版单位提供给作者,要求撰稿时遵守的规范性文件。

**02.04.023 处理图表** processing of illustrations and tables

对稿件的插图和表格进行修改、优化、规范的编辑加工活动。

**02.04.024 编序** sequencing

对全书稿件按大流水号进行编号。编辑发稿前最后一道程序。

**02.04.025 处理质疑** query handling

编辑处理出版流程中各环节的人员提出的问题。

**02.04.026 定稿** finalized manuscript

最后修改审定的稿件。

**02.04.027 齐清定** completeness; clarity and definiteness

稿件齐全、清楚、确定。编辑加工的基本要求之一,也是发稿的必备条件。

**02.04.028 书名** title of a book

全称"正书名"。书的主标题。

**02.04.029 副书名** subtitle of a book

依附于正书名的书的标题。

**02.04.030 丛书名** title of a series

直接表达或象征、隐喻多卷本书籍内容及其

特征的共同题名。

**02.04.031 篇** piece

完整的文章或作品。

**02.04.032 编** part

书籍中大于章的结构单元。

**02.04.033 章** chapter

书籍或文章中小于编大于节的结构单元。

**02.04.034 节** section

书籍或文章中小于章大于目的结构单元。

**02.04.035 目** item

书籍或文章中最小结构单元。

**02.04.036 标题** title; headline

又称"题名"。标明文章、作品等内容的词组、短语或短句。可分为主题名、并列题名、副题名等。

**02.04.037 主题名** main title

又称"正题名"。出版物的主要题名。

**02.04.038 副题名** subtitle

对主题名作进一步解释说明且不独立使用的题名。

**02.04.039 并列题名** parallel title

出版物另外一个语种的题名。

**02.04.040 题解** explanatory note

又称"题注"。说明书籍或文章的作者、内容、版本等情况的辅文。

**02.04.041 目录** table of contents

又称"目次"。出版物正文前,按一定次序编排篇、章、节等名目,体现其内容结构的检索性辅文。

**02.04.042 要目** essential contents; headline

从内页目录中摘出并刊登在书、报、刊封面等上面重点推荐的目录。

**02.04.043　正文　main body；text**
书籍或文章的主体。

**02.04.044　辅文　auxiliary piece**
出版物中在正文前或后,用以补充说明正文的附属文字、图表等。

**02.04.045　插图　illustration**
插在书、报、刊文字中间表示和说明其内容的图画。

**02.04.046　艺术插图　artistic illustration**
以艺术形象表示书刊内容的插图。

**02.04.047　技术插图　technical illustration**
又称"科技插图""图解性插图"。表示事物的形态、结构、原理、运动变化等科学、技术内容的插图。

**02.04.048　彩插　color insert**
单色或双色印刷的书、报、刊中插进去的彩色印刷的页面。

**02.04.049　中插　center insert；centerfold**
在书、报、刊累计页面的正中间插入的页面。

**02.04.050　作者简介　author's profile**
又称"著作者简介""作者介绍"。对作者的身份、著述情况等的简要介绍,说明作者基本情况的辅文。

**02.04.051　引文　citation**
文章中引用他人著述或文献资料的文字。

**02.04.052　出版说明　publisher's note**
又称"编辑说明"。以出版者的名义,从编辑角度向读者说明的辅文。

**02.04.053　内容提要　①summary；synopsis ②headlines**
简称"提要"。①对出版物主要内容的综述性介绍。②在文章标题之下、正文之前对其内容加以概括或评价的简短文字,其字号、字体一般区别于正文。

**02.04.054　主题词　thematic word**
由受控词表规范地用于标引文献主题以便于检索的词。

**02.04.055　关键词　keyword**
为便于检索而提出的能够表达文献主题内容、可作为检索入口的未经过规范化的自然语言词汇。

**02.04.056　论文摘要　abstract**
对论文主要内容的概括性介绍。

**02.04.057　编者按　editorial note；editor's note**
简称"按"。全称"编者按语"。又称"编者的话"。以编者身份发表的评论性或说明性辅文。

**02.04.058　前言　introduction**
又称"引言""前记"。置于正文或目录之前,由作者或编者撰写的有关本书的说明性辅文。

**02.04.059　序言　preface**
简称"序"。置于正文或目录之前的有关介绍或评析作品的说明性辅文。

**02.04.060　绪言　introduction**
又称"绪论"。书籍或论文开头说明主题和基本内容的篇章,是正文的有机组成部分。

**02.04.061　自序　author's preface**
由作者、译者、编者自己撰写的序言。

**02.04.062　他序　foreword**
由作者、译者、编者请他人撰写的序言。

**02.04.063　总序　general preface**
多卷本书籍中附于卷首,介绍或评析整部作品的序言。

**02.04.064　译序　translator's preface**
由译者撰写的序言。

**02.04.065　后记　epilogue；afterword**
又称"跋""附记""编后语""写在后面的

话"。置于书末的有关本书的说明性辅文，与序言、前言有所呼应和补充。

**02.04.066　补白　filler**
印于书刊各篇正文后面空白之处的图文。

**02.04.067　注释　annotation；note**
又称"注解""附注"。对正文的某些内容或文字做出相关解释、说明的辅文。

**02.04.068　释义注　explanatory note**
对正文中的语句、用词进行说明的注释。

**02.04.069　引文注　citation note**
对正文中引文的出处、内容进行说明的注释。

**02.04.070　脚注　footnote**
又称"边注""页末注"。置于同页末尾的注释。

**02.04.071　旁注　sidenote**
列在正文旁边的注释。古籍中常见，一般位于版心之外的左右两侧翻口处。

**02.04.072　尾注　endnote**
又称"文后注"。集中置于正文的某一部分或全部正文之后的注释。可分为段后注、章后注、篇后注、书后注。

**02.04.073　篇后注　article endnote**
置于书刊中每一篇文章之后的注释。

**02.04.074　夹注　inserted note**
又称"随文注"。夹印于正文之内的注释。

**02.04.075　译注　translator's note**
外文翻译者或古文翻译者就翻译事项或翻译内容所做的注释或说明。

**02.04.076　编者注　editorial note；editor's note**
编者就某一事项或内容加以注释说明的辅文。

**02.04.077　图注　illustration caption**
图片内容的题解和注释文字。

**02.04.078　图例　legend**
对地图或图表上所用标记符号的说明。

**02.04.079　表格　table**
运用线条把事项分类排列，提示事项相互关系的记录方式。

**02.04.080　表题　table title**
表格的名称。

**02.04.081　表头　table head**
表格中的栏头。

**02.04.082　表身　table body**
表格中除栏头之外的部分。

**02.04.083　表尾　table tail**
置于表格下底线外的，对表格的说明和注释。

**02.04.084　表注　table note**
对表格的内容、数据出处等的注释说明。

**02.04.085　补遗　addendum**
附在正文后，增补正文遗漏的辅文。

**02.04.086　补记　supplementary note**
一般置于正文后或卷末，进一步阐明正文主旨或交代其他事项的辅文。

**02.04.087　附录　appendix**
附在正文后的有关图文资料。辅文的一种。

**02.04.088　参考文献　references**
在书籍、论文的正文之后或各部分之后一一列出所参考或引用文献的辅文。

**02.04.089　索引　index**
汇集书刊中包含的字词、语句、事件、编号、图片等主题，以适当方式编排，指引读者查找的检索工具。

**02.04.090　译名对照表　comparison table of name translation**

将正文中的中外人名、地名、机构名及其他专用名称的原文与译名对照陈列的表格。

**02.04.091　大事年表**　chronology of events
将重要事件按时间顺序陈列的表格。

**02.04.092　凡例**　user's guide; guide to entries; key to entries

说明出版物内容、编纂体例及使用方法的辅文。一般置于正文或目录之前。

**02.04.093　勘误表**　errata
附在书刊中更正文字错误的辅文。

**02.04.094　结束符**　end mark
期刊中每篇文章末尾表示文章结束的符号。

## 02.05　校　对

**02.05.001　本校**　blind proofreading; cold proofreading
通过同一书稿前后、左右的比对和互证来发现问题,订正讹误的校对方式。

**02.05.002　他校**　proofreading against other literature
用其他书籍文献来校对本书稿的方式。

**02.05.003　理校**　proofreading by reasoning
通过推理分析来做出是非判断的校对方式。

**02.05.004　对校**　proofreading against copy
以原稿对照校样进行校对的方式。

**02.05.005　折校**　proofreading by copy folding
又称"比校"。用双手夹持校样,逐行折叠校样并压在原稿上,使二者相应的字句上下对齐,一目双行地比对和订正校样上差错的校对方式。对校的一种。

**02.05.006　点校**　proofreading by pointing
一手指原稿,一手执笔点校样进行比对的校对方式。对校的一种。

**02.05.007　读校**　proofreading by copy reading
又称"唱校"。一人朗读原稿,他人比对校样,发现并改正差错的校对方式。

**02.05.008　倒校**　reverse proofreading
从行尾向行首逆序校对的方式。

**02.05.009　校样**　proof
根据发排稿排版后印出的供校对使用的样张。

**02.05.010　校对符号**　proofreaders' mark
以特定图形为主要特征的、表达校对要求的各种符号。

**02.05.011　校异同**　proofreading for differences
以原稿为依据,核对校样,分辨异同,异则依据原稿订正校样的校对原则。清代校雠家段玉裁将校雠的功能概括为"校异同、校是非"。所谓校异同就是"照本改字,不讹不漏"。

**02.05.012　校是非**　proofreading for errors
通过查对资料和相关标准,发现并订正原稿中的错误的校对原则。清代校雠家段玉裁将校雠的功能概括为"校异同、校是非"。所谓校是非就是"定本子之是非"。

**02.05.013　编辑校对**　editorial proofreading
编辑处理稿件时在校样上根据原稿进行校正的编辑活动。

**02.05.014　作者校对**　authorial proofreading
又称"作者看样"。作者对编辑修改意见进行确认和处理校样遗留问题的校对活动。

**02.05.015　校对软件**　proofreading software
用来校对电子文稿的计算机软件。

**02.05.016　人机结合校对**　human-machine integrated proofreading
人工校对和计算机软件校对相结合的校对方式。

**02.05.017　三校一读** three proofreadings and one through reading
出版物经过三次校对和一次通读后才给予付印的制度。校对工作的基本制度。

**02.05.018　校次** proofreading time
校对的次数。

**02.05.019　毛校** rough proofreading
稿件完成排版送出版单位校对部门前进行的校对活动。

**02.05.020　一校** first proofreading
又称"初校"。出版单位对稿件进行的第一次校对。

**02.05.021　二校** second proofreading
出版单位对稿件进行的第二次校对。

**02.05.022　三校** third proofreading
出版单位对稿件进行的第三次校对。是最后把关的一个校次。

**02.05.023　增校** added proofreading
出版单位在三个校次之外增加的校次。

**02.05.024　连校** proofreading by combining two proofs
两个校次合并进行的校对方式。

**02.05.025　通读校样** through reading of a proof
脱离原稿,对校样进行通读以发现和订正错误的校对方式。

**02.05.026　誊样** merging of proofs; transcription of changes from multiple proofs onto one
将多份校样的改动誊抄合并至一份校样上的校对活动。

**02.05.027　改样** incorporation of corrections
又称"改版"。按照校样上校出的差错,在印版上加以改正的校对活动。

**02.05.028　核红** check on colored corrections
曾称"对红""复红"。检查核实前次(或前几次)校样上色笔批改之处在后次校样上是否得以改正的校对活动。分校次间核红与付印清样核红两种。

**02.05.029　清样** clean proof
改完版后重新打印的未经再次校对的纸样。

**02.05.030　红样** dirty proof
经过校对人员修改过的校样。相对于清样而言。

**02.05.031　编校分离** separation of editing and proofreading
出版过程中,编辑人员负责初审、编辑加工和清样的审读,校对人员负责三次校对和通读的编辑模式。

**02.05.032　编校合一** integration of editing and proofreading
出版过程中,编辑人员负责编辑、校对所有工作的编辑模式。

**02.05.033　校对质疑** proofreaders' query; query from a proofreader
校对人员对原稿和校样中的内容提出疑问,提请编辑人员解决的工作方式。

**02.05.034　编辑释疑** query solving by an editor
编辑人员在校样上对校对质疑明确做出处理的编辑活动。

**02.05.035　处理校样** proof processing
稿件排出校样后,编辑人员进行审读并做出处理的编辑活动。

**02.05.036　发稿** release for typesetting
责任编辑将完成审稿、加工、整体设计后的稿件签发排版的编辑环节。

**02.05.037　付印清样** clean proof for the press
又称"付印样"。俗称"付型样"。完成三校一读、编辑人员审改处理、改版后打印出的供印刷用的清样。

**02.05.038　付印**　sending to the press; sending for printing

稿件完成排版、校对和其他编辑工作流程,交付印制的编辑活动。

# 02.06　装　　帧

**02.06.001　装帧**　book design; binding and layout

全称"装帧设计"。在书刊出版前,从思想内容、工艺、材料和艺术等方面对书刊形态进行整体规划的设计。

**02.06.002　整体设计**　general design

出版物的外部装帧和内文版式的全面设计,包括封面、附件、正文、辅文、开本、装订形式、使用材料等的设计。

**02.06.003　技术设计**　technical design

出版物的形态设计,包括开本的选择,以及出版物结构、装订形式的设计等。

**02.06.004　美术设计**　art design

运用美术创作手段为出版物形式所作的体现艺术构思的设计。

**02.06.005　封面设计**　cover design

书刊封面的文字、图案、色彩的设计工作。书籍封面设计包括封一、封二、封三、封底和书背五个部分的设计。

**02.06.006　版式设计**　layout design

又称"版面设计"。对版面内的文字字体、图像图形、线条、表格、色块等要素,按照一定的要求进行编排的设计。

**02.06.007　插图设计**　illustration design

书刊插图的设计工作。

**02.06.008　开本**　format; book size; trim size

又称"幅面尺寸"。出版物幅面大小的规格。占全张纸的几分之一即为几开本。

**02.06.009　异型开本**　special format; irregular size

又称"畸形开本"。不能被全开纸张或对开纸张开尽(留下剩余纸料)的开本。

**02.06.010　版面**　page spread

印刷成品幅面中,图文和空白部分的总和。

**02.06.011　版面字数**　characters per page; words per page

一定规格的版心内可容纳的字数。是计算稿酬的主要依据。

**02.06.012　版式**　format

①在页面中图文的编排要求,包括空间位置和尺寸,是印刷和复制的依据。②音像、电子出版物显示界面设计,用以表示屏幕显示的各组成部分之间的关系和结构。

**02.06.013　版心**　type page; print space; type area

印刷产品幅面中规定的印刷区域。

**02.06.014　版口**　edge of the type page

版心左右上下的极限,某种意义上也即版心。版心以版面面积计算范围,版口以左右上下周边计算范围。

**02.06.015　字体**　typeface; font

文字或图形符号的形体类别。

**02.06.016　字号**　font size; point size; type size

区分单个字符大小的表示方法。

**02.06.017　字符轮廓**　glyph outline; character outline

又称"字形轮廓"。字符的造型轮廓。

**02.06.018　字符字形库**　character font library;

character library

简称"字库"。收纳各种字体字形的数据库,供计算机输出文字内容或版(页)面时调用。包含字体字形、字符编码映射、字形提示等多种信息,供文字成像等应用的数字信息集合。

**02.06.019　字形提示　font hint**
为避免缩放引起字形畸变和损失而加入字库的附加处理用信息。

**02.06.020　文字输入　text input**
将文字信息输入系统或设备中的过程。

**02.06.021　点阵字库　bitmap font library**
以二进制 0 和 1 阵列构成字形信息的字库。

**02.06.022　轮廓字库　outline font library**
以直线及曲线描述字形轮廓的字库。

**02.06.023　字距　word spacing; character spacing**
版式中相邻字与字之间的距离。

**02.06.024　行距　leading; line spacing**
版式中相邻行与行之间的距离。

**02.06.025　排版　typesetting; composition**
将文字、图片、图形等可视化信息元素在版面布局上调整位置、大小,使版面布局条理化的过程。

**02.06.026　文字排版　text typesetting; text composition**
按照版式设计的要求,将字符输入并安排在指定位置或范围内的过程。

**02.06.027　排版规则　typesetting rules; composition rules**
对文字等排版处理的版面设计。

**02.06.028　排版设计　typography**
通过计算机系统进行文字编辑、版面设计和图形图像处理,并完成符合出版要求的排版工作的过程。在数字出版过程中,排版设计需要考虑目标媒介,如印刷出版、按需出版、PDF 文档发布、网页浏览器、手机、平板电脑、电子阅读器等的需要。

**02.06.029　竖排　vertical typesetting**
又称"直排"。字符由上而下竖向排列成行的排版格式。

**02.06.030　横排　horizontal typesetting**
字符由左至右横向排列成行的排版格式。

**02.06.031　接排　①run-on ②running-in**
①篇(章)的标题和正文不另面(页)起排,而连接排在上一篇(章)的正文下方。②将两段或两段以上的文字合成一段文字的方法。

**02.06.032　顶格　flush**
全称"回行顶格排"。排完一行文字后接排下一行时,齐版口起排,不留空格。

**02.06.033　缩格　indented**
字行起首留出若干空格的排版。

**02.06.034　齐脚　foot-justified**
竖排表示齐版心下;横排单面表示齐版心右,双面表示齐版心左。

**02.06.035　串文　text stringing; text wrapping**
又称"插文""卧文"。在标题、图表旁边排正文。

**02.06.036　转行　line breaking**
又称"回行"。文字于上行未排完再排第二行。

**02.06.037　转页　page breaking**
本版面排不完时,转下一版面接排。

**02.06.038　缩面　page count cutting**
将图文挤排到前一版面,以减少版面。

**02.06.039　捅版　page composition upsetting**
校样由于文字增删而造成推行,改变已排版面的排版情况。

**02.06.040　背题　title orphaning**
标题处在一块版面的末行,标题下无正文,即标题脱离正文。为排版禁忌。

**02.06.041　占行　line spanning**
标题占据正文的位置,以正文行数来计算。

**02.06.042　居中　centering**
文字等位置适中,上与下空隙相等,左与右空隙相等。

**02.06.043　通栏　single-column layout**
又称"单栏""长栏"。版心不作分隔、字行的长度与版心宽度相等的版式。

**02.06.044　分栏　multi-column layout**
将版心分为两栏或多栏的版式。

**02.06.045　破栏　column breaking**
又称"跨栏"。文字分栏排,标题或图表跨两栏或多栏排。

**02.06.046　全角　double-byte character case; DBC case**
用作排版宽度的计量单位,宽度等于所使用的文字的磅数(point)。1磅约等于0.35毫米。

**02.06.047　半角　single-byte character case; SBC case**
用作排版宽度的计量单位,宽度等于所使用的文字全角磅数的一半。

**02.06.048　出血　bleed**
图像超出成品幅面范围而被裁切掉的版面设计。

**02.06.049　出血版　bleed layout**
图版的一边或多边超出原定版心尺寸的版面。

**02.06.050　表格编排　table editing and placement**
排放表格的编辑、设计工作。

**02.06.051　插图编排　illustration editing and placement**
排放插图的编辑、设计工作。

**02.06.052　单页图　single-page illustration**
占一版面、背面空白的图。

**02.06.053　跨页图　double-page spread illustration; two-page spread illustration**
跨两版面的图。

**02.06.054　合页图　hinged illustration**
左右两面合为一幅的图。

**02.06.055　通栏图　banner illustration**
插在正文中间,两边不排文字的图。

**02.06.056　跨栏图　multi-column illustration**
又称"破栏图"。图幅跨两栏或两栏以上的图。

**02.06.057　版内图　in-page illustration**
图幅未超过版心的图。

**02.06.058　出血图　bleed illustration**
图幅超出版口的图。

**02.06.059　尾花　tailpiece**
又称"尾图""尾饰"。俗称"压脚花"。书刊文章末尾版心中空白部分的小型装饰图案。

**02.06.060　正线　positive line; thin line**
表格中的细的界线、轮廓线或装饰线。

**02.06.061　反线　reversed line; thick line**
表格中的粗的界线、轮廓线或装饰线。

**02.06.062　标定色样　color sample calibration**
对颜色的要求做出标定。

**02.06.063　色标样本　color code sample**
印刷颜色的范本。

**02.06.064　平脊　flat spine**
书背呈平面状。书芯的装帧形式之一。

**02.06.065　圆脊　rounded spine**

又称"圆背（rounded backbone）"。书背呈月牙状或圆弧状。书芯的装帧形式之一。

**02.06.066　圆角　rounded corner**
精装书书壳四角为圆形。

**02.06.067　色口　colored cut edges；colored edges**
书芯侧面喷刷有金粉或其他颜色的部分。

**02.06.068　切口留白　fore-edge margin**
与书页装订边相对的裁切空白处。

**02.06.069　页码　folio；page number**
标明页面顺序的序号。

**02.06.070　单码　odd folio；odd page number**
书刊页码中的奇数页码。

**02.06.071　双码　even folio；even page number**
书刊页码中的偶数页码。

**02.06.072　明码　expressed folio**
书刊中排印出的页码。

**02.06.073　暗码　blind folio**
又称"空码"。书刊中没有排印出但仍占页码数的页码。

**02.06.074　页数　number of pages**
书刊正文页面的数量。

**02.06.075　页　①page ②web page**
①量词。通常用于印刷出版物。单面印刷时，一页是指一张纸；双面印刷时，一页是指一面。②互联网地址中超文本文献的页面。

**02.06.076　页面　page**
①出版物的基本单元，包含文字、图形、图像、链接、标签、标识等信息。②承载书刊内容的纸页两面。

**02.06.077　书名页　title leaves**
图书正文之前载有完整书名信息的书页。可分为主书名页和附书名页。主书名页包括扉页和版本记录页。丛书、多卷书、翻译书、多语种书等特有的一些书名、作者名、出版者信息，一般刊载于附书名页。

**02.06.078　目录页　table of contents page**
出版物正文前按一定次序列出篇、章、节等名目的及所在页码的页面。

**02.06.079　扉页　title page**
又称"内封""副封面"。书芯正文前印有书名、作者、出版者等信息的书页。

**02.06.080　版本记录页　edition notice page**
又称"版权页（copyright page）"。提供图书的版权说明、图书在版编目数据和版本记录的书页。一般放在扉页的背面。

**02.06.081　衬页　endleaf；endpaper；endsheet**
在书籍封二和扉页之间，或封三和正文末页之间加放的空白页。

**02.06.082　环衬　endpaper；endsheet**
书芯前后各粘的一折两页的纸张。

**02.06.083　隔页　separation page**
又称"篇章页""辑页""辑封"。用来分隔书刊内容单元并印有相关导引文字的页面。期刊多用来刊登广告。

**02.06.084　中心页　center spread；centerfold**
骑马订书刊中间左右相连的两页。

**02.06.085　跨页　double-page spread**
把左右相连、双单页码相邻两页视作一页设计成的页面。

**02.06.086　专栏页　column separation page**
期刊正文中，专栏与专栏之间、印有专栏导引文字的隔页。

**02.06.087　插页　①insert ②inserting**
①书刊装订中加进的另行印制的书页。②将一个书帖套入另一个书帖中，或将补充部分，

如广告、不规则的折叠页插入已订联的书芯内的工艺。

**02.06.088 封面** cover
又称"封皮"。包在书芯外面印有书名、作者、出版者的纸张或其他材料。一般包括封一、封底及书背。

**02.06.089 封一** front cover
又称"面封""前封面"。整本书刊的第一个页面。

**02.06.090 封二** inside front cover
又称"封面里""封里"。封一的背面。

**02.06.091 封三** inside back cover
又称"封底里"。封底的背面。

**02.06.092 封底** back cover
又称"底封""底封面""封四"。整本书刊的最后一个页面。

**02.06.093 书头** head; top edge
又称"书顶"。书本或书芯的上端切口。

**02.06.094 书眉** header; running head
在书刊横排本的版心上部排印的，用以提示该页章节题名或专栏名称的文字。

**02.06.095 书肩** shoulder
起脊后圆背书芯的上下两端。

**02.06.096 书脚** foot; tail; bottom edge
又称"书根"。书本或书芯的下端切口。

**02.06.097 书口** out-cutting edge
跟书背相对的一边。线装书通常在这个地方标注书名、卷数、页数等。

**02.06.098 书芯** text block
书刊封面以内或未上封面之前订联在一起的书帖及环衬。

**02.06.099 书背** book back
连接封一和封底的部分。

**02.06.100 书脊** spine
书背两侧的凸起部分。

**02.06.101 页边** margin
又称"周空"。版心与切口之间的空白区域。

**02.06.102 天头** head margin; top margin
版心顶端至成品边沿的空白区域。

**02.06.103 地脚** foot margin; tail margin; bottom margin
版心底端至成品边沿的空白区域。

**02.06.104 中缝** gutter
对页上两个版面之间的空隙。在竖排本中指前后半页的折缝。在报纸中指左右两版面之间的狭长版面，一般用于刊登分类广告、遗失声明等小篇幅文字信息。

**02.06.105 勒口** flap
曾称"折口"。封一和封底或护封在翻口处向里折转的延长部分。

**02.06.106 附件** annex; annexed matter; accompanying material
内容与出版物主体部分有直接联系，在装订或其他组装方式上与主体部分相分离的附属资料。

**02.06.107 护封** book jacket
又称"包封"。包裹在书刊封面外面的封皮，对书刊封面起保护作用。

**02.06.108 腰封** belt cover
又称"书腰纸"。包勒在封面腰部的纸带，常印与本书相关的文字。

**02.06.109 梯标** edge index
又称"踏步口""检标"。附于书籍切口上的检索标志。

**02.06.110 函套** slipcase
又称"封套""书套"。中国传统书籍外面包的保护性装饰物，一般是以厚板纸做里层，以布或锦等织物裱外而成的盒式外套。

**02.06.111 书盒** box
又称"书函"。包装书册的盒子,一般用木板、纸板或各色织物制成。

**02.06.112 书壳** case
采用丝织品、布、革等材料,粘贴在硬纸板表面而制成的精装书的封面。

**02.06.113 飘口** overhang cover edges
精装书壳超出书芯切口的部分。

**02.06.114 书槽** book-groove
精装书壳封一和封底上与书脊相邻平行的凹槽。

**02.06.115 书签** bookmark
能够夹入书页内,用来标示所读之处的签或片条。

**02.06.116 书签带** bookmark ribbon
又称"书签丝带"。书刊所附的起书签作用的丝带。

**02.06.117 外装帧纸** printed cover
印有提示电子出版物和音像制品内容的外观标识装饰纸页。

## 02.07 阅读与评论

**02.07.001 阅读** reading
读者从读物中获取信息,并进行加工,产生理解与情感效应的精神活动。

**02.07.002 亲子阅读** parent-child reading
父母和孩子共同阅读,并围绕阅读对象进行互动交流的过程。

**02.07.003 儿童阅读** children's reading
未满18周岁人群根据自身认知水平或兴趣偏好展开的阅读行为。

**02.07.004 女性阅读** female reading
成年女性阅读符合女性思维方式、认知心理,有一定女性主义倾向或立场的读物的行为。

**02.07.005 阅读公众** reading public
具有读写能力,能在阅读中培养与公共性相关的主体性,有一定批判意识和能力的群体。

**02.07.006 经典阅读** classic reading
对本民族或本国家公认的具有较高文化价值、历史价值的文学作品、美术作品、艺术作品等的阅读。

**02.07.007 有声阅读** audio reading
通过聆听有声读物或他人朗读出版物内容来获取信息的阅读方式。

**02.07.008 语音阅读** phonetic reading
又称"声音阅读"。通过对字母串的语音识别进行解码而完成的阅读。

**02.07.009 整词阅读** whole-word reading
又称"视觉阅读"。指通过将单词作为一个整体识别而完成的阅读。

**02.07.010 图像阅读** image reading
读者对图像作品的观看、分析、评判与领悟等行为。图像作品包括静态的摄影绘画类作品和动态的影视类作品。

**02.07.011 阅读工具** reading tool
在阅读过程中用以减少阻碍、优化体验、促进认知效果的硬件或软件材料与设备。

**02.07.012 纸质阅读** paper reading
对以纸张为载体的读物的阅读行为。这类读物往往经历了编辑、校对、印刷、出版等一系列流程。

**02.07.013 抄本阅读** codex reading
对根据底本手写传录而得到的副本的阅读。

**02.07.014 绘本阅读** picture book reading

针对绘本图书的阅读。

**02.07.015　屏幕阅读　screen reading**
相较于纸质阅读,指在电子显示屏幕上进行的阅读,侧重强调阅读载体(个人计算机、手机及其他显示设备等)的数字化。

**02.07.016　数字阅读　digital reading**
以二进制数的形式记录、处理、传播、获取的信息载体为客体的阅读行为,与传统纸质阅读相对应。

**02.07.017　电子阅读　electronic reading**
针对报刊、书籍和其他印刷品来源的书面材料的数字显示版本进行的阅读。

**02.07.018　移动阅读　mobile reading**
借助智能手机、电子阅读器和平板电脑等移动终端获取信息、阅读作品的方式。

**02.07.019　立体阅读　three-dimensional reading**
将传统的二维平面阅读方式转变为集视、听、说、触等不同维度为一体的,结合文字、图像、视频、增强现实、虚拟现实等技术的阅读形式。

**02.07.020　多元阅读　diversified reading**
相较于传统的一元阅读,多元阅读包括阅读环境的多元化、阅读内容的多元化、阅读载体的多元化、阅读方式的多元化、阅读目的的多元化等。

**02.07.021　全民阅读　reading for all**
为保障公民的基本阅读权利,培养公民阅读习惯,提高公民阅读能力,提升公民阅读质量而制定的国家战略。

**02.07.022　分级阅读　levelled reading**
一种根据读物难度和阅读者能力,向不同认知水平阅读者(尤指未成年人)提供适宜读物的阅读理念和策略。

**02.07.023　阅读推广　reading promotion**
出版机构或其他组织和个人,通过多种渠道、形式和载体向公众传播阅读理念、开展阅读指导、提供阅读服务,以提升公众阅读兴趣和能力。

**02.07.024　阅读情境　reading context**
阅读主体、阅读客体、周边环境等阅读相关要素及其互动关系的总和。

**02.07.025　课外阅读　extracurricular reading**
相较于课内阅读,主要指在正式课堂时间以外进行的阅读。

**02.07.026　读书报告会　reading colloquium**
面向读者进行阅读交流的一种会议形式。

**02.07.027　阅读意愿　reading willingness**
阅读统计和读者调查的常用术语,指人们对特定读物显在或潜在的阅读需要与阅读动机。

**02.07.028　浏览式阅读　scanning reading**
概括性了解读物主要内容的一种快读方法,通常用于有选择性地获取信息、估量读物的阅读价值等,包括速读、跳读、略读等形式。

**02.07.029　理解阅读　comprehension-oriented reading**
用语速或更慢的速度阅读并思索、理解作品的观点与逻辑的阅读。

**02.07.030　品味阅读　appreciation-oriented reading**
反复体会作品的思想情感、整体特色等的阅读。

**02.07.031　消遣阅读　entertainment-oriented reading**
无学习目标的放松状态的阅读。

**02.07.032　强记阅读　rote memorization-oriented reading**
以记忆为目标多次重复的阅读。

**02.07.033　评价性阅读　evaluative reading**

以评价为目标的阅读。

**02.07.034　开放性阅读　open reading**
不局限具体的阅读内容、阅读数量等，以培养广泛的阅读兴趣、增加阅读量、提高阅读积极性和自主性为目的的阅读。

**02.07.035　听读　audio reading**
听者主动从录音材料中获取信息，并进行加工，产生理解与情感效应的精神活动。

**02.07.036　视听读　audiovisual reading**
读者主动从视听材料中获取信息，并进行加工，产生理解与情感效应的精神活动。

**02.07.037　朗读　loud reading**
又称"诵读"。读出声音语调的阅读。

**02.07.038　默读　silent reading**
较快地默念读音的阅读。

**02.07.039　视读　sight reading**
发挥头脑直接处理所视画面的功能，整体感知并理解其意义的快速阅读。

**02.07.040　精读　intensive reading**
需要深入理解和精确记忆以全面掌握作品的阅读。

**02.07.041　略读　skimming reading**
侧重选择重点和要点的概要式阅读。

**02.07.042　泛读　extensive reading**
广泛地阅读。通常指一般性阅读，旨在追求阅读速度和对作品的整体性感知。

**02.07.043　速读　speed reading**
以整体感知为特点的比朗读速度快3倍以上的速度的阅读。

**02.07.044　误读　misreading**
读者从阅读活动之前怀持的文化、伦理和阅读期待出发，对具有丰富性和不确定性的文本作出与文本预设不同的解读。误读是阅读中的普遍现象。

**02.07.045　深阅读　deep reading**
又称"深度阅读"。读者大脑参与程度较高，对阅读内容理解、掌握程度较高的阅读。

**02.07.046　浅阅读　shallow reading**
读者大脑参与程度较低，对阅读内容理解、掌握程度较低，一般阅读速度较快，仅作为了解、知晓的阅读。

**02.07.047　线性阅读　linear reading**
主要借助视觉，按照特定空间顺序进行的阅读行为。线性阅读的客体通常是纸质读物或电子书。

**02.07.048　非线性阅读　nonlinear reading**
调动多感官，采用联想式、跳跃式、整合式等思维，打破特定空间顺序进行的阅读行为。非线性阅读通常需要非线性文本或非线性媒介作为支持。

**02.07.049　主题阅读　theme reading**
围绕某一个主题或领域，广泛搜集相关材料，进行阅读。

**02.07.050　群文阅读　group text reading**
在单位时间内，围绕一个或多个课题，进行多文本阅读和集体探讨的阅读。

**02.07.051　比较阅读　comparative reading**
又称"对比阅读"。把内容相近或者有关联的两篇以上文章或两种以上出版物放在一起进行对比阅读，主要关注文章之间或出版物之间内容、主题、语言等方面的异同，培养锻炼自己的思维意识。

**02.07.052　碎片化阅读　fragmented reading**
一种以互联网为载体，以手机、平板电脑等便携式电子设备为工具，利用零碎时间获取碎片化信息的阅读方式。

**02.07.053　个性化阅读　personalized reading**
根据读者自身的知识水平、阅读特点与爱好等，向其推荐适合阅读的内容。个性化阅读强调阅读内容的差异性,阅读内容因人而异。

**02.07.054　自主阅读　autonomous reading**
读者根据自己的爱好与兴趣等,自主选择感兴趣的内容进行阅读。

**02.07.055　专业阅读　professional reading**
专业人士对特定专业领域的阅读行为。专业阅读往往遵循一定的专业规范与专业逻辑,并在阅读中思考和推进相应专业问题。

**02.07.056　批判性阅读　critical reading**
按推论论证的要素找出文本的关键部分并重建文本,然后借助一系列的"提问策略"对阅读内容进行客观公正的评估,最终理性地决定是否认同作者观点的阅读方式。

**02.07.057　沉浸式阅读　immersive reading**
以进入读物营造的情境、深层次掌握读物内容为指引的一种专注的、体验和认知相融合的阅读方法。沉浸式阅读的读物往往从文本或文本呈现技术上调动读者感官。

**02.07.058　互动阅读　interactive reading**
又称"交互阅读"。打破传统的二维静态阅读模式,不同读者之间可以就阅读的内容进行交流互动,或者阅读内容可以根据读者的动作给予相应的反馈,如声音、图像、视频等。该类阅读通常需要借助数字化阅读载体,如电脑、手机等设备。

**02.07.059　共享阅读　shared reading**
指个人或集体将自己阅读的感受、心得、体悟等通过读书会、图书漂流、共享书屋、网络等形式与他人或集体进行分享、传播。

**02.07.060　社交阅读　social reading**
以将阅读与社交媒体或社交网络相结合的形式,读者在社交媒体或社交网站上,将自己阅读的心得与体会进行交流、分享、传播的过程。

**02.07.061　社会化阅读　socialized reading**

利用网络论坛、实时聊天工具和微博等社交网络媒体进行数字化阅读的方式。与传统阅读方式相比,具有快速传播及实时性、互动性等特点。

**02.07.062　阅读体验　reading experience**
读者对出版物这一客体在阅读过程中所产生的主客观感受,包括感官体验和情感体验。

**02.07.063　阅读习惯　reading habit**
读者自动进行阅读行为的需要或倾向。良好的阅读习惯是指有正面价值的阅读习惯。

**02.07.064　阅读成瘾　reading addiction**
读者沉浸于阅读带来的快感体验和幻象,产生了阅读依赖并过量摄取阅读内容,在阅读中止后产生心理不适等戒断反应的阅读现象。

**02.07.065　阅读素养　reading literacy**
读者为了实现个人目标、增进知识、发掘潜能与有效参与社会生活,而对文本进行理解、运用、评估、反思的能力,以及对阅读活动的参与。

**02.07.066　读写能力　literacy**
以识别、书写文字为基础解读文本、获取信息的能力。读写能力不仅是一种服务于实践目的的工具性技能,也是人类经由文字和文本汲取意义、自我完善的能力。

**02.07.067　阅读文化　reading culture**
一定社会、一定时期以阅读为中心形成的文化。阅读文化形成的基础是一定社会、一定时期的读者具有大致相似的阅读传统、阅读模式和阐释策略。

**02.07.068　阅读革命　reading revolution**
欧美学界从人类阅读史出发,基于阅读类型、阅读模式和阅读行为的整体性变化提出的假说。迄今阅读革命的假说包括:近代早期从朗读转向默读,18世纪下半叶从精读转向泛读,以及当下纸质阅读向电子、数字阅读转变。"阅读革命"一词最早由德国文化史专家罗尔夫·恩格尔辛(Rolf Engelsing)提出，他基于对日耳曼地区的历史研究，认为18世纪欧洲经历了从精读到泛读的阅读革命。

**02.07.069　阅读量　reading quantity**
从出版物看，指阅读其文本的人数；从读者看，指在某一固定时段中人均阅读出版物的册数、篇数或字数。是衡量出版物价值、描述国民阅读状况的系列指标之一，与阅读能力、阅读素养紧密相关。

**02.07.070　阅读率　readership rate**
阅读某出版物的人数占所覆盖地区人口总数的比率。衡量出版物价值(包括广告价值)的系列指标之一。

**02.07.071　国民阅读率　national readership rate**
有经常阅读行为的国民在全体国民中所占的比例。是描述各地全民阅读状况，促进全民阅读的重要数据。

**02.07.072　识字率　literacy rate**
一个社会中有文字识读能力的人口占总人口的比率。识字率界定了该社会存在与潜在的读者比率，是判断社会现代化程度的参考指标之一。

**02.07.073　读者忠诚度　reader loyalty**
经常阅读某报刊的读者人数占阅读过该报刊的读者总数的比率。是衡量报刊价值的系列指标之一。

**02.07.074　目标群体指数　target group index**
又称"TGI指数"。反映目标群体在特定研究范围(如地理区域、人口统计领域、媒体受众、产品消费者)内的强势程度。计算方法是：TGI指数＝［目标群体中具有某一特征的群体所占比例/总体中具有相同特征的群体所占比例］×标准数100。

**02.07.075　总接触人次　total reach**
媒体载体所接触人次的总和。

**02.07.076　覆盖率　coverage rate**
媒体在特定时间及特定地域内所接触的人口百分比。

**02.07.077　具身阅读　embodied reading**
依托认知神经科学，认为阅读认知过程有赖于身体的生理、神经结构及活动形式，根植于人的身体及身体与世界的相互作用的阅读理论。

**02.07.078　期待视域　horizon of expectation**
由德国读者反应批评理论的代表学者汉斯·罗伯特·尧斯(Hans Robert Jauss)提出，指读者在阅读活动之前所怀持的文化、伦理和阅读期待。

**02.07.079　冗余阅读理论　redundancy reading theory**
认为不同的信息来源和语言层次间存在信息互相重复现象的阅读理论。有效强化某些信息来源或语言层次可以淡化对另一些信息来源或语言层次的依赖。

**02.07.080　图式阅读理论　schemata reading theory**
运用认知心理学的图式概念，分析认知框架在人类阅读过程中的作用的阅读理论。图式阅读理论认为，语言图式、内容图式、形式图式构成了读者的认知框架，意义取决于读者在阅读过程中对认知框架的启动，读者必须利用多方面的知识通过预测、推理等积极思维才能获取意义、理解读物。

**02.07.081　读者反应批评　reader-response criticism**
泛指关注读者、阅读过程及读者反应的文学批评家所作的研究。读者反应批评突出读者和读者反应，反对完全以文本为中心，反对只强调文本在形式和语义学上的独特性。

**02.07.082　阐释社群　interpretive community**
拥有相同阐释策略的读者组成的群体。由英美读者反应批评理论的代表学者斯坦利·费什（Stanley Fish）提出，认为读者个体的感知、判断与阐释策略，是个体所在社群共有观念作用的结果。

**02.07.083　出版评论　publishing review**
出版评论是基于出版信息，对出版主客体、出版活动、出版业、出版与社会文化关系等进行描述、解释、评价的社会文化活动。是出版理论形成和发展的基础。

**02.07.084　出版评论的社会功能　the social function of publishing reviews**
出版评论调节出版活动，激励作者、编辑出版者，引导读者等方面的社会影响。

**02.07.085　出版评论的内在功能　the intrinsic function of publishing reviews**
出版评论描述、解释、评价出版活动和出版物等，这是出版评论实现社会功能的内在依据。

**02.07.086　出版评论标准　the criteria for publishing reviews**
出版评论者开展出版评论所依凭的出版价值观。验证为真的出版理论和传世的优秀出版物是出版评论的基本标准，评论者的出版理想是出版评论的补充标准。

**02.07.087　出版评论媒体　publishing review media**
刊发出版评论文章以组织、推动出版评论发展的出版行业媒体。

**02.07.088　出版人评论　publisher review**
以出版人及其出版活动为对象，关联出版人的社会身份、社会环境和出版物，分析、评价他的编辑出版思想及其发展、成因，出版理想及其实现程度，做人处事风格，社会影响等的出版评论类型。

**02.07.089　出版业务评论　publishing business review**
以编、印、发等出版流程为对象，分析并解释出版活动中的具体问题并提出对策或概括成

理论的出版评论类型。

**02.07.090　出版物评论　publication review**
以出版物及其社会文化关系为对象，分析、评价出版物的社会文化特征与品格、编辑出版过程、对社会的影响等的出版评论类型。依出版物形态细分为多种类型。

**02.07.091　出版现象评论　publishing phenomenon review**
以出版活动的社会关系为对象，提取出版现象，分析、评价出版现象中隐含的常态与变异、继承与革新，预测其社会影响等的出版评论类型。

**02.07.092　出版事件评论　publishing event review**
界定、命名出版事件，揭示其内在的社会文化与影响等的出版评论类型。

**02.07.093　出版机构评论　publishing institution review**
以出版机构为对象，分析、评论出版单位文化的形成、发展、特色及其社会影响的出版评论类型。

**02.07.094　出版技术评论　publishing technology review**
以出版业中的复制、发行、传播技术等为核心对象，分析、阐释出版技术性能、与出版活动的关系、发展趋势及其影响的出版评论类型。

**02.07.095　出版政策评论　publishing policy review**
以出版政策为核心对象，联系出版政策与社会环境、出版业态及其变迁等，分析、评价出版政策的针对性、导向性，对出版业及社会的影响等的出版评论类型。

**02.07.096　图书评论　book review**
简称"书评"。曾称"图书评介"。以图书及其非连续出版活动为对象，分析、评价该图书的内容与形式个性、编辑出版过程、可能的社

会影响等的出版评论类型。

**02.07.097 辞书评论 lexicographic work review; dictionary review**
以辞书及其编撰出版活动为对象,分析、评价其知识主题、编纂质量、知识单元、内在结构及其功能特征等的出版评论类型。

**02.07.098 报刊评论 press review**
以报刊及其连续出版活动为对象,分析、评价报刊个性及其社会文化关系的出版评论类型。

**02.07.099 创刊评论 inauguration review**
以报刊创刊活动、创刊号及此后若干期为对象,分析、评价报刊品种个性及其社会文化关系的报刊评论类型。

**02.07.100 改刊评论 relaunch review**
以报刊改刊活动、改刊号及此后若干期为对象,分析、评价新改报刊品种个性及其社会文化关系的报刊评论类型。

**02.07.101 改版评论 revamp review**
以报刊改版活动为对象,分析、评价改版策略及其实施效果、社会影响的报刊评论类型。

**02.07.102 终刊评论 discontinuation review**
又称"停刊评论"。以报刊停刊活动、停刊号及此前出版历程为对象,分析、评价其品种个性、总结其社会文化价值的报刊评论类型。

**02.07.103 报刊年度评论 press annual review**
以一种、多种或一类、多类报刊的一年为对象,分析、评价其一年出版活动及社会效果的报刊评论类型。

**02.07.104 专栏评论 column review**
以报刊的一个专栏为对象,综合该专栏的若干期,分析、评价该专栏与其他专栏的内容定位、功能定位的分合、互补关系,对读者的吸引力等的报刊评论类型。

**02.07.105 专题评论 feature review**

以报刊的专题为对象,联系该报刊的总体定位,分析、评价该专题的主题及社会关系、内容结构及组织、时效性、读者吸引力等的报刊评论类型。

**02.07.106 再版评论 re-edition review**
针对图书再版本和它所凝结的再版活动,分析、评价其内容增减修订、形式优化美化等的出版业务评论类型。

**02.07.107 选题评论 new title proposal review**
以一定时空范围的出版选题为对象,分析、评价其选题类型、创新程度、社会影响等的出版评论类型,兼具出版业务评论和出版文化评论的特征。

**02.07.108 装帧设计评论 binding design review**
以书刊的装帧设计为对象,联系该书刊的内容定位与读者定位,分析、评价其整体风格定位、开本选择、内文版式等的出版业务评论类型。

**02.07.109 比较出版评论 comparative publishing review**
以两种不同类型的出版物、两种不同境遇的出版活动为对象,互为参照,由比较出版物进而比较分析其相应的出版活动特征,揭示其内在规律的出版评论方式。

**02.07.110 音像出版评论 audio-visual publishing review**
以音像出版物和音像出版活动为对象的出版评论类型,评论维度及重心在于出版物所蕴含的音像语言、画面语言、审美价值,出版活动的社会影响等。

**02.07.111 多媒体出版评论 multimedia publishing review**
以文字、图片、声音等相配合的多媒体形式表达出版评论者观点和思想的评论文本方式,以区别于文字表达形式的出版评论。

**02.07.112　多媒体电子出版物评论　multime-dia electronic publication review**
以多媒体出版物和多媒体出版活动为对象的出版评论类型,有别于书、报、刊评论。

**02.07.113　网络评论　online review**
简称"网评"。以网络为载体发表评论的一种方式,具有及时性、互动性、大众性、题材形式多样等特征,区别于书、报、刊等传统媒体评论。

**02.07.114　网络出版评论　online publishing review**
以网络出版活动及网络出版物为对象的出版评论类型,不同于传统出版评论。

**02.07.115　数字出版评论　digital publishing review**
以数字出版活动和数字出版物为对象的出版评论类型,主要包括网络文学出版评论、数据库出版评论、在线教育评论、网络游戏评论、网络动漫评论、数字音乐评论等。

**02.07.116　网络文学出版评论　online literature publishing review**
以网络文学出版和网络文学出版物为对象的数字出版评论类型,评论维度主要有出版价值、读者接受程度、市场绩效等。

**02.07.117　数据库出版评论　database pub-lishing review**
以数据库和数据库出版为对象的数字出版评论类型,评论维度和标准主要有易用性、更新速率、库信息量、信息质量、价格、售后服务等。

**02.07.118　在线教育评论　online education review**
以在线教育产品和服务为对象的数字出版评论类型,评价维度主要有产品设计理念、设计体系、设计内容、满意度、易用度等。

**02.07.119　网络动漫评论　online animation review**
以网络动漫出版和网络动漫出版物为对象的数字出版评论类型,评论维度主要有作品人物、主题、情节、画创技巧、市场绩效等。

**02.07.120　网络游戏评论　online game review**
以网络游戏出版和网络游戏出版物为对象的数字出版评论类型,评论维度包括游戏元素设计、用户体验、游戏出版的社会影响等。

**02.07.121　数字音乐评论　digital music review**
以数字音乐创作、传播活动和数字音乐出版物为对象的数字出版评论类型,评论维度主要有作品创作背景、音乐形象、音乐风格、曲式结构、市场绩效等。

## 02.08　报 刊 编 辑

**02.08.001　刊名　title**
报刊的名称。简要提示连续出版物主要内容、定位的题名,多为词组。

**02.08.002　刊期　publication frequency**
报刊出版的周期。

**02.08.003　办刊宗旨　editorial purpose**
创办报刊的目的、理念、原则等的概括陈述。

**02.08.004　编辑方针　editorial policy**
根据办刊方针对报刊编辑工作做出的决策,规定了报刊的读者对象、传播内容、出版策略和风格特色等。

**02.08.005　舆论导向　public opinion guidance**
又称"舆论引导"。运用舆论影响人们的传播行为。

**02.08.006　内容把关　content gatekeeping**
在新闻出版工作中对内容的采选、编辑和发布的全过程中对新闻信息和知识传播进行疏导与抑制的行为。

**02.08.007　报刊风格**　newspaper manner
报刊的整体结构、传播方式、传播内容和版面形象等综合表现出的格调特点。

**02.08.008　报刊策划**　newspaper planning
确定报刊编辑方针,设计报刊整体规模和内部结构及各个局部的系统工作。

**02.08.009　期刊主编**　editor-in-chief of a journal
主持并总体考虑、协调期刊编辑出版工作的编辑人员。

**02.08.010　期刊副主编**　deputy editor-in-chief of a journal
协助主编主持期刊编辑出版工作的编辑人员。

**02.08.011　版面编辑**　make-up editor; layout editor
又称"版面主编"。报纸出版过程中负责(确定)各类稿件在报纸相应版面中编排、布局的编辑人员。

**02.08.012　记者**　journalist; reporter
报刊社从事新闻采写、报道信息的专职新闻人员。

**02.08.013　专栏记者**　column journalist; columnist
在报刊特定专栏上采写报道信息的专职新闻人员。

**02.08.014　特派记者**　special reporter
新闻出版单位专门派遣采访重大事件和重要人物的记者。

**02.08.015　特约记者**　special correspondent
新闻出版单位聘用的编外记者。

**02.08.016　驻外记者**　overseas resident reporter
受新闻单位派遣常驻国外采访的记者。

**02.08.017　记者站**　journalist bureau
新闻出版单位常设在外地或某国的代表机构。

**02.08.018　通讯员**　correspondent
报刊社聘请的经常为其反映情况、提供线索、撰写通讯报道的非专职新闻工作人员。

**02.08.019　评论员**　commentator
全称"新闻评论员"。撰写新闻评论的人员。

**02.08.020　新闻报料人**　news informer
提供新闻线索,即时向媒体报告突发事件的人员。

**02.08.021　专栏作者**　column writer; columnist
又称"专栏作家"。在报刊上经常就特定专题发表文章的作者。

**02.08.022　自由撰稿人**　freelance writer; freelance contributor
以自由撰写稿件为职业的人员。

**02.08.023　特约撰稿人**　special contributor
受报刊编辑部约请撰写专题文章的作者。

**02.08.024　主笔**　chief writer
在报刊社负责策划、组织、撰写(审定)评论稿件或重要专题文章的编辑。

**02.08.025　总主笔**　general chief writer
撰写报刊评论文章的总负责人。

**02.08.026　新闻采访**　press interview
以传播新闻为目的,为获取新闻事实而作的一种记者活动。

**02.08.027　消息源**　source
新闻、事件的出处。

**02.08.028　新闻线索**　journalistic clue
记者跟踪采访新闻的参考线索。

**02.08.029　新闻真实性　journalistic authenticity**

新闻报道与客观事实的一致性。

**02.08.030　新闻价值　news value; newsworthiness**

新闻媒体用以衡量事实是否值得报道的标准。

**02.08.031　新闻调查　journalistic investigation**

运用新闻手段围绕某事件或某问题而开展的较深层次的调查活动。

**02.08.032　新闻时效性　news timeliness**

体现新闻报道从事件发生到新闻发布的时间差的属性。

**02.08.033　新闻效应　journalistic effect**

新闻事实能够满足传播主体和接受主体需求的性能。

**02.08.034　新闻自由　freedom of the press; press freedom**

又称"新闻出版自由"。通过宪法或相关法律法规保障本国媒体和公民采访、写作、报道、发布及接受新闻、创办媒体、出版发行媒介产品等的自由权利。

**02.08.035　报道失实　misreporting; inaccurate reporting**

新闻报道与客观事实不相符合。

**02.08.036　新闻五要素　the five elements of journalism; the five W's**

新闻报道应具备的五个基本要素。即何人（who）、何时（when）、何地（where）、何事（what）、何故（why）。

**02.08.037　采写任务　reporting assignment**

为获取新闻素材而进行的发现线索、收集资料、联络采访对象、进行采访及写稿构思与文字表达等一系列采访编写工作任务。

**02.08.038　采写范围　reporting range; beat**

记者按行业领域规定的采写任务划定。

**02.08.039　采编合一　integration of reporting and editing**

新闻从业人员负责新闻采访和编辑编排的工作模式。

**02.08.040　编辑点　editorial point**

出版物中着重体现编辑工作创造性和水平的思想内容。

**02.08.041　编前会　pre-editing meeting**

每期报刊出版前，由报刊社领导人主持，编辑部各部门负责人等参加的确立和协调版面内容的会议。

**02.08.042　发稿计划　publishing plan**

报刊连续出版进程中各阶段刊出稿件的统筹规划。

**02.08.043　稿件采用率　submission acceptance rate**

报刊刊用稿件数与全年收稿总数的比。以百分比表示。

**02.08.044　预稿库　submission library**

来自各方面的待处理稿件的集合。

**02.08.045　成品库　selected submission library**

对预稿库中的稿件进行筛选、修改、整理，退还不合格的稿件，形成的准备采用的稿件的集合。

**02.08.046　待签稿库　to-be-signed submission library**

在成品库中选取的稿件经过加工和配置处理后的集合。

**02.08.047　多媒体稿库　multimedia submission library**

包括文字、图片、图表、音频、视频等格式特征的稿件集合。

**02.08.048　编稿　manuscript editing**

分析、选择与修改稿件并拟制标题。

**02.08.049　调稿　article replacement**
对上版稿件调入、调出等的调整。

**02.08.050　校正　correction**
改正稿件中不准确的内容和不规范的写法。

**02.08.051　压缩篇幅　length reduction**
运用提炼、概括的手法,选取稿件内容的主要信息,剔除次要信息,使稿件内容减少占版幅度的编辑活动。

**02.08.052　图片剪裁　image cropping**
为了突出新闻主体的形象,表达主要信息本质,调整图片的构图结构、画幅比例的编辑活动。

**02.08.053　文章审读　reading**
通过对样报样刊的通读,发现编校问题,提升报刊质量的编辑活动。

**02.08.054　一读　first reading**
设专人对报刊大样形成后的人名、地名、专业术语、引用语录等进行内部审读的编辑环节。

**02.08.055　看大样　check on a large proof**
审阅版面样式打印样张的编辑活动。报刊编辑工作的最后一个环节。

**02.08.056　重稿检查　repetition check**
为防止重复发稿,将上版稿件与当期所有签发上版稿件及历史见报稿件进行的相似度检查。

**02.08.057　报头　head;flag**
报纸首页上载明报纸名称、出版日期、出版单位等内容的版面。

**02.08.058　报眉　eyebrow**
一般在报头的下方、头条的上方,用于刊登报纸创刊日期、总的印行期数、当日报纸的版数、出版日期、刊号等。

**02.08.059　报耳　ear;earpiece**

俗称"报眼"。报头旁边的一小块版面,内容安排一般没有定规,可刊登新闻或广告。

**02.08.060　刊头　masthead**
报纸上载明专版、专刊名称的位置,通常与报头在同一水平线上,但字号要小。

**02.08.061　栏目　column**
①有固定的名称,对一组题材内容、性质、功能目的相近的稿件进行定期或不定期、连续的报道的版面。②报刊专栏的名称。

**02.08.062　专栏　special column**
在报刊中有固定的名称和版面位置,专门刊登某一内容稿件的版面。

**02.08.063　主标题　headline**
又称"正题""中心标题""母题"。概括主要事实或中心思想的标题,一般字号较大。

**02.08.064　副标题　deck;subheadline**
补充主标题的内容且位于其下的标题。

**02.08.065　引题　kicker;eyebrow head**
位于主标题之上,是为介绍背景、烘托中心而引出主标题的一句话或一小段文字。

**02.08.066　通栏标题　banner;streamer**
排版成与一个整版宽度相同的、贯通整个版面不分栏的大标题。

**02.08.067　大标题　headline**
多条新闻或多则内容共有的标题,用以概括这些新闻或内容的共同主题。

**02.08.068　小标题　subhead;crosshead**
又称"分题""插题"。因稿件篇幅较长,为长文短化,方便阅读浏览而做的次级标题。

**02.08.069　导语　lead**
消息或文章的开头部分,紧接在消息电头的后面或文章标题的下面,一般以简要文字突出最重要、最新鲜或最具吸引力的事实。

**02.08.070　标识　logo**

用来突出对刊名的视觉识别的符号和(或)图形。

**02.08.071　封面要目　current issue highlight**
又称"封面文字"。在封面突出显示用以提示本期内容特点的内容标题。

**02.08.072　社论　editorial**
报纸编辑部就重大问题发表的评论。

**02.08.073　卷首语　foreword**
期刊正文前面的指导性短文。

**02.08.074　编后记　editorial afterword**
编者写在刊出文章或栏目后或全刊后的总结性辅文。

**02.08.075　更正启事　correction notice**
在报刊上刊登出的对已发表的谈话或文章中有关内容或字句上的错误予以改正的信息。

**02.08.076　署名文章　signed article**
署名表示负责的文章。

**02.08.077　豆腐块文章　tiny article**
简称"豆腐块"。篇幅短小的文章。

**02.08.078　新闻电头　dateline**
对电讯稿件播发的新闻单位、地点、时间的说明。

**02.08.079　新闻图片　press image**
传达新闻信息的图片。

**02.08.080　图片文字说明　caption**
新闻图片配发的表述事件经过、解释画面、指代画面等的简洁文字说明。

**02.08.081　创刊词　inaugural statement**
刊登在创刊号上,说明本刊发刊缘由、性质、办刊宗旨、服务对象、主要内容等方面的辅文。

**02.08.082　休刊词　suspension statement**
休刊号上交代休刊事由的辅文。

**02.08.083　停刊词　discontinuation statement**
停刊号上交代停刊事由的辅文。

**02.08.084　报纸版面　layout**
各类稿件在版上编辑布局的综合体。

**02.08.085　要闻版　headline page**
报纸若干版面中最重要的一个版面,用以刊登重要的新闻或评论等。

**02.08.086　时事版　current affairs page**
用以刊登新近发生的新闻事件,是重要性仅次于要闻版的版面。

**02.08.087　副刊　supplement**
报纸上刊登文艺作品、学术论文或其他专题的专页或专栏。

**02.08.088　号外　extra**
为刊载突发性重大事件或特别重要的新闻,在连续的出版期号之外临时增出的报纸。

**02.08.089　新闻性专刊　special news issue**
对某一领域的重要新闻事件或热点问题提供背景解释,深入剖析的专刊。

**02.08.090　专题　special theme**
①与某一新闻事件或新闻话题相关的翔实有深度的文章集合。②期刊中重点推出的专栏。

**02.08.091　专稿　special dispatch**
新闻通讯社专门为报刊社提供的稿件。

**02.08.092　连载　serialization**
分多次连续登载一部作品的出版形式。

**02.08.093　简讯　news brief**
200字以内新闻五要素(人物、时间、地点、事件、缘由)俱全的短消息。

**02.08.094　消息　news story**
报道事情的概貌而不讲述详细经过和细节,以简要的语言文字迅速传播新近事实的新闻体裁。

**02.08.095　报道**　report；reporting
记者借助传播工具向受众报告新闻或对新闻进行评述的一种新闻体裁和工作形式。

**02.08.096　综合报道**　comprehensive coverage
对某一时期、某一地区、某一方面或某一问题作综合性的报道。

**02.08.097　典型报道**　typical coverage
对具有代表性的,有普遍意义的人物、事件等所作的新闻报道。

**02.08.098　连续报道**　continuous coverage
对正在发生并持续发展的某一重要的、受众关注的新闻事件,在一段时间内进行连续及时的报道。

**02.08.099　深度报道**　in-depth coverage
系统反映重大新闻事件和社会问题,深入挖掘和阐明事件的因果关系以揭示其实质和意义,追踪和探索其发展趋向的报道方式。

**02.08.100　要闻**　headline；important news
又称"重要新闻"。重要的、人们普遍关心的新闻。

**02.08.101　特写**　feature
通过生动、形象化的描绘,再现场景和气氛,使之有强烈的感染力的一种新闻报道体裁。

**02.08.102　通讯**　news report
较详细地报道新闻事实的一种新闻体裁。

**02.08.103　评论**　news commentary
全称"新闻评论"。论及当前社会最须关注和解决的问题的文章。包括社论、短评、署名评论等。

**02.08.104　时评**　current affairs commentary
全称"时事评论"。以议论时事为主的新闻评论。

**02.08.105　通稿**　wire copy
全称"新闻通稿"。以一种统一的稿件方式给全国媒体刊发的重要新闻。

**02.08.106　时事新闻**　current affairs news
新闻媒体报道的在与国计民生、社会建设相关的领域里发生的单纯事实消息。

**02.08.107　读者来信专栏**　correspondence column
刊登作者以第一人称反映现实生活中的新情况、新问题和新经验的一种报道形式栏目。

**02.08.108　专题制作**　feature production
从现实生活中选取有典型意义的人或事,经过深入采访发掘而形成的较为详尽、深刻的报道。

**02.08.109　软文**　advertorial；native ad
出于提升品牌、提高知名度或促进企业销售等方面的目的,在报刊或网络等媒体上有偿刊登的宣传性、阐释性文章,包括特定的新闻报道等。

**02.08.110　社会新闻**　social news
新闻媒体报道的以反映社会生活、社会问题为题材的消息。

**02.08.111　热点新闻**　hot news
某一时间内被广泛关注、争论的新闻事件和话题。

**02.08.112　独家新闻**　exclusive
仅由一家新闻媒体发出的具有较高新闻价值的新闻。

**02.08.113　内幕新闻**　exposé；inside news
新闻媒体报道的被掩饰或不为外界所知的具有新闻价值的内部消息。

**02.08.114　小道消息**　rumor
非经正式途径传播的未被证实的消息。

**02.08.115　桃色新闻**　sex scandal
描述、报道和渲染男女之间情爱、婚恋或暧昧关系事件等的消息。

**02.08.116 花边新闻 juicy titbit**
篇幅短小且引人注目或具有一定趣味性的新闻。报纸上通常饰以花边刊出,由此得名。

**02.08.117 假新闻 fake news**
经人编造的不真实的消息。

**02.08.118 地方新闻 local news**
以地域为标准划分的新闻事件。

**02.08.119 头条新闻 headline**
通常在版面最显著的位置,并运用各种编排手段加以突出的最重要的新闻稿件。

**02.08.120 头版头条新闻 lead headline**
出现在报纸第一版最显著的版面位置上的新闻稿件。

**02.08.121 人物专访 exclusive interview**
又称"人物特写"。对人物进行专题访问的报道。

**02.08.122 新闻背景 news background**
新闻报道中,新闻事实之外的、对新闻事实或某一部分进行解释、补充、烘托的材料。

**02.08.123 新闻漫画 news cartoon; news caricature**
用简洁和夸张的手法表述新闻的绘画。

**02.08.124 稿件布局结构 article layout**
版面中各篇稿件之间相互结合的表现形式。

**02.08.125 版面布局结构 page layout**
简称"版面布局"。版面各组成部分及各部分内部之间相互联系的表现形式,是版面语言的一种基本形式。

**02.08.126 集中式版面 centralized layout**
集中突出一个主题的版面。

**02.08.127 齐列式版面 flush layout; uniform layout**
全版稿件在标题、图片、线条装饰等运用上,都采取相同或相似的形式,整个布局结构整

齐统一。

**02.08.128 版面空间 page space**
一个版面所提供的用以刊载内容并表现编排思想的空间。

**02.08.129 通版 double-page spread**
打通两个相邻版面而形成的版面。

**02.08.130 画版 layout sketching**
将版面的设计方案通过示意符号具体呈现在版样纸上的工作。

**02.08.131 基本栏 basic column**
报纸的各个版面按统一、固定相等的宽度划分的竖长条块。一般版面划分为 8 个基本栏。

**02.08.132 跳栏 column jumping**
版面上文字越过一栏而转入另一栏,是不正常的转接。

**02.08.133 变栏 varied column**
是以基本栏为基础而变化出来的不同于基本栏的栏。

**02.08.134 穿插 jigsawing**
整体呈多边形的稿件互相镶嵌交错的结合排版。

**02.08.135 开天窗 blank**
报纸版面上因无文字图片而形成的空白。形同天窗。

**02.08.136 小样对红 check of a large proof against the proofreaders' marks on a small proof**
将大样上的稿件与小样签发样校对结果进行比对、检查、修改,确保一致的工作环节。

**02.08.137 大样对红 check of a clean proof against the proofreaders' marks on a large proof**
将清样与大样校对结果进行比对,检查修改,

确保一致的工作环节。

**02.08.138　签发小样**　small proof issuing
在采编办公自动化软件系统中确定小样稿件通过审核修改可以上到大样上去的动作。

**02.08.139　签发大样**　large proof issuing
在采编办公自动化软件系统中确定大样稿件通过审核修改可以提交到印厂进行胶片制作的动作。

**02.08.140　组版**　imposition
又称"拼版""装版"。将页面上各页面元素进行拼合和定位,构成完整版面的操作。

**02.08.141　计算机拼版**　computerized imposition
利用计算机专用软件把不同的小页面组合在一个适合印刷的版面上的过程。通过拼版,可以确定合理的版面及印张,从而降低纸张成本,节省印刷时间。

**02.08.142　合版**　page combination
将多个版面文件通过大样版面制作软件合并成一个文件的工作环节。

**02.08.143　调版**　page adjustment
上版稿件因报道需求的变化而发生的版面位置变化。

**02.08.144　纸样**　print proof
对稿件或版面打印出来的样张总称。

**02.08.145　小样**　small proof; proof of a single article prior to imposition
报纸拼版前的一条消息或一篇文章的打印样张,专供检查使用。

**02.08.146　大样**　large proof; proof of an imposed page
报纸拼版完成后打印出的专供检查使用的样张。

**02.08.147　大样预校**　preliminary proofreading of proofs of composed pages
稿件签发上版后的单篇文章校对。

**02.08.148　分版校对**　divided page proofreading
将拼好的大样剪开后分配给多人进行校对。

**02.08.149　整版校对**　full-page proofreading
拼好的大样由一人完成整版内容的校对。

**02.08.150　自动校对**　automatic proofreading
利用软件工具对小样或大样内容进行的检查。

**02.08.151　合样**　transfer of quality inspectors' marks onto one proof
将多个质检人员的圈红标记合并的校对活动。

**02.08.152　申请检校**　quality inspection application
在版面文件制作完成后,由版面制作人员发起质检任务的动作,目的是将电子样分发到各质检人员手中。

**02.08.153　传版印刷**　transmission of typeset texts for printing
简称"传版"。通过高安全性专门软件系统将本地版面文件传递到异地印点的操作。

**02.08.154　卫星传版**　satellite transmission of typeset texts
通过卫星通信系统把报纸版面格式文件传到指定计算机的文件传递方式。

**02.08.155　传版加密**　encryption of the transmission of typeset texts
异地传版为避免人为截获篡改而采取的安全保密措施。

**02.08.156　新闻发布会**　news conference; press conference
又称"记者招待会"。社会组织或个人根据自身的某种需要,邀请有关新闻单位的记者、主持人及社会听众,宣布某一消息,并接受参加者提问的一种特殊会议。

**02.08.157 新闻发言人** news spokesman
代表其他自然人或法人(如公司、政府或其他机构)向记者介绍情况、回答提问的公共关系人员。

**02.08.158 新闻稿** news release;press release
发送给传媒,公布有新闻价值的消息的稿件。

**02.08.159 新闻门户** news portal
全称"新闻门户网站"。集成新闻内容多样化服务的网络站点。

**02.08.160 试刊** trial publication
报刊正式出版前为检验办刊效果而进行的试验性编印工作。相应工作的成品为试刊号。

**02.08.161 创刊** inauguration
报刊正式出版发行。首期为创刊号。

**02.08.162 改刊** relaunch
修改报刊定位,变动栏目、结构、版面等要素后出版。

**02.08.163 休刊** suspension
报刊临时性停止出版。

**02.08.164 停刊** discontinuation
报刊停止出版。

**02.08.165 终刊** termination
报刊永久性停止出版。最后一期为终刊号。

**02.08.166 复刊** resumption of publication
已经停止出版的报刊又以原名称恢复出版。恢复出版的第一期为复刊号。

**02.08.167 报纸印刷** newspaper printing
使用模拟或数字的图像载体将呈色剂/色料(如油墨)转移到新闻纸上的复制过程。

**02.08.168 期印数** press run
报刊一期印刷的数量。

# 03. 印　　刷

## 03.01　印刷基础

**03.01.001 印刷** printing
使用模拟或数字的图像载体将呈色剂/色料(如油墨)转移到承印物上的复制过程。

**03.01.002 印刷者** printer
又称"承印者"。承担印刷的组织、机构或个人。

**03.01.003 印刷复制单位** printing house
从事印刷或复制活动的专业机构。

**03.01.004 委印** entrusted print
全称"委托印刷"。出版单位委托印刷单位印制出版物,并加以确认的工作环节。

**03.01.005 按需印刷** print on demand;POD
又称"即时印刷"。按照客户要求的内容、印数、时间和地点,直接将所需文件数据进行数字印刷和装订的快捷印刷模式。

**03.01.006 绿色印刷** green printing
采用环保材料和工艺,对生态环境影响小、污染少,节约资源和能源的印刷方式。

**03.01.007 可变数据印刷** variable data printing
在数据库技术的支持下,实现用户自定义和内容逐页不同的图文数据复制方法。

**03.01.008 印张** printing sheet
指一个双面印刷的对开幅面纸张。

**03.01.009 印数** print run
同一版本出版物印刷的数量。

**03.01.010 加印** additional printing
增补印刷。

**03.01.011 影印** photocopy
通过图像采集手段,直接获取印刷品影像,并利用此影像直接翻制印刷品的过程及技术。

**03.01.012 色令** colour ream; se ling
印刷计量单位。以 500 张全张纸印刷一色为1 色令。

**03.01.013 印刷技术** graphic technology
视觉信息复制再现的全部方式,包括印前、印刷、印后加工和分发等。

**03.01.014 承印物** substrate
接受呈色剂/色料(如油墨)影像的最终载体。

**03.01.015 印刷油墨** printing ink
印刷过程中在承印物上呈色的物质。

**03.01.016 呈色剂** toner
由色料、树脂和其他必要成分制备成的各类着色介质物的统一称谓,如色粉、墨水等。

**03.01.017 印前** prepress
在印刷之前进行图文信息设计、输入、处理和输出等的全部过程。

**03.01.018 印刷原稿** original for print
完成复制所依据的原始图文信息。

**03.01.019 分色** colour separation
为制作一套多色印刷用的色版,把印刷原稿图像色彩分解成相应印刷油墨颜色成分的过程。

**03.01.020 扫描** scanning
印刷工艺中,利用光电传感器件对印刷原稿信息进行采集的过程。

**03.01.021 印版** printing forme
表面处理成一部分可转移印刷油墨,另一部分不转移印刷油墨的物理载体。

**03.01.022 印刷方式** printing method
依照技术功能区分的印刷工艺种类。印刷方式主要划分为模拟印刷和数字印刷两大类。

**03.01.023 模拟印刷** analog printing
以印版为载体用呈色剂/色料(如油墨)将原稿上的图文信息转移到承印物上的印刷方式。

**03.01.024 数字印刷** digital printing
由数字信息生成逐张可变的图文影像,借助成像设备,直接在承印物上成像或在非脱机影像载体上成像,并将呈色剂及辅助物质间接传递至承印物上而形成印刷品且满足工业化生产要求的印刷方法。

**03.01.025 有版印刷** forme-based printing
将印版上的着墨图文直接或间接转移到承印物上的印刷方式,根据版型常分为凸印、凹印、平印、孔印等。

**03.01.026 无版印刷** formeless printing
不用印版将图文信息直接或间接地转移到承印物上的印刷方式。

**03.01.027 直接印刷** direct printing
印版上图文部分的油墨直接转移到承印物表面的印刷方式。

**03.01.028 间接印刷** indirect printing
印版上图文部分的油墨经中间载体的传递,转移到承印物表面的印刷方式。

**03.01.029 单张纸印刷** sheet-fed printing
以单张纸或其他单张材料为承印物的印刷方式。

**03.01.030 卷筒纸印刷** web-fed printing
以卷筒纸或其他卷筒材料为承印物的印刷
方式。

**03.01.031 凸版印刷** relief printing
简称"凸印"。使用图文部分高于非图文部
分的印版进行印刷的方式。

**03.01.032 柔性版印刷** flexographic printing
简称"柔印"。用弹性凸印版将油墨转移到
承印物表面的印刷方式。

**03.01.033 平版印刷** planographic printing
印版的图文部分和非图文部分几乎处于同一
平面的印刷方式。

**03.01.034 胶印** offset printing
先将印版上的油墨传递到橡皮布上,再转印
到承印物上的平版印刷方式,是一种间接平
版印刷方式。

**03.01.035 压印刷** die-stamping; debossing and embossing
靠压力使承印物体产生局部变化形成图案的
工艺,包括起凸、压凹、压纹等。

**03.01.036 凹版印刷** intaglio printing
简称"凹印"。印版的图文部分凹陷。非印
刷部分刮去油墨后,凹陷处留有的油墨转移
到承印物上的印刷方式。

**03.01.037 孔版印刷** permeographic printing
印版的图文部分可透过油墨漏印到承印物上
的印刷方式。

**03.01.038 网版印刷** screen printing
又称"丝网印刷"。简称"网印"。印版上的
图文有网状开孔,实压下油墨渗漏到承印物
上的印刷方式。

**03.01.039 静电印刷** electrostatic printing
以异性电荷相吸引的原理,利用带电色粉获
取图文的印刷方式。

**03.01.040 喷墨印刷** ink jet printing
根据计算机的指令将细微墨滴喷射到承印物
上形成图文的无印版、无压力的印刷方式。

**03.01.041 热熔印刷** thermography
模拟压凸印的印刷方式。将尚未干燥的凸印
印张涂撒上树脂色粉,经热处理附着在墨膜
上的树脂色粉被熔化,形成与压凸印相似的
浮雕效果的印刷方式。

**03.01.042 无墨印刷** inkless printing
借助物理或化学作用,利用相应的设备,使需
复制的图文潜影呈现在承印物上,而非通过
油墨转移呈现图文影像的印刷方式。

**03.01.043 转移印刷** pad transfer printing
利用可适应承印物表面形状的柔性印头,将
油墨从平面或曲面的硬质印版上,转移到承
印物上。

**03.01.044 热升华印刷** thermal dye transfer printing
用数字数据控制的热印头和涂有染料的色
带,经加热升华,将图文转印到有特殊涂层
的承印物上的无版印刷方式。

**03.01.045 热敏印刷** thermal printing
由加热元件组成的打印头,在数字数据控制
下,将图文转印到热敏承印物上的无版印刷
方式。

**03.01.046 热转移印刷** thermal transfer printing
用数字数据控制的热印头和涂有颜料蜡基的
色带,加热熔化并在压力作用下转移到承印
物上的无版印刷方式。

**03.01.047 磁性印刷** magnetographic printing
利用数字数据控制的记录头在磁性滚筒表面
上产生图像潜影,再用磁性的着色剂在滚筒
上呈现出来,并转移或熔融到承印物上的印
刷方式。

**03.01.048 印刷机** printing machine
使图文载体上的呈色剂/色料(如油墨)转移到承印物上的设备。

**03.01.049 印后** postpress
使印刷品获得所要求的形状、使用性能和产品分发的后续加工工艺过程。

**03.01.050 平装** paperbound; paper-cover binding
又称"简装"。以纸制软封面为主要特征的书刊装订方式。

**03.01.051 精装** hard-cover binding
书芯经订联、裁切、造型后,用硬纸板作书壳的,表面装潢讲究且耐用、耐保存的一种书籍装订方式。

## 03.02 印前工艺

**03.02.001 发排** send to typeset
由出版部门将检核完毕,整体设计无误的稿件发给制作单位的出版工作环节。

**03.02.002 原色** primary colour
可混合生成其他色的三种基本颜色。这三种颜色中的任意一种均不能通过其他两色混合而生成。加色法三原色为红、绿、蓝;减色法三原色为青、品红、黄。

**03.02.003 间色** secondary colour
由两种原色混合而成的颜色。

**03.02.004 印刷原色** process colour
参与四色印刷复制的青、品红、黄三原色和黑色。

**03.02.005 青色** cyan
等量绿光和蓝光混合产生的颜色感觉,印刷中用于从白光中吸收红光所使用的呈色剂/色料,印刷原色之一。

**03.02.006 品红色** magenta
简称"品红"。等量红光和蓝光混合产生的颜色感觉,印刷中用于从白光中吸收绿光所使用的呈色剂/色料,印刷原色之一。

**03.02.007 黄色** yellow
等量红光和绿光混合产生的颜色感觉,印刷中用于从白光中吸收蓝光所使用的呈色剂/色料,印刷原色之一。

**03.02.008 黑色** black
吸收全部可见光呈现的颜色。在四色印刷中用于加大明暗对比等级,另外三色是青、品红、黄。

**03.02.009 补色** complementary colour
以适当比例混合能产生非彩色(中性灰)的两种颜色。在印刷工艺中,成对的补色是黄色和蓝色、品红色和绿色、青色和红色。

**03.02.010 专色** spot colour
印刷原色以外的、专门调配的用于印刷复制的特定颜色。

**03.02.011 色相** hue
又称"色调"。表示红、黄、蓝、紫等颜色特性,色彩相貌种类的名称。颜色的三属性之一。

**03.02.012 明度** lightness
物体表面相对明暗的特性。颜色的三属性之一。

**03.02.013 彩度** chroma
用距离等明度无彩色点的视知觉特性来表示物体表面颜色的浓淡,并给予分度。颜色的三属性之一。

**03.02.014 饱和度** saturation
用以估价纯彩色在整个视觉中的成分的视觉属性。

**03.02.015 色空间** colour space
又称"颜色空间""色彩空间"。表示颜色的三维空间。

**03.02.016　色度　chromaticity；chroma**
对颜色的一种度量。用来描述颜色的色调和饱和度。常用的规范性意义的色度形式有三种：CIEXYZ、CIELAB、CIELUV。

**03.02.017　孟赛尔色系　Munsell colour**
用一个三维空间模型表示色相、明度、饱和度三要素的方法。

**03.02.018　CIE LAB 色空间　CIE LAB colour space**
由 CIE 1931 XYZ 系统经非线性转换产生、视觉上近似均匀的颜色空间，用 $L^*$、$a^*$、$b^*$ 表示。$L^*$ 表示相对亮度，$a^*$ 表示红绿坐标轴，$b^*$ 表示黄蓝坐标轴。

**03.02.019　CIE LUV 色空间　CIE LUV colour space**
由 CIE 1931 XYZ 系统经转换产生、视觉上大致均匀的颜色空间，用 $L^*$、$u^*$、$v^*$ 来表示。$L^*$ 表示相对亮度，$u^*$ 表示红绿坐标轴，$v^*$ 表示黄蓝坐标轴。

**03.02.020　设备无关颜色　device independent colour**
与设备、材料、工艺特性无关，仅与视觉特性相关的色空间颜色。如用 CIE 1931 XYZ、CIE 1976 $L^*a^*b^*$ 等表示的颜色。

**03.02.021　设备相关颜色　device dependent colour**
与设备、材料、工艺特性相关的色空间颜色。如用印刷色彩模式（CMYK）、RGB 色彩模式等表示的颜色。

**03.02.022　色差　chromatic aberration；colour difference**
定量表示的色知觉差别。

**03.02.023　色域　colour gamut**
由特定方法产生的所有可视色的范围。

**03.02.024　扩展的色域　extended gamut**
扩展到以 IEC 61966-2-1 标准所定义的标准 sRGB 阴极射线管显示器色域之外的色域。

**03.02.025　颜色值　colour value**
特定颜色空间中表示颜色的一组数据。

**03.02.026　灰平衡　gray balance**
在特定的印刷条件和特定的观察条件下，呈现非彩色的数据集中的一组阶调值。

**03.02.027　加网　screening**
采用模拟技术或数字技术生成网目调的过程。

**03.02.028　网目调处理　halftoning**
俗称"半色调处理"。基于人眼的视觉特性和图像的成色特性，利用数学、计算机等方法和工具，在二值设备或有限灰度级设备上实现图像再现的过程。

**03.02.029　网屏　screen**
为再现阶调层次，将连续调图像分解成网目调元素的工具。

**03.02.030　调幅加网　amplitude modulated screening**
网点面积率变化而网点其他属性不变的加网方法。

**03.02.031　调频加网　frequency modulated screening**
改变网点在空间中排布的频率（疏密程度）的加网方法。

**03.02.032　混合型加网　hybrid screening**
兼有多种加网属性特征的加网方法。

**03.02.033　网点　dot**
构成印刷图像的基本元素。通过其面积和（或）空间频率的变化再现图像的阶调和颜色。

**03.02.034　调幅网点　amplitude modulated**

dot；AM dot

具有一定的网目频率、网目角度和网点形状，通过网点覆盖率的变化再现图像阶调和颜色的网目结构。

**03.02.035　调频网点**　frequency modulated dot；FM dot

具有固定的网点大小和形状，通过网点空间频率的变化再现图像阶调和颜色的非周期性网目结构。

**03.02.036　网点覆盖率**　dot area coverage；dot area percentage

又称"网点面积百分比""网点面积率"。网点覆盖面积与总面积之比。通常用百分数表示。

**03.02.037　网目调值**　halftone value

用几何的或有效的(等效的)网点覆盖率评定网目调的量度。

**03.02.038　网目频率**　screen frequency

又称"加网线数"。在网目角度方向上，单位长度内的网点或线条等图像元素的个数。单位:线/厘米($cm^{-1}$)。

**03.02.039　网目线数**　screen ruling

特指调幅加网的网目频率。

**03.02.040　网目角度**　screen angle

不同色版网目轴与基准轴之间最小的夹角。

**03.02.041　网点形状**　dot shape

网点轮廓的几何形态，通常有方形、圆形、链形等。

**03.02.042　阶调**　tone gradation

图像明暗或颜色深浅变化的视觉表现。

**03.02.043　连续调**　continues tone

在明度和阶调上有无限层次等级、未加网的图像。

**03.02.044　网目调**　halftone

俗称"半色调"。用网点构成的图像阶调。

**03.02.045　连续调值**　continuous tone value

评定连续调的量度,常用密度值表示。

**03.02.046　阶调值**　tone value

图像阶调的数值量度。在印刷复制技术中常以网点覆盖率表示。

**03.02.047　阶调值总和**　tone value sum

各印刷原色最大网点覆盖率之和。

**03.02.048　极高光**　catch light

图像中最明亮的阶调,一般以小面积区域出现。

**03.02.049　亮调**　highlight

图像中明亮的阶调。

**03.02.050　中间调**　middle tone

图像中介于亮调和暗调之间的阶调。

**03.02.051　暗调**　shadow

图像中深暗的阶调。

**03.02.052　层次**　gradation

图像中明暗的变化。

**03.02.053　像素**　pixel

构成图像的基本元素,在空间中排列并可具有不同的颜色特性。

**03.02.054　像素数**　pixel count

图像采集设备完成一次采集所获得的像素个数。

**03.02.055　网目调图像**　halftone images

俗称"半色调图像"。用网点大小或疏密来表现画面阶调的图像。

**03.02.056　灰度图像**　grayscale image；gray level image

以不同明暗等级的中性灰色表达信息的图像。

**03.02.057　彩色图像　color image**
以不同属性的彩色表达信息的图像。

**03.02.058　黑白二值图像　bi-level image;**
　　　　　　　　　　　bitmap image
仅以黑、白两种颜色表达信息的图像。

**03.02.059　矢量图像　vector image**
按图形算法生成并以相关参数存储的图像。

**03.02.060　栅格　raster**
按照行和列分割的微小空间集合,用于排布
影像信息元素。

**03.02.061　反差　contrast**
图像中不同部位的明暗差别。

**03.02.062　最大反差　max contrast**
原稿或复制品中最亮区域和最暗区域之间的
阶调关系或差异程度。

**03.02.063　密度　density**
以 10 为底的透或反射系数倒数的对数值。

**03.02.064　光学密度　optical density**
入射光通量与透射或反射光通量比值的常用
对数值。

**03.02.065　相对密度　relative density**
减去片基或未印刷的承印物的密度后的密
度值。

**03.02.066　中心密度　core density**
网目调胶片上单个不透明图像元素(如网点
或线条)中心的透射密度。

**03.02.067　位图　bitmap**
像素由 1 位二进制数据构成的图像。即由像
素组成的、每个像素被分配一个特定位置和
颜色值的栅格图像或点阵图像。在处理位图
时,编辑的是像素而不是对象或形状。

**03.02.068　图像元素　image element**
可承载或传递印刷视觉信息的基本组成单元
(如文字、线条、网点、网穴等)。

**03.02.069　清晰度　sharpness**
在图像细节边缘部分,其亮度或色彩随空间
位置变化的敏锐程度。

**03.02.070　分辨力　resolution; resolving power**
又称"分辨率"。设备或材料对影像的细节
的辨别或记录能力。一般用单位长度内能够
辨别像素的数量来衡量。

**03.02.071　图像分辨力　image resolution**
又称"图像分辨率"。单位长度内图像含有
的点或像素数。通常以像素/英寸(ppi)为计
量单位。

**03.02.072　扫描分辨力　scanning resolution**
又称"扫描分辨率"。单位长度内,图像扫描
设备能够辨别的像素数。单位:像素/厘米
(ppcm)或像素/英寸。

**03.02.073　记录分辨力　recording resolution**
又称"记录分辨率"。成像记录设备在单位
尺寸内能够成像的像素数或线数。

**03.02.074　色彩深度　color depth**
又称"色彩位数"。表示数码相机的色彩分
辨能力。红、绿、蓝三个颜色通道中每种颜色
为 N 位的数码相机,总的色彩位数为 3N,可
以分辨的颜色总数为 2 的 3N 次方,如一个
24 位的数码相机可得到总数为 2 的 24 次
方,即 16 777 216 种颜色。

**03.02.075　图像采集　image capture**
通过技术手段获取光学图像信息并将其转换
成电子或数字信号的过程。

**03.02.076　采样间隔　sampling interval**
采样点或采样行之间的物理距离。

**03.02.077　采样频率比　sampling aspect ratio**
横纵两个方向上,图像采样的频率之比。

**03.02.078　图像扫描　image scanning**
按逐行逐列或逐点获取图像信息,并将其转
换成电子或数字信号的过程。

**03.02.079 线性化** linearization

使数字输出值与阶调值成近似正比关系的操作。

**03.02.080 图形处理** graphic processing

对图形信息进行的变换、填充、剪裁、缩放、变形等加工操作。

**03.02.081 图像处理** image processing

为满足某种需求对图像进行的操作,如转换、修正、编辑、组合等。

**03.02.082 图像锐化** image sharpening

对图像中的轮廓边缘和细节进行加强,形成完整清晰的物体边界以将物体从图像中分离出来,或将表示同一物体表面的区域检测出来的一种处理方式。

**03.02.083 图像校正** image correction

一种为改善来自电荷耦合器件(CCD)图像传感器的图像质量的处理方法。

**03.02.084 抖动图像处理** dithering image processing

通过在一个图像单元(像素集)内增加像素的数量来添加细节或增加阶调层次的处理方法。

**03.02.085 清晰度增强** sharpness enhancement

对图像细节边缘的对比度予以增强,使其清晰度得以提升的处理。

**03.02.086 色彩校正** colour correction

简称"校色"。为满足设计和复制的要求,对图像颜色进行的修正处理。

**03.02.087 层次校正** gradation correction

为满足设计和复制的要求,对图像阶调和层次进行的修正处理。

**03.02.088 蒙版** mask

在照相制版技术中,用来修正原稿图像色彩、层次、清晰度的阳图或阴图遮盖片。在数字图像处理中,指进行特定处理的图像选择区域,使其中的图像不受到处理或受到强弱不等的处理。

**03.02.089 蒙版工艺** masking

在照相制版技术中,通过阳图或阴图遮盖片对图像进行色彩、层次、清晰度修正处理的工艺方法。

**03.02.090 底色去除** under colour removal; under colour reduction; UCR

在四色印刷复制中,在保持颜色不变的前提下,降低图像中间调到暗调区域内灰成分复制所使用的青、品红、黄三原色的比例,相应增加黑色量的处理方法。

**03.02.091 灰色成分替代** gray component replacement; GCR

在四色印刷复制中,在保持颜色不变的前提下,降低图像整个阶调范围内灰成分复制所使用的青、品红、黄三原色的比例,相应增加黑色量的处理方法。

**03.02.092 底色增益** under color addition; UCA

在四色印刷复制中,为弥补灰色成分替代引起的图像暗调密度不足,在图像暗调范围内增加相应的青、品红、黄色量的处理方法。

**03.02.093 补漏白** trapping

为防止因印刷套印不准而引起的文字、图形、图像交界边缘露出承印物颜色的缺陷,对交界边缘进行收缩和(或)扩张的处理方法,以避免在页面裁切后露出承印物颜色。

**03.02.094 色域映射** gamut mapping

源图像元素的色度坐标到目标设备的色度坐标映射,用于补偿源文件和输出设备/介质之间色域范围的差别。

**03.02.095 局部色彩变化** partial colour change

只影响所选图像的某个色彩范围,而其他区

域保持不变的现象。

**03.02.096　整体颜色变化**　global colour change

相对于图像中被选定区域的局部色彩变化，图像所有部分的相关色彩均得以改变的现象。

**03.02.097　控制块**　control patch; control block

用于测量或控制而制作的由网点、线条或实地等几何图形构成的标示区。

**03.02.098　模糊控制块**　slur patch

又称"变形控制块"。评价实际压印状态的控制块。

**03.02.099　中间调平衡控制块**　midtone balance control patch

又称"灰平衡控制块"。测控条由原版上处于灰平衡状态的青、品红、黄网目调值组成的一个控制块。在平衡时青色调的数值通常在40%~60%，并选择品红和黄色调值来大致形成非彩色的颜色。

**03.02.100　测控条**　control strip

一维或者二维排列的为特征化和样张控制而制作的控制块集合。

**03.02.101　套准标记**　register mark

附加在成品区域以外的细小参考图案，用于在印前、印刷和印后操作中对齐或套准各色版。

**03.02.102　锯齿边缘**　jagged edge

栅格图像呈锯齿状或台阶状的现象。

**03.02.103　折页标记**　fold mark

简称"折标"。为印后折页加工设置的图形标记。

**03.02.104　裁切标记**　trim mark

为印后裁切书芯或页面而设置的图形标记。

**03.02.105　裁切线**　crop marks; trim marks

印在纸张周边用于指示裁切部位的线条。

**03.02.106　特征化**　characterisation; characterization

用与设备无关的颜色值定义输入、显示、输出设备颜色值的过程。

**03.02.107　色彩管理**　color management

对色彩进行匹配转换、处理及控制，使色彩在不同的设备、材料、工艺过程上的再现，具有相同或近似的视觉效果的管理。

**03.02.108　色彩特性文件**　colour profile

表达某种设备、材料、过程色彩传递及再现特征的数据文件，包含设备相关颜色与设备无关颜色之间转换关系的数据信息。

**03.02.109　ICC 色彩特性文件**　ICC profile

符合国际颜色联盟（International Colour Consortium，ICC）文件格式要求的色彩特性文件。

**03.02.110　特性文件联接空间**　profile connection space; PCS

建立设备颜色转换关系所使用的与设备无关的色空间。

**03.02.111　页面描述语言**　page description language

对文字、图形、图像等页面元素的属性及其在页面中的特征和相互关系进行描述的计算机语言。

**03.02.112　PPF 文件格式**　print production format; PPF

又称"印刷生产格式"。用于传递从印前到印后整个过程中生产控制指令和数据的文件格式。

**03.02.113　业务消息格式**　job messaging format; JMF

用于处理印刷管理信息系统、计算机化工作

流控制系统、印前处理设备、印刷和印后处理设备间的通信格式。

**03.02.114　CIP3　International Cooperation for the Integration of Prepress, Press and Postpress**
印前、印刷和印后过程整合(集成)国际合作联盟。也指该联盟制定的规范。

**03.02.115　CIP4　International Cooperation for the Integration of Processes in Prepress, Press and Postpress**
印前、印刷、印后和工艺过程整合(集成)的国际合作联盟。也指该联盟制定的规范。

**03.02.116　伽马值　gamma value**
反映输入输出变化规律的指数值。反差大小的量度,当用于银盐照相时,表示某种胶片、相纸或显影技术的特性;当用于显示器时,表示显示颜色与数字量之间的关系。

**03.02.117　颜色编码　colour encoding**
对色空间变量数字化的方案。

**03.02.118　彩色图像编码　colour image encoding**
用颜色值表示数字图像信息的方案。

**03.02.119　色空间编码　colour space encoding**
色空间的数字化方案,包括数字编码方法的规格及编码的范围。

**03.02.120　色标　colour target**
用于表示设备所呈现颜色及其输入值之间关系的一系列颜色值。

**03.02.121　页面元素　page element**
图文页面中与当前处理环境有关的复合实体子结构单元。如文字块、连续调图像或轮廓图形,其自身组成一个复合实体的最小逻辑元素。

**03.02.122　图文合一　text-image integration**
将文字、图形、图像组合或融合到一个版面中的处理方法。

**03.02.123　拼大版　imposition**
按照印刷及印后加工的要求和条件,将多个页面或单元组合到印刷幅面的印张中的处理方法。

**03.02.124　预览　preview**
通过显示器等设备呈现信息处理及印刷复制的效果。

**03.02.125　所见即所得　what you see is what you get; WYSIWYG**
预览效果与所获实物一致。

**03.02.126　页面描述语言解释器　page description language interpreter**
将页面描述翻译并转换成多个页面信息对象的系统。

**03.02.127　栅格化　rasterization**
按照成像设备的分辨率和属性,将页面图文信息对象转换成栅格数据的过程。

**03.02.128　栅格图像处理器　raster image processor; RIP**
将页面描述语言描述的版面信息解释和转换成输出记录数据的软件和硬件。

**03.02.129　模拟图像制备　analog image preparation**
通过模拟技术,对图文原稿进行准备、组合,以便制作印版,以适应所选定的印刷技术和印后加工需要。

**03.02.130　数字图像制备　digital image preparation**
通过数字技术,对图文原稿进行准备、组合,以便制作可用于印刷复制的数字文件,以适应所选定的印刷技术和印后加工需要。

**03.02.131　模拟图像处理　analog image processing**

通过模拟技术,采用修版、定位、校色等操作过程,改变或改善阴图或阳图图像的质量,以便制作印版。

**03.02.132　数字图像处理　digital image processing**

通过数字技术,利用特定的硬件设备和软件程序,采用各种处理手段,改变或优化图像的质量。

**03.02.133　拷贝　copying**

复制再现原图像的过程。

**03.02.134　成像　imaging**

通过某种手段和方式在某种介质上形成影像。

**03.02.135　记录　recording**

将信息转移并保留在某种信息载体上。

**03.02.136　打样　proofing**

在信息载体上,呈现仿真印刷效果的影像,或制作出具有仿真影像的印张。

**03.02.137　模拟打样　analog proofing**

用模拟技术检查印前处理质量并为印刷提供参考样张的方法,通常采用机械打样机或脱机打样设备。

**03.02.138　数字打样　digital proofing**

用数字技术检查印前处理质量并为印刷提供参考的方法,通常采用喷墨、热转印、静电或其他成像技术,以及彩色显示器上的显示样。

**03.02.139　数字样张　digital proof**

由数字数据在显示器或某种基材上产生的软拷贝或硬拷贝。

**03.02.140　软打样　soft proofing**

使用显示器进行页面图文预览,检查或确认页面复制质量的工艺方法。

**03.02.141　计算机打样　computer to proof; CTProof**

用计算机传输的数据进行成像控制,由彩色打印机制作成样张的过程。

**03.02.142　硬拷贝打样系统　hard copy proofing system**

使用硬拷贝成像设备来模拟印刷图像的系统。所用的设备可以与实际印刷生产所用的设备不同。

**03.02.143　数字工作流程　digital workflow**

建立在数字信息处理和传输基础上,对印前、印刷、印后等工艺和相关过程进行管理和控制的系统。

**03.02.144　数字前端系统　digital front end system**

数字印刷机印前和印刷的软件系统,把数据文件或电子数据流经检查、拼版、栅格化等处理后完成印刷输出,并连线印后控制。

**03.02.145　智能化电子数据流　intelligent electronic data stream**

数字前端系统与数字印刷机智能型数据交换和信息沟通的数据类型。

**03.02.146　激光成像　laser imaging**

利用激光在成像载体上形成图文或空白影像的过程。

**03.02.147　桌面出版　desktop publishing; DTP**

对用于出版、印刷的图文信息进行输入、处理、输出的计算机硬件和软件系统。

**03.02.148　印前设备　prepress equipment**

用于图文信息输入、处理和记录输出的装置。

**03.02.149　制版照相机　reproduction camera**

用于分色、加网、缩放等处理的照相设备。

**03.02.150　电子分色机　color scanner; colour separation scanner**

用于图像扫描采集,图像修正、分色、缩放、加网等处理及记录输出的设备。

**03.02.151 扫描仪 scanner**
对原稿图文信息进行逐点逐行数字化采集的设备。

**03.02.152 平面型扫描仪 flat-bed scanner**
对置于平台上的图像原稿进行逐行扫描的设备。

**03.02.153 滚筒型扫描仪 drum scanner**
俗称"鼓式扫描仪"。对置于旋转滚筒上的图像原稿进行螺旋线逐点扫描的设备。

**03.02.154 数字照相机 digital camera**

通过镜头等光学部件将影像成像在感光电子芯片上,并转换和存储成数字图像的设备。

**03.02.155 激光照排机 laser imagesetter**
通过成像装置,用激光对感光胶片进行曝光,制作图文影像胶片的设备。

**03.02.156 计算机胶片输出 computer to film;CTFilm**
用计算机传输的数据进行成像控制,由激光照排机记录输出成胶片的过程。

### 03.03 制 版

**03.03.001 印版制作 plate making**
简称"制版"。制作备印图文载体的工艺过程。

**03.03.002 计算机直接制版 computer to plate;CTP**
通过计算机和相应设备直接将图文记录到印版上的过程。

**03.03.003 直接制版机 direct platemaking machine**
通过成像装置,用激光或其他光源对印版版材进行曝光,制作胶印及柔性版印版的设备。

**03.03.004 外滚筒型设备 external drum device**
记录材料贴附在滚筒外部并随滚筒旋转,同时用激光对材料进行曝光成像的记录设备。

**03.03.005 内滚筒型设备 internal drum device**
记录材料贴附在滚筒内部,激光在滚筒内部对材料进行曝光成像的记录设备。

**03.03.006 平面型设备 flat-bed device**
记录材料贴附在平台上,激光对材料进行曝光成像的记录设备。

**03.03.007 计算机在机制版 computer to**

press;CTPress
用计算机传输的数据进行成像控制,由印刷机上的记录装置输出成印版的过程。

**03.03.008 晒版 plate copying**
将分色片上的图文网点用曝光方式转移到印刷版材上的工艺。

**03.03.009 热敏印版 thermal plate**
在红外激光照射下发生光化学反应,形成图文影像的印版。

**03.03.010 光敏印版 photosensitive plate**
在可见激光照射下发生光化学反应,形成图文影像的印版。

**03.03.011 预涂感光版 presensitive plate**
在版基上涂布感光胶制作成的印版。

**03.03.012 铜版 copper forme**
以腐蚀或雕刻方法制成的铜质印版。

**03.03.013 光聚合树脂版 photopolymer forme**
以光聚合树脂为版材,通过紫外光曝光,用水或者溶剂冲洗而制成的凸印版。版材制作上有液体版与固体版两种工艺之分。版材的硬度一般在邵氏 A 95°以上,通常使用在采用长墨路结构的凸版印刷机上。

**03.03.014　光聚合柔性版**　flexographic forme

以合成橡胶型光聚合性树脂等弹性材料经紫外光曝光,以水或者溶剂冲洗而制成的柔性凸版。版材选用的硬度范围为邵氏 A 30°～35°,通常使用在采用网纹辊的短墨路结构的凸版印刷机上。

**03.03.015　橡胶凸版**　rubber relief plate

经模板压制或雕刻等方法制成的柔性凸版。

**03.03.016　柔版激光制版**　laser flexographic forme-making

以计算机输出信息控制激光器直接制成柔性版的工艺。属无软片制版法。其制版方法分为直接雕刻与黑膜烧蚀刻法。

**03.03.017　激光烧蚀掩膜**　laser ablation mask

用激光对抗腐蚀的掩膜材料进行烧蚀,去掉图文部分的掩膜,用于后续的柔性版制版。

**03.03.018　背曝光**　back exposure

对透明片基的感光树脂版或者感光柔性版从背面进行紫外光曝光,以决定印版底基固化后的厚度。

**03.03.019　缩版量**　distorted compensation value

用来补偿柔性版印版形变的参数。

**03.03.020　凹版制作**　gravure forme making

在版滚筒表面用雕刻或腐蚀的方法制成凹印印版的过程。

**03.03.021　版滚筒制备**　cylinder preparation

滚筒经表面镀铜、车磨、抛光工艺处理,以备用于雕刻或腐蚀工艺制作凹版。

**03.03.022　镀基铜**　basic coppering

在备用凹版滚筒的基材上镀铜的加工过程。

**03.03.023　镀制版铜**　skin coppering

在已抛光的凹版滚筒基铜层上镀制版铜层的加工过程。

**03.03.024　滚筒车磨**　cylinder griding

用特种车刀、砂轮、细砂纸等对凹版滚筒表面进行加工的方式。

**03.03.025　光亮镀铜**　geazed skin coppering

滚筒车磨后,在电解液中加入有机添加剂使镀成的铜层具有光泽的特殊工艺。

**03.03.026　滚筒抛光**　cylinder polishing

降低凹版滚筒表面粗糙度的加工方式。

**03.03.027　过版**　transfer

把晒版后涂有感光胶层的碳素纸上的图文转移到凹版滚筒表面的工艺。

**03.03.028　滚筒腐蚀**　cylinder etching

用化学液处理凹版滚筒的工艺。

**03.03.029　修版**　retouching

用机械、化学或手工等方法修正凹版滚筒缺陷的工艺。

**03.03.030　滚筒镀铬**　cylinder chrome-plating

为提高耐印率,凹版滚筒表面进行镀铬的工艺。

**03.03.031　网穴**　cell

凹版上的贮墨凹坑,依印刷墨量的需要改变凹坑的开口和深度。

**03.03.032　网墙**　cell wall

用于分隔网穴并支撑凹印刮墨刀的基体。

**03.03.033　手工雕刻凹版**　intaglio

运用手工雕刻或阳模挤压工艺制成的凹印印版。

**03.03.034　腐蚀凹版**　gravure printing

运用化学液或电解液腐蚀工艺制成的凹印印版。

**03.03.035　电子雕刻凹版**　electronic engraving printing

运用电子、激光等先进技术雕刻制成的凹印印版。

**03.03.036 套筒式凹版** sleeve-type forme
以套筒制成的一种可方便装卸的凹印印版。

**03.03.037 凹版雕刻机** engraving machine
采用机械、激光、电子束等技术雕刻制作凹印印版的设备。

**03.03.038 电子雕刻** electrographic engraving
利用机械和电子方法在凸印或凹印版材上产生图像和非图像区域。

**03.03.039 电子雕刻机** electronic engraving machine
利用机械和电子方法在凸印或凹印版材上产生图像和非图像区域的设备。

**03.03.040 凹版电子雕刻机** electronic gravure machine
通过机电雕刻装置,在镀铜的滚筒表面雕刻出凹版网穴的设备。

**03.03.041 激光雕刻机** laser engraver
通过成像装置,用激光在印版滚筒表面直接烧蚀出凹版网穴或柔性版网点,或烧蚀掉掩膜的设备。

**03.03.042 网印版** screen forme
由版膜、版膜承载体和网框组成的、图文区域为筛网状通孔的一种印版。

**03.03.043 版膜** stencil film
在网版承载体上附着的感光胶或其他材料的膜层。

**03.03.044 圆网印版** cylinder screen forme
呈圆筒状的金属网印版。

**03.03.045 丝网膜版** screen stencil
丝网与承载的感光胶膜、膜片或其他材料膜层的组合体。

**03.03.046 膜版通孔面积** stencil open area
膜版上所有图文区域面积的总和。

**03.03.047 版膜厚度** stencil film thickness
承载体上附着的感光胶膜或其他材料膜层的厚度。

**03.03.048 膜版承载体面积** stencil carrier area; mesh area
承载版膜的网状承载体(丝网)的长与宽的乘积。

**03.03.049 感光胶** photoemulsion
刮涂于承载体上形成版膜的感光性乳剂。

**03.03.050 感光膜片** indirect photosensitive film
间接法制作网印版使用的一种带感光膜层的胶片。

**03.03.051 直接法制版** direct screen making
直接在网状承载体上涂布感光乳剂膜,然后晒制网印版的方法。

**03.03.052 间接法制版** indirect screen making
先将感光膜片固着在网状承载体上,然后晒制网印版的方法。

**03.03.053 直接–间接法制版** direct-indirect screen making
采用直接制版与间接制版组合的方法制作网印版。

**03.03.054 计算机直接制网版** computer to screen
借助于计算机图文处理技术,将页面信息直接输出到网印膜版上制作网印版的技术。

**03.03.055 投影制版** projection screen making
利用投影放大技术,将阳图分色片放大投影到网印膜版上制作网印版的技术。

## 03.04 印刷技术、设备、材料

**03.04.001 印刷适性** printability
承印物、印刷油墨及其他印刷材料与印刷条件相匹配适合于印刷作业的总性能。

**03.04.002 印刷压力** printing pressure
印刷过程中,通过机械手段在印版、转印体及压印体之间实施的相互作用的力。

**03.04.003 套准** register
在多色印刷时,任意两色图像相应位置重合的准确度。

**03.04.004 印版滚筒** plate cylinder
印版的圆柱形支承体。

**03.04.005 压印滚筒** impression cylinder
又称"压印体"。承印物的圆柱形支承体。

**03.04.006 输纸装置** infeed unit
将未印刷的承印物输送到印刷机组的装置。

**03.04.007 输墨装置** inking unit
将油墨均匀传递到印版上的装置。

**03.04.008 收纸装置** paper delivery
印刷机上收集印张或印帖的装置。

**03.04.009 双面印刷** perfect printing
一次给纸过程中完成正、反两面印刷的方式。

**03.04.010 印刷缺陷** printing trouble
在印刷过程中影响生产正常进行或造成印刷品质量缺陷现象的总称。

**03.04.011 粘脏** set-off
印张上未干的油墨粘在相邻印张的背面。

**03.04.012 透印** print through
在印张背面可见印在正面的图文的现象。

**03.04.013 糊版** filling in
油墨和(或)纸粉沉积在印版的细小空白区。

**03.04.014 套印不准** mis-register
在多色印刷过程中,不同色版的图像位置相对误差超过规定的范围。

**03.04.015 莫尔条纹** Moire fringe
简称"莫尔纹"。俗称"龟纹"。由不同角度和(或)不同空间频率的多组线条或多行网点交叉排列后形成的干涉性条纹。

**03.04.016 重影** ghost
图文元素出现双重轮廓的一种缺陷。

**03.04.017 石印** stone lithography
使用石板制成印版的直接印刷方式。

**03.04.018 无水胶印** waterless offset printing
不用润湿液的胶印方式。

**03.04.019 珂罗版印刷** collotype printing
以玻璃板为版基,按照原稿层次制成硬化程度不同的明胶图纹作为印版的直接平版印刷方式。

**03.04.020 金属印刷** metal printing
以金属板为承印物的印刷方式。

**03.04.021 亲水性** hydrophilicity
印版表面非图文部分对水具有亲和能力的性能。

**03.04.022 疏水性** hydrophobicity
印版表面图文部分对水具有排斥能力的性能。

**03.04.023 湿压湿印刷** wet-on-wet printing
在多色印刷中,前一印色油墨未干,下一印色油墨随即在其表面叠印的情况。

**03.04.024 油墨叠印** ink trapping
两种或两种以上油墨叠合时的受墨状态。

**03.04.025 实地** solid
网点覆盖率为100%的受墨区域。

**03.04.026　水墨平衡**　ink-water balance
在正常印刷状态下,油墨和润湿液之间的相对稳定关系。

**03.04.027　相对反差值**　relative contrast value
又称"K值"。实地与暗调区域的密度之差与实地密度的比值,用以确定打样和印刷的给墨量。

**03.04.028　网点增大**　dot gain
又称"网点扩大"。指印刷品上的阶调值与分色片上相应部分的阶调值之差,用百分数表示。对于计算机直接制版,网点增大是指印刷品上的阶调值与印版上相应部分的阶调值之差。

**03.04.029　B-B式胶印**　blanket-to-blanket offset
以一对橡皮布滚筒相互滚压的双面印刷方式。

**03.04.030　润版**　dampening
又称"润湿"。为了保持印版非图文区域的疏墨性,用润湿液将印版表面润湿的工艺。

**03.04.031　胶印机**　offset press
通过橡皮布滚筒将印版图文转印到承印物上的一种平版印刷机。

**03.04.032　橡皮布滚筒**　blanket cylinder
橡皮布的圆柱形支承体。

**03.04.033　润湿装置**　damping unit
传送和调节润湿液的装置。

**03.04.034　滚压**　rolling
胶印机橡皮布滚筒和印版滚筒或压印滚筒在压力下相对滚动。

**03.04.035　滚枕**　cylinder bearer
滚筒两端的凸起钢环,用以确定滚筒间隙,是调节滚筒中心距和确定包衬厚度的依据。

**03.04.036　印刷材料**　materials for plano-graphic printing
印刷生产中使用的承印物及其他原辅料的总称。

**03.04.037　橡皮布**　blanket
由橡胶涂层和基材(如织物)构成的复合材料制品。在间接平版印刷中,用于将油墨从印版转移至承印物上。

**03.04.038　印刷原色油墨**　process colour ink
四色印刷规定使用的油墨,通常指黄、品红、青和黑色油墨。

**03.04.039　润湿液**　fountain solution
在印刷过程中使印版非图文部分保持疏墨性的水溶液。

**03.04.040　胶印故障**　offset printing trouble
影响胶印正常进行或造成印张质量缺陷的总称。

**03.04.041　条痕**　streak
常出现在平网区域、与滚筒轴向平行的带状印痕。

**03.04.042　起脏**　scumming
印版的非图文区域出现不应有的着墨现象。

**03.04.043　堆墨**　ink piling
油墨和其他物质堆积在印刷机传递油墨的部件上的现象。

**03.04.044　脱墨**　roller stripping
墨辊受润湿液浸蚀而排斥油墨的现象。

**03.04.045　油墨乳化**　ink emulsification
胶印过程中油墨吸附润湿液的现象。

**03.04.046　起毛**　picking
又称"拉毛"。印刷过程中因油墨黏性过大或纸张表面强度差,导致纸张纤维、填料或涂料从纸张表面脱落或被拉起的现象。

**03.04.047　铅印**　letterpress printing
用铅字或铅版进行直接印刷的方式。

**03.04.048 柔印设备** flexographic printing equipment

柔性版印刷用的设备。

**03.04.049 柔性版印刷机** flexographic press

进行柔性版印刷的机器。可分为层架式、卫星式及机组式三种。多为卷筒式进纸,但机组式柔印机也有单张式进纸的。

**03.04.050 网纹辊** anilox roller

表面制有网穴、网墙以作为柔性版印刷定量供墨的传墨辊。有金属网纹辊和激光雕刻陶瓷网纹辊两种类型。

**03.04.051 BCM** billion cubic microns per square inch

表示网纹辊传墨量的常用计量单位,用于网纹辊网穴容积的计量。1 BCM 表示:每平方英寸网穴的总容积为 10 亿立方微米。

**03.04.052 刮墨刀** doctor blade

刮除网纹辊表面上多余油墨的刀片,有正向、反向及腔式之分。

**03.04.053 套筒式印版滚筒** sleeve forme cylinder

由压缩空气涨紧空心芯轴组成的适用于安装套筒式印版的版滚筒。

**03.04.054 套筒印版** sleeve forme

圆筒形可在气胀式套筒轴上套卸的印版。

**03.04.055 装版设施** mounting device

供机外装版用的专用设备。

**03.04.056 贴版双面胶带** double-side adhesive tape

用来粘贴印版的双面压敏型胶带。

**03.04.057 压敏标签纸** pressure-sensitive label paper

背面涂有不干胶的用于印制标签的纸张。

**03.04.058 气垫式衬版** air backcushion

用于柔性版瓦楞纸板印刷的背衬,由无数均匀开孔互连的微孔结构聚氨酯材料制成。

**03.04.059 磁性版托** magnetic forme base

利用磁性吸力固定印版的底托。

**03.04.060 瓦楞纸板** corrugated board

在瓦楞机压制出的瓦楞芯纸(剖面呈波浪状)的两面粘合面纸而形成的具有较高机械强度的纸板。

**03.04.061 凸印故障** relief printing defect

在凸版印刷过程中影响生产正常进行或造成印刷品质量缺陷的现象的总称。

**03.04.062 硬口** halo

文字、线条或色块周边出现浓色与白色双边的墨迹。

**03.04.063 空心点** hickie

网点扩大并出现周边浓中心淡的墨色。

**03.04.064 邵氏硬度** Shore hardness

一种表面硬度的计量方法。其测试方法为:将邵氏硬度计插入被测材料,表盘上的指针通过弹簧与一个刺针相连,刺针刺入被测物表面,表盘上所显示的数值即为硬度值。分为邵氏 A 和邵氏 D,邵氏 D 表示的硬度较邵氏 A 硬。

**03.04.065 耐磨性** abrasion resistance; wear resistance

①印刷品表面的油墨层耐重复摩擦的程度。②以规定频率、规定磁平在磁带上录音,然后在录音机上走带至放音输出电平下降达规定值,测走带次数。

**03.04.066 油墨黏着力** ink adhesive force

印迹牢度的测试计量参数。

**03.04.067 瓦楞纸板柔版印刷** corrugated flexographic printing

使用柔性版在瓦楞纸板上印刷的工艺。

**03.04.068  瓦楞纸板印刷开槽机**  corrugated printing & rooving machine

使用柔性版在瓦楞纸板上进行印刷并连机开槽的印刷设备。

**03.04.069  瓦楞纸箱预印工艺**  corrugated board pre-printing

将瓦楞面纸事先用柔印或者凹印工艺进行表面装潢印刷,然后将复卷后的面纸在瓦楞生产线上裱糊成瓦楞纸板,最后横切成单张印刷成品纸板供纸箱的后道成形加工。

**03.04.070  干胶印**  letterset printing

又称"间接凸版印刷"。用凸版通过中间转移体将油墨转移到承印物上的印刷方式。

**03.04.071  间接凹版印刷**  indirect gravure printing

通过橡皮滚筒转印的凹版印刷方式。

**03.04.072  线雕凹印**  line engraving intaglio printing

在刚性平板或卷筒板上,图像区域被雕刻成低于非图像区域的线条,将油墨从线条中直接传递到承印物上的凹版印刷方式。

**03.04.073  网目调凹印**  halftone gravure

通过网穴大小和深浅变化来再现其阶调值的凹版印刷方式。

**03.04.074  照相凹印**  photo gravure

经照相和腐蚀在印版上形成凹陷深度不同的图文印版的凹版印刷方式。

**03.04.075  凹印设备**  gravure equipment

用于凹印制版或印刷的机器。

**03.04.076  单张凹印机**  sheet-fed gravure press

适用于单张承印材料印刷的凹印设备。

**03.04.077  卷筒凹印机**  web gravure press

适用于卷筒承印材料印刷的凹印设备。

**03.04.078  刮墨刀线**  doctor blade streaks

因刮墨装置不良,在印刷品上引起的沿滚筒旋转方向出现的条状墨线。

**03.04.079  彗星条纹**  comet streak

网墙上的尘粒、墨皮或纸屑在印刷品上引起的彗星状条影。

**03.04.080  边缘发毛**  feathering

印刷品图文边缘粗糙不光洁的现象。

**03.04.081  静电网版印刷**  electrostatic screen printing

利用静电场的作用,使墨粉通过金属网印版后被吸附到承印物表面的印刷方式。

**03.04.082  曲面印刷**  curved surface screen printing

在圆柱形、球形和圆锥形等物体的表面上进行网版印刷的方式。

**03.04.083  镂空版印刷**  stencil printing

又称"型版印刷""模版印刷"。在木片、纸板、金属或塑料等片材上刻画出图文,制出镂空版,通过刷涂或喷涂方法使色料透过通孔,附着在承印物上的孔版印刷方式。

**03.04.084  网距**  off-contact distance

印刷时,网印版底面与承印物之间的距离。

**03.04.085  油墨消耗量**  ink consumption

使用某一印版印刷时所需要的油墨的湿体积。

**03.04.086  置墨区**  ink set

在网印版表面的上部放置油墨的非刮印区域。

**03.04.087  剥离距离**  ink trail

在网印的刮墨过程中从刮墨刀的后缘到承印物与网印版脱离点之间的长度。在刮印过程中,借助于油墨,承印物与网印版在一定的时间内保持接触,以完成油墨转移。

**03.04.088 印版回弹 snap-off**
印刷过程中,网印版与附着于承印物上的油墨缓慢剥离的过程。

**03.04.089 回墨板 ink flooding blade**
将刮墨刀刮到终端的油墨送回到刮墨刀起始位置的装置。

**03.04.090 刮墨角度 squeegee angle**
刮墨刀的切线方向与承印物水平面或与压印辊接触点的切线之间的夹角。

**03.04.091 刮墨区 squeegee area**
刮墨刀在印版上刮墨运行的区域。

**03.04.092 刮墨压力 squeegee pressure**
刮墨刀在某一段行程内作用于印版上的线性压力。

**03.04.093 理论油墨容积 theoretical ink volume**
丝网厚度与通孔面积的乘积。

**03.04.094 回墨 flooding**
在印刷前使网印版的通孔充满油墨的操作。

**03.04.095 印刷面 printing side**
网印版与承印物相接触的一面。

**03.04.096 刮墨面 squeegee side**
网印版与刮墨刀相接触的一面。

**03.04.097 堵版 filling in**
油墨固着在网印版图像区域的开孔中,造成印品墨色不匀的现象。

**03.04.098 锯齿效应 saw-tooth effect**
因丝网网孔影响,印版图文边缘呈现锯齿状,造成印刷品印迹不清晰的缺陷。

**03.04.099 鬼影 ghost image**
又称"幻影"。网版印刷中,重复使用的版模承载体由于受前一次印刷主色的影响,使印刷图像的颜色密度发生非预设性的局部变化。

**03.04.100 数字印刷机 digital printing press**
由数字信息生成逐印张可变的图文影像,并借助成像装置,将呈色剂传递至承印物上的设备。

**03.04.101 喷墨印刷机 ink jet printer; ink-jet printing press**
由数字信息生成逐印张可变的图文影像,并借助喷墨成像装置,将墨水传递至承印物上的设备。

**03.04.102 数字成像 digital imaging**
以数字化数据形式表示的图文信息转化为可视化形态的过程。

**03.04.103 静电成像 electrophotography**
在光导体表面通过充电、放点(曝光)过程形成静电潜像并吸附带电呈色剂的成像方法。

**03.04.104 光导体 photoconductor**
受光照射后电阻下降,成为良导体的特殊类型半导体。

**03.04.105 充电 charging**
利用电晕装置使光导体表面带有均匀分布电荷的过程。

**03.04.106 放电 discharging**
用光照射光导体使局部区域释放电荷的过程。

**03.04.107 显影 development**
使呈色剂转移到潜像对应区域并转换成可视图像的过程。

**03.04.108 转印 transfer**
吸附于光导体表面的呈色剂被转移到承印物上的过程。

**03.04.109 定影 fixing**
通过加热或其他方法使色粉熔化并固着到承印物上的过程。

**03.04.110 清理 cleaning**

去除光导体上残留电荷和呈色剂的过程。

**03.04.111 喷墨成像** ink jet imaging
在电子计算机的控制下,使墨水形成墨滴,并喷射到承印物上形成图文的方法。

**03.04.112 连续喷墨** continuous inkjet
通过电场偏转或其他方式控制连续喷射墨滴方向形成印刷图像的方法。

**03.04.113 墨滴速度** drop velocity
墨滴按照预定轨迹在单位时间内飞行的距离。

**03.04.114 墨滴尺寸调制** drop size modulate
在喷嘴孔尺寸不变的情况下控制墨滴大小(墨滴容量)的方法。

**03.04.115 弯月面** meniscus
墨水柱受到黏性和大气压力的双重作用形成的外凸或内凹的弯曲表面。

**03.04.116 卫星墨滴** satellite drop
出现在多个主墨滴之间、尺寸比主墨滴小得多的子墨滴。

**03.04.117 按需喷墨** drop on demand
又称"随机喷墨"。墨滴在需要时才喷射的技术。

**03.04.118 热喷墨** thermal inkjet
又称"气泡喷墨"。借助热量使气泡膨胀挤压墨腔形成墨滴并喷射到承印物上的方法。

**03.04.119 压电喷墨** piezoelectric inkjet
通过压电材料变形挤压墨腔形成墨滴并喷射到承印物上的方法。

**03.04.120 相变喷墨** phase change inkjet
固体油墨加热熔化成液体,形成墨滴喷射到转印装置上后冷却为固体状态,再转印到承印物上的方法。

**03.04.121 静电喷墨** electrostatic inkjet
通过静电牵引力喷射带电墨滴的方法。

**03.04.122 直接热成像** direct thermography
直接加热使承印物变色产生图像的方法。

**03.04.123 热转移** thermal transfer
色带表面的呈色剂经加热熔化转移到承印物上的方法。

**03.04.124 离子成像** ionography
通过离子的定向运动在电介质表面建立电荷图像的方法。

**03.04.125 磁成像** magnetography
通过材料的磁化效应形成磁潜像的方法。

**03.04.126 直接成像** direct imaging
无须感光作用或磁化效应,使呈色剂从成像滚筒直接转移到承印物上的方法。

**03.04.127 照相成像** photography
通过数字控制在相纸上产生图像的方法。

**03.04.128 空间非均匀性** spatial non-uniformity
特定填充区域内密度或反射系数的波动。

**03.04.129 颗粒度** graininess; granularity
所有方向上空间频率大于 0.4 周期/毫米的非周期性密度或反射系数的波动。

**03.04.130 斑点** mottle
所有方向上空间频率小于 0.4 周期/毫米的非周期性密度或反射系数的波动。

**03.04.131 模糊度** blurriness
线条或笔画边缘内边界和外边界的平均距离。

**03.04.132 粗糙度** raggedness
拟合到线条边缘阈值后形成的剩余部分的标准离差。

**03.04.133 条杠** strip and bar
一维的周期性亮度和色度波动。

**03.04.134 有效分辨率** effective resolution

数字成像系统或成像部件的实际分辨能力。

**03.04.135　定位精度　positional accuracy**
数字印刷机每单位长度内使呈色剂定位到承印物的最高能力。

**03.04.136　印刷速度　printing speed**
单位时间内可输出的 A4 页数量或卷筒纸的长度。

**03.04.137　图像覆盖率　image coverage rate**
呈色剂覆盖承印物的面积与可印刷的面积之比。

## 03.05　印后加工

**03.05.001　分发　distributing**
通过联机或脱机处理,给印刷品贴标签、打包并送至目的地。

**03.05.002　装订工艺　binding process**
简称"装订"。将印张加工成册所采用的各种加工技术。

**03.05.003　骑马订装　saddle stitching**
又称"骑马订"。简称"骑订"。用金属丝或线从书帖折缝中穿订成册的书刊订联方式。

**03.05.004　胶粘订　perfect binding**
又称"无线胶订"。简称"胶订"。将书帖、书页用胶黏剂粘联成册的订联方式。

**03.05.005　锁线订　thread sewing**
将书帖逐帖用线穿订成册的订联方式。

**03.05.006　铁丝订　wire side-stitching**
用金属丝将书帖订联成册的方法。

**03.05.007　塑料线烫订　plastic thread sealing**
用塑料线从书帖最后一折缝穿订并熔融成书芯的订联方式。

**03.05.008　切孔胶粘订　notch binding**
在每个书帖的折叠处打出一排孔,以便涂胶时胶液充分渗入的订联方式。

**03.05.009　活页装　loose-leaf binding**
以夹、扎、穿等方式把散页连在一起并可分拆的书刊装订方式。

**03.05.010　散页装　free leaf binding**
书页不装订成册,而是以单页的状态装在专用的外包装盒(袋)内的一种装订方式。

**03.05.011　螺旋装　spiral binding**
把打好孔的散页用螺旋形金属条或塑料条穿在一起的装联方式。

**03.05.012　特殊装　special binding**
非常规用的装联方式,如卷轴装、经折装和蝴蝶装等。

**03.05.013　豪华装　costly binding**
用贵重的装帧材料和特殊工艺技术制成的有保存价值和收藏价值的书籍装订方式。

**03.05.014　软质封面　softbound; soft cover**
用纸张或其他软质材料制成的封面。

**03.05.015　硬质封面　hardbound; hard cover**
用硬质纸板和软质材料组合在一起,有一定挺括度的封面。

**03.05.016　书帖　signature**
书籍印张按页码顺序折叠成一叠的书页。

**03.05.017　裁切　cropping**
将纸张、印张、书册等按所需尺寸切开的工艺。

**03.05.018　折页　folding**
将印张折叠成书帖的工序。

**03.05.019　配页　gathering**
将书帖或单页按顺序配集成册的工艺。

**03.05.020　配帖　collation**
按页码顺序,将书帖叠加形成书芯的工艺。

**03.05.021 套帖** register signature

将一个书帖套在另一个书帖的外面或里面形成书芯的工艺。

**03.05.022 套帖书芯** single-layer block

将一个书帖套在另一个书帖的外面或里面形成的书芯。套帖书芯适用于薄杂志和小册子或页数少的文件类装订。

**03.05.023 平叠帖书芯** multi-layer block

按页码顺序,将多个书帖依次平行叠加在一起而构成的书芯。采用这种配帖法的书芯适用于硬质封面和软质封面书本的装订。

**03.05.024 套合** shrinking on

将书芯与封面吻合在一起的操作过程。

**03.05.025 包本** covering

将订好或粘好的书芯在书背和订口上用胶黏剂把封面包粘住的工艺。

**03.05.026 三面切** three-knife trimming

用三面切书机将书册按要求尺寸切齐的工艺。

**03.05.027 铣背** milling

将配好的书帖的折叠处铣磨成散页状,以便涂胶时胶液渗透在页间的加工方法。

**03.05.028 扒圆** rounding

将裁切后的书芯背部加工成圆弧形的工艺。

**03.05.029 起脊** ridge

在扒圆的书背部加工出隆起棱线的工艺。

**03.05.030 包边** turn-in

在硬质封面外边缘包粘纸板的工艺。

**03.05.031 折前口** flap

将封面前口多余部分沿切口折进书芯内的加工方法。

**03.05.032 订口** binding edge; back margin

书册应订联的位置。

**03.05.033 订口空白** binding margin

又称"订口余白"。从图文区边缘到订口的空白区域。

**03.05.034 前口** fore edge

与订口相对的翻阅口。

**03.05.035 切口** cut; cutting edges

书刊的上、下和一侧三面切光之处。

**03.05.036 岗线** crest line

平装包封造成的书脊处凸出封面的棱线。

**03.05.037 中径** inner book waist

硬质封面的封二和封三之间的距离位置。

**03.05.038 中径纸板** spine inlay

在中径上粘接的纸板。

**03.05.039 未折进的包边** overhang

包面材料超过封面纸板和中径条的部分。

**03.05.040 堵头布** head band

起装饰作用的布条,用来粘贴在书芯背部的上下两端。

**03.05.041 包面材料** covering material

包在书壳纸板和中径条外面的一层软质材料。通常是涂料纸和布料。

**03.05.042 动物胶** animal glue

以动物骨、皮为原料加工而成的胶黏剂。动物胶在书本装订中主要用于制书壳和上书壳。

**03.05.043 EVA 热熔胶** ethylene vinyl acetate hot-melt adhesive; EVA hot-melt adhesive

简称"EVA胶"。热可塑性黏合剂,乙烯与醋酸乙烯的共聚物,100%的固体含量,透明柔韧,室温下为固体,加热到一定程度时熔融为液体。适用于多种纸张,固化时间快,黏合力强,但耐油脂和耐溶剂性弱。

**03.05.044 PUR 热熔胶** polyurethane reactive adhesive; PUR adhesive

简称"PUR胶"。反应型聚氨酯胶黏剂,对纸张纤维有极强的黏结性,固化时间快,耐高温和高寒,耐溶剂和油脂。适用于上漆和UV上光的表面,以及胶片和各种不同的纸张。用PUR装订的书本最大的优点是能平整地翻开。

**03.05.045　水基胶　water-based adhesive**

以天然合成物或者可溶性人工合成物制成的水浊液胶黏剂。可用在不同厚度的各种材料上。

**03.05.046　粘接强度　adhesion strength**

使试样或产品的粘接部件的粘接界面分离所需的力,用牛顿/厘米(N/cm)表示。

**03.05.047　拉页测试　pull test**

一种静态的测试方法,测试时用拉力测定仪将书本中心页作为被测页均匀接受拉力,以评定书页的粘结牢度。

**03.05.048　整饰工艺　finishing process**

在书籍封面或其他印刷品上进行装饰性加工的工艺。

**03.05.049　压凹凸　embossing**

用模具将凹凸图案或纹理压到印品上的工艺。

**03.05.050　压痕　indentation;creasing**

用模具在印品上压出线痕的工艺。

**03.05.051　易撕线　tear line**

用模具在印张规定位置加工出的断续轧压线。

**03.05.052　上光　coating;varnishing**

在印刷品表面涂布透明光亮材料的工艺。

**03.05.053　覆膜　film laminating**

将涂有黏合剂的塑料薄膜覆合到印刷品表面的工艺。

**03.05.054　烫印　hot foil-stamping**

在纸张、纸板、纸品、涂布类等物品上,通过烫模将烫印材料转移到被烫物上的工艺。

**03.05.055　裁切面装饰　decoration of cutting edges**

又称"切口装饰"。在书籍的裁切面上加工金属膜、颜色或花纹图案的工艺。

**03.05.056　分切　slitting**

将成卷材料或印刷品裁成所需宽度卷材的工艺。

**03.05.057　模切　die cutting**

用模具将印刷品切成所需形状的工艺。

**03.05.058　包装成形工艺　forming process for packaging**

将印刷品制作成物品包装容器的加工工艺。

**03.05.059　制袋　bag-making**

用粘合、缝纫或热合等方法把平面材料做成盛物袋的过程。

**03.05.060　制盒　box-making**

用锁、粘、订联等方法把板材做成装物盒的过程。

**03.05.061　制箱　carton-making**

用开槽、订、粘、套合、折叠等方法把板材做成装物箱的过程。

**03.05.062　印后设备　postpress equipment**

全称"印后加工设备"。印后加工过程中采用的设备。

**03.05.063　联动线　producing line**

多种工艺、工序在同一生产线上接续完成的机械设备。

**03.05.064　胶粘装订联动线　adhesive binding line**

从配帖、压平、铣背、上胶、包封面,到三面切齐联线作业的加工线(有的还连接堆积机和打包机)。

**03.05.065　精装联动线　hard-cover binding line**
从压平、扒圆起脊、贴书背纸、粘书背布，上环衬、粘堵头、上书壳、压槽成形到上护封的联线加工线。

**03.05.066　骑马装订联动线　saddle stitching line**
由配页机、铁丝订书机、切书机组合成的，采用骑马订书形式的联动机器设备。

**03.05.067　折页机　paper-folding machine**
将印张按页码顺序折成书帖的机械。

**03.05.068　配页机　gathering machine**
将书帖依顺序组成册的机械。

**03.05.069　三面切书机　three-knife trimmer**
一次将书册三面切口切净的机械。

**03.05.070　烫印机　hot foil-stamping machine**
将烫印材料或印版图文经热压转移到被烫物上的机械。

**03.05.071　模切机　die-cutting machine**
在纸张或纸板上，按模具图文形状加工成不同式样规格产品的机械。

**03.05.072　切纸机　paper-cutting machine**
裁切各种幅面纸张、纸板的机械。

**03.05.073　锁线机　book-sewing machine**
使用线逐帖联接书册的机械。

**03.05.074　覆膜机　film laminating machine**
将塑料薄膜与纸张粘合在一起的机械。

**03.05.075　糊壳机　book case making machine**
将软质封面与硬质纸板粘合在一起，制成书壳的机械。

**03.05.076　八字皱　splay crimple**
书帖在折页过程中出现八字形的皱褶。

**03.05.077　折缝空　interstitial signature**
书帖折后折缝处不实有空隙的现象。

**03.05.078　错帖　disordered signature**
没按书帖顺序配成书册的现象。

**03.05.079　掉页　page pulling off**
书册装订完成后书芯中页张脱落的现象。

**03.05.080　书芯断裂　bookblock breakaway**
书册装订后翻阅时出现书芯分离散开的现象。

**03.05.081　小页　shrunken page**
书册装订裁切后书芯内有的页张缩进小于书册尺寸的现象。

**03.05.082　书壳翘曲　book-case warping**
精装书制成后书壳表面不平向上弯曲的现象。

**03.05.083　起泡　bubble**
覆膜后塑料薄膜与印刷品之间出现气泡的现象。

**03.05.084　褶皱　fold; wrinkle**
覆膜后塑料薄膜出现的不可展开的重叠现象。

**03.05.085　起膜　delamination**
覆膜后出现的局部或全部的塑料薄膜与印刷品分离的现象。

# 04. 音像复制

## 04.01 唱片复制

**04.01.001 唱片 record**
全称"模拟黑胶唱片"。又称"立体声黑色赛璐珞质地密纹唱片"。存储音乐等声音信息的片状介质。可分为早期的钢丝唱片、胶木78转唱片、黑胶唱片及CD光盘等。

**04.01.002 激光唱片 laser record**
俗称"CD"。利用激光束扫描,通过光电转换记录、重现声音的唱片。

**04.01.003 微型唱片 mini disc**
俗称"MD"。索尼公司开发的一种磁光唱片数字音频系统。唱片直径64毫米,比直径80毫米的单节目激光唱片(CDS)还小,可录放高音质数字声74分钟。

**04.01.004 立体声唱片 stereophonic record**
以单一螺旋纹槽在两个相互垂直方向内位移的形式载容双通道信息的唱片。

**04.01.005 单声道唱片 monophonic record**
又称"单声唱片"。以螺旋纹槽横向位移形式载容单通道信息的唱片。

**04.01.006 密纹唱片 long-play record；LP**
采用槽距很小的细纹,录制转速为33又1/3转/分或45转/分,放音时间比粗纹唱片明显增长的唱片。

**04.01.007 薄膜唱片 sound sheet record；film disk**
一种在聚氯乙烯(PVC)薄膜材料上,通过热压使其表面形成纹槽可供放音的唱片。

**04.01.008 唱盘 record player**
放音设备中由装有驱动系统的转盘及音臂和拾音头组成的机械装置。

**04.01.009 唱针 stylus**
又称"放音针"。针尖能随调制槽运动,并把产生的振动传至拾音头的机械传输元件。
注:上述定义一般指由唱针和针座组成的部件。

**04.01.010 电唱机 gramophone；phonograph**
由唱盘、放大器、一个或几个内接或外接扬声器组成的电声设备。

**04.01.011 换片器 record changer**
把一组唱片依次自动放上转盘以便按顺序放音的机械装置。

**04.01.012 拾音头 pick-up head**
在调制槽的作用下,将机械信号输入转换成电信号输出的机电换能器。

**04.01.013 晶体拾音头 crystal pick-up head**
利用压电晶体材料的压电性能而工作的拾音头。

**04.01.014 可变磁阻拾音头 magnetic variable reluctance pick-up head**
利用磁路中磁阻变化而工作的拾音头。

**04.01.015 电动拾音头 electrodynamic pick-up head**
利用线圈在磁场中运动而工作的拾音头。

**04.01.016 电容拾音头 capacitance pick-up head**
利用电路中电容量变化而工作的拾音头。

**04.01.017 动磁拾音头 magnetodynamic**

pick-up head

利用磁铁相对于固定线圈的运动而工作的拾音头。

**04.01.018 陶瓷拾音头** ceramic pick-up head
利用陶瓷材料的压电性能而工作的拾音头。

**04.01.019 晶体刻纹头** crystal cutter head
由压电晶体材料加电压变形引起刻纹刀位移的一种刻纹头。

**04.01.020 电动刻纹头** electrodynamic cutter head
由线圈在磁场中运动引起刻纹刀位移的一种刻纹头。

**04.01.021 磁性刻纹头** magnetic cutter head
由电磁力或电动力直接引起刻纹刀位移的一种刻纹头。

**04.01.022 锁槽** locked groove; concentric groove
又称"同心纹槽""同心槽"。与录音纹槽同心,接在调制槽后面,以防止拾音器向内或向外移动的未调制的圆环形纹槽。

**04.01.023 调制纹槽** modulated groove
又称"调制槽""声槽"。含有横向或径向录音,或45°＊45°立体声录音的纹槽。

**04.01.024 变槽距纹槽** variable groove pitch
又称"变槽距槽"。槽距随刻纹刀的横向和(或)径向调制位移而变化的纹槽。

**04.01.025 变槽深纹槽** variable groove depth
又称"变槽深槽"。平均槽深随调制信号的横向和(或)竖向振幅而变化的纹槽。

**04.01.026 槽距** pitch; groove spacing
全称"纹槽间距"。相邻两槽中心线间的距离。单位宽度一般以厘米表示。

**04.01.027 槽角** groove angle
全称"纹槽角度"。在与唱片表面垂直的径向平面上测得的纹槽两壁间的夹角。

**04.01.028 槽宽** groove width
全称"纹槽宽度"。唱片表面上同一纹槽两壁间的径内间距。

**04.01.029 槽深** groove depth
全称"纹槽深度"。从唱片表面到纹槽底部的垂直距离。

**04.01.030 槽底半径** bottom radius
纹槽底部的曲率半径。

**04.01.031 粗纹** coarse groove
槽宽一般大于0.15毫米,以78转/分的额定转速录制在唱片上的纹槽。

**04.01.032 侧推力** side thrust
因唱针与纹槽壁之间摩擦而作用于音臂的力的径向分量。

**04.01.033 垂直调制角** vertical modulation angle
唱片表面的法线与唱针针尖运动方向之间的夹角。从唱针位于音臂座左侧的方向看拾音头时,该夹角按逆时针方向计量。

**04.01.034 槽距不匀** pitch uneven
因录音刻片机螺杆不规则运动引起的唱片槽距不一致。

**04.01.035 光带宽度法** light band width; Buchmann and Meyer pattern
又称"布克曼-迈耶尔法"。供校准唱片录放音设备用的测试唱片上已录振速的计量方法,即用平行光束入射纹槽壁,从光源投射方向观察任意一壁上因反射而获得的图像。

**04.01.036 交流声电平** hum level
在规定输出端测得的由杂散场在特定条件下产生的电压与在同一输出端测得的基准信号电压之比,以分贝表示。

**04.01.037 动态失真** dynamic distortion

由于唱针机械阻抗引起唱片材料变形,使唱针不能准确循迹纹槽而出现的失真。

**04.01.038　表面噪声　surface noise**
由于唱针针尖与纹槽两壁表面接触处不平滑而引起的拾音头电输出中的一种噪声。

**04.01.039　波纹图形　Moire pattern；patterning**
刻录时,因纹槽宽度和深度受很低频率调制而造成的录音面上的异常波纹。

**04.01.040　胶盘　lacquer disk**
又称"胶片"。在金属底板两面涂敷硝酸素的录音用圆片。

**04.01.041　蜡盘　wax**
表面可用机械方法刻录原音的蜡制圆片。

**04.01.042　版子　shell**
用电镀方法直接或间接获得的录音胶盘的金属复制品。

**04.01.043　胶盘原版　lacquer original**
用于以电镀方法生产金属头版的录音胶盘。

**04.01.044　二版　duplication by electroplating**
用电镀方法直接从头版得到的复制品,其纹槽与胶盘原版相同,并可放音。

**04.01.045　胶盘刻纹　cutting on disk**
通过电/机换能,把通常预录在磁带上的音频

信号转换成空白胶盘上调制纹槽的过程。调制特性取决于待录信号。

**04.01.046　模塑　moulding**
用金属模板制成塑料唱片的方法。

**04.01.047　边料　leftover material**
压塑时在唱片边缘上出现的多余塑料。

**04.01.048　通道定向　channel orientation**
将立体声放音设备通道连接到由纹槽外壁激励左声道即主听众席右侧扬声器的操作。

**04.01.049　恒幅录音　constant amplitude recording**
输入恒幅正弦信号,所录振幅与信号频率无关的录音方式。

**04.01.050　恒速录音　constant velocity recording**
输入恒幅正弦信号,所录振幅与信号频率成反比的录音方式。

**04.01.051　横向录音　lateral recording**
刻纹刀运动方向平行于录音载体表面的录音方式。

**04.01.052　机械录音　mechanical recording**
通过刻纹、压制或模塑,将待录信号以永久性机械变形形式纳入录音载体的过程。

## 04.02　磁带复制

**04.02.001　磁带　magnetic tape；tape**
一种在塑料薄膜带基(支持体)上涂覆一层颗粒状磁性材料或蒸发沉积上一层磁性氧化物或合金薄膜而成的用于记录声音、图像、数字或其他信号的载有磁层的带状材料。

**04.02.002　录音带　compact audio cassette；audiotape**
记录、存储声音内容的磁带。一般以录音机来录制和播放。按外形结构的不同可分为盘

式、卡式和盒式三种。

**04.02.003　录像带　video tape**
记录、存储影像内容的磁带。一般以录像机来录制和播放。

**04.02.004　数字音频磁带　digital audio tape；DAT**
又称"4毫米磁带"。以数字方式记录声音的专业品质级别的磁带。磁带宽为0.15英寸

(4毫米)。由于该磁带存储系统采用了螺旋扫描技术、即写即读和压缩技术,既提高了系统的可靠性和数据传输率,又提高了存储容量。目前一盒 DAT 磁带的存储容量可达到12G。

**04.02.005 数字线性磁带** digital linear tape; DLT

带宽 1/2 英寸的盒式数字线性存储磁带。由美国数字设备公司(DEC)和昆腾公司(Quantum)开发,容量 10～80G、传输速率 1.25～10 兆字节/秒,可用作母盘制作的数据载体。

**04.02.006 Exabyte 磁带** Exabyte tape

基于 8 毫米录像带的数字磁带。由百安特公司(Exabyte)开发,容量可达到 150G,可用作母盘制作的数据载体。

**04.02.007 普通带** ordinary tape

又称"铁带"。磁粉为三氧化二铁的磁带。

**04.02.008 金属带** metal tape

铁磁性金属粉直接涂于或镀于带基上的磁带。

**04.02.009 氧化铬带** chromium tape

又称"铬带"。磁粉为二氧化铬的磁带。

**04.02.010 铁铬带** Fe-Cr tape

在氧化铁磁层外增加一层二氧化铬磁层的磁带。

**04.02.011 测试带** test tape

录有符合规定特性的信号,用以在重放状态下测试或调整系统特性的磁带。

**04.02.012 基准带** benchmark tape

具有规定特性、选作基准的空白磁带,用以与其他磁带作比较或测量磁带记录设备的特性。

**04.02.013 校准带** calibration tape

录有符合规定特性的信号,用以在重放状态

下校准系统特性的磁带。

**04.02.014 盘式磁带** open reel tape; disc tape

卷绕在独立的盘芯或带盘上的磁带。

**04.02.015 盒式磁带** cassette tape

曾称"卡式录音带(compact audio cassette)"。把供带盘和收带盘封装在同一盒内的录音磁带。

**04.02.016 磁记录载体** magnetic record carrier

以磁记录技术储存信息的介质实体。如录音机磁带、录像带、软磁盘、磁磁盘等。

**04.02.017 磁带编辑** tape editor

将磁带上几部分节目组成一个连贯节目的操作过程。

**04.02.018 磁带复制** tape duplication

同时获得已录节目全部或部分的一份或几份副版磁带的过程。

**04.02.019 饱和输出电平** saturated output level

对应饱和录音磁平的放音通道输出电平。

**04.02.020 保护带** protection zone

又称"保护间隔"。磁带表面磁迹间的部分。

**04.02.021 表面磁感应** surface magnetic induction

自由空间内垂直于磁带表面的磁感应。

**04.02.022 参考磁平** reference magnetic flat

对录音机和磁带进行电性能测量时选作基准的磁平。

**04.02.023 参考频率** reference frequency

进行电性能测量时选作参考点的频率。

**04.02.024 层间黏着性** interlayer adhesion

磁带卷中相邻层间的黏附特性。

**04.02.025 垂直磁化** perpendicular magneti-zation

已录磁场的主要分量垂直于磁带平面的磁化方式。

**04.02.026 纵向磁化** longitudinal magnetization

已录磁场的主要分量平行于磁带运动方向的磁化方式。

**04.02.027 横向磁化** transverse magnetization

已录磁场的主要分量平行于磁带平面且与磁带运动方向垂直的磁化方式。

**04.02.028 磁层** magnetic coating; magnetic layer

磁带上用以记录信号的部分,一般由可磁化材料与黏合剂混合而成并涂于带基上,也可由磁性材料直接涂于或镀于带基上。

**04.02.029 磁层电阻** magnetosphere resist-ance

长度等于宽度的部分磁带磁层的电阻。

**04.02.030 磁带张力** tape tension

在起动、走带、停止等状态下由运带机构加于磁带的纵向拉力。

**04.02.031 磁粉** magnetic powder; magnetic particle

磁层中使用的粉状磁性材料。

**04.02.032 磁迹** magnetization traces; mag-netic track

记录头在磁带上磁化的痕迹。

**04.02.033 磁迹形位** magnetization traces form

磁带上已录磁迹的位置与尺寸。

**04.02.034 磁头** magnetic head

将电信号转换成磁通变化或将磁通变化转换成电信号的换能器。

**04.02.035 磁头堵塞** head clogging

磁带上脱落的微粒积聚在磁头缝隙表面及其周围的现象。

**04.02.036 磁头缝隙** head gap

磁头两极面间由非磁性材料垫片隔开的间隙。

**04.02.037 磁头调整** head adjustment

调整磁头位置使方位角和磁迹形位等均合适的操作。

**04.02.038 磁头消磁器** head for re-demag-netization

消去磁头芯上剩磁的装置。

**04.02.039 磁头芯** head core

磁头中由磁性材料制成并构成磁路的部分。

**04.02.040 带基** tape-based

磁带上用以承载磁层的部分,一般为涤纶薄膜。

**04.02.041 带盘** winding parts of the tape

由一个盘芯和两个托盘组成一体,用以卷绕磁带的部件。

**04.02.042 带速** speed

磁带相对于某固定点的移动速率。

**04.02.043 倒带** rewind

将磁带迅速地从收带盘绕到供带盘的过程。

**04.02.044 抖晃率** jitter rate

磁带不规则运动引起记录信号的寄生调频频偏对记录信号频率的百分比。

**04.02.045 短路带磁通** short-circuit flux

简称"带磁通"。流经磁阻为零在无限长度内与磁带表面紧密接触的重放头铁芯的磁通。

**04.02.046 短期均匀性** short-term uniformity

重放磁带上已录规定信号时,持续时间在0.04~1秒的放音输出电平的连续重现性变化。

**04.02.047 额定输出电平** rated output level
对应参考磁平的放音通道输出电平。

**04.02.048 方位角调整** azimuth adjustment
使重放头和记录头的缝隙与磁带运动方向构成确定角度的操作。在磁带录音机中此角度一般为直角。

**04.02.049 防消片** film for preventing degaussing
置于防消孔中的小片,存在时可以记录交变磁信号,除去后可使防消孔起作用。

**04.02.050 缝隙宽度** gap width
平行于磁带平面并垂直于磁带与磁头相对运动方向的磁头缝隙尺寸。

**04.02.051 缝隙深度** gap depth
垂直于磁带平面的磁头缝隙尺寸。

**04.02.052 缝隙长度** gap length
磁头两极面间的实际距离。

**04.02.053 复印比** copy ratio
额定输出电平与复印电平之差,以分贝表示。

**04.02.054 复印磁平** copy magnetic flat
磁带上已录信号因复印效应而产生的寄生磁平。

**04.02.055 复印效应** print-through
由于磁带相邻层间接触造成已录信号感应到邻层上的现象。

**04.02.056 供带盘** pop-up box
在记录、重放或快速进带时供出磁带的带盘。

**04.02.057 混录** mixed record
将多路信号同步存入记录载体的过程。音频信号的记录称录音,视频信号的记录称录像。

**04.02.058 记录通道** record channel
将待录信号从信号源传输到记录载体的通道,一个记录系统可以包含多个记录通道。

**04.02.059 记录头** recording head
按待录信号改变记录载体上磁性状态的磁头。

**04.02.060 记录系统** recording system
按信号改变记录载体的状态或结构使其可重放的设备。

**04.02.061 基准偏磁** baseline magnetic bias
基准带的最佳偏磁。

**04.02.062 接头** connector
用粘接带连接的磁带对接部位。

**04.02.063 矩形比** squareness ratio
又称"矩形系数"。磁带的饱和剩磁感应与饱和磁感应之比。

**04.02.064 均衡** equilibrium
为补偿记录或重放系统的幅频失真而对该系统幅频响应所作的校正,录像系统中的均衡和系统中的均衡有时还包含对相频响应的校正。

**04.02.065 拉断强度** tensile strength
又称"拉断力"。拉断磁带试样所需的最小力。

**04.02.066 录放头** recordback head
既可用于记录又可用于重放的磁头。

**04.02.067 复印电平** film copy level
对应复印磁平的放音通道输出电平,通常以相对于额定输出电平之值表示。

**04.02.068 偏磁比** magnetic bias ratio
被测磁带最佳偏磁与基准偏磁之比。

**04.02.069 偏磁噪声磁平** partial magnetic noise magnetic flat
磁带经消音头消音及无信号录音后的剩余噪声磁平。通常以相对于额定输出电平之值表示。

**04.02.070　偏磁噪声电平**　partial magnetic noise level

对应偏磁噪声磁平的放音通道输出电平。通常以相对于额定输出电平之值表示。

**04.02.071　屈服力**　yield force

使磁带比原有长度伸长3%所需的力。

**04.02.072　去加重**　de-emphasis

又称"后均衡"。重放时恢复已录信号原有的幅频响应。

**04.02.073　剩余伸长**　residual elongation

磁带受规定力作用规定时间后,在除去外力情况下测得磁带长度伸长的百分率。

**04.02.074　失落**　dropout

由于磁层脱落、粘有灰尘或头带接触不良等引起重放信号幅度的严重瞬时下降。

**04.02.075　托盘**　tray

为保护所绕磁带而装在盘芯一侧或两侧的圆盘。

**04.02.076　稳态磁带张力**　steady-state tape tension

恒速走带状态下的磁带张力。

**04.02.077　相对灵敏度**　relative sensitivity

在被测磁带和基准带上,以基准偏磁和相同音频电流所录两信号的输出电平之差,以分贝表示。

**04.02.078　消磁器**　degaussing device

对磁头、磁带等进行消磁的装置。

**04.02.079　消磁头**　degaussing head

能产生磁场以消去记录载体上已录信号的磁头。

**04.02.080　消磁效果**　degaussing effect

以规定频率和最佳偏磁录得的最高磁平与其消磁后在规定温度下存放规定时间后的剩余磁平之差,以分贝表示。

**04.02.081　有效缝隙长度**　the effective gap length

按磁头输出为零时的最大记录波长确定的缝隙长度,计算缝隙损耗时用以代替实际缝隙长度。

**04.02.082　运带机构**　shipping agency

由电动机驱动使磁带对磁头作相对运动的机械装置。

**04.02.083　整体消磁器**　overall degaussing device

又称"磁带消磁器"。同时消去磁带上全部信号的装置。

**04.02.084　重放通道**　playback channel

将重放信号从记录载体传输到重放系统输出端的通道,一个重放系统可以包含多个重放通道。

**04.02.085　重放头**　playback head；reproducing head

重放记录载体上已录信号的磁头。

**04.02.086　重放系统**　playback system

使记录载体内所存信号重放的设备。

**04.02.087　转录**　transcription

用任一方法将已录节目的全部或部分再录到记录载体上的过程。

**04.02.088　最大输出电平**　maximum output level

对应最高录音磁平的放音通道输出电平。

**04.02.089　最高录音磁平**　maximum recording magnetic flat

磁带上录音信号的三次谐波失真达到规定值时的录音信号磁平,通常以相对参考磁平的分贝数表示。

**04.02.090　最佳偏磁**　optimum magnetic bias

使磁带综合电性能最佳的偏磁电流。盒式磁带取最大输出电平与饱和输出电平之差达规定值的偏磁电流为最佳偏磁。

**04.02.091　主导轴　leading shaft**
记录或重放时驱动磁带的主动轴。

**04.02.092　预加重　pre-emphasis**
又称"预均衡"。对待录信号幅频响应按特定要求所作的校正。

## 04.03　光　盘　复　制

**04.03.001　光盘　optical disc**
又称"光碟"。用光束读取或写入记录层信息的盘片，用以记录数字和（或）模拟信息。光盘按其大小可分为直径 300 毫米、120 毫米、80 毫米和异型等；按读写功能可分为只读类和可录类光盘；按结构可分为一个读取面一个信息层、一个读取面多个信息层、两个读取面各一个信息层和两个读取面各多个信息层等；按其记录的信息格式、种类或使用功能可分为 LD、CD、DVD、蓝光光盘（BD）等不同类型。

**04.03.002　只读类光盘　read-only optical disc**
在制造时就记录了信息的光盘。不能对信息进行修正，只能从盘片读取信息。

**04.03.003　可录类光盘　recordable & rewritable disc**
可用激光刻录方式将信息写入的光盘总称。包括信息一次性写入可录光盘和可重写光盘。

**04.03.004　只读存储光盘　compact disc-read only memory；CD-ROM**
用于计算机的只读 CD 格式光盘。

**04.03.005　CD 光盘　compact disc-rewritable；CD-RW**
可以多次记录、擦除信息的 CD 格式光盘。

**04.03.006　可录 CD 光盘　compact disc-recordable；CD-R**
以激光刻录方式将信息一次性写入的 CD 格式可录类光盘产品。

**04.03.007　可录 DVD 光盘　digital versatile disc-recordable；DVD-R**
以激光刻录方式将信息一次性写入的 DVD 格式可录类光盘产品。分为 DVD-R 与 DVD+R 两种格式。DVD-R（DVD-recordable）采用频率为 141 千赫兹摆动沟槽（wobble groove）进行轨道跟踪刻录和岸预录凹坑（land pre-pit，LPP）寻址。DVD+R 采用频率为 817 千赫兹摆动沟槽进行轨道跟踪刻录和预刻槽内地址（address in pre-groove，ADIP）寻址。DVD-R 和 DVD+R 互不兼容。

**04.03.008　可重写 DVD 光盘　digital versatile disc-rewritable；DVD-RW**
可以多次记录、擦除信息的 DVD 格式光盘产品。

**04.03.009　随机存取 DVD 光盘　digital versatile disc-random access memory；DVD-RAM**
可多次重写的 DVD 格式光盘产品，允许以随机方式存取资料，与 DVD-RW、DVD+RW 不兼容。

**04.03.010　多用途数字光盘　digital versatile disc；DVD**
基础格式满足 ISO/IEC 16448 标准的光盘的统称。盘面直径一般为 120 毫米或 80 毫米，单层厚度为 0.6 毫米，两层粘合后厚度为 1.2 毫米。数据容量分为 DVD5（4.7G）、DVD10（9.4G）、DVD9（8.5G）、DVD18（17G）4 种规格。

**04.03.011　视频多用途数字光盘　digital versatile disc-video；DVD-Video**
采用 MPEG-2 编码压缩格式存储标清视频节目的 DVD 格式光盘产品。

**04.03.012　音频多用途数字光盘　digital ver-**

satile disc-audio；DVD-Audio

用数字化方式存储音频节目的 DVD 格式光盘产品。

**04.03.013 只读存储多用途数字光盘** digital versatile disc-read only memory；DVD-ROM

用于计算机数据存储的只读 DVD 格式光盘。

**04.03.014 蓝光光盘** blu-ray disc；BD

采用 405 纳米的蓝色激光器、数值孔径 0.85 的物镜和 0.1 毫米厚度的读取层(盘片由 1.1 毫米基片与 0.1 毫米读取层粘合而成)的光盘。可录蓝光光盘有 2 种,一次写 BD-R 和可重写 BD-RE。目前常见蓝光光盘有：单面单层 25G、单面双层 50G、单面三层 100G。

**04.03.015 可录类蓝光光盘** BD-recordable disc；BD-R

一次写入、不能重写可多次读出,基于 BD 格式的可录类光盘。通过记录后反射率由高变低或由低变高的方式实现记录信息。

**04.03.016 紧凑型光盘** compact disc；CD

存储数字信息的系列光盘。有直径 120 毫米和 80 毫米两种,主要包括 CD-DA、CD-ROM、VCD 等。

**04.03.017 小型音频光盘** mini disc；MD

封装在盘盒中,专门存储经过压缩处理的数字音频信息的小型磁光盘产品。

**04.03.018 数字音频光盘** compact disc-digital audio；digital audio compact disc；CD-DA

以 8-14 调制(EFM)编码方式将数字化的音频信息存储在 CD 盘片上的光盘产品。

**04.03.019 交互式光盘** compact disc-interactive；CD-i disc；interactive CD

具有对音、视频信息交互操作功能的 CD 光盘制品。

**04.03.020 超级数字音频光盘** super audio compact disc；SACD

采用直接比特流(direct stream digital，DSD)音频编码的双层结构光盘产品。SACD 可提供高保真数字音频再现。

**04.03.021 照片光盘** photo-compact disc；photo-CD

用于记录数字化照片信息的 CD 光盘制品。也可用于存储文字、图形、音频信息。

**04.03.022 单层光盘** single-layer disc

只有一个信息层的光盘。例如,DVD5。

**04.03.023 双层光盘** dual-layer disc；double-layer disc

有两个信息层的光盘。例如,DVD9。

**04.03.024 盒式光盘** optical disc cartridge；ODC

封装在匣盒中可读写的光盘。

**04.03.025 异型光盘** irregular shaped disc

采用标准光盘数据格式但外形不为圆形的各种光盘产品的统称。

**04.03.026 数字视频光盘** video compact disc；VCD

以 MPEG-1 编码压缩格式存储音、视频信息的 CD 光盘制品。其单面播放时间约 74 分钟,图像水平清晰度约 250 线。

**04.03.027 激光视盘** laser disc；LD

用模拟方式记录视频信号,用模拟和数字方式记录音频信号的光盘制品。有直径 300 毫米和 200 毫米两种。

**04.03.028 超级数字激光视盘** super video compact disc；SVCD

以支持可变位速率的 MPEG-2 的图像编码压缩方式存储音、视频信息的 CD 光盘产品。单面播放时间约 40 分钟,图像水平清晰度约 350 线,并可播放环绕声音响。

**04.03.029 光记录载体** optical recording carrier

以光记录技术储存信息的介质实体。如激光视盘、激光唱盘、高密度光盘等。

**04.03.030 4-6 调制** four-six modulation

把 4 位数据转换为 6 个信道位的系统。用于光盘数据记录和读取时的误码校正。

**04.03.031 聚碳酸酯** polycarbonate；PC

俗称"PC 料"。用于注塑光盘基片的热塑性材料。

**04.03.032 PC 料真空干燥机** vacuum dryer

利用真空和分子筛加热烘干系统对 PC 料进行除湿烘干以达到光学级要求的专用设备。

**04.03.033 光盘保护胶** lacquer

俗称"腊克"。涂敷在光盘表面保护反射层免受氧化的化学材料。

**04.03.034 保护胶旋涂** lacquer coating

将保护胶旋转涂敷至光盘表面的光盘生产工艺过程。一般包括旋转涂敷和紫外烘干两个步骤。

**04.03.035 紫外固化** UV curing

通过紫外光照射使光盘的保护胶、粘合胶或者印刷油墨发生化学反应而凝固。

**04.03.036 贴膜法** film bonding

将一层聚碳酸酯薄膜粘合到盘基上形成 0.1 毫米读取层的蓝光光盘生产方法。

**04.03.037 旋涂法** spin coating

利用紫外光固化树脂在盘基上旋涂形成 0.1 毫米读取层的蓝光光盘生产方法。

**04.03.038 湿压法** wet-embossing

利用金属模版压印旋涂在盘基上的紫外光固化树脂,使其固化形成半反射读取层信息记录点坑的双层蓝光光盘生产方法。

**04.03.039 双片法** 2P method

利用同步注塑的盘基压印旋涂在盘基上的紫外光固化树脂,使其固化形成半反射读取层信息记录点坑的双层蓝光光盘生产方法。

**04.03.040 硬膜** hard coat

由紫外光固化树脂和二氧化硅粒子组成,用于对蓝光光盘的读取层表面进行保护防止光盘表面产生划痕与指纹影响使用的涂层。

**04.03.041 背面抛光** back side polishing

模版制作工序之一。使用专用抛光机对模版背面进行抛光,以达到规定粗糙度要求的模版生产工艺。

**04.03.042 标识符错误检测码** ID error detection code；IED

用于标识符的错误检测奇偶校验码。

**04.03.043 部分响应最大似然** partial response and maximum likelihood；PRML

用于蓝光光盘等的采用序列检测的信号识别处理方案。取代 CD、DVD 的线性均衡电平检测方案。

**04.03.044 冲孔** center hole punch

模版制作工序之一。使用专用冲孔机对中操作后冲切模版中心孔和外沿的模版生产工艺。

**04.03.045 入射面** entrance surface

光盘使用时,激光束最先接触的光盘表面。

**04.03.046 导航** navigation

光盘复制中,使激光束沿着链路从一个节点到另一个节点的过程。

**04.03.047 底胶旋涂** adhesive layer coating

光刻胶母盘制作工序之一。在母盘玻璃表面均匀旋涂一薄层硅烷底胶,确保光刻胶在玻璃上的良好附着。

**04.03.048 电铸** electroforming

镍离子在电场作用下沉积到金属化玻璃母盘

表面形成金属模版的生产工艺。是光盘母盘制作中的重要工艺。

**04.03.049　读出面　read-out surface**
光盘中记录信息的表面。

**04.03.050　读功率　read power**
读取数据时,光束入射到光盘读出面的光功率。

**04.03.051　杜比 AC-3　Dolby AC-3**
一种有损压缩多声道音频的编码格式,它使用 5 个扬声器和 1 个超低音扬声器来达到一种身临其境感觉的音乐播放方式。杜比 AC-3 提供的环绕声系统由 5 个全频域声道(左、中央、右、左环绕和右环绕)和 1 个超低音声道组成,被称为 5.1 声道。用于 DVD-Video 等光盘系统中。

**04.03.052　光盘复制生产线　optical disc replicating production line**
由注塑模压、传送冷却、染料旋涂、溅镀、盘基粘合或保护胶旋涂、在线检测等设备构成的自动化光盘生产系统。

**04.03.053　高清光盘　high definition disc**
达到高清电视节目清晰度(1 920×1 080 I 像素或 1 280×720 P 像素等)播放的视频光盘。

**04.03.054　光盘格式　optical disc format**
光盘上信息的安排或布置方式。

**04.03.055　光盘物理格式　physical format of optical disc**
将信息记录到光盘物理层上所需要的一系列处理过程的规范,包括数据调制与纠错编码等。

**04.03.056　光盘应用格式　application format of optical disc**
光盘应用层面上的信源(如音频和视频等)编解码、导航系统等规范。

**04.03.057　光盘文件格式　file format of optical disc**
又称"文件系统(file system)"。定义光盘上的目录、文件结构和关于光盘内容的其他各种信息。光盘文件格式是存储媒体允许其信息文件被访问的必要条件,如 ISO 9660 格式和通用光盘格式等。

**04.03.058　ISO 9660 格式　ISO-9660**
国际标准化组织制定的 CD-ROM 光盘文件标准格式。ISO 9660 格式用于支持不同的操作系统(Unix、Linux、Windows 和 Mac OS)之间的数据交换。在 ISO 9660 基础上又增加了 Joliet 格式拓展,支持长文件名和非美国信息交换标准代码(American Standard Code for Information Interchange, ASCII)字符集。

**04.03.059　通用光盘格式　universal disc format; UDF**
用于多种光盘介质的一种文件系统格式。UDF 采用标准的封装写入技术将可录类光盘当作硬盘使用,可在光盘上删减文件。

**04.03.060　分级文档系统　hierarchical filing system; HFS**
用于 Macintosh 平台的一种文件系统。

**04.03.061　光刻胶　photoresist**
一种用于母盘制作的感光材料,将其涂敷在玻璃盘基上,经激光刻录和显影形成信息凹坑。

**04.03.062　光刻胶旋涂　resist layer coating**
母盘制作工序之一。将光刻胶通过高速旋转均匀涂敷在玻璃基片表面的模版生产工艺。

**04.03.063　光刻胶相变刻录　phase transition mastering; PTM**
基于热记录模式的母盘刻录技术,用于蓝光盘的母盘生产。PTM 采用 405 纳米波长的蓝色半导体激光器和硅晶片上的无机光刻胶材料,这种材料在温度超过某一阈值后,将发生从非晶态到晶态的相变反应,所以可以获得比聚焦激光斑点更小的记录符。

**04.03.064　写策略　write strategy**

在光盘进行刻录操作时对刻录激光的功率和脉冲宽度进行调整的优化方案。在刻录可录类光盘时,由于不同光盘使用不同信息层记录材料(记录灵敏度不同)和不同的生产工艺,所以需要有不同的写策略以保证光盘的数据刻录质量(正确地记录凹坑长度和形貌)。另外,对于不同倍速刻录的光盘,其写策略也不相同。

**04.03.065　光盘读写速度　read and write speed of optical disc**

光盘中读取和写入信息的速度。对 CD 类光盘,1 倍速(1X)是指信道内圈 200 转/分、信道外圈 500 转/分的角速度,其线速度是 1.2～1.4 米/秒。CD-ROM 的 1 倍速用户数据速度为 150 千字节/秒。对 DVD 类光盘,单面光盘(DVD5、DVD10)的线速度是 3.49 米/秒,双面光盘(DVD9、DVD18)的线速度是 3.84 米/秒,1 倍速用户数据速度为 1 318 千字节/秒。对 BD 类光盘,单面光盘线速度是 4.917 米/秒,1 倍速用户数据速度为 66 兆字节/秒。

**04.03.066　夹持区　clamping area**

光盘盘片中直径为 26～33 毫米的区域,用于光盘盘片在使用中被夹持固定。

**04.03.067　条码标识区　brust cutting area; BCA**

位于可录类蓝光光盘半径 21.0～22.2 毫米的环形区域,分布排列由高功率激光刻录形成的低反射条纹,通过与未刻录区域形成高低反射率对比,用于刻录条形码存储碟片相关信息。

**04.03.068　功率标定区　power calibration area; PCA**

位于可录类光盘起始区,用于标定写入所需激光功率的特有区域。

**04.03.069　光盘基准面　disk reference plane**

定义的一个具有理想主轴的完美环形平面,在此面上对光盘的夹持区进行夹持。光盘基准面与旋转主轴垂直。

**04.03.070　光盘刻录机　optical disc recorder**

能够与计算机相连接并可在可录光盘上直接写入数据的设备。

**04.03.071　光盘注塑机　injection molding machine**

光盘盘基精密注射成型系统。包括塑化注射单元、合模单元、取出机械手、监控显示单元和电动液压控制系统,其中塑化注射单元包括筒体、螺杆、注射单元、喷嘴、加热系统、水冷及动力系统(液压或伺服电机)。

**04.03.072　光盘轨道　track**

光盘中由记录信息点坑或者沟槽组成的连续螺旋线。一张光盘可以包含多条轨道。

**04.03.073　轨道间距　track pitch**

沿半径方向测量的两个相邻物理轨道中心线之间的距离。单位为微米($\mu m$)。

**04.03.074　平行轨道路径　parallel track path; PTP**

在双层光盘中,零层与一层、两层数据全部开始于光盘的内径部分,结束在外径附近。

**04.03.075　反向轨道路径　opposite track path; OTP**

在双层光盘中,零层数据开始于光盘内径到达外径结束,一层数据由光盘外径开始到达内径或附近区域结束。

**04.03.076　光盘红皮书　red paper of optical disc**

CD-DA 光盘的技术规格书。定义 CD-DA 数字音乐光盘标准。封面为红色。

**04.03.077　光盘黄皮书　yellow paper of optical disc**

CD-ROM 光盘的技术规格书。定义 CD-ROM 资料光盘标准,修改了物理扇区格式,增加了附加的错误校正域。封面为黄色。

**04.03.078 光盘橙皮书** orange paper of optical disc

CD-R 和 CD-RW 光盘的技术规格书。定义 CD-R/RW/MO 标准,使可录制的光学媒体能兼容不同的播放器。封面为橙色。

**04.03.079 光盘绿皮书** green book of optical disc

交互式光盘(CD-I)的技术规格书。定义 CD-I 标准,含光驱硬件规格。封面为绿色。

**04.03.080 光盘白皮书** white book of optical disc

VCD 光盘的技术规格书。定义 Video CD(MPEG-1)、Karaoke-CD 影音光盘标准,使 CD-ROM XA、CD-I 和图片光盘(Photo CD)盘片能被自由地互换。封面为白色。

**04.03.081 后端生产线** downstream

完成包括溅镀、粘合或涂敷保护胶、紫外固化及在线检测等光盘注塑后工序的自动化生产系统。

**04.03.082 光盘光学参数** optical parameter

评价光盘光学特性的系列检测参数。

**04.03.083 光盘机械参数** physical parameter

评价光盘机械性能的系列检测参数。

**04.03.084 光盘电信号参数** electrical signal parameter

评价光盘信号读出特性的系列检测参数。

**04.03.085 激光母盘刻录机** laser beam recorder; LBR

母盘制作中的关键设备,由控制工作台、激光器、调制器、光学系统、精密伺服的转台和平动台等构成。涂有感光胶的玻璃母盘在刻录机中用聚焦激光逐点曝光的方法刻录信息

标记。

**04.03.086 光盘记录层** recorded layer

光盘上记录数据的层。

**04.03.087 光盘间隔层** spacer

双层光盘中,可以从同一入射面读取的两个记录层之间的透明层。

**04.03.088 检错码** error detection code; EDC

数据帧中用于主要数据的错误检测奇偶检验码。

**04.03.089 溅镀** sputtering

通过溅镀腔内高压电场作用下生成的等离子体轰击阴极靶材,靶材分子转移沉积到盘基表面形成金属化薄膜的光盘生产工艺。

**04.03.090 溅镀靶材** sputtering target

能够受离子轰击转移沉积到盘基表面形成薄膜的材料。

**04.03.091 溅镀机** sputtering statio

完成溅镀工艺的光盘生产设备。

**04.03.092 交织** interleaving

便于数据更好地免于突发性错误而对数据单元的物理序列单元进行分配的过程。

**04.03.093 交叉交织里德-所罗门码** cross-interleaved Reed-Solomon code; CIRC

CD 光盘使用的用于纠正误码的检错和(或)纠错编码。

**04.03.094 洁净室** clean room

尘埃颗粒大小和单位体积数量受到严格限制的空间。光盘母盘制作及光盘复制均应安置在洁净室内。

**04.03.095 金属化** metallization

母盘制作工序之一。用蒸发或溅镀工艺,在玻璃母盘表面上形成一层金属导电层,以便通过电铸工艺制作模版的生产工艺。

**04.03.096 光盘模具镜面** optical disc mould mirror

光盘模具中高光洁度模腔内壁的机械构件。

**04.03.097 纠错块** ECC block

在格式化时分配的一个由特定数量物理扇区组成的集合,通常由数据块和纠错码组成。

**04.03.098 纠错码** error correction code; ECC

设计用来纠正数据中某种错误的编码。

**04.03.099 可录类光盘生产** replication of (recorder) recordable and rewritable disc

通过模版注塑模压批量制作同一格式可录类光盘的光盘生产行为。

**04.03.100 可录类光盘内容复制** content replication of recorder and rewritable disc

使用刻录机将同一格式和内容的数据批量转录到可录类光盘的行为。

**04.03.101 控制数据** control data

用于控制光盘读、写参数与格式的数据,通常这些数据是以模压记录符的形式存在于光盘上。

**04.03.102 连接区域** connection area

全称"并行轨道路径读写连接区域"。光盘内系统导入/导出区和数据导入/导出区之间的区域。连接区域不包含任何模压凹坑。

**04.03.103 料筒** feed barrel

注塑前将 PC 料加热熔融的光盘注塑机(生产)部件。

**04.03.104 模版** stamper

由玻璃母盘通过电铸制作生成的金属镍盘。载有全部母版信息,装置在光盘生产线的注塑设备上,通过注塑工艺可复制成品光盘。

**04.03.105 光盘模具** optical disc mould

光盘生产的关键部件,由动模、静模两部分组成,合模后形成注塑模腔,用于光盘盘基注塑成形。

**04.03.106 模温控制器** mould temperature controller

控制模具温度的光盘生产设备。

**04.03.107 母盘** master

利用激光对涂敷在玻璃表面的光刻胶/染料聚酯进行刻录,生成数据编码信息的玻璃盘。

**04.03.108 母盘玻璃基片清洗** glass master cleaning

母盘制作工序之一。用化学溶剂和去离子水冲洗母盘玻璃表面,清除灰尘颗粒和污染物。

**04.03.109 母盘制作系统** mastering system

又称"母盘生产线"。用来制作母盘的光盘生产系统设备与装置,包括盘基清洗、旋涂、烘干、激光刻录、光刻胶显影、表面金属化等工艺设备。

**04.03.110 盘标** disc mark

印有电子出版物名称、中国标准书号/中国标准连续出版物号及相关信息的盘片印刷面。

**04.03.111 盘基** substrate

用于承载光盘记录层的透明基底。CD 和 DVD 光盘的盘基厚度分别为 1.2 毫米、0.6 毫米。

**04.03.112 盘片描述协议** disc description protocol; DDP

用于母盘制作的 CD 和 DVD 数据的文件标准,是在节目编辑和母盘制造过程中用以在磁带或硬盘上描述 CD 和 DVD 镜像的一种工业协议。DDP 允许从出版商到盘片制造商之间信息的自动转移(交换)。在母盘的生产过程中,DDP 成为传递映像信息到母盘制作工厂进行生产的现实标准。

**04.03.113 母盘刻录格式** cutting master format；CMF

使用 DVD-R 作为编著媒体记录母盘制作数据的方案。

**04.03.114　偏振　polarization**
横波的振动矢量(垂直于波的传播方向)偏于某些方向的现象。

**04.03.115　染料　dye**
能通过激光烧录后保持信息的光盘专用化学材料。

**04.03.116　染料聚酯　dye polymer**
一种用于母盘制作的感光材料,将其涂敷在玻璃或金属盘基上,经激光刻录直接形成信息凹坑。

**04.03.117　扇区　sector**
信息区轨道的最小可寻址单元,可独立于其他可寻址部分存取。对 CD-ROM 和 DVD 来说,每个扇区数据中包含 2 048 字节用户数据。

**04.03.118　数据标识数据　data identification data**
数据帧中标识数据帧信息和序号的数据。

**04.03.119　导出区　lead-out area**
光盘中数据记录信息的最后区域。紧跟在节目区的后面。

**04.03.120　导入区　lead-in area**
光盘中数据记录信息的开始区域。CD 的导入区包含内容表(table of contents, TOC)。DVD 的导入区包含光盘内容描述和光盘种类的信息。

**04.03.121　节目区　programme area**
光盘中记录数据信息的区域。节目区包含代表音频、视频的数据。在多段 CD 中,每段有一个节目区。

**04.03.122　数字影院系统　digital theater system；DTS**
一种用于电影和音乐的高质量多音轨环绕声技术。采用声音的相关性高效地压缩数据,使采样率在 24-bit 下达到 192 千赫兹。用于电影院或 DVD-Video 等光盘的多声道音频编码的一种格式系统。

**04.03.123　同步帧　sync frame**
由 1 116 个信道位构成的一个物理记录单元,由 91 字节数据和 24 信道位的 SYNC 码组成。每个物理扇区包含 26 个同步帧。

**04.03.124　光盘物理扇区　physical sector**
光盘信息区中分配有序号的最小部分。

**04.03.125　系统导入区　system lead-in area**
邻近连接区内部包含数据段的区域。

**04.03.126　信道位　channel bit**
光盘读取时获得调制后二进制值 0 或 1 的信息位。在光盘中用激光扫描不同长度的记录标记(如凹坑或平台)获得调制后二进制值 0 或 1 的信道位序列。每个信道位的长度对应一个标准时钟周期(1T),不同种类的光盘产品由于要求不同的信道位速度和扫描速度,所以具有各自的标准时钟周期。例如,对于 DVD5 光盘,信道位速度为 26.156 25 兆比特/秒时的扫描速度为 3.49 米/秒±0.03 米/秒,1 T = 1/26156250(秒) = 38.2 纳秒,1 个信道位的长度 = 1T ×3.49(米/秒) = 133.4 纳米。

**04.03.127　光盘信息区　information area**
光盘上有具体信息的区域,包括系统导入区、连接区、数据导入区、数据区、数据导出区、系统导出区和中间区域,或者这些区域的某些部分。

**04.03.128　粘合　bonding**
用粘合胶将两张盘基粘合成为一张光盘的光盘生产工艺过程。

**04.03.129　粘接层　adhesive layer**
将光盘的两部分粘在一起的黏性物质层。

**04.03.130　注塑　injection；injection moulding**
①将熔融状态的 PC 料按设定的量快速注射到专用模腔内使光盘盘基成形的工艺过程。②在模腔中注入黏滞态塑料制成唱片的方法。

**04.03.131　只读类光盘复制　replication of read-only optical disc**
通过模版注塑模压批量制作同一格式和内容的只读类光盘的光盘生产行为。

**04.03.132　编著　authoring**
对光盘节目进行信源编码、交互界面设计、数据集成、数字版权保护等的过程。

**04.03.133　编著系统　authoring system**
用于对光盘内容进行编著的软硬件系统。

**04.03.134　播放器　player**
支持音频、视频媒体播放的硬件或软件。

**04.03.135　测试用样盘　template disk for testing**
电子出版物在正式复制前，能够进行全面测试的可记录光盘或其他载体。

**04.03.136　超媒体　hypermedia**
一种信息的集合体，在多媒体信息之间建立的非线性网状链接关系。

**04.03.137　淡入淡出　fade in and fade out**
屏幕画面渐显渐隐，渐明渐暗。

**04.03.138　多媒体编辑工具　multimedia creative software tools**
对电子出版物所需的媒体素材进行创作、加工的软件工具。

**04.03.139　多媒体著作工具　multimedia authoring tools**
用于对电子出版物中的各种媒体素材进行整理、编排，并赋予媒体交互功能的软件工具。

**04.03.140　反盗版技术　anti-piracy technology**
又称"复制保护技术（copy protection）"。防止电子出版物被非法复制的技术，如数字加密技术。

**04.03.141　分页设计　separate page design**
又称"单独页面设计（divided page design）"。对电子出版物的每一个页面进行单独设计。

**04.03.142　复制委托书　replication trust certificate**
出版单位委托光盘复制单位进行光盘复制的书面凭证。

**04.03.143　复制用样盘　template disk for reproduction**
出版单位提交给光盘复制单位刻有电子出版物全部信息，并可用来制作玻璃母盘的可记录光盘或其他载体。

**04.03.144　功能测试　function testing**
在电子出版物制作过程中，检测其每一部分是否符合功能设计要求的措施。

**04.03.145　划变　wipe off**
视频图像剪辑中两画面衔接过渡手法之一，包括划出、划入，后一画面从前一画面上渐渐划过，前后交替。

**04.03.146　内容扰乱系统　content scrambling system；CSS**
用于限制光盘数字拷贝，防止光盘被非法复制的 DVD-Video 光盘数字版权保护系统。CSS 包括以加密格式存储在光盘上的不规则声音和影像信息的使用键，CSS 的不规则性一般在玻璃母盘制作过程中实现。

**04.03.147　预录媒体拷贝保护　copy protection for pre-recorded media；CPRM**
可录类光盘的一种防内容拷贝的系统。为可记录 DVD 光盘设计，确保 DVD 盘片只有在得到内容所有者同意后才能拷贝。

**04.03.148　模拟保护系统　analog protection**

system；APS

一种以模拟干扰技术使光盘中的节目不能通过模拟信号正常复制的版权保护系统。

**04.03.149　高级内容访问系统　advanced access content system；AACS**

采用高级加密标准（advanced encryption standard，AES）算法和先进的密钥管理方案，以及可废止机制的一种数字版权保护系统。AACS 提供一种保护能力强大且先进的数字内容保护方案。AACS 的地位类似于播放专用 DVD-Video 光盘所导入的 CSS 和 DVD-RAM 与 DVD-RW 等光盘使用的 CPRM，并且保护对象不仅包括光盘与装置，还扩展到了互联网、家用网络和数字电视。

**04.03.150　双钥非对称算法　double pairs of keys asymmetric algorithm；DKAA**

为商业化数字节目内容分发给消费者提供内容保护和拷贝管理的应用系统。与 AACS 共同被 CBHD 采用为数字版权保护技术。

**04.03.151　来源识别码　source identified code；SID**

只读类光盘复制生产设备专用标识。来源识别码由国际唱片业协会（International Federation of the Phonographic Industry，IFPI）发放，模压在光盘夹持区内，用来辨别光盘母盘制作和复制生产的来源。

**04.03.152　链接　link**

①由已编辑的模块（程序、例程、库文件）产生一个可执行程序，即通过合并程序的目标代码（汇编语言目标代码、可执行机器代码或机器代码的异体）和解决互连引用（如库例程被程序调用）来实现这一过程。②使用下标变量或指针变量将数据结构中的两个元素连接起来。

**04.03.153　列表　list**

在不同的文本形式中抽取关键词或定义，并按某种规定的顺序排列。排列方式可以有多种，如有序列表、无序列表、定义列表、项目列表、标号列表、词汇列表、选单列表等。

**04.03.154　母盘前期制作　pre-mastering**

母盘刻录前的数据准备过程，包括音视频压缩、编辑、编著和测试等。完成的应用程序数据必须按光盘规格格式化，并且转移到适当的母盘刻录系统输入媒介（如 DAT、DLT 磁带或 CD-R/RW、DVD-R/RW 光盘）。

**04.03.155　屏幕设计　interface design**

对屏幕显示区域中的内容进行编排的过程。

**04.03.156　热键　hot key**

快速访问选单的选项或某种功能的处理程序的键盘快捷键，通过一个或多个键的组合键击，使用户切换到不同的处理程序。

**04.03.157　热字　hot word**

一个或多个具有特殊标记的计算机字符，通过点击这些字符，切换到不同的信息内容或处理程序。

**04.03.158　溶变　dissolve off**

包括化出、化入，是电子出版物图像剪辑处理手法之一。也是表现时间、空间和深化情绪的重要手段。表现形式为在前一场景的画面渐渐隐去（化出）之前，后一场景的画面开始同时重叠隐现（化入），起到时空自然过渡的作用。

**04.03.159　色温　color temperature**

当某一种光源的色品与某一温度下完全辐射体（黑体）的色品相同时，完全辐射体（黑体）的温度。

**04.03.160　声卡　sound card**

采集声音输入和进行声音合成输出的计算机接口部件。

**04.03.161　声音淡入淡出　sound fade in fade out**

电子出版物声音剪辑处理手法之一，通过声

音的逐渐出现和逐渐消失,用于表现屏幕时空的转换或叠置。

**04.03.162　声音切变**　sound shear
电子出版物声音剪辑处理手法之一。用于表现声音的突然出现和突然消失。

**04.03.163　视频采集卡**　video capture card
对视频信号进行数字化采集的计算机接口部件。

**04.03.164　调色板**　color palette
供检测屏幕所呈现颜色的色空间。

**04.03.165　图标**　icon
屏幕上显示的有一定含义的小型图形或图像,表示用户操作的对象。

**04.03.166　图形加速卡**　graphics accelerator;
　　　　　　　　　　　graphic accelerator card
一种含有图形协处理器的计算机接口部件,用于提高图形函数的计算能力,以加速图形处理。

**04.03.167　网络浏览器**　web browser
帮助用户上网查找信息、传输文件、收发电子邮件和在网上进行交流的软件工具。

**04.03.168　文字脚本**　text script
电子出版物著作者用文字表述的底本。在编排过程中,编导者可根据需要增删其内容或程序功能。

**04.03.169　显示存储器**　display memory
显示卡的组成部分,用于显示器的缓冲存储器件。

**04.03.170　性能测试**　performance testing
检测电子出版物在特定软硬件支撑环境下的整体运行状况,以整体检验显示及播放效果是否达到设计要求的措施。

**04.03.171　页面功能部件**　page functional u-nit
页面上设置的引导用户到达电子出版物各个部分或进行文本处理的部件。如翻页部件、查找部件、多媒体部件等。

**04.03.172　主页面设计**　general page design
为保证电子出版物的统一风格,确定一个页面元素及其性质为主页面,其他页面都按此风格进行设计。

**04.03.173　玻璃母盘**　glass master
利用激光对涂敷在玻璃表面的光刻胶(或染料聚酯)刻录,生成数据编码信息的玻璃盘,用于制造光盘复制用金属模版。

**04.03.174　在线检测**　online inspection
在复制生产线上对盘片进行光学和物理缺陷的扫描检查。

**04.03.175　离线检测**　off-line inspection
在复制生产线外检测盘片的物理参数及光电信号参数。

# 05. 发行与经营

## 05.01　发行基础

**05.01.001　发行**　distribution; circulation
将出版物供给消费者的出版活动。包括总发行、批发和零售等。

**05.01.002　发行单位**　distribution agency
从事出版物发行活动的出版组织或机构。

**05.01.003　发行人**　distributor

又称"发行者"。俗称"发行商"。从事出版物发行活动的组织、机构或个人。有时也指出版人（publisher）。

**05.01.004　发行范围　sales territory**
出版单位设定的出版物读者对象和发行的地区及系统。

**05.01.005　发行渠道　distribution channel**
出版物的流通途径。

**05.01.006　报刊配送发行　newspaper distribution**
简称"报刊发行"。将报刊供给消费者的活动。包括总发行、批发和零售等。

**05.01.007　报刊发行渠道　newspaper distribution channel**
报刊的流通途径。

**05.01.008　发行方式　distribution mode**
出版物流通中采用的交易方法和经营形式。

**05.01.009　报刊发行方式　newspaper distribution mode**
根据报刊的内容、对象和出版意图而确定的销售方式。

**05.01.010　发行量　circulation**
通过发行渠道发送给读者的出版物数量。

**05.01.011　报刊发行量　newspaper circulation**
报刊发送的数量，每期发送的数量称为期发行量，每月/年发行的数量为月/年发行量。

**05.01.012　宣称发行量　claimed circulation**
由出版单位根据实际印刷量扣除未发行份数所宣布的发行量。

**05.01.013　稽核发行量　audited circulation**
由独立的第三方对发行量加以查证后，所提供的发行量数据。

**05.01.014　书商　bookseller；bookman**
从事图书贸易的人员或组织。出版商和发行

商的统称。

**05.01.015　发行合同　issuing contract**
出版单位与书刊经销机构就书刊贸易达成的协议。

**05.01.016　出版物市场细分　publications market segmentation**
出版发行者根据市场需求的差异性，按某种特征将整个市场划分为若干个子市场的过程。

**05.01.017　出版物市场定位　publication market positioning**
出版发行者在市场细分的基础上，确定自身及其产品在目标市场上所处位置的过程。

**05.01.018　典型调查　typical investigation**
出版部门根据特定的调查提纲，选择某类读者对象，了解读者对出版物的反应和需要的出版活动。

**05.01.019　购买动机调查　motivation research**
探求读者在选定出版物过程中自己未曾意识到的动机的市场调查。

**05.01.020　读者意见调查　opinion survey of readers；audience survey**
书刊出版发行单位有目的、有计划、有组织地对一定范围内的读者对出版发行单位、出版物的意见等信息进行的调查。

**05.01.021　市场占有率　market share**
发行者经营的出版物在一定市场和时期的销售量占该市场出版物销售总量的比重。

**05.01.022　读者群　reader groups**
阅读或购买某一或某些书刊的社会群体，一般根据其年龄、性别、阅读需求、心理等划分出不同类型。

**05.01.023　读者结构　structure of readers**
读者群体以社会因素和阅读需求（心理）因

素等呈现出来的构成关系。

**05.01.024　读者类型**　type of readers
主要以阅读动机和需求来区分读者的类别。

**05.01.025　读者信息**　information about readers
读者对出版物的需求、评价和反应，是制订选题计划和编写书稿的依据之一，也是评价出版物效果的有效反馈。

**05.01.026　读者需求**　readers' demand
读者在一定阅读心理支配下产生的阅读和购买出版物的需要或要求。

**05.01.027　读者心理**　reader minds
引发读者购买和阅读出版物行为的内心活动。

**05.01.028　读者工作**　work for reader
出版发行单位对读者进行各项服务工作的总称，包括了解读者需要，了解出版物效果，办理邮购业务，以及向读者宣传、介绍、推荐出版物等方面的工作。

**05.01.029　读者反馈**　reader feedback
读者对出版物或所刊载的文章的意见、评论。

**05.01.030　读者评价**　reader's review
读者对出版机构、出版活动或出版物的看法。

**05.01.031　读者服务**　reader service
出版发行单位采取各种形式直接满足读者需要的出版活动。

**05.01.032　读者来访**　reader's visit
读者直接到出版发行单位来反映要求、陈述意见、了解出书情况等，是出版发行单位与读者直接联系的重要途径。

**05.01.033　读者来信**　reader's letter
出版单位收到的读者寄来的信件或电子邮件。

**05.01.034　读者座谈会**　readers' forum
出版单位或相关单位以座谈方式直接听取读者意见的活动。

**05.01.035　读者意见表**　reader's opinionaire
为征求读者对出版发行单位、出版物的意见而印发的表格。

**05.01.036　新书发布会**　new book release
又称"新书首发会"。以专门会议的形式及时传播新书出版信息的活动。

**05.01.037　出版座谈会**　forum on publishing
由出版单位主持召开的专题研讨某一新出版物的编辑出版活动及意义的会议形式。

**05.01.038　图书广告**　book advertisement
利用媒介宣传介绍图书、提供新书信息等的活动。

**05.01.039　邮发报刊**　post-distributed newspaper and periodical
通过邮政部门编列报刊代号发行的报刊。

**05.01.040　非邮发报刊**　non-post-distributed newspaper and periodical
不通过邮局征订发行的报刊。

**05.01.041　特发报刊**　special distributed newspaper and periodical
通过邮政部门仅以零售方式发行的报刊。

**05.01.042　基本读者**　basic reader
某类出版物比较固定的读者。多是具有一定专业知识或从事某项专业研究的人群，其选购书刊针对性强。

**05.01.043　忠实读者**　loyal reader
又称"稳定读者"。俗称"重量级读者"。持续关注并且购买某类出版物的读者。这类读者在长期的阅读过程中会对该出版物产生一定情感和阅读依赖。

**05.01.044　核心读者**　core reader
出版物读者中经常订阅和购买出版物的人

群。是出版物的主要需求者和发行的重点对象。

**05.01.045 松散读者 loose reader**
又称"偶尔读者""不稳定读者"。阅读行为呈现不稳定性,对出版物的需求容易受到各种因素的干扰,购买行为表现为选择型或冲动型特点的读者。对日报来说,每周阅读不足 3 天的读者就属于松散读者。

**05.01.046 专家型读者 expert reader**
阅读方向明确、阅读需求比较稳定,主要是为了专业工作和科研活动需要而购买和阅读出版物的读者。

**05.01.047 随机读者 random reader**
由于偶然因素触发和影响,购买、阅读出版物的读者。

**05.01.048 报刊重度读者 heavy reader**
每天阅读报刊的时间在 1.5 小时以上的读者,通常占读者总数的 20%。

**05.01.049 报刊中度读者 average reader**
每天阅读报刊的时间在 0.5~1.5 小时的读者,通常占读者总数的 50%~60%。

**05.01.050 报刊轻度读者 casual reader**
每天阅读报刊的时间在 0.5 小时以内的读者,通常占读者总数的 20%~30%。

**05.01.051 受众 audience**
在信息传播过程中,对"接受"一方的读者、听众、观众的总称。

**05.01.052 目标受众 target audience**
又称"目标顾客""目标群体""目标客群""目标用户"。营销或者传播针对的接受人群。

**05.01.053 核心受众 core audience**
每天阅读报纸、杂志等达到一定时间的受众。

**05.01.054 潜在受众 potential audience**

目前尚无受传行为但在一定时间内可能创造受传条件成为受众的人群。

**05.01.055 实在受众 real audience**
对大众传播媒介已经有受传行为的受众。

**05.01.056 有意受众 intended audience**
自觉或比较自觉地把自己的受传需要与传媒联系起来,有意识地参与传播过程的受众。

**05.01.057 无意受众 unintended audience**
虽然有受传行为,但参与传播的自觉性较差,对传媒的视听往往是无意识的,非稳定的受众。

**05.01.058 主智受众 intellectual audience**
以满足认识上的需要为主导动机的受众。

**05.01.059 主情受众 subjective audience**
以满足情感上的需要为主导动机的受众。

**05.01.060 付费受众 paying audience**
通过付费方式获得信息服务的用户。一般指报刊、图书、唱片、录影带等的购买者,买票看电影的人,以及有线频道或卫星频道这样的特殊传媒服务的订购者。

**05.01.061 累计受众 cumulative audience**
在某个既定时期所赢得的既定潜在受众的数量或比例。

**05.01.062 网络受众 internet audience**
网络传媒的接受者或网络传媒的使用者。可以是个人,也可以是组织、团体或国家。既包括传统传播过程中的传播者,也包括传统意义上的受传者(受众)。

**05.01.063 可读性 readability**
易于阅读理解、吸引阅读的性能。

**05.01.064 必读性 compulsoriness**
使目标读者必然阅读的性能。

**05.01.065 耐读性 durability**
吸引读者反复阅读、耐人寻味的性能。

## 05.02 发 行 者

**05.02.001 发行公司** distribution company
从事出版物发行活动的公司制组织。

**05.02.002 发行工作者** distribution staff
从事出版物发行活动的人员。

**05.02.003 发行协会** distribution association
由发行者参与的,为实现发行行业共同目标、维护整体利益、加强行业自律的行业组织。

**05.02.004 发行企业** distribution corporation
具有独立法人资格,经行政许可从事出版物发行业务的经济实体。

**05.02.005 发行集团** distribution group
由若干发行企业为主联合组成的经营机构。

**05.02.006 总发行单位** general distribution agency
从事总发行业务的发行单位。

**05.02.007 批发商** wholesaler
从事出版物批发业务的发行企业。

**05.02.008 零售商** retailer
从事出版物零售业务的发行者。

**05.02.009 经销商** dealer
向供应商采购出版物,以自身或他人名义开展经营活动的发行者。

**05.02.010 发行代理商** distribution agent
简称"代理商"。在出版物发行中,不拥有出版物商品所有权,以出版者名义开展经营活动的发行者。

**05.02.011 供应商** supplier
又称"供货商"。在出版物流通过程中,提供出版物商品的发行企业或出版单位。

**05.02.012 馆配商** library supplier
专门针对图书馆客户需求开展出版物销售、配送和相关服务等的出版物发行企业。

**05.02.013 发行网** distribution network
由一定类型和数量的发行网点构成的出版物发行系统。

**05.02.014 发行网点** distribution outlet
构成出版物发行系统的基本单位。

**05.02.015 批发网点** wholesale outlet
从事出版物批发的发行网点。

**05.02.016 零售网点** retail outlet
从事出版物零售的发行网点。

**05.02.017 储运网点** storage and transportation outlet
在出版物分销过程中负责储存、运输等工作但不涉及出版物销售的发行网点。

**05.02.018 专业网点** professional outlet
经营某种或某几种类型出版物的发行网点。

**05.02.019 综合网点** comprehensive outlet
经营各种类型出版物的发行网点。

**05.02.020 农村网点** rural outlet
设立在农村,以农村读者为主要服务对象的发行网点。

**05.02.021 发行站** distribution station
全称"报刊发行站"。报刊发行部门的派出机构。包括邮政部门设立的报刊发行点、报刊出版单位自办发行机构、群众性发行组织等。在地域和日常工作方面具有一定的独立性,在一定区域内具有网络资源和关系资源。

**05.02.022 书店** bookshop; bookstore
从事出版物销售的商店,包括实体店铺和网上店铺等。

**05.02.023 国有书店** state-owned bookstore
国家作为唯一投资人并享有所有者权益的书店。

**05.02.024　新华书店　Xinhua bookstore**
中国全国性连锁书店。1937 年成立于延安，在中华人民共和国成立后相当长一段时间内承担了全国出版物的批发和零售业务，目前在我国出版物发行渠道中依然占据主导地位。现今多数新华书店已经从国有书店改制为股份制的连锁书店。

**05.02.025　集体书店　collective bookstore**
集体单位作为投资人并享有所有者权益的书店。

**05.02.026　个体书店　individual bookstore**
个人作为投资人并享有所有者权益的书店。

**05.02.027　股份制书店　joint-stock bookstore**
资本结构多元化、投资人按照投资比例享有所有者权益的书店。

**05.02.028　专业书店　specialist bookstore**
以特定读者为对象，经营某类或某几类图书的书店。

**05.02.029　综合书店　comprehensive bookstore**
经营图书门类广泛、品种较齐全的书店。

**05.02.030　古旧书店　antiquarian bookstore**
以收购和出售古旧书刊为主营业务的书店。

**05.02.031　外文书店　foreign language bookstore**
以发行外文出版物为主营业务的书店。

**05.02.032　音像书店　audio-visual bookstore**
以经营音像制品和电子出版物为主营业务的书店。

**05.02.033　邮购书店　mail-order bookstore**
以邮寄方式销售出版物的书店。

**05.02.034　独立书店　independent bookstore**
利用单独店铺独立开展经营活动的书店。

**05.02.035　连锁书店　chain bookstore**
在同一总部的管理下使用统一标识、采用统一进货或授予特许权等方式开展出版物经营活动，实现规模效益经营的书店的统称。

**05.02.036　连锁书店总部　chain bookstore headquarter**
负责连锁书店资源的开发、配置、控制和使用等工作的企业核心管理机构。

**05.02.037　直营店　company-owned bookstore**
又称"正规连锁书店"。由连锁企业总部投资开设并在总部统一管理下经营的店铺。

**05.02.038　加盟店　franchised bookstore**
又称"特许连锁书店"。特许连锁中被特许人获得特许人授权后，使用其商标、商号、经营模式、专利和专有技术等经营资源建立的店铺。

**05.02.039　自愿连锁店　voluntary chain bookstore**
又称"自由连锁书店"。若干个店铺或企业自愿组合起来，在不改变各自资产所有权关系的情况下，以同一个品牌形象面对消费者，以共同进货为纽带开展连锁经营的店铺。

**05.02.040　样本店　sample bookstore**
全称"连锁书店样本店"。连锁书店中作为各加盟店设立样本的店铺。其营业面积要求不少于 500 平方米。

**05.02.041　报纸零售连锁店　newspaper retail chain**
以连锁的方式进行报纸零售的亭店。

**05.02.042　农家书屋　rural reading room**
中国政府为满足农民文化需求，建在行政村且具有一定数量的图书、报刊、电子音像制品和相应阅读、播放条件，由农民自主管理、自我服务的公益性文化场所。

**05.02.043　社区书店　community bookstore**
设置在居民生活的社区内，以社区居民为主

要服务对象的书店。

**05.02.044　网络书店**　online bookstore
又称"网上书店"。利用互联网平台从事出版物交易活动的书店。

**05.02.045　实体书店**　physical bookstore
在一定的硬件设施(营业场所)上建立起来,具有固定物理地点的书店,是相对于网络书店而言的。

**05.02.046　调出店**　shift out of the shop
在图书调剂工作中存货外调的书店。

**05.02.047　调入店**　shift into the shop
在图书调剂工作中因缺货而需要从外地调入图书的书店。

**05.02.048　供销社发行网点**　supply and marketing cooperative's outlet
供销社设置的独立售书门店或在其门市内设立的售书专区。

**05.02.049　特约经销店**　authorized bookstore
由出版社授权冠名,使用其名称和商标进行经营活动的书店。

**05.02.050　代销点**　outlet store
以销售其他商品为主,兼营出版物的场所。

**05.02.051　代销店**　outlet store; selling agent; consignment bookstore
接受出版单位或其他书店委托开展出版物代理销售业务的机构。

**05.02.052　图书俱乐部**　book club
又称"读者俱乐部(reader club)"。以会员制的方式介绍、推荐和销售出版物的发行机构。

**05.02.053　报业读者俱乐部**　newspaper' reader club
组织各种读者活动和提供订阅优惠条件的组织或机构。

**05.02.054　高校图书代办站**　college book agency
在高校内设置的,主要承担大中专院校(包括成人)教材、学术著作和一般图书发行任务的发行单位。

**05.02.055　读者服务部**　reader service department
由出版社设置,以销售本社出版物为主,为读者提供服务的发行机构。

**05.02.056　邮局发行网**　post-office distribution net
担负报刊发行任务的邮政机构所形成的发行系统。

**05.02.057　发报刊局**　distribution office of newspaper and periodical
接收报刊社的报刊并向订销局分发报刊的邮局。

**05.02.058　报刊转运站**　transfer station of newspaper and periodical
承担报刊运输过程中的中转业务及再分发业务中间环节的机构。

**05.02.059　报刊直分点**　direct distribution point of newspaper and periodical
发报刊局直接分发报刊的对象,一般根据地理、交通、业务量、邮运线路等确定。

**05.02.060　订销局**　subscription office of newspaper and periodical
办理报刊订阅和零售等业务的邮局分支机构。

**05.02.061　邮政报刊门市部**　sales department of newspaper and periodical
邮政系统设置的以零售报刊业务为主的服务场所。

**05.02.062　邮政报刊亭**　postal kiosk
邮政系统设置在街边的零售书、报、刊的亭阁式固定设施。

**05.02.063　书报摊**　book and newspaper stand
向过路行人零售书、报、刊的摊点。

**05.02.064　报摊**　newsstand
小型的报刊零售点。

**05.02.065　流动书贩**　mobile bookseller
无固定营业场所,携出版物在不同地方进行销售的人。

**05.02.066　报刊亭**　kiosk
小型的书、报、刊零售点。

## 05.03　发行交易

**05.03.001　批发**　wholesale
向发行者批量销售出版物的活动。

**05.03.002　一级批发**　exclusive wholesale
掌握总发行权的单位,按照批发价格向其他发行单位成批量地销售出版物,供有关单位转卖的销售业务活动。

**05.03.003　二级批发**　secondary wholesale
从一级批发单位按照批发价格,成批量地购进出版物,然后按照一定批发价格转卖给出版物零售单位销售的进销存业务活动。

**05.03.004　零售**　retail
向消费者销售出版物的活动。

**05.03.005　报纸零售**　newspaper retail
在报摊等销售报纸的活动。

**05.03.006　主渠道**　national distribution;public distribution channel
在出版物众多流通渠道中起主导作用的渠道。中国图书和报刊商品流通的主渠道是指新华书店和邮政报刊发行系统。

**05.03.007　直接渠道**　direct channel
在没有任何中间商介入的情况下,由出版单位将出版物直接销售给广大读者的一种渠道形式。

**05.03.008　间接渠道**　indirect channel
出版单位利用发行中间商来向广大读者供应出版物的一种分销渠道形式。

**05.03.009　中盘**　wholesaler
联结上游出版单位和下游批发商、零售商,分销出版物并提供专业化服务的中间商。

**05.03.010　自办发行**　publisher self-distribution
出版单位自行组建销售、配送队伍,自己办理出版物发行业务的一种经营模式。

**05.03.011　系统发行**　system distribution
通过行业系统销售出版物的发行方式。

**05.03.012　计划发行**　systematic distribution;systematic circulation
国营书店系统图书发行的制度和措施。出版物发行计划包括国营书店的网点设置,图书的征订、预定,图书的储备,图书的销售等。

**05.03.013　营业性发行**　business distribution
又称"贸易性发行(trade distribution)"。有经济交往活动的发行方式。

**05.03.014　非营业性发行**　nonoperating distribution
又称"非贸易性发行(nontrade distribution)"。通过赠送或免费交换的方式将出版物发行到读者手中的发行方式。

**05.03.015　重点发行**　intensive distribution
发行单位(如书店)集中力量突击发行,扩大图书销售的一种发行方式。

**05.03.016　双轨发行**　dual distribution
同一种出版物经两条渠道平行地向同一地方的读者销售的发行方式。

**05.03.017　多渠道发行**　multi-channel distri-
　　　　　　　bution；multi-channel release
采用多种渠道进行出版物发行工作的方式。

**05.03.018　代收代投**　commissioned collection
　　　　　　　and delivery
邮局委托某些单位或个人负责对某一地区、某个部门或系统的报刊收订，并将收订的份数、报刊款统一交给邮局的报刊发行方式。

**05.03.019　敲门发行**　knock at the door to
　　　　　　　distribute
主动上门征订、上门投报，把报纸送到市民家中的报纸发行方式。

**05.03.020　报纸投递**　newspaper delivery
发行员将报纸送到订报者手中的活动。

**05.03.021　地区发行**　regional distribution
按出版意图规定的发行范围，限于在一定地区发行图书。

**05.03.022　本埠发行**　local distribution
报纸在其所在城市的中心城区内发行。

**05.03.023　外埠发行**　outgoing distribution
报纸在其所在城市的中心城区外发行。

**05.03.024　发行时效**　publication aging
报刊从文版成形到送达读者手中的时间。是衡量一个报刊发行企业的发行供应链效率和交付能力的关键指标之一。

**05.03.025　有效发行**　effective distribution；
　　　　　　　valid circulation
能够有效提高报刊的市场占有率、阅读率和影响力，能直接带来广告回报或对广告有吸引力的发行。

**05.03.026　无效发行**　noneffective distribution
不能够有效提高报刊的市场占有率、阅读率和影响力，也不能直接带来广告回报或对广告有吸引力的发行。

**05.03.027　出版物购销合同**　purchases and
　　　　　　　sales contract
以出版物为标的的的交易合同。

**05.03.028　购销形式**　mode of purchases and
　　　　　　　sales
出版物卖方向买方转让出版物所有权的方式。

**05.03.029　包销**　exclusive sale
发行企业包揽买断某类或某种出版物的所有权，在特定区域市场或全国市场范围内享有专有销售权，有基本包销量的要求而且不能退货的购销形式。

**05.03.030　征订包销**　soliciting subscription
　　　　　　　and exclusive sale
通过订货目录征求订数的购销形式。

**05.03.031　统购包销**　unified purchase and
　　　　　　　sale
由发行部门统一购进包干销售（不退货）的购销形式。

**05.03.032　经销**　sell on commission
发行单位根据自己所报订数，向出版物所有者进货销售且不退货的购销形式。

**05.03.033　特约经销**　exclusive distribution
出版单位为了加强本单位的图书发行，有目的地选择部分经销单位，经过协商建立的图书直供经销关系。

**05.03.034　征订经销**　soliciting subscription
　　　　　　　and distribution
由出版单位总发行、由新华书店经销的发行方式。

**05.03.035　寄销**　sale on consignment
出版物所有者委托发行单位销售出版物，一般实销实结并允许退货的购销形式。

**05.03.036　代销**　sale by proxy
代理销售图书，发行不完的图书，在一定时间内由原批销单位收退。

**05.03.037　单方寄销　unilaterally sale**
供方单独决定给销货店发书的寄销。

**05.03.038　分配寄销　distribution sale**
供方主动分配给零售书店图书品种和数量的寄销。

**05.03.039　社店联合寄销　united distribution**
出版社与发货店联合给销货店发书寄销。出版社和发货店按事先达成协议的比例,共同负担经济损失。

**05.03.040　赊销　sell on credit**
书刊发行企业先发售书刊(不含期销、寄销商品),经过一定时期再收取货款的买卖方式。

**05.03.041　试销　trial sale**
出版单位和发货店双方认为销售无把握的初版图书,由出版单位决定印数,委托发货店分发专区以上或县以上书店进行尝试性销售。

**05.03.042　批销　wholesale**
批发单位向图书经销户批发图书,经销户按批发价格结算货款,图书的呆滞损失由经销户自行负担的购销形式。

**05.03.043　出版社自销　sale by press**
出版社为补充书店发行力量的不足,自设门市部或办理邮购业务,直接销售本社出版物。

**05.03.044　编发合一　integration editing and distribution**
报刊社采编人员直接参与发行工作,并将采编与发行工作合二为一。

**05.03.045　邮发合一　integration of post and distribution; the mail-distribution unite**
书、报、刊出版后由邮政部门负责全部发行的工作模式。

**05.03.046　代理　agency**
发行单位受出版物所有者委托,代表其从事出版物发行活动。

**05.03.047　独家代理　exclusive agency**
以合同形式委托某商店在一定时期内和一定地区内,唯一地代理推销(不能另建代理关系或直接销售)某种商品。

**05.03.048　一般代理　general agency**
货主可在同一地区同时建立多家代理关系,也可越过代理人直接向该地区售货的销售方式。

**05.03.049　订阅代理　pay during service**
代理机构作为中间人代理订阅出版物的销售方式。

**05.03.050　买断　buyout**
通过签订合同,买方向供方一次性买进全部货物且具有在某地区某时间段的独家经营权的经营行为。

**05.03.051　换洋　equivalent replacement**
把自己的书与同行的书进行等码洋的品种调换,以增加图书品种的行为。

**05.03.052　出版物购销形式　form of sales**
出版物经营者之间转移出版物所有权的方式,主要有包销、经销、寄销、代销和直销等。

**05.03.053　总发行　general distribution**
又称"总经销"。出版单位或接受委托的发行单位作为某一品种或多个品种出版物的唯一供货商向其他出版物经营者销售出版物。

**05.03.054　营销分类　sales classification**
根据不同销售对象所进行的商品分类。

**05.03.055　征订　solicit for subscription**
出版单位向各发行单位征求出版物订数,以及发行单位向销售单位或读者征求订数的发行环节。

**05.03.056　征订目录**　list of soliciting for subscriptions

出版单位提出的供征订使用的出版物目录，以及发行单位向销售单位或读者征求订数的出版物目录。

**05.03.057　可供书**　books in print

当前可向读者提供的图书。

**05.03.058　可供书目**　list of books in print

当前可向读者提供的图书的目录。

**05.03.059　书讯**　book news

有关图书出版、发行的各种信息，以及相关的宣传资料。

**05.03.060　书目**　bibliography

用于向经销商和读者推销的图书目录。

**05.03.061　新书预告**　announcement of forthcoming books

预先发布新书出版及相关信息的公告。

**05.03.062　目录征订**　mailing booklist for subscription

又称"寄目征订"。通过寄送目录向销售者或消费者征求出版物订数的方式。

**05.03.063　发样征订**　sample copy for subscription

通过样本或样张向销售者或消费者征求出版物订数的方式。

**05.03.064　逐级征订**　stepwise subscription

按照发行组织系统逐级发送订单、汇总订数后，统一向供应商订货的征订方式。

**05.03.065　系统征订**　system subscription

通过行业系统协助征订出版物的方式。

**05.03.066　初版分配试销**　trial sales by press

出版单位不经过征订自行决定图书印数，并将图书分配给销货店试销的产销形式。

**05.03.067　重版征订包销**　republication and exclusive sales

通过征订，出版单位按订数重版的图书，由发行部门包销。

**05.03.068　集中征订**　centralization subscription

出版单位将本社图书集中地在征订报刊上布置征订，或是把同类书、学科相近的图书集中在一起征订。

**05.03.069　专函征订**　special mailing subscription

对某些配合形势或配合某项活动的开展需要紧急出版的图书，来不及以定期出版的书目征订而专门发函征求订数的方式。

**05.03.070　电话征订**　telephone subscription

需要紧急出版的重要图书，来不及以定期出版的书目征订或发函征订而用电话向有关新华书店征订的方式。

**05.03.071　网上征订**　internet subscription

供方通过网络向需方征求出版物订数的方式。

**05.03.072　订数**　quantity of order

出版物订购的数量。

**05.03.073　追加订数**　reordered quantity

订单报出后，向征订单位追加订数的行为。

**05.03.074　邮发**　postal distribution

又称"邮局发行"。通过邮政网络销售、配送报刊的发行方式。

**05.03.075　报刊订阅**　subscription

读者预交一段时间的费用后，由专门人员在该时间段把读者所订的报刊按期投递到读者指定地点的发行方式。

**05.03.076　礼品订阅**　gift subscription

将订阅的出版物作为礼品赠送他人的订阅。

**05.03.077　赊账订阅**　credit subscription

出版物接受订阅时暂不收取征订款,事后结算。

**05.03.078 团体订阅** group subscription
以团体的名义订阅出版物。

**05.03.079 代理订阅** agency-sold subs
代理销售商订阅一定量出版物并销售给个人或单位。

**05.03.080 大宗订阅** bulk subscriptions
以较大的数目订阅出版物。

**05.03.081 首次订阅** new subscription
第一次订阅某种出版物。

**05.03.082 短期订阅** short-term subscription
订阅时间较短的订购出版物的行为。

**05.03.083 赞助订阅** sponsored subscription
由他人或单位出资赞助订购出版物。

**05.03.084 采购** purchase
又称"进货"。为出版物销售组织货源。

**05.03.085 订货** ordering
买方向卖方订购出版物。

**05.03.086 追加订货** reorder
简称"追订"。售缺或估计图书销售量增大时,经销店向出版社补充订货。

**05.03.087 寄样订货** feedback subscription
出版社将某种书先印一部分交发货店,由发货店将样书寄给各销货店,销货店根据样书、样画开展征订。这种方式目前在图书类做得较少。年画、挂历寄样订货较为普遍。

**05.03.088 主动分配** initiative subscription
部分图书由于出版时间紧急来不及征订,或供需差距较大不能按征订数供应的,或由于内容等原因不宜按征订数供应的,由发货店按照一定的分配比例由上而下进行主动配货。

**05.03.089 订货审核** ordering verification
发行组织系统内部管理层按照业务操作规程对订货情况进行审查核实。

**05.03.090 报订** subscription order
买方在规定期限内向卖方提交订单订购出版物。

**05.03.091 报订期** subscription order deadline
卖方允许买方报送出版物订单的期限。

**05.03.092 添订** added ordering
买方对已经购进的出版物再次订货。

**05.03.093 漏订** absence of subscribing
销货店因疏忽而未在征订单上填写订数或没有填足需要的数量,所造成的图书征订上的遗漏。

**05.03.094 续订** renew subscription
邮局在订户订期届满前,通过一定方式,给订户办理继续订阅手续。

**05.03.095 自动续订** automatic renewal
发货店或出版社在销货店的默许下,到期后自动发送之前销货店订购的图书。

**05.03.096 未付续订** credit renewal
销货店在未付费的情况下向发货店或出版社继续订购图书。

**05.03.097 补订** supplementary subscription
订户因故未能在期刊收订截止前订到期刊,到邮局申请补办订阅的行为。

**05.03.098 换订** changing subscription
因某种原因,订户到邮局申请更换订阅的行为。

**05.03.099 整订** termed subscription
按常规的订阅周期订阅报刊。

**05.03.100 破订** untermed subscription
不按常规的订阅周期订阅报刊。

**05.03.101 代订** proxy subscription
由邮局委托一些单位或个人代为收订某一范围内订户的刊物。

**05.03.102 退订** unsubscribe
报刊订阅者取消所订的报刊。

**05.03.103 主发** unsolicited delivery
全称"主动发货"。按购销合同约定,卖方向买方主动配发一定数量出版物的销售方式。

**05.03.104 销售** sale
通过市场交易,把出版物卖出去的活动。

**05.03.105 门市销售** bookshop sale
通过固定的营业场所向消费者销售出版物的方式。

**05.03.106 混合销售** combination sale
多种销售途径与折扣方式并行的销售方式。

**05.03.107 邮购销售** mail-order sale
又称"邮购供应"。书店或出版社根据读者的函购信,用邮寄的方式发行图书。

**05.03.108 预约销售** appointment sale
读者向发行单位事先登记暂时无货或未经常备货的图书,待到书后去书店购取,或者由书店送书上门。

**05.03.109 流动销售** mobile sale
发行者选择读者比较集中的区域设立临时摊位展示销售出版物的零售方式。

**05.03.110 展销** publication exhibition and sale
发行者将出版物在特定时间内集中展示以吸引消费者购买的零售方式。

**05.03.111 直销** direct sale
出版者直接向消费者销售出版物的零售方式。

**05.03.112 开架售书** open-shelf book selling
消费者可自由翻阅、直接选购出版物的开放

式销售方式。

**05.03.113 闭架售书** closed-shelf book selling
出版物陈列于封闭货架上,消费者经允许才能翻阅、选购的销售方式。

**05.03.114 无人售书** unmanned sale
无售货员,由计算机管理控制的售书方式。

**05.03.115 团体供应** group supply
向单位用户销售出版物的方式。

**05.03.116 应索供应** demanding supply
不宜再在门市部公开陈列和发行但内容上有一定价值的图书,在作报废处理的同时酌留一部分以应某些读者索要时售给。

**05.03.117 馆配** library supply
针对图书馆客户需求而开展的出版物配送、馆藏加工的销售和服务活动。

**05.03.118 连锁经营** chain operation
经营同类商品或服务、使用统一商号的若干门店,在同一总部的管理下,采取统一采购或特许经营等方式,实现规模效益的组织方式。

**05.03.119 会议售书服务** sale on meetings
根据会议内容、人员构成,准备适当的图书品种在会议期间为与会者服务的销售方式。

**05.03.120 签售** signature sale
著译者等通过现场签名的形式销售出版物的活动。

**05.03.121 首发式** first publication ceremony
在某一种图书出版发行的第一天举办的首次发行仪式。

**05.03.122 卖场** sales field
直接面向消费者的出版物销售场所,包括实体卖场与虚拟卖场。

**05.03.123 卖场导购** shopping guide
通过人员或设备引导、帮助消费者购买出版

物的卖场服务方式。

**05.03.124 卖场咨询** shopping consultation
通过人员或设备为消费者答疑解惑的卖场服务方式。

**05.03.125 卖场促销** store promotion
在卖场内开展的促进出版物销售的各项活动。

**05.03.126 缺货登记** shortage registration
登记消费者所需暂无现货的出版物,以期将来满足消费者需求的服务方式。

**05.03.127 订货会** order-placing meeting
众多出版、发行单位参加,具有一定规模,集中展示出版物,以订货为主的活动。

**05.03.128 书市** book bazaar; book fair
由众多出版、发行单位参加的,集中展示、销售出版物的活动。

**05.03.129 国际图书博览会** international book fair
众多国内外出版机构参加,具有一定规模,集中展示图书,以版权贸易为主的活动。

**05.03.130 全国图书交易博览会** national book trade fair
又称"全国书市"。国家新闻出版行政管理部门和省级政府联合举办的全国性图书展销活动。

**05.03.131 销数** readers' amount
又称"期发数"。指某一报刊拥有的读者数量。

**05.03.132 现金折扣** cash discount
为敦促顾客尽早付清货款而提供的一种价格优惠。

**05.03.133 调剂** adjustment
发行组织成员单位之间相互调配余缺出版物的活动。

**05.03.134 售缺** sellout
图书因销售完毕而缺货。

**05.03.135 脱销** out of stock
出版物流通市场上供不应求而导致商品缺货的状态。

**05.03.136 积压** overstock; backlog
由出版物滞销形成的库存状态。

**05.03.137 停售封存** suspension and safe-keeping
将因各种原因不宜继续流通但又未及时明确处理办法的出版物封存起来听候处理。

**05.03.138 停售报废** suspension and scrapping
因故不宜继续发行的出版物停止销售并作报废处理。

**05.03.139 收回** withdrawal from sale; withdrawal of a sold publication
又称"召回(recall)"。出版单位因故将已发行的出版物予以回收的行为。

**05.03.140 新订率** new subscribing rate
新订份数与已有发行份数之比。

**05.03.141 停订率** suspended subscribing rate
本报刊读者停止订阅的份数与现有发行份数之比。

**05.03.142 到达率** arrival rate
传播活动所传达的信息接受人群占所有传播对象的百分比。

**05.03.143 国内纯购进** pure domestic purchase
国有书店(含出版社自办发行部门)直接向出版社、图片社等图书生产部门和个人收购的图书。

**05.03.144 国内纯销售** pure domestic sales

国有书店(含出版社自办发行部门)售给城乡居民、机关团体用于直接消费的图书商品,以及售给其他代销单位的图书商品。

**05.03.145　发行系统　distribution system**

具有一定上下级组织关系(领导与被领导)、业务联系(指导和被指导、供货与销货等)的发行单位群体。如新华书店发行系统、邮政期刊发行系统。

## 05.04　发 行 物 流

**05.04.001　物流　logistics**
物品从供应地向接收地的实体流动过程。根据实际需要,将运输、储存、装卸、搬运、包装、流通、加工、配送、信息处理等基本功能有机结合。

**05.04.002　书业物流　book industry logistics**
图书制作、加工、批发与零售的产业链中,根据实际需要将运输、存储、装卸、搬运、包装、流通、加工、配送,以及伴随这些活动所产生的信息处理等功能有机结合来实现用户要求的过程。

**05.04.003　报纸发行物流　newspaper distribution logistics**
为满足读者需要,以最低成本通过运输、批发、投递等方式,实现报纸成品由报社到达读者(报摊)那里所进行的计划、实施和管理的全过程。

**05.04.004　报刊分发　distribution of newspaper and periodical**
发报刊局或报社发行部门在接到印刷出版的报刊后,按各县(市、区)邮电局或发行站的订单要数,在一定的时限内进行分配、打包打捆及发运出去的工作。

**05.04.005　报刊投递　newspaper and periodical delivery**
准确、迅速地把报刊直接交到读者手中的工作。

**05.04.006　物流管理　logistics management**
为达到既定目标对物流的全过程进行计划、组织、协调与控制。

**05.04.007　逆向物流　reverse logistics**
又称"反向物流"。物品从供应链下游向上游运动所引发的物流活动。

**05.04.008　物流服务　logistics service**
为满足客户需求所实施的一系列物流活动过程及其产生的结果。

**05.04.009　物流客户服务　logistics customer service**
企业为支持其核心产品销售而向客户提供的物流服务。

**05.04.010　一体化物流服务　integrated logistics service**
根据客户需求所提供的多功能、全过程的物流服务。

**05.04.011　增值物流服务　value-added logistics service**
在完成物流基本功能的基础上,根据客户需求提供的各种延伸业务活动。

**05.04.012　定制物流　customized logistics**
根据用户的特定要求为其专门设计的物流服务模式。

**05.04.013　第三方物流　the third party logistics**
独立于供需双方,为客户提供专项或全面的物流系统设计或系统运营的物流服务模式。

**05.04.014　物流服务质量　logistics service quality**
用精度、时间、费用、顾客满意度等来表示的物流服务的品质。

**05.04.015　物流中心　logistics center**
从事物流活动的具有完善信息网络的场所或组织。

**05.04.016　区域物流中心　regional logistics center**
全国物流网络上的节点,以大中型城市为依托,服务于区域经济发展需要,将区域内外的物品从供应地向接收地运输且具有完善信息网络的场所或组织。

**05.04.017　配送中心　distribution center**
从事配送业务且具有完善的信息网络的场所或组织。

**05.04.018　物流园区　logistics park**
为实现物流设施集约化和物流运作共同化,或者出于城市物流设施空间布局合理化的目的而在城市周边等各区域集中建设的物流设施群与众多物流从业者在地域上的物理集结地。

**05.04.019　托运　consignment**
发货方将货物委托承运人运输的发运方式。

**05.04.020　托运人　consignor**
按照合同约定将货物托付出去运送到指定地点的一方当事人。

**05.04.021　承运人　carrier**
本人或者委托他人以本人名义与托运人订立货物运输合同的当事人。

**05.04.022　物流作业　logistics operation**
实现物流功能时所进行的具体操作活动。

**05.04.023　运输　transportation**
用专用设备将物品从一个地点送至另一个地点,其中包括集货、分配、搬运、中转、装入、卸下、分散等一系列操作。

**05.04.024　门到门运输服务　door-to-door service**
运输经营人由发货人的工厂或仓库接收货物,负责将货物运到收货人的工厂或仓库交付的一种运输服务方式。在这种交付方式下,货物的交接形态都是整体交接。

**05.04.025　直达运输　through transportation**
物品由发运地到接收地,中途不需要中转的运输。

**05.04.026　中转运输　transfer transportation**
物品由发运地到接收地,中途经过至少一次落地并换装的运输。

**05.04.027　转站分运　transfer station and dispersed delivery**
又称"凑整分运"。将同一发站、同一流向、不同到站的各种零担物品,凑成整车或整集装箱,托运到一个适当的转运站,然后再以零担分运到各收货单位的运输形式。

**05.04.028　转仓运输　transfer transport**
发运者将若干个订货店的货物集中发运到一个分发点上,再由分发点拆包分发后重新包装,并通过各种运输工具将货物运达各收货单位的运输方式。

**05.04.029　联合运输　joint transport**
一次委托,由两个或两个以上运输企业协同将一批货物运送到目的地的活动。

**05.04.030　多式联运　multimodal transport**
联运经营者受托运人、收货人或旅客的委托,为委托人实现两种或两种以上运输方式的全程运输,以及提供相关运输物流辅助服务的活动。

**05.04.031　装卸　loading and unloading**
物品在指定地点以人力或机械载入或卸出运输工具的作业过程。

**05.04.032　验收　checking and acceptance**
依据收货凭证,对货物的品质、数量、包装进行检查和验证,并确认收货的过程。

**05.04.033　收货　receiving;take delivery**

接收发货方或其委托的承运人交付货物的过程。

**05.04.034　组配货　assembly**
根据货物去向科学合理地进行货物装载。

**05.04.035　理货　tally**
在货物储存、装卸过程中,对货物进行分票、计数、清理残损、签证和交接的作业。

**05.04.036　仓储　warehousing**
利用仓库及相关设施设备进行出版物等货物的入库、存储、出库的活动。

**05.04.037　入库　warehouse entry**
按指令将出版物等货物放入仓库指定位置的过程。

**05.04.038　储存　storing**
保护、管理、贮藏出版物等货物。

**05.04.039　发货　delivery**
从接收发货指令开始到发运完成的过程。

**05.04.040　配发　configure**
按照客户、流向及出版物品种、数量等进行拣选、核件、集货。

**05.04.041　拣选　sorting**
按订单或出库单的要求,从储存场所拣出货物的作业。

**05.04.042　集货　publication consolidation**
将分散的或小批量的出版物等货物集中起来,放置在指定位置。

**05.04.043　包装　package**
为在流通过程中保护产品、方便储运、促进销售,按一定技术方法采用的容器、材料和辅助物的总称。也指为达到上述目的对出版物运输包装单元进行包捆、粘贴包签等的操作活动或过程。

**05.04.044　运输包装　packing for transport**
以满足运输、仓储要求为主要目的的包装。

**05.04.045　销售包装　sales package**
直接接触商品并随商品进入零售店和消费者直接见面的包装。

**05.04.046　流通加工　distribution processing**
根据顾客的需要,在流通过程中对产品实施的简单加工作业(如包装、分割、计量、分拣、刷标志、贴标签、组装等)的总称。

**05.04.047　物流标签　logistics label**
记录物流单元相关信息的载体。

**05.04.048　图书清单　list of books**
某批图书的明细,含有代号、书名、单价、册数、套数、码洋、包号等。

**05.04.049　图书总单　general list of books**
图书包数、种数、册数、套数、码洋的总和,客户差错填写和意见反馈,以及客户回款方式和注意事项,也是客户收到图书的依据。

**05.04.050　封　envelope**
又称"出厂包""自然包"。出版物出厂包装的基本单元。

**05.04.051　运输包件　transport package**
出版物经流通加工而形成的运输包装基本单元。

**05.04.052　堆码　stacking**
又称"码垛""码盘""打码"。将出版物整齐、规则地摆放成货垛的作业。

**05.04.053　货垛　stack of freight**
按一定要求被分类堆放在一起的一堆出版物。

**05.04.054　出库　warehouse-out**
依据指令,对出版物进行配发、包装直至交运的过程。

**05.04.055　发运　dispatch**
发货方按一定要求组织出版物运输的活动。

**05.04.056　发运方式　dispatch mode**

组织出版物发运所采用的方式,包括自提、送货、外运等。

**05.04.057　自提　take by oneself**
收货人或受托人直接到供应地提取出版物的方式。

**05.04.058　配送　distribution**
根据客户要求,对出版物进行拣选、加工、包装、组配等作业,并按时送达指定地点的物流活动。

**05.04.059　退货　return to vendor**
买方将出版物退还卖方的过程。

**05.04.060　库存　inventory**
为销售而储备的暂时停留在流通领域里的出版物商品。

**05.04.061　盘存　inventory verification**
又称"存货盘点"。依据库存信息,定期对出版物实际存货状况进行核对、清点、记录的活动。

**05.04.062　盘点　stocktaking**
又称"实地盘存制"。在存货所在地对存货进行清点核对的方法。

**05.04.063　保管　storage**
将储存的出版物进行物理性管理的活动。

**05.04.064　仓库　warehouse**
保管、储存物品的建筑物和场所的总称。

**05.04.065　自营仓库　private warehouse**
企业或各类组织为自身提供储存服务而建立的仓库。

**05.04.066　公共仓库　public warehouse**
面向社会提供物品储存服务,并收取费用的仓库。

**05.04.067　自动化立体仓库　automatic storage and retrieval system;AS/RS**
由高层货架、巷道堆垛起重机(有轨堆垛机)、入出库输送机系统、自动化控制系统、计算机仓库管理系统及其周边设备组成,可对集装单元物品实现机械化自动存取和控制作业的仓库。

**05.04.068　备货库　storage**
又称"储存库""栈务库"。以出版物备货为主要功能的仓库。

**05.04.069　流转库　temporary storage**
又称"暂存库"。以出版物暂存、流通加工为主要功能的仓库。

**05.04.070　收货区　receiving space**
对仓储出版物入库前进行核查、检验等作业的区域。

**05.04.071　物流技术　logistics technology**
物流活动中所采用的自然科学与社会科学方面的理论、方法,以及设施、设备、装置与工艺的总称。

**05.04.072　分拣输送系统　sorting and picking system**
采用机械与自动控制技术实现出版物分类、配送和存取的系统。

**05.04.073　零库存技术　zero-inventory technology**
在生产与流通领域按照准时制组织物资供应,使整个过程库存最小化的技术的总称。

**05.04.074　集装单元　palletized unit**
用专门器具盛放或捆扎处理的,便于装卸、搬运、储存、运输的标准规格的单元货件物品。

**05.04.075　集装化　containerization**
用集装单元器具或采用捆扎方法,把物品组成集装单元的物流作业方式。

**05.04.076　散装化　in bulk**
用专门机械、器具、设备对未包装的散状物品进行装卸、搬运、储存、运输的物流作业方式。

**05.04.077 集装箱** container

具有足够的强度,可长期反复使用,适于多种运输工具且容积在 1 立方米或以上的集装单元器具。

**05.04.078 标准箱** twenty-feet equivalent unit; TEU

以长为 6.096 米(20 英尺)的集装箱作为换算单位的一种集装箱计量单位。

**05.04.079 周转箱** carton

用于存放物品,可重复、循环使用的小型集装器具。

**05.04.080 自备箱** shipper's own container

托运人购置、制造或租用的符合标准的集装箱,印有托运人的标记,由托运人负责管理、维修。

**05.04.081 托盘作业一贯化** consistency of the pallet transit

以托盘货物为单位组织物流活动,从发货地到收货地中途不更换托盘,始终保持托盘货物单元状态的物流作业形式。

**05.04.082 叉车** forklift truck

具有各种叉具,能够对物品进行升降、移动及装卸作业的搬运车辆。

**05.04.083 货架** shelf; rack

用立柱、隔板或横梁等组成的立体储存物品的设施。

**05.04.084 起重机械** hoisting machinery

一种以间歇作业方式对物品进行起升、下降和水平移动的搬运机械。

**05.04.085 升降台** lift table; LT

能垂直升降和水平移动物品或集装单元器具的专用设备。

**05.04.086 仓单** warehouse receipt

仓库保管人在与存货人签订仓库保管合同的基础上,按照行业惯例,以表面审查、外观查验为一般原则,对存货人所交付的仓储物品进行验收后出具的权利凭证。

**05.04.087 物流成本** logistics cost

物流活动中所消耗的物化劳动和活劳动的货币表现。

**05.04.088 仓储费用** warehousing fee

存货人委托保管人保管货物时,保管人收取的服务费用,包括保管、装卸等各项费用;或企业内部仓储活动所发生的保管费、装卸费及管理费等各项费用。

**05.04.089 基本运价** basic freight rate

按照规定的车辆、道路、营运方式、货物、箱型等运输条件所确定的货物和集装箱运输的计价基准,是运价的计价尺度。

**05.04.090 仓库空间利用率** warehouse space utilization rate

一定时点上,存货占用的空间与仓库可利用存货空间的比率。

**05.04.091 仓库面积利用率** warehouse ground area utilization rate

一定时点上,存货占用的场地面积与仓库可利用面积的比率。

**05.04.092 库存周转率** stock turnover rate

衡量库存周转速度的指标。一般用一定时间内出库量与平均库存量的比率来表示。

**05.04.093 车辆空驶率** empty-loaded rate

货运车辆在返程时处于空载状态的辆次占总货运车辆辆次的比率。

**05.04.094 商品完好率** rate of the goods in good condition

交货时完好的物品量与应交付物品总量的比率。

**05.04.095 物流外包** logistics outsourcing

企业将其部分或全部物流的业务合同交由合作企业完成的物流运作模式。

## 05.05 发行信息与管理

**05.05.001 发行信息** distribution information
出版物发行活动中涉及的各种图像、数据、文件等内容的总称。

**05.05.002 出版物定价** publication pricing
确定出版物零售价格的过程,或明码标识于出版物显著位置的零售价格。其实质是出版物的交换价格,代表着出版工作各环节的劳动凝结而成的价值。在我国,出版物定价由出版单位按照国家制定的统一定价标准或定价利润率,根据出版物性质、读者对象,结合实际成本,分门别类进行定价。包括成本导向定价法、需求导向定价法、竞争导向定价法等。

**05.05.003 销售单价** selling price
出版物商品成交的单位价格。

**05.05.004 发行折扣** discount
出版物实际销售价格与定价的比率。

**05.05.005 出版物出租** publication rental
经营者以收取租金的形式向读者提供出版物。出版物出租的实质是一种以一定费用借贷出版物的经济行为,也是一种出版物流通的方式。出租人将自己所拥有的出版物交与承租人使用,承租人由此获得在一段时期内使用该出版物的权利,但出版物的所有权仍保留在出租人手中。

**05.05.006 码洋** mayang; total price
又称"码价(list price)"。按出版物定价计算的金额,为出版物数量与定价之积。

**05.05.007 实洋** shiyang; net price
又称"实价"。按出版物实际销售价格计算的金额,为出版物销售数量与实际销售单价之积。

**05.05.008 报刊邮发代号** issuing code
简称"邮发代号"。国家邮政部门编定的代表某一种邮发报刊的专用号码。

**05.05.009 报刊国外发行代号** code of foreign distribution
邮政部门为向国外发行的报刊编制的标识代码。

**05.05.010 二维码** two-dimensional bar code
在平面的二维方向上都表示信息的条码。一般分为堆叠式二维码和矩阵式二维码两种,具有代表性的堆叠式二维码有 PDF417、Code 16K、Code 49 等,矩阵式二维码有 Maxi Code、QR Code、Data Matrix 等。

**05.05.011 出版状态** publishing status
出版物在版、停版、绝版等状况。

**05.05.012 图书征订代码** book order number
图书征订业务依据行业标准编制的计算机可读的书目代码。号码长度由 11 位数字组成,分为三部分(征订目录号、征订书序号和计算机校验位)。

**05.05.013 机读目录** machine-readable catalogue; MARC
又称"机器可读目录"。一种以代码形式和特定格式结构记录在存储载体上,可由某种特定机器及计算机阅读、控制、处理和编辑输出的目录格式。

**05.05.014 中国机读目录** China machine-readable catalogue; CNMARC
用于中国国家书目机构同其他国家书目机构,以及中国国内图书馆与情报部门之间,以标准的计算机可读形式交换的书目信息。

**05.05.015 教材征订目录** subscription bibliography for teaching publication
用于教材和教学参考书信息发布、订货的目录。

**05.05.016 专题目录** feature bibliography

为配合某些专项活动而编制的与此主题相关的出版物目录。

**05.05.017 推荐目录** recommendatory bibliography

针对特定对象编制的出版物目录。

**05.05.018 调剂目录** adjusting bibliography

为发行企业间相互调剂余缺出版物而编制的目录。

**05.05.019 可供目录** in-print bibliography

为在版图书编制的目录。

**05.05.020 常备目录** basic book list

为常备书编制的目录。

**05.05.021 存货目录** book inventory bibliography

为库存出版物编制的目录。

**05.05.022 单证** document

又称"单据"。可阅读并带有数据记录的数据载体。

**05.05.023 拖欠订单** backorder

未满足订数而等待供应的订单。

**05.05.024 发货单** dispatch list

记录出版物发货相关信息的单证,是发货、收货、结算的依据。

**05.05.025 装箱单** pack list

发货方记录运输包装单元内出版物细目的单证。

**05.05.026 收货通知单** receiving advice document

收货方记录收货相关信息并回告发货方的单证。

**05.05.027 退货单** return list

退货方记录出版物退货相关信息的单证。

**05.05.028 结算单** document of settlement

用于交易双方收付款项的单证。

**05.05.029 封签** publishing label

又称"出厂包标签""自然包标签"。记录出版物出厂包相关信息的物流标签。

**05.05.030 包签** shipping label

记录出版物运输包件相关信息的物流标签。

**05.05.031 电子数据交换** electronic data interchange;EDI

按商定的标准,对商业交易、行政事务或报文数据进行结构化,并在计算机应用之间交换的电子传送。

**05.05.032 报文** message

采用电子数据交换方式交换数据时,其数据的载体。

**05.05.033 电子订货系统** electronic order system;EOS

不同组织间利用通信网络和终端设备进行订货作业与订货信息交换的系统。

**05.05.034 仓库管理系统** warehouse management system;WMS

用来管理仓库内部的人员、库存、工作时间、订单和设备的操作系统。

**05.05.035 货物跟踪系统** goods-tracked system

利用自动识别、全球定位系统、地理信息系统、通信等技术,获取货物动态信息的应用系统。

**05.05.036 销售时点系统** point of sale;POS

利用光学式自动读取设备,按照商品的最小类别读取实时销售信息,以及采购、配送等阶段发生的各种信息,并通过通信网络将其传送给计算机系统进行加工、处理和传送的系统。

**05.05.037 射频识别** radio frequency identification；RFID

通过射频信号识别目标对象并获取相关数据信息的一种非接触式的自动识别技术。

**05.05.038 射频识别系统 radio frequency identification system**

由射频标签、识读器、计算机网络、应用程序及数据库组成的自动识别和数据采集系统。

**05.05.039 条码系统 bar code system**

由条码符号设计、制作及扫描识读组成的系统。

**05.05.040 条码自动识别技术 bar code automatic identification technology**

运用条码进行自动数据采集的技术。主要包括编码技术、符号表示技术、识读技术、生成与印制技术、应用系统设计等。

**05.05.041 物流信息编码 logistics information coding**

将物流信息用易于被计算机或人识别的符号体系予以表示。

**05.05.042 物流信息技术 logistics information technology**

物流各环节中应用的信息技术，包括计算机、网络、信息分类编码、自动识别、电子数据交换、全球定位系统、地理信息系统等技术。

**05.05.043 物流管理信息系统 logistics management information system**

由计算机软硬件、网络通信设备及其他办公设备组成的，服务于物流作业、管理、决策等方面的应用系统。

**05.05.044 物流公共信息平台 logistics information platforms**

基于计算机通信网络技术，提供物流信息、技术、设备等资源共享服务的信息平台。

**05.05.045 企业资源计划 enterprise resource planning；ERP**

又称"企业资源规划"。指一种主要面向制造行业进行物流、资金流和信息流集成一体化管理的企业信息管理系统。ERP 是建立在信息技术基础上的、以系统化的管理思想为企业决策层及员工提供决策运行手段的管理平台。

**05.05.046 电子商务 e-commerce；EC**

以互联网为媒介开展的交易和服务活动，即以信息网络技术为手段，以信息、产品和服务的营销、买卖和交换为中心的商务活动。

**05.05.047 电子采购 e-procurement**

利用计算机网络和通信技术与供应商建立联系，并完成获得某种特定产品或服务的商务活动。

**05.05.048 电子报表 e-report**

用网络进行提交、传送、存储和管理的数字化报表。

**05.05.049 批发折扣 wholesale discount**

出版物批发价与定价的比率。

**05.05.050 零售折扣 retail discount**

出版物实际销售价格与定价的比率。

**05.05.051 账期 days of payment**

买卖双方按照交易合同约定结算货款的期限。

**05.05.052 对账 reconciliation**

在出版物交易活动中，买卖双方对交易数据进行核对和确认的工作。

**05.05.053 报账 reimbursement**

会计核算中，根据记账和算账所提供的资料，定期或不定期地编报各种会计报表的工作。

**05.05.054 结账 closing the accounts**

会计核算中，期末对报告期内的账簿记录进行的归结工作。

**05.05.055 呆账 doubtful account**

企业在规定结算期内未能收回,有可能造成坏账损失的那部分应收账款。

**05.05.056　坏账**　bad account
企业因某种原因造成的各种无法收回的应收账款。

**05.05.057　冲转**　adjustment bookkeeping
又称"转销"。将一个数额从一个账户转入另一个账户,以调整有关账户的发生额或全额的过程。每笔冲转业务都必须有合法的依据。

**05.05.058　冲销**　write-off
又称"冲减"。会计核算中,为更正原来记录错误的会计分录,对有关账户原来记录发生额的全部或部分予以销减的过程。冲销的金额一般用红墨水书写。

**05.05.059　坐支**　payment by deduction
企业脱离银行监督,直接支用业务收入(如门市销售收入)的现金的行为。按照国家现金管理的有关规定,企业一般不得坐支,如有特殊情况,须报经开户银行同意后,在规定的用途和金额范围内坐支,并应在"现金日记账"上如实予以反映。

**05.05.060　盘盈**　inventory profit
盘点实物数量多于正确的账面记录。

**05.05.061　盘亏**　inventory losses
盘点实物数量少于正确的账面记录。

**05.05.062　结算**　settlement
在交易活动中双方发生的款项收付行为。

**05.05.063　实销实结**　payment on net sale
买卖双方按照实际销售数量收付货款的一种结算方式。

**05.05.064　滚动结算**　rolling settlement
交易双方之间有长期业务往来关系,一方定期或不定期连续向另一方交付货物或提供劳务等,而另一方预付或不定期支付部分价款,

且付款与每笔业务价款不一定对应,即双方在一定的期限内定期或不定期进行结算价款的交易方式。

**05.05.065　承转结算**　commitment to clearance
买卖双方通过契约方式达成合作协议,发货方通过收货方的上级单位统一向收货方收取货款的结算方式。

**05.05.066　验单付款**　experience a single payment
在托收结算的方式下,购货的书刊发行企业接到开户银行转来的托收凭证和有关单据后,如无其他原因(诸如未订货、错托等),无论书刊商品是否收到,都须承付货款。新华书店系统有关结算制度规定,全国新华书店系统货款托收结算均实行验单付款。

**05.05.067　发行成本**　distribution cost
出版物发行活动中所消耗的物化劳动和活劳动的货币表现。

**05.05.068　发行佣金**　distribution commission
在出版物发行代理业务活动中,委托方按照合同约定向代理方支付的劳务酬金。

**05.05.069　报刊发行费**　fee for distribution of newspaper and periodical
邮政报刊发行部门向相关报刊社收取的为其发行报刊的费用。

**05.05.070　报刊发行起点费**　minimal charging of postal circulation
邮政报刊发行部门按规定的最低发行份数收取的报刊发行费。

**05.05.071　报刊变动手续费**　procedure fee for newspaper and periodical charging
报刊在出版年度内中途变动出版发行情况,邮局按规定向报刊社收取的费用。

**05.05.072 固定资产 fixed asset**

核算书刊发行企业持有的单项价值 1 000 元及以上、使用期限在 1 年以上，而且在使用过程中基本保持其原有实物形态的那部分劳动工具、劳动条件和其他物品。

**05.05.073 流动资产 current assets**

可在一年内或者超过一年的一个营业周期内变现或者耗用的资产。

**05.05.074 负债 liabilities**

企业所承担的能以货币计量，须以资产或劳务偿付的债务。

**05.05.075 存货成本 inventory cost**

因存货而发生的各种费用的总和，由物品购入成本、订货成本、库存持有成本等构成。

**05.05.076 码价核算制 price code accounting system**

发行企业对出版物的进销存业务管理与会计核算时，按照定价进行计价、核算和记账的一种核算方法。

**05.05.077 库存提成差价 checking publications pm in stock prices**

又称"库存分年核价"。对库存出版物按照出版年限和一定比例逐年核低其价值的一种计提减值准备金的核算方法。

**05.05.078 进销差价 difference between purchase**

库存商品码价或售价高于实际购进成本价或调进成本价的差额。

**05.05.079 盘存表 inventory sheet**

记录库存盘点结果的表单。

**05.05.080 报亏单 lose report bill**

对盘亏出版物进行财务处理的单据。

**05.05.081 报溢单 overflow report bill**

对盘盈出版物进行财务处理的单据。

**05.05.082 损益单 lose and overflow report bill**

记录出版物盘亏或盘盈信息的单证。

**05.05.083 负债表 balance sheet**

一定日期（通常为各会计期末）内财务状况（即资产、负债和业主权益的状况）的主要会计报表。

**05.05.084 库存出版物资金 commodity stocks capital**

发行企业库存出版物的实际成本（进价）或计划成本（售价或码价）。采取计划成本核算的企业，期末库存出版物资金应剔除出版物进销差价金额和进项税额。

**05.05.085 呆滞损失准备金 obsolescence reserve**

不实行分年核价的商品，按规定比例计提的损失准备金。不实行分年核价的商品一般包括：进口外文书、古旧书、港台版图书及非图书商品。提取呆滞损失准备金的比例一般为销售商品码价或售价的 1.5%、调出商品码价或售价的 3‰。

**05.05.086 自有资金 equity fund**

书刊发行企业由国家和主管部门拨入，企业内部积累形成，可以在经营活动中长期持有和使用，不须偿还的那一部分经营资金，包括自有固定基金、自有流动基金和专用基金等。

**05.05.087 借入资金 borrowed fund**

书刊发行企业从银行或其他单位取得的那部分属于借款性质的资金。狭义的借入资金，通常仅指从银行取得的流动资金借款。而广义的借入资金，又称"吸收资金"。包括流动资金借款和一定时期内非经常性参加企业资金周转的那部分应付款，以及预收款、吸收外单位的投资等。

**05.05.088 定额流动资金 normed current fund**

发行企业核定有定额的那部分流动资产的经营资金。

**05.05.089 非定额流动资金** non-normed current fund
发行企业除定额流动资金外的那部分流动资金。

**05.05.090 订货满足率** fulfillment rate
又称"订单满足率"。统计期内实际供货品种、数量与订单需求的比率。衡量订货实现程度及其影响的指标。

**05.05.091 退货率** rate of return to vendor
一定时期内出版物退货量占出版物进(发)货总量的比率。

**05.05.092 回款率** rate of pay
一定时期内已收出版物销售款占应收销售款的比率。

**05.05.093 新增存货率** rate of new stock
一定时期内出版物收货量多于销出量的部分占存货总量的比率。

**05.05.094 缺货率** stock-out rate
衡量缺货程度及其影响的指标。用缺货次数与客户订货次数的比率表示。

**05.05.095 货损率** cargo damages rate; damage rate of goods
交货时损失的物品量与应交付的物品总量的比率。

**05.05.096 运价率** rate of tariff
每吨出版物运输每千米所需费用。

**05.05.097 订货周期** order cycle
又称"前置周期"。从发出订单到收到出版物的时间间隔。

**05.05.098 订单处理周期** order cycle time
从收到订单到下达发货指令的时间间隔。

**05.05.099 发运周期** shipment cycle

从承运方接到交运指令到收货方收到出版物的时间间隔。

**05.05.100 配送周期** delivery cycle
又称"发货周期"。从接到订单到客户收到出版物的时间。

**05.05.101 库存周期** stock cycle time
一定范围内,库存出版物从入库到出库的平均时间。

**05.05.102 物流企业** logistics enterprise
从事物流经营,具有与自身业务相应的信息管理系统,独立核算和独立承担民事责任的经济组织。

**05.05.103 物流合同** logistics contract
物流企业与客户达成的物流服务协议。

**05.05.104 物流联盟** logistics alliance
为特定物流目标,两个及以上经济体采取的长期联合与合作。

**05.05.105 物流网络** logistics network
物流过程中相互联系的组织、设施与信息的集合。

**05.05.106 应付寄销款** payable sales
书刊发行企业接受寄销代管业务,应付的货款数额。

**05.05.107 残破书处理** processing of damaged book
对残破书进行调换、折价、退款或报废的过程。

**05.05.108 图书分类统计** classification statistic
图书发行企业按照所经营图书商品各自的特点,进行的区别、归纳。

**05.05.109 物流业务流程** logistics operation process
出版物物流业务的所有关联环节及其顺序

关系。

**05.05.110　仓储管理　storage management**
对仓储设施进行布局和设计,以及仓储作业
实施的计划、组织、协调与控制。

**05.05.111　货位　stock location**
又称"储位"。用于存储出版物的有编号的
位置。

**05.05.112　上架　put on shelf**
把出版物按一定规则放在指定货位的过程。

**05.05.113　制签　making label**
制作包签的过程。

**05.05.114　核件　verification**
按运输包装基本单元要求对同一客户的出版
物核点包件。

**05.05.115　复核　reverification**
又称"复点"。对单、货一致性的确认。

**05.05.116　包件整理　package dispensation**
又称"流向分拣"。把包件按批次、收货人、
流向等集中分别堆码。

**05.05.117　搬运　handling**
在同一场所内对出版物进行空间移动的作业
过程。

**05.05.118　库存管理　inventory management**
又称"存货管理"。在保障供应的前提下对
库存进行有效管理的技术经济措施。

**05.05.119　发货区　shipping space**
出版物集中待运的区域。

**05.05.120　称量装置　weighing device**
对起重、运输、装卸、包装、配送和验收过程中
出版物实际重量进行检测的设备。

**05.05.121　输送机　conveyor**
按规定路线连续或间歇地运送出版物或货箱
等的搬运机械。

**05.05.122　拣选车　order picker**
又称"配书车"。在出版物拣选集货作业中
使用的水平移动设备。

**05.05.123　捆扎机　strapping machine**
用捆扎带捆扎包件,完成捆扎作业的机械。

**05.05.124　重力式货架　live pallet rack**
一种密集存储出版物包件或周转箱的货架系
统。在货架每层通道安装有一定坡度的导轨
让包件或周转箱靠重力驱动由入口流向
出口。

**05.05.125　移动式货架　mobile rack**
可在轨道上移动的货架。

**05.05.126　现货目录　catalogue for onhand**
为现货出版物编制的目录。

**05.05.127　发行单证　distribution document**
出版物流通过程中形成的可阅读并带有数据
记录的业务单据和记账凭证。

**05.05.128　订单　order**
订货者填写并提交征订者作为发货依据的
表单。

**05.05.129　提货凭证　delivery order**
提货人提取出版物的单证。

**05.05.130　运单　way bill**
承运人与托运人之间为运输出版物签订的运
输凭证。

**05.05.131　发行费用　distribution fee**
出版物流通过程中各项费用支出的货币
表现。

**05.05.132　账货相符率　rate of goods according with account**
经盘存,库存出版物账货相符的笔数与储存
总笔数的比率。

**05.05.133　出库差错率　warehouse-out error rate**

统计期内发货累计差错件数(或金额)占发货总件数(或总金额)的比率。

**05.05.134　人均购书额**　the purchase amount of book per person
一定时期内一地区图书销售总额除以该地区人口数所得值。

**05.05.135　发行量稽核**　circulation audit
又称"发行量认证(circulation certification)"。对书报刊、音像制品、电子出版物、网络出版物等产品的复制和发行数量,以及点击、浏览、下载数量进行的审计和认证。

**05.05.136　发行对象**　audience of distribution
出版者、发行者认定的对出版物具有市场需求的单位和个人。

**05.05.137　发行定位**　distribution positioning
出版机构对出版物发行的区域、数量、对象的认定。

**05.05.138　发行体制**　system of distribution
出版物发行机构和发行活动的组织管理制度与运作方式。

**05.05.139　发行效益**　distribution effect
发行活动给社会、读者及企业带来的积极的影响和收益。

**05.05.140　出版物流通**　publication circulation
出版物从生产领域向消费领域转移的过程。

**05.05.141　出版物商流**　publication commodity circulation
使出版物实现商品价值转移的过程。

**05.05.142　出版物物流**　publication logistics
出版物从供应地向接收地的实体流动过程。

**05.05.143　出版物资金流**　publication fund flow
资金随着出版物商品所有权的转移和相关服务而发生的流动过程。

**05.05.144　出版物信息流**　publication information flow
出版物产品信息及相关的流通信息在生产、流通和消费领域之间相互传递的过程。

**05.05.145　出版物流通环节**　links of publication circulation
出版物从生产领域向消费领域转移过程中所经过的中间环节。

**05.05.146　出版物供应链**　publication supply chain
出版物流通过程中,涉及将出版物或服务提供给最终用户所形成的网链结构。

**05.05.147　供应链管理**　supply chain management
对供应链涉及的全部活动进行计划、组织、协调与控制的活动。

**05.05.148　供应商关系管理**　supplier relationship management
一种致力于实现与供应商建立和维持长久、紧密合作伙伴关系,旨在改善企业与供应商之间关系的管理方式。

**05.05.149　客户关系管理**　customer relationship management
一种致力于实现与客户建立和维持长久、紧密合作伙伴关系,旨在改善企业与客户之间关系的管理方式。

**05.05.150　报业客户关系管理系统**　customer relationship management; CRM
用计算机自动化分析销售、市场营销、客户服务及应用支持等流程的报业软件系统。

**05.05.151　复本量**　copy of the volume
订购图书时同一种图书订购的套数。

**05.05.152　征订代码**　code of soliciting for subscriptions

出版物在征订目录中的标识代号。

**05.05.153　多卷(册)标识　multi-volume code**
企业计算机系统定义的丛套书与所属单册间关系的识别码。

**05.05.154　书业电子商务　book e-commerce**
以互联网为载体所进行的各种书业商务活动的总称。

**05.05.155　报业电子商务　newspaper e-commerce**
利用快捷、低成本的电子通信方式进行的报业商贸活动,包括在线订阅和网上个性化服务等多种方式。

**05.05.156　报业经营管理　newspaper management**
针对报业经营环境及报社经营活动特点,遵循市场经济的法则,建立起适合自身特点的内部管理机制。

**05.05.157　报业新闻技术　newspaper news technology**
依据现代报业发展的特点,决定报业的发展方向,推动报业生产水平的各类现代化应用技术。

**05.05.158　报业发行系统　newspaper distribution system**
对报业发行进行管理的软件系统。

**05.05.159　发行损耗率　distribution loss ratio**
报纸发行过程中报纸损耗的百分比。可分连锁店损耗率、零售损耗率、发行站损耗率等。

**05.05.160　报刊发行费率　issuance fee rate of newspaper and periodical**
发行单位收取的发行费占报刊定价的百分比。

**05.05.161　报纸广告　press advertising; newspaper advertising**
以报纸为载体的广告。

**05.05.162　广告标题　advertising title**
一则高度概括广告内容的表述,以吸引受众注意并阅读广告正文。

**05.05.163　广告正文　advertising body**
广告文案的主体,主要介绍商品或服务的功能、用途、特征、使用方法及品牌、价格等。

**05.05.164　随文　postscript**
又称"附文"。广告中传达购买商品或接受服务的方法等的基本信息,包括名称、地址、电话、传真、邮箱、联系人等。

**05.05.165　广告语　advertising slogan**
又称"广告口号""广告标语"。广告主为维持广告宣传连续性、共同运用于同类商品或服务的一系列广告中简明通俗或带有强烈鼓动性的语句。

**05.05.166　广告规格　advertising size**
广告占报纸版面的尺寸。

**05.05.167　广告刊例　advertising rate card**
媒体提供的广告报价材料。

**05.05.168　报业广告系统　newspaper advertising system**
对报业广告进行管理的软件系统。

**05.05.169　广告商　advertiser**
广告制作和发布的经营者。

**05.05.170　广告代理商　advertising agency**
受委托提供广告设计、制作、代理服务的法人、其他经济组织或者个人;具有广告发布职能的法人、其他经营者。既包括专门的大众传播机构,也包括具有自营媒介的一般广告经营者。

**05.05.171　广告代理人　advertising agent**
为广告客户制订广告计划、制作广告和提供其他促销工具者。

**05.05.172　广告主　sponsor**

为推销商品或服务,出资并自行或委托他人设计、制作、发布广告的法人、其他经济组织或者个人。

**05.05.173  报纸广告审查  newspaper advertisement censor**
报纸广告经营者、发布者在广告发布前检查、核对广告的真实合法性,并记录在案以备查验的活动。

**05.05.174  广告策划  advertising planning**
对广告的整体战略与策略的运筹规划。

**05.05.175  广告干扰度  advertising interference ratio**
广告版面或段落长度占报纸本身内容的比率,描述众多广告在一定时间里集中展示给消费者形成广告信息彼此干扰和抵消的现象。

**05.05.176  广告占版率  occupancy rate**
一定时期内,特定报纸广告总版数占该份报纸总出版版数的比例。反映报纸广告的增长与报纸版数之间的制约关系。

**05.05.177  千人成本  cost per thousand impressions;CPM**
广告主购买 1 000 个广告收视次数的费用或者是广告被 1 000 人次看到所需的费用。

**05.05.178  整版广告  full-page ad**
面积为报纸全版的广告。

**05.05.179  半版广告  half page ad**
面积为报纸一半的广告,有横半版及竖半版之分。

**05.05.180  1/4 版广告  quarter page ad**
面积为报纸的 1/4 的广告,有横 1/4 版和竖 1/4 版之分。

**05.05.181  通栏广告  banner ad**
与报纸整版宽度相同、面积不到半版的广告。

**05.05.182  半通栏广告  half banner ad**
版面宽度为报纸宽度的 1/2,高度不到报纸高度 1/2 的广告。

**05.05.183  小全版广告  junior full page ad**
随报纸发行的夹报,版面略小于正报。

**05.05.184  刊头广告  title design ad**
多穿插于新闻和专刊、副刊版面中的广告。位置及版面相对固定,内容简单明了,具有相对独立性,表现内容以企业形象和品牌形象的宣传为主。

**05.05.185  报眼广告  reported eye ad**
位于报头旁边的广告。位置突出,广告价格也高。

**05.05.186  中缝广告  gutter ad**
对开报纸展开后位于两个版面之间缝隙的广告。广告价格比较低廉,一般用于刊登启事、影视节目等。

**05.05.187  翻口广告  flanging ad**
又称"切口广告"。期刊页面分成两栏或三栏时,靠近翻口一栏所刊登的广告。

**05.05.188  黑白广告  black & white ad;B/W ad**
仅用黑白两色印刷的广告。

**05.05.189  彩色广告  four-colour ad**
即用 CMYK 印刷模式来印刷的广告。CMYK 是一种依靠反光的色彩模式。

**05.05.190  内页广告  inside page ad**
一般出现在杂志上,除封面、封二、封三及封底之外的全页面的广告。

**05.05.191  跨页广告  double spread ad**
图文横跨两个版面,以水平方式排列使整个版面看起来更加宽阔的广告。在报纸上可称连版、跨版,在期刊上则有蝴蝶页之称。

**05.05.192  中心跨页广告  center spread ad**

图文横跨报纸或杂志内页中间页码的两个整版版面的广告。

**05.05.193 软广告 soft ad**
早期指付费的纯文字广告,目前一般指广告主通过策划在报纸、杂志或网络等宣传载体上刊登的可以提升企业品牌形象和知名度,或可以促进企业销售的一些宣传性、阐释性文章,包括特定的新闻报道、深度文章、付费短文广告、案例分析等。

**05.05.194 公益广告 public service announcement; PSA**
为维护社会公德、倡导良好的社会事业和社会风尚,改善和解决社会公共问题而组织的广告,具有社会的效益性、主题的现实性和表现的号召性三大特点。

**05.05.195 交换广告 exchange ad**
两种或两种以上的广告媒介,互为对方发布广告而不产生广告费用的往来的广告。

**05.05.196 免费广告 free ad**
不付费的广告,公益广告亦属于免费广告。

**05.05.197 报刊分类广告 classified ad**
简称"分类广告"。又称"报刊需求广告"。版面位置相对固定的一组短小广告的集合,它把广告按用途分门别类作有规则的排列,以便读者查找,适应了市场经济多层次、多类别广告信息传播的需要。

**05.05.198 招聘广告 job ad**
利用报刊版面或者专刊发布企业招聘信息的广告。

**05.05.199 个人广告 personal ad**
为满足个人需求和利益所发布的广告,如征婚启事、寻人启事、个人求职、遗失声明等。

**05.05.200 政府广告 government advertising**
由政府机构发布的广告,如政府通告,文件、各项政策和法令的公告,违法广告通告等。

**05.05.201 夹送广告 ad between pages**
在报纸发行过程中由发行方或广告代理商夹入报纸并送至订户的单张广告。

# 06. 数字出版

## 06.01 综　述

**06.01.001 数字出版技术 digital publishing technology**
对内容进行数字化编辑、加工、复制,并以数字产品形态或服务的形式向公众传播的技术。数字出版过程中所使用的综合信息技术的总称。

**06.01.002 数字出版产品 digital publishing product**
以数字技术手段面向公众传播知识信息的产品。

**06.01.003 数字出版产业 digital publishing industry**
所有参与数字出版产品及服务的策划设计、生产组织和传播活动的企业或组织所组成的国民经济生产部门的集合,是出版产业和文化产业的重要组成部分。

**06.01.004 出版数字化 digitalization of publishing industry**
利用数字技术对传统出版业进行局部改造,逐步实现出版业全过程数字化的转型升级模式。是传统出版业的内容表现形式和服务模式在互联网环境中的延伸和扩展。

**06.01.005　STM 出版　STM publishing**
又称"STMS 出版"。一种出版分类。主要出版科学（science）、技术（technology）、医学（medicine）和社会科学（social sciences）领域相关作品。国内一般称专业出版或科技出版。与之对应的有教育出版和大众出版。

**06.01.006　按需出版　publishing on demand**
先期完成内容的编辑加工,在用户提出订单需求后才提供作品的印刷发行或网络下载的一种出版方式,常与按需印刷这一数字出版环节紧密相关。

**06.01.007　复合出版　composite publishing**
将不同类型的出版物内容,如文本、图片、音频、视频以结构化形式进行编辑、加工、存储,并可以按照用户需求对不同载体（纸光电）、媒体（书报刊）和终端（个人计算机或手机）类型进行复制和发布的新型出版形态。

**06.01.008　出版数字化转型升级　publication digitization transformation and upgrading**
国家有关部门于 2014 年启动的传统新闻出版单位数字化转型升级工作。具体的工作内容包括:开展数字化转型升级标准化工作,提升数字化转型升级技术装备水平,加强数字出版人才队伍建设,探索数字化转型升级新模式。

**06.01.009　出版融合　publication integration**
出版业发展的目标和方向。发挥内容优势,运用先进技术,创新管理机制,实现出版内容、技术应用、平台终端、人才队伍的共享融通,形成一体化的组织结构、生产和传播体系,以及管理机制。

**06.01.010　动态出版　dynamic publishing**
基于内容对象,协同编辑加工,实现"一次制作、多元发布"的新型出版模式。其技术核心在于实现出版物的内容类型、文件格式和版式样式的相互分离,并可根据终端形式和用户需求的不同提供可定制的服务形态。

**06.01.011　移动出版　mobile publishing**
将数字阅读内容经过编辑选择和加工,并通过无线、有线或直接嵌入移动终端供用户进行下载和阅读的活动。

**06.01.012　开放获取　open access**
又称"开放存取"。一种不同于传统学术传播的全新机制,其核心特征是在尊重作者权益的前提下,利用互联网为用户免费提供学术信息和研究成果的全文服务,从而促进科学信息的广泛传播,提升科学研究的共享程度,保障科学信息的长期保存。

**06.01.013　多媒体出版　multimedia publishing**
又称"跨媒体出版（cross-media publishing）"。出版物内容以数字形式进行编辑加工、存储,并可在不同媒体渠道同步发布的出版形态,其特点在于不同媒介可以优势互补,还可使出版物与读者之间形成互动。

**06.01.014　云出版　cloud publishing**
通过基于云计算技术的数字出版服务平台开展的出版活动。既具有云计算的技术特征,如虚拟化的存储、结构化的数据、智能终端应用等,又具有出版业的特征,如出版物标准和格式、碎片化的文档、出版营销与服务等。

**06.01.015　定制化出版　customized publishing**
数字出版企业针对高度专门化的目标市场生产和提供互动数字出版物和服务的过程。

**06.01.016　众筹出版　crowdfunding publishing**
通过互联网众筹平台开展的针对出版项目的大众筹资活动。拥有内容资源的作者或出版单位通过网络平台向读者筹资,参与筹资的读者在出版物出版后将获得该出版物或其带来的盈利等回报。

**06.01.017　众包出版　crowdsourcing publish-**

ing; multiple-sourcing publishing

企业或组织机构将应由员工完成的出版任务,借助互联网平台,以自愿参与的方式将其外包给非特定的社会大众的出版形式。众包出版的任务可由个人承担,也可由多人协作共同完成。

**06.01.018 数字出版平台** digital publishing platform

利用互联网技术为数字出版提供内容管理、协同编创、在线发布、在线阅读及电子商务等产品与服务的综合信息服务系统。

**06.01.019 数字信息** digital information

以数字技术生成、存储、传输、处理的信息。

**06.01.020 数字内容** digital content

以二进制代码记录并呈现的内容。

**06.01.021 数字资源** digital resources

由计算机、通信及多媒体技术融合而成的以数字形式存在的信息内容。

**06.01.022 数字化对象** digitized object

在计算机网络中有地址可寻的、机器可读的文档。

**06.01.023 数字编辑** digital editor

又称"网络编辑(web editor)"。利用计算机技术和网络技术从事内容的采集、制作、审核、存储并提供在线发布与服务的人员统称,通常包括内容策划人员、设计加工人员、营销服务人员和技术保障人员。

**06.01.024 优先数字出版** priority digital publishing

在印刷版出版前通过互联网先期发布数字版的出版方式,具有快速传播知识、加快内容更新速度、提高信息传播效率等优点。

**06.01.025 数据库出版** database publishing

利用数据库技术进行结构化信息的内容编辑、加工制作、发布和运营服务的一种出版方式。具有信息量大、实时更新、检索效率高和互动性较强等特点,通常用于条目型信息和期刊文献的在线发布和服务。

**06.01.026 语义出版** semantic publication

利用计算机对自然语言的含义及其关系进行处理并提供科学、权威和及时的知识服务,是一种自动快速地整合信息内容、可进行跨学科的知识链接并可获取文献内容中数据的智能化出版模式。

**06.01.027 数字内容产业** digital content industry

基于数字化、多媒体和网络等技术,利用信息资源和其他相关资源,创作、开发、分发、销售和消费信息产品与服务的产业门类,可分为数字传媒、数字娱乐、数字学习、数字出版和面向专业应用五大类。

**06.01.028 三网融合** 3-network convergence

又称"三网合一"。计算机网、电信网和有线电视网之间业务相互渗透和交叉,技术上相互吸收并逐步趋向一致,网络层面实现互联互通,应用层面使用统一的通信协议应用的融合。逐步整合成为统一的信息通信网络,其中互联网是核心。三网融合应用广泛,遍及智能交通、环境保护、政府工作、公共安全等多个领域。

**06.01.029 数据通信** data communication

以计算机为中心,通过线路或网络与远程终端直接联结起来,利用通信系统对二进制编码的字母、数字、符号,以及数字化的声音、图像信息进行传输、交换和处理,按照传输媒介可分为有线数字通信和无线数字通信。

**06.01.030 多媒体通信** multimedia communication

将声、文和图像等不同运载信息的多种媒体,通过计算机进行数字化采集、获取、压缩、处理、存储而综合成一体化信息,再进一步与通信结合进行传送的过程。具有传输数据量大、速度快、跨终端等特点。

**06.01.031 版式文档 fixed-layout document**
版面呈现效果固定不变，无论是在显示设备上呈现还是输出打印抑或是印刷效果都一致的文档。在版式文档中，文字、表格、图片等对象坐标参数都有准确描述，使版式文档能够实现"所见即所得"。版式文档主要用于成文后的文档发布和保存。

**06.01.032 流式文档 streaming document**
利用排版软件对文档中的文字、表格和图片等进行特定处理，使文档输出呈现时可以自动适应不同终端设备的屏幕大小，也可以根据用户的选择对文档的文字大小、行间距和换行进行自动重排。流式文档以内容逻辑表述为主，能够很好地满足用户的数字化阅读需求。

**06.01.033 标签 tag；label**
又称"置标"。俗称"打标签"。一种大众自由分类的方式，由创作者对自己的文章添加一个或几个关键词作为索引，以更好地指导用户浏览。标签是随着第二代互联网（Web2.0）发展而得到广泛应用的，可以更好地反映网络文章之间的相关性。

**06.01.034 版权资产 copyright asset**
组织或个人拥有或控制的、能够发挥持续作用并能带来经济效益的版权的财产性权益，以及与版权权利相关的财产性权益。

**06.01.035 数字资产 digital asset**
组织或个人拥有或控制的、以数字形式存在的、在经济活动中可供生产加工或出售的非货币性资产。

**06.01.036 关系数据库 relational database**
一种数据库类型，是建立在关系模型基础上的数据库。通过集合代数等数学概念和方法来处理数据库中的数据，关系模型由关系数据结构、关系操作集合、关系完整性约束三部分组成。具有逻辑结构简明、操作方便和数

据处理灵活等优点。

**06.01.037 数据源 data source**
提供所需要数据的器件或原始媒体。数据源中存储了所有建立数据库连接的信息。

**06.01.038 数据包 packet**
TCP/IP 协议通信传输中的数据单位。数据包主要由"目的 IP 地址""源 IP 地址""净载数据"三部分构成。

**06.01.039 数据文件 data file**
将复制对象从对外操作传输到对内操作的文件。

**06.01.040 数据分析 data analysis**
用适当的统计方法处理收集来的大量数据资料，以求最大化地开发数据资料的功能、发挥数据作用的过程。

**06.01.041 数据清洗 data cleaning**
按照一定的规则清理数据仓库中有缺陷的数据、相互之间有冲突的数据的过程。

**06.01.042 数据结构 data structure**
利用数据元素之间存在的特定关系组织存储，以方便管理和使用的数据组织方式。

**06.01.043 数据语义 data semantic**
数据由没有具体意义的符号到成为信息的过程中所赋予的含义。

**06.01.044 数据备份 data replica**
为防止操作失误或系统故障等原因导致数据丢失，将全部或部分数据从主机复制到另外的存储介质中的过程。

**06.01.045 数据挖掘 data mining**
曾称"资料采矿""资料探勘"。从大量的资料中自动搜索隐藏着的有特殊关联性（属于关联规则学习）信息的过程。

**06.01.046 数据整理 data sorting**
对调查、观察、实验等研究活动中所搜集到的

资料进行检验、归类和数字编码的过程。

**06.01.047　数据编辑　data edit**
将输入系统的数据进行校验、检查、修改、重新编排、净化、组织，以形成便于使用的格式的过程。

**06.01.048　数据共享　data sharing**
不同的系统与用户使用非己有数据进行的各种运算与分析操作。

**06.01.049　数据管理　data management**
用计算机技术对数据进行收集、存储、处理和应用的过程。

**06.01.050　数据安全　data security**
采取技术和管理的措施使计算机硬件、软件和数据处于免遭破坏、更改和泄露的状态。

**06.01.051　数据中心　the data center**
存储数据资源的基础设施。包括建筑物、服务器、软件系统和网络通信设备等。数据中心的主要目的是运行用作商业开发或组织管理的数据，也就是保存数据、开发数据、应用数据。

**06.01.052　数据库安全　database security**
数据库防护偶发事故和黑客盗取资料活动的功能。包括数据独立性、数据安全性、数据完整性、并发控制、故障恢复等多个方面。

**06.01.053　安全储存　safe storage**
采用加密技术保证许可后才能读写数据，从而为敏感数据提供安全可靠的储存方式。

**06.01.054　源代码　source code**
又称"源程序"。指未编译的按照一定的程序设计语言规范书写的人可读的文本文件。

**06.01.055　乱码　messy code**
由于系统或软件缺乏对某种字符编码的支持，而产生的无法阅读的混乱符号。

**06.01.056　格式化文本　formatted text**
进行过某种格式化处理的文本。

**06.01.057　格式加密　format encryption**
根据不同多媒体文件的实际格式对数据段进行加密，同时保留原始文件的文件头信息和文件格式信息的一种方法。

**06.01.058　人工智能　artificial intelligence**
又称"AI"。研究用计算机模拟人类智力活动的理论和技术，如归纳与演绎推理过程、学习过程、探索过程、理解过程、形成并使用概念模型的能力、对模型分类的能力、模式识别及环境适应、进行医疗诊断等。人工智能的研究领域包括机器人、语言识别、图像识别、自然语言处理和专家系统等。基于算法和大数据等的计算机技术是人工智能发展的基础。

**06.01.059　语义分析　semantic analysis**
使计算机能够正确理解和处理自然语言各组成部分，包括词、词组、句子、段落和篇章的含义及其相互关系等。根据分析对象的不同，语义分析可分为语法分析、句法分析、篇章分析等，其目的在于挖掘数据中内在的、与描述语言相关的意义。

**06.01.060　中文信息处理技术　Chinese information processing technology**
利用计算机对中文的音、形、义等语言文字信息进行的加工和操作，包括对字、词、短语、句、篇章的输入、输出、识别、转换、压缩、存储、检索、分析、理解和生成等各方面的处理技术。

**06.01.061　自动标引　automatic indexing**
又称"机器标引"。利用计算机系统从文献中抽取检索标志的过程，包括赋词标引和抽词标引。自动标引系统一般包括文本输入、词典、抽词、知识库、转换和输出六个子系统。自动标引技术可分为统计标引法、概率标引法、句法分析法、语义分析法和人工智能法等。

**06.01.062 信息检索** information retrieval; IR

将信息按一定的方式组织和存储,并根据用户需要找出有关信息的过程和技术。

**06.01.063 音频视频交错格式** audio video interleaved format

又称"AVI"。将音频(语音)和视频(影像)数据包含在同一个文件容器中,允许音频和视频同步回放。

**06.01.064 增强现实** augmented reality

又称"AR"。将含有字母、数字、符号或图形的信息叠加或融合到用户看到的真实世界中,具有虚实融合和实时交互的特点。

**06.01.065 虚拟现实** virtual reality

又称"VR"。一种可以创建和体验虚拟世界的计算机仿真系统,它利用 3D 计算机模型或模拟技术生成一种模拟环境,使用户完全沉浸到该环境中。

**06.01.066 DocBook** docbook

一种"所想即所得"的文档编写工具,允许用标签来标识所要的文档排版效果,由结构化信息标准促进组织(OASIS)的 DocBook 技术委员会维护,适合于科技类书籍和论文的编写。

**06.01.067 标准通用置标语言** standard generalized markup language; SGML

一种定义电子文档格式和内容的标准。一个 SGML 文件通常分三个层次:结构、内容和样式。结构为组织文档的元素提供框架,内容是信息本身,样式控制内容的显示。

**06.01.068 超级文本置标语言** hyper-text markup language; HTML

标准通用置标语言下的一种规范、一套标签体系。是一种置标语言而不是编程语言,通过标记符号来标记要显示的网页中的各部分。具有简易性、平台无关性和通用性的特点。

**06.01.069 可扩展置标语言** extensible mark-up language; XML

SGML 的子集,是一种专门在万维网上传递信息的语言。不同于 HTML,XML 的作用在于传输和存储数据,而不是显示数据,而且其所用的标签是可自由定义的。XML 文档的基本单位是元素,一个元素由一对互相匹配的开始、结束标签及它们之间的文本所构成。

**06.01.070 文档类型定义** document type definition; DTD

一套为了进行程序间的数据交换而建立的关于标记符的语法规则,用于定义合法的 HTML 或 XML 文档构建模块。既可被成行地声明于 HTML 或 XML 文档中,也可作为其一个外部引用。

**06.01.071 资源描述框架** resource description framework; RDF

用于描述互联网资源的一种置标语言,也是一个处理网页相关元数据的 XML 应用,如网页的标题、作者、修改日期、内容及版权信息。RDF 应用统一资源定位符来表示资源,通过属性和属性值来描述资源。

**06.01.072 CEBX** common e-document of blending XML

基于混合 XML 标准的公共电子文档,是一种独立于软件、硬件、操作系统、呈现/打印设备的文档格式规范。在 CEBX 中采用"容器 + 文件"的方式来描述和存储数据。CEBX 融合了固定版式信息和结构化的流式信息,支持原版原式显示和设备自适应显示的一键切换。

**06.01.073 EPUB** electronic publishing

国际开放电子图书联盟 1999 年推出的用来表示电子图书的内容、结构的一种开放性规范。该规范允许用户在制作电子书时可根据自身需求修改参数并对内容进行重排。

**06.01.074 ONIX** online information exchange

一种描述、传递和交换丰富出版物元数据的国际标准,用于图书、连续出版物及各种媒体电子出版物信息的基础标准和贸易标准。目前已开发了面向不同类型出版物信息交换标准,如 ONIX for Books、ONIX for Serials、ON-IX for Licensing Terms 等。

**06.01.075　CNONIX　China online information exchange for publications Product information format specification for books**

《中国出版物在线信息交换 图书产品信息格式规范》(GB/T 30330-2013)的英文简称。规定了图书产品信息的 XML 技术规则、格式规范和代码表等,适用于图书产品信息的数据交换。

**06.01.076　DITA　Darwin information typing architecture**

基于 XML 的体系结构,用于编写、制作、交付面向主题的信息类型的内容。可用于教材、标准、报告、商业文档和自然指南等书籍的编写。具有主题化、可定制化、可重用和协同创造的特点。

**06.01.077　中国标准关联标识符　China Standard Link Identifier**

《中国标准关联标识符(ISLI)》(GB/T 32867-2016),规定了信息与文献领域中可被唯一识别的实体之间关联的标识符,适用于信息与文献领域的实体,这些实体可以是文档、媒体资源、人或其他抽象事物。不改变被关联实体的内容、所有权、访问权和已有标识。

**06.01.078　国际标准关联标识符　International Standard Link Identifier;ISLI**

规定了一种用于标识信息与文献领域的实体(或它们的名称)之间关联的标识符。这些实体可以是文档、媒体资源、人或时间或地点等。ISLI 的编码由服务编码、关联编码、校验码三个部分组成。

**06.01.079　都柏林核心元数据　Dublin core metadata**

又称"DC 元数据"。规范了最基本的十五个元素的元数据元素集合,用以描述资源对象的语义信息,已成为语义网(Semantic Web)的基础性规范和国际标准。

**06.01.080　中文新闻技术标准　Chinese news technical standards**

用于新闻信息组织、管理、存储和发布使用的,与国际接轨又有中国特色的新闻信息表示语言标准和新闻信息分类法。由中文新闻信息分类标准和中文新闻标识语言标准构成。

**06.01.081　中文新闻信息分类　Chinese news classification**

按照新闻信息的主题内容或其他特征,依据特定的分类标引工具,将它们链接到相关代码,分门别类地组织成科学体系的过程。

**06.01.082　简易信息聚合　really simple syndication;RSS**

一种基于 XML 标准的内容包装和投递协议。当一个 RSS 文件被发布后,该文件中包含的信息就可以直接被其他网站调用,使每个人都可成为信息的提供者。

**06.01.083　互操作性　interoperability**

不同的计算机网络、操作系统和应用程序之间协调工作和信息共享的能力。可分为语法上的互操作性和语义上的互操作性两个层面。互操作性已成为计算环境中一个重要的问题,在企业级的应用中可以通过结构化查询语言(structured query language,SQL)或中间件的方式来加以解决。

**06.01.084　网络安全　network security**

网络系统的硬件、软件及其系统中的数据受到保护,不因偶然的或者恶意的原因而遭到破坏、更改、泄露,系统连续可靠正常运行,网络服务不中断。

### 06.01.085　信息安全等级保护　information security level protection

为计算机信息系统提供计算机及其相关的和配套的设备、设施(含网络)运行环境的安全保护,以保障信息安全和计算机功能正常发挥的能力。在我国,计算机系统安全保护能力分为五个等级,由低到高分别为:用户自主保护级、系统审计保护级、安全标记保护级、结构化保护级和访问验证保护级。

### 06.01.086　域名系统　domain name system

又称"DNS"。互联网上通过使用一种便于记忆的符号系统来指代网站数字 IP 地址的分布式数据库系统,其结构一般为:主机名.三级域名.二级域名.顶级域名。

### 06.01.087　图形用户界面　graphical user interface；GUI

一种人与计算机通信的界面显示方式,允许用户使用鼠标等输入设备点击屏幕上的图标或菜单选项,以选择命令、调用文件或启动程序等,又称为图形用户接口。与之相对应的是"命令行界面",具有简单、易用、可视化的特点。

### 06.01.088　IP 地址　IP address

又称"互联网地址"。一个由 32 位二进制数码组成的互联网上计算机的地址编号。由于位数多的二进制数字很难读出来,一般 IP 地址都用点分十进制的形式来表示,如:128.143.7.226。

### 06.01.089　TCP/IP　transmission control protocol/internet protocol

是互联网的基础通信架构,该架构包括传输控制协议(TCP)和网际协议(IP)两个核心协议。TCP/IP 协议提供了点对点的链接机制,规范了数据应该如何封装、定址、传输、路由及在目的地如何接收等。IP 负责包(packet)的传送接收等无连接工作,TCP 负责建立连接导向的通信。

### 06.01.090　超文本传输协议　hyper-text transfer protocol；HTTP

一种发布和接收 HTML 页面的方法,是用于从万维网服务器传输超文本到本地浏览器的传输协议,包含了一套客户端请求和服务器端应答的规范。

### 06.01.091　文件传输协议　file transfer protocol；FTP

曾称"文件传送协议"。一个 8 位的客户端-服务器协议,使用客户/服务器模式可以实现任何类型的文件传输。FTP 有 ASCII 和二进制两种文件传输方式,但其传输有极高的延时。

### 06.01.092　统一资源定位符　unified resource location；URL

用以表示浏览器从互联网上获取资源的位置及访问的方法。互联网上的每个文件都有一个唯一的 URL。

### 06.01.093　计算机游戏　computer software

在计算机或专用装置上运行的、具有教育和娱乐功能的软件程序。具有互动性、娱乐性、虚拟性的特点。按照内容不同,可分为动作类游戏、角色扮演类游戏、策略类游戏、益智类游戏等。

### 06.01.094　计算机图形学　computer graphics

研究利用计算机进行图形信息处理和借助图形信息进行人机通信处理的一门学科。包括图元表示、输出图元的属性、几何变换、几何图形的观察与生成、光照模型和面绘制算法、颜色模型与应用、计算机动画等。

### 06.01.095　计算机网络拓扑　computer network topology

以图形的方式展示计算机设备的分布及其连接情况,一般分为物理拓扑图和逻辑拓扑图。计算机网络拓扑图一般可分为总线型、星型、树型、环型、网状型和混合型 6 种。

**06.01.096 信息管理和信息系统** information management and information system

由计算机及相关设备组成的,按照一定规则进行信息采集、加工、存储、传输和检索的人机交互系统。是利用计算机进行信息处理和决策的基础。

**06.01.097 计算机信息检索** computer information retrieval

利用计算机技术进行信息存储和查找的方法。计算机信息检索系统应能存储大容量的信息,并需对信息进行分类和编目,可根据用户需求从信息集合中抽取特定的信息。它与信息的分析、组织、存储和传播有关,广泛应用于图书出版和情报档案等信息的检索工作中。

**06.01.098 计算机资源** computer resources

计算机软件运行时所需的中央处理器(CPU)资源、内存资源、硬盘资源和网络资源。在进行软件编程时需要考虑对计算机资源进行合理的申请和分配,以获得最佳的计算效果。

**06.01.099 电子支付** electronic payment; e-pay

从事电子商务交易的当事人,包括消费者、厂商和金融机构,通过信息网络,使用安全的信息传输手段和数字化方式进行货币支付或资金流转的行为。

**06.01.100 文件共享** file sharing

用户在互联网环境中主动地发布和提供自己计算机文件的行为。提供自己的共享文件的同时也可以下载别人提供的共享文件。文件传输协议(FTP)是一种广泛应用的文件共享系统基础。

**06.01.101 门户网站** portal web

提供某类综合性互联网信息资源并提供有关信息服务的应用系统。广义上的门户网站是指将各种应用系统和互联网资源集成到一个信息平台之上,并以统一的用户界面提供给用户的互联网服务框架。特指某一区域或者某一领域重要的、出入必须经过的网站。

**06.01.102 第二代互联网** Web 2.0

由用户主导生产网站内容的互联网平台。符合 web 标准并与第一代互联网具有较好的融合性,是互联网理念和思想的一次变革。主要特征是用户生成内容和强交互性。

**06.01.103 无线应用通信协议** wireless application protocol;WAP

简称"无线应用协议"。通过定义可通用的平台,将互联网的丰富信息及先进业务引入无线终端中的约定。

**06.01.104 非线性编辑** nonlinear editing

利用计算机对音视频、图片和文字等素材进行数字化制作的过程。一般包括素材采集、编辑、特效处理、字幕制作和生成几个步骤。具有制作质量高、便于升级和网络化的特点。

**06.01.105 电信网** telecommunication network

由终端设备、节点设备和传输系统组成的,利用电信技术实现信息传送的网络系统。分物理网、业务网和支撑网。其中物理网是指承载业务网的终端设备、传输设备和交换设备组成的网络,业务网则指承担话音、数据、图像、广播电视等各种业务的单一或综合的网络。

**06.01.106 计算机通信网** computer communication network

用通信设备和传输介质将计算机设备连接起来实现信息传递和数据交换的通信网络。是计算机技术与通信技术相结合的产物。通信网络为计算机信息传递和数据交换提供了必要条件,计算机技术又为通信网络的发展提供了重要的支撑。

**06.01.107 万维网** the world wide web

简称"web"。又称"环球信息网"。俗称

"3W"。用于在互联网上查询和浏览各种信息的一种超文本浏览器。万维网通过安装在客户端的浏览器访问 web 服务器上的内容资源。每个资源都有一个"统一资源定位符"(uniform resource locator, URI),并通过互联网以超文本传输协议(HTTP)的方式传送给用户。万维网是互联网的一个应用。

**06.01.108　以太网　ethernet**
一种基于总线的、广播式的局域网,典型的网络传输介质为同轴电缆,传输速率为 10 兆比特/秒。传统以太网使用的是总线拓扑结构,遵循 IEEE 802.3 标准。以太网上的每一个节点都有全球唯一的 48 位的 MAC 地址,以保证以太网上所有节点能互相鉴别。目前许多制造商把以太网卡直接集成进计算机主板中。

**06.01.109　增值服务提供商　service provider; SP**
针对用户特定的要求产生的新业务形态,使用户得到价值更高的信息服务。

**06.01.110　数字证书　the digital certificate**
一个经证书授权中心签名的包含公开密钥拥有者信息及公开密钥的数字文件。提供了一种可信赖的身份验证方式,使人们可以在各种互联网应用中用它来证明自己的身份和识别对方的身份。

**06.01.111　搜索引擎　search engine**
根据一定的策略对互联网上的信息资源进行搜集整理,并建立索引然后供用户查询的系统。包括信息搜集、信息整理和用户查询三部分。一般的搜索引擎包括爬行、抓取、存储、预处理和排序五个环节。

**06.01.112　IPv6　internet protocol version 6**
互联网协议第 6 版。互联网工程任务组(Internet Engineering Task Force,IETF)设计的用于替代 IPv4 的下一代 IP 协议。IPv6 最大的改进在于将 IP 地址从 32 位改为 128 位。这一改进是为了适应网络快速发展对 IP 地址的需求,从根本上改变了 IP 地址短缺的问题,同时也解决了多种接入设备连入互联网的障碍。

**06.01.113　服务器托管　server hosting**
又称"主机托管"。用户自行购买服务器设备放到当地电信、网通或其他网络服务提供商的互联网数据中心机房(IDC 机房),以达到降低成本、提高服务品质的目的。托管的服务器既可以由客户自己维护,也可以委托专门机构维护。

**06.01.114　云服务　cloud serving**
通过网络以按需、易扩展的方式获得所需服务。这种服务可以是硬件资源,如 CPU、存储或者网络带宽,也可以是软件服务,是云计算的一种应用。云服务意味着计算能力可以根据用户的需求作为一种商品通过互联网进行交换。

**06.01.115　日活跃用户数　daily active user; DAU**
简称"日活数"。通常统计一日之内,登录或使用了某个网站、产品或某项服务的用户数(去除重复登录的用户)。用于反映网站的用户活跃度和运营情况。

**06.01.116　终端　terminal**
又称"终端设备"。经由通信设施向计算机输入程序和数据或接收计算机输出处理结果的设备。早期的计算机系统一般由一个主机配置多个终端组成,主机负责运算和处理,终端负责输入输出结果。随着移动互联网技术的发展,许多移动终端已具有较强的计算能力。

**06.01.117　移动终端　mobile terminal**
又称"移动通信终端"。在移动通信网络中使用的移动计算设备。包括移动智能终端及其他具有类似功能的终端设备。移动终端可以提供无线连接、安全消息、电子邮件、网络、虚拟专用网络（virtual private networks，VPN）连接、网络电话（voice over internet protocol，VOIP）等服务，用于访问受保护的数据和应用，以及与其他移动终端进行通信。移动终端包括智能手机、平板电脑等具有类似特征的手持移动通信终端。

**06.01.118　多媒体终端　multimedia terminal**
一种集文字、语音、图像、视频于一体的新型计算机设备。可以实现传统的电话、传真、电视机及计算机的所有功能。具有综合性、交互性和同步性的特点。

**06.01.119　数字出版流程　digital publishing process**
利用数字技术实现从内容资源的数字化与数字资源加工到数字产品的生成与管理，直至数字产品的发布与服务等一系列业务步骤的序列。

**06.01.120　出版流程再造　publishing process reengineering**
利用数字技术优化和升级现有出版业务流程，使企业在生产成本、生产效率、产品品质和对外服务等方面获得重大改进。

**06.01.121　内容资源管理　content management**
运用信息技术手段对内容资源进行科学规划、有效开发、合理配置和高效利用，以支撑数字出版活动，并最终实现组织战略目标的过程。

**06.01.122　内容资源整合　content integration**
针对不同来源、不同类型、不同层次的内容资源进行识别与选择、整理与加工、规范与融合，使其具有较强的条理性、系统性和价值性，并创造出新资源的过程。

**06.01.123　内容资源获取　content acquisition**
利用自主开发、付费外购、定向索取、公开征集、网络采集等多种方法与途径获得有价值

的内容资源的过程。

**06.01.124　内容资源审核　content examination**
按照国家法律法规和行业规范，对拟出版的数字出版产品，以及用于宣传介绍产品等目的而制作的图文、视频等内容进行审查与核定的过程。

**06.01.125　内容资源存储　content storage**
利用文件库、数据库等存储方式将内容资源存放在存储设备（如磁盘、磁盘阵列、光盘库、磁带库等）中，并通过计算机软件进行管理的过程。

**06.01.126　内容资源备份　content backup**
将全部或部分原始数字内容资源复制到其他存储设备的过程。主要用于内容资源数据丢失和逻辑损坏等突发情况时对数据的恢复。

**06.01.127　数字资源长期保存　long-term preservation of digital resources**
通过一系列管理技术和方法维护数字对象，使其不受技术、媒体、格式、用户群体等变化的影响，能够在未来足够长的时间内提供持续使用的行为。

**06.01.128　内容资源迁移　content migration**
为保证数字内容资源的长期有效，定期或不定期地将数字内容资源从旧的文档格式向新的文档格式转换，或从一种软硬件支撑平台向另一种软硬件支撑平台转移的过程。

**06.01.129　存量内容资源　stock content resource**
企业当前所拥有的全部可确认的内容资源。

**06.01.130　增量内容资源　increment content resource**
企业所拥有的比期初确认数量增加的内容资源。

**06.01.131　信息资源管理　information re-**

sources management
又称"IRM"。对组织中的信息内容及其支撑系统(如设备、设施、人员、资金、软件等)进行创建、识别、确认、获取、组织、存储、检索、评估、分析、传递、共享、迁移、归档及回收(销毁)的过程。

**06.01.132 信息组织** information organization
按照一定的原则、方法和技术,将杂乱无章的信息整理成为有序的信息集合的活动和过程,一般包括分类组织法和主题组织法。

**06.01.133 知识管理** knowledge management
对知识、知识创造过程和知识的应用进行规划和实施操作的活动。

**06.01.134 知识元** knowledge element
知识系统中一定范围内不必再细分的基础性知识单位。

**06.01.135 本体** ontology
知识的形式化说明,通常由概念、概念之间的关系、公理、规则组成。

**06.01.136 知识本体** ontology of knowledge
利用计算机技术提取、理解和处理领域知识的一种工具。包括对概念及概念之间关系的明确、规范、形式化的描述。

**06.01.137 知识挖掘** knowledge mining
从知识库中抽取隐性、未知、具有应用价值的信息的过程。通常包含多个相互联系的步骤:预处理、提出假设、选取算法、提取规则、评价和解释结果、将模式构成知识并应用。

**06.01.138 语料库** corpus
经科学取样和加工的大规模语言材料电子文本库。

**06.01.139 数字化处理** digitization
将模拟信息转化为二进制数字信息并引入计算机统一处理的过程。

**06.01.140 数字化加工** digitization process-
ing
把传统载体(纸、胶片、磁带、影片、唱片等)上的内容通过专业化加工,转换成以二进制记录的可以在计算机上进行存储、处理、利用的某种格式或者封装的组合文件等。

**06.01.141 元数据加工** metadata processing
对描述、解释、定位内容资源的,使内容资源更易于被检索、利用和管理的结构化信息进行标注的过程。

**06.01.142 结构化加工** structured processing
依据一定的加工标准,将数字内容资源按照其内在逻辑关系分解成不同粒度的组成单元,并标注各单元属性信息的过程。

**06.01.143 知识化加工** knowledge processing
识别与抽取内容资源中的知识元,并建立内容资源知识体系与知识元语义链接的过程,其目的是向用户提供针对问题的细粒度的知识服务。

**06.01.144 版面分析** layout analysis
利用计算机技术处理和分割文件的版面数据,对版面上的文字、图片、图形、表格等区域的位置、属性和相互之间的逻辑先后关系进行识别的过程。

**06.01.145 光学字符识别** optical character recognition
简称"OCR"。利用光学技术和计算机技术将纸质文档中的文字转换成黑白点阵的图像文件,并通过识别软件将图像中的文字转换成文本格式,供文字处理软件进一步编辑加工的过程。

**06.01.146 文档格式** document format
计算机系统中用以存储和传递信息的编码标准和模式。如图片、文字、视频、应用程序的存储和使用方式不同,其文档格式也不同。计算机应用程序一般通过文件扩展名来识别不同的文档格式。

**06.01.147　格式转换　format conversion**
利用格式转换软件将数字内容资源从一种文档格式转换成其他文档格式的过程。以满足资源存储、传输和阅读等的需要。

**06.01.148　用户体验设计　user experience design**
信息服务过程中，以影响用户的观念和行为为目的而创造出的影响用户体验的元素，通常包括功能体验、技术体验和美学体验三个方面。

**06.01.149　网页制作　page making**
使用置标语言，通过一系列设计、建模和执行的过程，以图形用户界面（graphical user interface，GUI）方式展现数字内容，并通过互联网传输给用户使用的过程。

**06.01.150　在线发布　online distribution**
将音频、视频、软件、游戏等数字内容在线传送或分发至互联网上，使其在不同媒体平台呈现，并提供给用户使用的过程。

**06.01.151　信息服务　information service**
将搜集到的信息加工、处理成产品后，以各种手段和方式提供给社会或所属部门，满足信息需求的一种有组织的活动。

**06.01.152　内容标引　content indexing**
为引导人们方便快捷地找到所需内容而对内容进行标记的过程，如为文献选择确切的检索标识（分类号、主题词、关键词、人名、地名等）。

**06.01.153　分类标引　classification indexing**
利用已有分类体系对数字内容进行分类组织，即赋予每个数字内容对象一个或多个分类号的过程，以方便用户通过分类索引找到该数字内容对象。

**06.01.154　主题标引　subject indexing**
根据内容主题的分析结果，将一个或多个主题词赋予数字内容对象的过程，通常使用自然语言中的词语或规范化的词语作为揭示文献主题的标识，并以此标识编排组织和查找内容。

**06.01.155　整体标引　overall indexing**
针对内容资源的整体提取主题予以标引的方式。这种标引方式往往用一个主题概括出版物的整体内容或主要内容。整体标引的对象可以是图书、论文、标准、档案等资源类型。

**06.01.156　分散标引　decentralized indexing**
针对内容资源中的片断或集合型内容资源的构成单元进行标引的方式。分散标引是与整体标引相对应的标引方式，其作用在于突出出版物中检索和重用价值较高的内容片断。

**06.01.157　受控标引　controlled indexing**
采用受控语言进行主题概念表达的标引方式，如采用主题词表和单位内部用词列表进行标引，以保证标引用词的规范性和一致性。

**06.01.158　自由标引　free indexing**
采用自然语言中的词语作标识表达内容主题概念的标引方式，如使用关键词和内容描述等进行标引。

**06.01.159　数字产品开发　digital product development**
对数字内容自身的开发，包括内容的创造、收集、加工、组织、存储、检索、重组、转化、发布、消费等一系列活动。

**06.01.160　数字内容组织　digital content organization**
利用一定的规则、技术和方法，通过对数字内容的外部特征（内容载体的外观状态）和内容特征（内容的主题概念和对象属性）的揭示、描述和排序，实现将无序的内容集合转换为有序的内容集合的过程。

**06.01.161　数字产品封装　digital product packaging**
将数字出版产品发布所需的各类资源文件，

如内容文件、对象数据文件、版式文件及其附属文件等，通过技术手段打包压缩为一个或一组文件的过程。

**06.01.162　数字权利加密　digital rights encryption**

利用数字版权保护技术对封装后的数字出版产品添加数字权利管理功能的过程，如添加数字签名、数字证书、数字水印等。

**06.01.163　数字产品测试　digital product testing**

指数字出版产品面市前所进行的诊断性测试，包括产品内容测试、产品功能测试、产品性能测试等，其直接目的是消除产品自身存在的严重问题。

**06.01.164　产品质量控制　product quality control**

为达到数字出版产品质量要求所采取的作业技术和活动，其目标是通过监控产品形成全过程，消除质量环节上的不合格或不满意。

**06.01.165　数字内容检索　digital content search**

借助一定的设备与工具，采用一系列方法与策略从数字内容集合中查询所需信息的过程。数字内容检索既需要利用计算机技术高性能地处理用户查询、设计并优化排序以提高检索结果的质量，也需要研究用户行为和用户的信息需求，以及与内容组织和检索系统的相互作用等。

**06.01.166　数字内容重组　digital content reorganization**

依据数字内容的特点实现不同数字内容片段的重新组合，以实现新内容的生成或者新产品的创作与发布的过程，是数字内容再利用的一种高级形式。

**06.01.167　数字产品运维　operation and maintenance of digital product**

数字出版产品的运营和维护。运营的目的是让用户认可产品核心价值；维护的目的是保证产品的安全和可靠运行。

**06.01.168　数字产品迭代　digital product iteration**

数字出版产品与服务持续改进、更新和推出新版本，以适应或引领不断变化的用户需求的过程。

**06.01.169　数字出版产业链　digital publishing industry chain**

数字出版关联企业基于数字出版价值增值所组成的企业供销关系。数字出版产业链以数字出版产品与服务提供商为源头、数字出版技术开发商与平台提供商为支撑、数字出版产品与服务分销商为渠道，通过终端阅读设备为使用者提供服务。

**06.01.170　数字内容提供商　digital content provider**

为数字出版市场开发、生产数字出版产品，并提供相应服务的数字出版市场主体。数字内容提供商是数字出版产业链的源头。

**06.01.171　数字技术提供商　digital technology provider**

通过数字出版技术和软硬件平台提供参与数字出版活动的数字出版市场主体。数字技术提供商通常包括数字出版应用系统开发商、数字出版平台提供商和终端设备制造商。

**06.01.172　数字内容分销商　digital content distributor**

利用数字传播或电子商务平台，从事数字出版产品与服务分销业务，连接数字内容提供商和消费者的数字出版市场主体。

**06.01.173　数字内容集成商　digital content integrator**

将不同来源的电子书、有声书、学术期刊、音频、视频等大量数字内容组合起来，通过统一的平台为用户提供服务的组织。

**06.01.174　数字内容零售商**　digital content retailer

将数字出版产品或服务直接销售给最终消费者供其个人使用的组织。

**06.01.175　订阅服务提供商**　subscription service provider

为用户提供数字期刊、报纸、音频、视频、数据库等产品订阅服务的代理机构。订阅服务提供商一般提供单品付费和包月付费购买两种收费方式供用户选择。

**06.01.176　信息服务商**　information service provider

提供信息传输过程中信息技术服务的组织，即提供电信、广播电视和卫星传输，以及网络信息技术服务的组织。也指不仅提供专业的信息技术服务，还依托自身技术和资金优势聚集起海量的数字资源开展内容服务的组织。

**06.01.177　终端设备制造商**　terminal equipment manufacturer

生产面向终端消费者的、阅读数字内容所需要的硬件设备（如计算机、手机、平板电脑、电子阅读器等）的企业。

**06.01.178　数字出版商业模式**　digital publishing business model

对数字出版企业在经营过程中把投入转化为产出并获取利润所遵循的经济逻辑进行概括的模式。数字出版商业模式涉及数字出版产业链中的各要素，而商业模式的形成和多样化则得益于各要素在产业发展过程中的变化。

**06.01.179　在线服务模式**　online service mode

又称"云服务模式"。将数字出版产品（包括服务系统和内容资源）部署在远程服务器中，机构或个人用户通过互联网访问产品并

获得服务的一种方式。在线服务模式可以比较方便地按照用户需求提供个性化的内容资源和相应的服务。

**06.01.180　本地服务模式**　local service mode

将数字出版产品（包括服务系统和内容资源）部署在用户本地而实现服务的一种方式。本地服务模式通常基于用户对数字内容资源的评估要求、互联网访问限制或安全性考虑等原因，由用户选择进行本地安装与服务。

**06.01.181　数字营销**　digital marketing

在创造、传播和交换数字出版产品的过程中，借助互联网手段为企业、用户及整个社会带来价值的一系列活动、过程和体系。

**06.01.182　数字营销战略**　digital marketing strategy

企业为实现其数字出版经营目标，提高数字出版产品的利用效率，对一定时期内市场营销发展的总体设想和规划。

**06.01.183　用户信息行为**　users information behaviour

用户为寻求所需要的信息所表现出的需求表达、信息获取、信息利用等行为。

**06.01.184　用户画像**　persona

又称"用户角色"。是一种勾画数字出版产品目标用户特征（如属性、行为等），并将用户诉求与产品设计方向有效结合的工具，形成的用户画像能够代表产品的主要受众和目标群体。

**06.01.185　终端用户**　terminal user; end user

又称"最终用户"。指数字出版产品的最终使用者或消费者，而不是产品的购买者。

**06.01.186　数字产品分销**　product distribution

数字出版产品或服务从源头通过销售渠道到达最终消费者或用户手中的运动过程，以及

支付款沿着反方向到达生产者或供应商手中的过程。一般而言,分销过程涉及一系列相互依存的组织机构,它们共同组成有机的分销体系以完成某种产品和服务的供销过程。

**06.01.187　直接销售模式　direct sales mode**
内容生产者不经过任何中间环节直接将产品销售给最终用户的一种销售方式。最终用户既可以是个人消费者,也可以是图书馆等机构用户或团体客户。

**06.01.188　单级渠道分销模式　single-channel sales mode**
又称"直营模式""直供模式"。内容生产者直接供货给销售中介机构,如零售商、销售代理商或经销商等,再由他们将产品和服务提供给最终消费者的一种销售方式。

**06.01.189　多级渠道分销模式　multi-channel sales mode**
内容生产者通过两个及以上的代理商、批发商或经销商等中介机构将产品和服务传递至零售商直至最终消费者手中的一种销售方式。

**06.01.190　捆绑定价法　bundling pricing**
又称"搭售定价法"。将不同的产品捆绑打包以一个统一价格进行出售的定价方法。在数字出版中,这种捆绑定价既可以是数字出版产品与印刷出版物之间的捆绑,也可以是数字出版产品之间的捆绑,还可以是不同数据库之间的捆绑。

**06.01.191　混合定价法　mixed pricing**
采用多种定价策略确定数字出版产品销售价格的定价方法。例如,对机构用户实行捆绑定价法,而对个人用户则实行以单本图书或期刊、单篇或单页论文等作为定价基础的定价方法。

**06.01.192　差别定价法　differential pricing**
又称"分层定价法"。在对数字出版产品进行定价前,先根据一定的标准将其用户分为不同的层次,然后针对不同层次的用户及不同层次的市场制定不同的定价策略的一种方法。这种差别可以是不同规模读者的差别,也可以是不同产品及其规模的差别,或者是不同地理区域间的差别,还可以是不同的订阅时间、订阅期限的差别。

**06.01.193　联盟式定价法　alliance pricing**
又称"联盟式计价法"。针对结成联盟的各成员单位联合购买数字学术出版物而制定的一种定价策略。

**06.01.194　读者主导定价法　reader leading pricing**
根据读者定制的产品或服务的价值来确定其价格,或由读者决定自己所购买的产品或服务的价格的一种定价策略。

**06.01.195　企业对企业电子商务　business to business**
简称"B2B"。企业与企业之间通过互联网进行产品、服务和信息交换的电子商务模式。

**06.01.196　企业对顾客电子商务　business to consumer**
简称"B2C"。企业通过互联网向个人网络消费者直接销售产品或提供服务的电子商务模式。

**06.01.197　企业对政府电子商务　business to government**
简称"B2G"。企业通过互联网向政府机构销售产品或提供服务的电子商务模式。

**06.01.198　移动支付　mobile payment**
运用互联网、移动通信、近场通信等信息技术手段,通过移动终端向银行等金融机构发送支付指令,用以购买商品或服务,并产生货币支付与资金转移的行为。

**06.01.199　新媒体　new media**
利用数字技术、网络技术,通过互联网、宽带局域网、无线通信网、卫星等渠道,以及计算机、手机、数字电视机等终端,向用户提供信息和娱乐服务的传播形态。新媒体是相对于报刊、广播、电视等传统媒体发展起来的新的媒体形态,包括网络媒体、手机媒体、数字媒体等。

**06.01.200 数字媒体 digital media**
以数字化形式(二进制代码)存储、处理和传播信息的媒体。

**06.01.201 交互式媒体 interactive media**
通过计算机输入设备或传感器,在相应的软件配合下实现人机交互功能的媒体。交互式媒体允许信息接收者控制信息并做出反应,以达到人机对话的目的。

**06.01.202 社交媒体 social media**
又称"社会化媒体"。互联网上基于用户关系的内容生产与交换平台,是由公众自主参与而形成的,以用户创造内容、多对多传播交流为基本特征的在线媒体。

**06.01.203 流媒体 streaming media**
利用流式传输技术在互联网或局域网播放多媒体内容的一种传输方式。终端用户只需经过几秒或数十秒的启动延时即可收听和观看内容,无须等待整个媒体文件全部下载完毕。

**06.01.204 自媒体 we media**
全称"自媒体平台"。由公众个人或团队独立运作,用以发布、分享具有一定公共价值的信息传播载体,包括但不限于博客、微博、微信等形式。

**06.01.205 粉丝 fan**
来源英语 fans 的音译,本意是指名人、明星的爱好者、支持者、追捧者、崇拜者。在互联网上则指支持和关注明星和权威的群体。

**06.01.206 视频分享 video sharing**
由用户拍摄、制作视频并上传到视频分享网站供用户浏览、下载、观赏的行为。视频分享

是基于视频处理和 Web2.0 等信息技术才实现了快速发展,但在版权和内容方面还需加强关注。

**06.01.207 传统媒体 traditional media**
以单向的大众传播方式定期向社会公众发布信息的媒体。

**06.01.208 多媒体 multimedia**
一种由两种或两种以上感觉媒介组合而成的人机交互式信息交流和传播媒体。

**06.01.209 全媒体 omnimedia**
在具备文字、图像图形、动画、声音和视频等各种媒介表现手段基础之上进行不同媒介形态间的融合,产生质变后形成的一种新的媒介形态。

**06.01.210 富媒体 rich media**
一种整合动画、声音、视频、双向信息通信和用户交互功能的信息传播方法。

**06.01.211 报业转型 the transition of newspaper industry**
平面媒体向不同形态媒体发展,以及由此带来的技术、运营、产品和工作模式上的改变。

**06.01.212 媒体融合 media integration; media convergence**
信息传输渠道多元化下的一种新作业模式,将报纸、电视台、电台等传统媒体,与互联网、手机、手持智能终端等新兴媒体传播渠道有效结合起来,资源共享,衍生出不同形式的信息产品,通过不同的平台传播给受众。

**06.01.213 新媒体制作中心 new media production center**
提供制作的新媒体内容,并以新媒体媒介平台和技术手段为支撑进行传播和运营的机构。

**06.01.214 全媒体记者 omnimedia journalist**
突破传统媒体界限的思维与能力,适应融合

媒体岗位的流动与互动,集采、写、摄、录、编、网络技能运用及现代设备操作等多种能力于一身的记者。

**06.01.215 数字复合出版** *digital composite publishing*
新闻出版单位以结构化内容加工和管理为核心,支持多重产品和服务形态的全流程、数字化及自动化的按需出版方式。包括不同出版形式、不同媒介、不同发布渠道、不同出版业务流程及上下游产业链的复合。

**06.01.216 数字资产管理** *digital asset management*
又称"媒体资产管理(media asset management)"。把数字化内容作为资产,利用数字技术手段对其实现多重利用以保值增值的过程。

**06.01.217 数字权利** *digital copyright*
数字作品所拥有的著作权,以及为实现信息网络传播而必须享有和行使的作品数字化权、复制权、发行权、展览权、版式设计权等相关权利。

**06.01.218 数字权利管理** *digital rights management;DRM*
又称"数字版权保护"。为保护数字内容及其他数据免受非法复制和使用而采取的技术手段,覆盖对数字内容各种形式的使用进行描述、识别、交易、监控和跟踪的全过程。通过数字权利管理,可对数字内容进行加密、添加数字水印、限制打印和使用范围等。

**06.01.219 数字版权保护技术** *digital copyright protection technology*
利用一系列软硬件实现对数字内容的保护的技术。具体应用主要包括对网络出版物、数字电影、数字音乐、图片、软件等的保护。

**06.01.220 侵权追踪技术** *infringement tracing technology*
一种将秘密信息以不可见形式嵌入载体或媒体中,以证明版权归属或跟踪侵权行为的版权保护技术。

**06.01.221 数字签名技术** *digital signature technology*
使用公钥加密钥技术鉴别数字信息来源的技术方法。

**06.01.222 数字水印技术** *digital watermarking technology*
将特定信息嵌入数字内容中的技术。可以根据预定义的提取算法把相关信息提取出来,从而证明数字内容的版权信息。

**06.01.223 数字指纹技术** *digital fingerprinting technology*
一种用于侵权追踪的数字隐藏技术。利用特定算法提取数字文件的特征数字串并嵌入该数字文件中,然后将该数字文件分发给用户。

**06.01.224 数字加密技术** *digital encryption technology;digital cryptography*
一种将明文转变为不可理解的密文的技术。使用数字算法把要传输或存储在某种媒体上的信息进行编码,确保只有被授权的接收者能使用这些信息。

**06.01.225 数字版权交易** *copyright transaction*
数字权利所有者或其合法代理人,按照一定交易条件,将其数字产品中的全部或部分经济权利,通过版权许可或版权转让的方式赋予版权受让者,并获取相应经济收入的交易行为。

**06.01.226 知识产权运营** *intellectual property operation*
简称"IP运营"。为使作品从创作阶段到成熟阶段能够具有较多的用户群体或一定的社会影响力,并产生最佳经济效益,根据作品的类型、特点和用户属性而采取的一系列策略

**06.01.227　数字出版标准**　digital publishing standards

面向数字出版流程、产品和服务所制定的统一技术标准。数字出版标准既包括为统一企业内部技术、管理和工作要求而制定的企业标准,也包括国家指定行业归口和主管部门组织制定的,数字出版行业必须遵循的行业标准,以及由国家标准化主管机构批准、发布,在全国范围内统一执行的国家标准等。

**06.01.228　分类表**　classification scheme

对新闻信息进行分类标引和检索的工具,是概念和先组织概念经分类组织成的详细表。

**06.01.229　中文新闻信息置标语言**　Chinese news markup language；CNML

数据存储和交换的标准,规范新闻稿件在创建、采集、加工、发布、评估、反馈等过程中使用的源数据。

**06.01.230　报网互动**　newspaper-internet interaction

传统报纸和所属的新闻网站为了扩大影响力而采取的营销活动的总称。

**06.01.231　页面浏览量**　page view；PV

网站中网页被点击的次数。通常是衡量一个网络新闻频道甚至一条网络新闻热度的主要指标。

**06.01.232　独立访客**　unique visitor；UV

访问网站的独立电脑客户端的个数。也是反映网站热度的重要指标。

**06.01.233　视频点播**　video on demand；VOD

将视频节目通过捕捉、压缩等一系列过程转成可通过计算机直接播放的数字视频文件,并放在专用服务器上供访问者点播。

**06.01.234　网络舆情**　internet public opinion

基于互联网为传播载体的社会公众对现实生活中某些热点、焦点问题所持的有较强影响力、倾向性的言论和观点。

**06.01.235　舆情监测**　public opinion monitoring

对互联网传播的公众对现实生活中某些热点、焦点问题所持的有较强影响力、倾向性的言论和观点的一种监视和预测行为。

**06.01.236　电子阅报栏**　electronic national press

一种将报业信息通过数字化的液晶屏显示传播的渠道。

**06.01.237　户外显示屏**　outdoor screen

在户外场地设置的发布新闻、广告等信息的屏幕载体。

**06.01.238　智能手机**　smartphone

具有独立的操作系统,用户可以自行安装软件、游戏等第三方服务商提供的程序,对手机功能进行扩充,实现无线网络接入的手机的总称。

**06.01.239　应用程序**　application program

一种可以由用户下载、在移动终端设备上加载使用的软件程序。

## 06.02　音像出版

**06.02.001　数字音像**　digital audio and video

在传统的音像光盘业应用网络技术形成的音像产业新业态。

**06.02.002　苹果数字多媒体机**　Apple TV

由苹果公司所设计和销售的用来播放 Macintosh 或 Windows 计算机中 iTunes 里的多媒体文件,并将其由高分辨率宽屏幕电视机播出的数字多媒体机。

**06.02.003　音像制品许可制度**　audio and video products licensing system

为加强音像制品管理而制定的一项政府审批制度。

**06.02.004　脉冲编码调制**　pulse-code modulation；PCM

对模拟信号进行抽样并把样值量化,再通过编码转换成数字信号的调制方式。

**06.02.005　自适应音频脉冲编码**　adaptive differential pulse code modulation；ADPCM

把信号的预测值和原始波形的绝对值之间的差值进行编码,使压缩的效率得以提高的音频压缩编码技术。

**06.02.006　线性脉冲编码调制**　linear pulse code modulation；LPCM

以连续线性取样方式将模拟音频信号转换成数字信号且不经过压缩的音频编码格式。

**06.02.007　高清晰度兼容数码**　high definition compatible digital；HDCD

一种用于光盘和 DVD 音频录制的数字编码。为 PCM 编码的增强版本。当使用 HDCD 播放机时,可提高 CD 的声音质量,但使用普通的播放机,也不会削弱声音质量。HDCD 使用每个采样的最少的重要的比特提供附加信息,使每个采样的比特数从 16 比特增加到 20 比特。

**06.02.008　声音恢复系统**　sound retrieval system；SRS

一种采用两只音箱来实现三维立体声仿真的系统技术。只需两只音箱就能从任何音源(无须杜比编码)恢复出近似于 5 声道的环绕效果,而且与欣赏者的听音位置无关。由美国加利福尼亚大学欧文分校物理实验室开发。

**06.02.009　音频**　audio frequency；AF

人类能够听到的声音频率。音像业中也指储存在计算机里的可闻声音信号或存储声音内容的文件。

**06.02.010　亚音频**　continuous tone controlled squelch system；CTCSS

低于人耳可闻的声音频率。音像业也指连续语音控制静噪系统,一种将低于人耳可闻的声音频率附加在音频信号中一起传输的技术。

**06.02.011　数字音频**　digital audio

先将音频转化为电子振荡,接着将这些电平信号转化成二进制数据保存,播放时再把这些数据转换为模拟的电平信号送到扬声器播出的技术。

**06.02.012　数字声音**　digital sound

又称“数字化声音(digitized sound)”。利用计算机特性记录的声音资料。

**06.02.013　模拟化声音**　analog sound

又称“量化声音”。将每一个声音按预设转换成规定的数字存储,需要时把这些数字再转换成模拟信号并推动扬声器发出声音。

**06.02.014　声音导演**　sound director

负责指导并审定声音录制的导演。其中负责台词的又称“对白导演”或“配音导演”。

**06.02.015　声音设计师**　sound designer

对影片声音进行总体设计及声音创作的艺术家。能利用任何声音制作出与原声无关的但符合影片需要的声音。

**06.02.016　同期录音师**　simultaneous audiomaker

在影片拍摄时进行录音工作的录音师。

**06.02.017　录音工程师**　recording engineer

负责录音设备的规划、安装、调测、维修、更新及技术指导,保障录音工作顺利进行的工程师。

**06.02.018　音乐录音师**　music sound engineer

负责录制电影音乐的录音师。

**06.02.019 终混录音师 final mix mixer**
把预录好的各种声音混录到一起的录音师。

**06.02.020 数字音频编辑 digital audio editing**
利用数字音频技术基于各种类型的数字音频工作站进行编辑处理的工作。

**06.02.021 音频非线性编辑 audio nonlinear editing**
在音频工作站上以数字形式记录、编辑、放音的编辑方式。

**06.02.022 音频采集 audio extraction**
一种以声音为对象的采集方式，可分为数字记录及模拟记录两类。

**06.02.023 音频技术 audio technology**
以电声技术为核心，包含建筑声学、生理心理及音乐艺术等相关内容，把系统构成、音视频节目、多媒体和网络媒体制作及应用作为主要目的的综合应用性技术。

**06.02.024 立体声拾音技术 stereophonic pickup technology**
使用两只或以上话筒以获得立体声声像效果的技术。

**06.02.025 语音识别技术 automatic speech recognition；ASR；voice recognition**
又称"自动语音识别"。让机器通过识别和理解过程把语音信号转变为相应的文本或命令的技术。

**06.02.026 语音合成 voice synthesis**
通过机械的、电子的方法产生人造语音的技术。它将基本语音信息数字化，然后利用计算机系统仿真出人类的声音。

**06.02.027 MP3压缩技术 moving picture experts group audio layer iii**
按音频动态压缩第三层（MPEG Audio Layer

3）将音乐以1∶10或1∶12的压缩率压缩成容量较小的文件的一种技术。

**06.02.028 数字音频设备 digital audio device**
利用数字化手段对声音进行录制、存放、编辑、压缩或播放的音频设备。

**06.02.029 数字音频工作站 digital audio workstation；DAW**
用来处理、交换音频信息的计算机系统。

**06.02.030 效果器类插件 effector mod**
作为重要的创作辅助手段产生各种音效效果的电子仪器类插件。

**06.02.031 音源插件 audio plug-in**
将音源"插入"主工作站软件内来使用的软件。

**06.02.032 语音旁白 speech narrator**
一种由画面外的人声对影片的故事情节、人物心理加以叙述、抒情或议论的人声运用手法。

**06.02.033 缩混 indented mixture**
在音乐的后期制作中把各个音轨进行效果处理最终导出一个完整的音乐文件的过程。

**06.02.034 同步信号 sync signal**
在同一载体内同时发出的使接收者能收到更多或更好信息的多个信号源。

**06.02.035 采样 sampling**
以适当的时间间隔观测模拟信号波形幅值的过程。一项通过获取周期性的瞬像来形成连续图像的技术。

**06.02.036 采样频率 sampling frequency**
单位时间中的采样次数。

**06.02.037 计算机绘谱 computer drawing spectrum**
以计算机为辅助手段绘制、编辑乐谱的技术。

**06.02.038 声音艺术 sound art**
以广义的声音(包含传统意义上的噪声与乐音)为主要创作媒介,主张尊重声音本体,重视主动聆听而非创制的一种艺术类别。

**06.02.039 失真 distortion**
声音经录制或加工后产生的畸变。一般可分为非线性失真和线性失真两种,前者指声音在录制加工后出现新的频率成分,与原声之间产生差异。

**06.02.040 监听 monitoring**
使用优质电声设备试听和检查录音全过程中各个环节的声音质量的行为。监听设备包括大功率和多功能补偿的优质放大器、扬声器、耳机及房间均衡器等。

**06.02.041 立体声 stereo**
具有立体感的声音。非立体声即单声道的电声系统只能重现声音的强度和音调,不能再现声音的方位和空间感,称为点声源。

**06.02.042 三维音效 3D sound effects**
使用三维立体声技术使声音听起来更为逼真的声音效果。

**06.02.043 音轨 audio track**
在音序器软件中看到的一条一条的平行轨道。每条音轨定义了该条音轨的音色、音色库、通道数、输入/输出端口、音量等属性。

**06.02.044 噪声 noise**
干扰有用信号的声音,也指影响人们工作、学习、休息的声音。

**06.02.045 语音辨识 voice recognition**
用计算机把指定语音的背景杂音过滤掉后进行声波分析,据其特色进行识别的过程。

**06.02.046 录像 image transcription**
通过适当软硬件设备把影像的电子信号放大并保存在电磁介质上的行为。

**06.02.047 视频 video**
以电子或数字方式呈现和传播的连续活动图像。

**06.02.048 声像 acoustic image**
在听音者听感中所展现的各声部空间位置并由此而形成的声分布画面。

**06.02.049 数字视频 digital video**
以数码信息记录的视频资料。也指采集数字视频的设备或者系统。

**06.02.050 模拟视频 analog video**
早期视频的获取、存储和传输采用的表示图像和声音随时间连续变化的电信号记录。

**06.02.051 视频流 video streaming**
视频数据稳定、连续如流水般地传输。能让客户机浏览器或插件在整个文件被传输完成前显示多媒体数据。

**06.02.052 视频码流 video bitstream**
又称"码率"。视频文件在单位时间内使用的数据流量。以比特率(bps)或千比特率(kbps)为单位,是视频编码画面质量控制中最重要的部分。

**06.02.053 视听语言 audiovisual language**
利用视听刺激的合理安排向受众传播某种信息的一种感性语言,包括各种调度的方法和音乐运用的技巧。

**06.02.054 录像师 video cameraman**
电视和音像制品摄制组中负责录制工作的主要人员。

**06.02.055 视频师 video division**
运用相关技术及软件对视频进行编辑处理的人员。

**06.02.056 视频设计师 motion designer**
用视频或动画技术创作动态特技或者变形外观的人员。

**06.02.057 视频制作师 film maker**

从事视频后期制作的专业工作人员。

**06.02.058 视频剪辑师** video editor
负责按脚本要求选择、整理、剪裁全部分割拍摄的镜头素材(画面素材和声音素材),运用蒙太奇技巧进行组接使之成为一部完整的影片的摄制组成员。

**06.02.059 视频编辑** video editing
在特定的设备上将视频影像制作成相应产品的编辑过程。

**06.02.060 数字视频编辑** digital video editing
采用专门软件与硬件对数字化视频进行各种编辑处理以达到使用要求的过程。

**06.02.061 线性编辑** linear editing
一种利用电子手段根据内容要求将素材连接成新的连续画面的编辑方式。

**06.02.062 视频采集** video capture
将视频源的模拟信号通过处理转变成数码信息,并将这些数码信息存储在计算机硬盘上的过程。

**06.02.063 视频处理** video processing
将所摄影像复制到计算机,使用视频和音频剪切工具进行剪辑,增加一些特效效果,使视频可观赏性增强的过程。

**06.02.064 视频输出** video output
在声像设备中把图像信号输出到外部设备的一种传输方式。

**06.02.065 无线传输** wireless transmission
一种以射频电磁波为载体传输数据的网络技术。

**06.02.066 传输技术** transmission technology
使信息得以可靠传送的技术。

**06.02.067 杜比定向逻辑环绕声** Dolby pro-logic

一种通过矩阵解码器将立体声节目解码为多声道输出环绕立体声节目的技术。

**06.02.068 视频技术** video technology
处理视频信号相关的技术总称。

**06.02.069 虚拟演播室技术** virtual studio technology
以摄像机跟踪技术、计算机虚拟场景设计、色键技术等为代表的支撑虚拟演播室的技术。

**06.02.070 虚拟演播室系统** virtual studio system; VSS
融合数字图像处理、计算机图形学、多媒体技术、传感器技术等,利用计算机技术制作电视节目的系统。

**06.02.071 数字摄像机** digital video
基于数字图像传感器的视频摄制设备。

**06.02.072 数字图像** digital image
又称"数字影像"。用有限像素表示的二维图像。在计算机中通常用压缩格式进行传输和储存。

**06.02.073 影像传媒** image media
利用照片或图像传播的媒介形式。

**06.02.074 蒙太奇** montage
音译词,意为装配、构成,在电影中特指镜头的剪辑与组接手法。

**06.02.075 杂耍蒙太奇** the vaudeville montage
选择具有强烈感染力的手段,适当组合影响观众情绪,使其接受作者的思想结论的组接手法。

**06.02.076 表现蒙太奇** expressive montage
又称"并列蒙太奇"。指目的不在叙事而在表意的组接手法。

**06.02.077 对比蒙太奇** comparative montage
通过镜头、场面之间在内容和形式上产生强

烈对比的组接手法。

**06.02.078 积累蒙太奇 accumulation montage**
将一系列性质相同或相近的镜头连接在一起,形成视觉积累,起强调作用的叙事组接手法。

**06.02.079 交叉蒙太奇 cross montage**
又称"交替蒙太奇"。将同一时间不同地域发生的两条或数条情节线迅速而频繁地交替剪接在一起,其中一条情节线的发展往往影响或决定着另外情节线的发展,最后多条情节线汇合在一起的组接手法。

**06.02.080 理性蒙太奇 rational montage**
通过画面间的连接关系而不是通过单纯的环环相扣的连贯性叙事来表情达意的组接手法。

**06.02.081 连续蒙太奇 continuous montage**
又称"线性蒙太奇"。沿着一条情节线按照事件的逻辑顺序连续叙事的组接手法。

**06.02.082 平行蒙太奇 parallel montage**
将两条或更多的情节线交替叙述,把同一时间发生在不同地点的事件平行展开,迫使观众对所叙述的事件进行比较从而产生联想的组接手法。

**06.02.083 推镜头 track shot**
摄影机通过伸缩镜头组前推逐渐接近被摄体,使影像经历了远景、全景、中景、近景、特写的连续变化的镜头手法。

**06.02.084 摇镜头 pan**
摄影机机位不做位移运动,利用三脚架、云台拍摄方向可变动的功能让机身做上下、左右转动的镜头手法。

**06.02.085 运动长镜头 moving long lens**
用摄影机的推、拉、摇、移、跟等运动拍摄的方法形成多景别、多拍摄角度(方位、高度)变

化的镜头手法。

**06.02.086 长焦镜头 telephoto lens**
全称"长焦距摄影镜头"。又称"远摄镜头"。指摄影物镜焦距大于50毫米,比标准摄影镜头的焦距长的摄影镜头。

**06.02.087 长镜头 long take**
连续对一个场景、一组内容进行持续时间相对较长的拍摄,形成比较完整段落的镜头手法。

**06.02.088 制片人 production manager**
①对录像录音制品负总责的人。②全称"影片制作人"。商业化制片体系中影片制作管理的总负责人。

**06.02.089 艺术指导 art director**
电影制作过程中从事影片的布景、道具等设计的人员。也指为缺乏经验的导演聘请的从旁指导的富有经验的老导演。

**06.02.090 总导演 chief director**
在动画系列片或连续剧等多集片的制作导演工作中的总负责人。

**06.02.091 执行导演 executive director**
在两名以上导演联合拍摄的摄制组里,或在总导演名义下,负责现场拍摄工作的导演。

**06.02.092 助理导演 assistant director**
又称"导演助理"。导演的重要助手之一。

**06.02.093 高清拍摄 high-def filming**
利用高清设备,选择恰当的记录格式、制作流程、资金预算,得到高质量画面的拍摄。

**06.02.094 院线制 cinema line system**
由一个发行主体以资本和供片为纽带,与若干影院组合,实行统一品牌、统一排片、统一经营、统一管理的发行放映机制。

**06.02.095 后电影开发 post-film development**

最大限度地发掘电影除院线放映以外的一切下游产值。

**06.02.096　数字放映机　digital project**
基于数字成像投影技术的高性能电影放映机。常见的有数字光处理（digital light processing，DLP）、激光投影、液晶投影等。

**06.02.097　动画　animation**
又称"卡通"。利用人的视觉暂留特点把系列关联画面顺序展现，给人以连续的活动景象视觉的绘画艺术表现形式。

**06.02.098　漫画　cartoon**
用简单而夸张的线条手法来描绘生活或时事的绘画艺术表现形式。

**06.02.099　动漫　anime**
将动态漫画的概念与数码合成等技术相结合，在平面上展现动态画面效果的艺术形式。

**06.02.100　动漫出版　animation publishing**
将动画和漫画通过图书、报纸、期刊、电子音像、有线互联网、无线互联网进行发布、传播和运营等活动的合称。

**06.02.101　动漫产业　animation industry**
以创意为核心，以动漫作品为价值中心，进行经济活动形成的产业。

**06.02.102　前期制作　pre-production**
又称"筹备阶段""筹备期"。是指动画片正式绘制前进行的一系列必要的创作准备工作。参加人员一般有导演、美术设计、人物设计、背景设计、动画设计、作曲及摄影。

**06.02.103　中期制作　mid-production**
又称"绘制阶段""绘制拍摄期"。在前期制作的基础上展开的正式绘制和拍摄工作。

**06.02.104　后期制作　post-production**
动画片彩色样片审定后直至发行拷贝或电视播出带制作完成这一阶段的工作。

**06.02.105　分镜　storyboard**
又称"分镜图"。电影、动画、电视剧、广告、音乐录像带等各种影像媒体在实际拍摄或绘制前，说明影像镜头构成的图表。

**06.02.106　中间画　inbetween**
插在原画之间的动画。

**06.02.107　关键帧　key frame**
角色或者物体的运动或变化中关键动作所处的那一帧。帧是动画的单幅影像画面，相当于电影胶片上的一格。

**06.02.108　关键帧动画　key frame animation**
又称"动画原画（original animation）"。根据分镜表或设计稿绘制成的精细线条稿。

**06.02.109　逐帧动画　frame by frame animation**
又称"定格动画"。将每帧不同的图像连续播放产生动画效果的动画技术。

**06.02.110　补间动画　tweened**
制作者只完成动画过程中首尾两个关键帧画面的制作，中间的过渡画面由计算机通过各种插值方法计算生成的动画技术。

**06.02.111　画外音　offscreen voice**
不是由画面中的人或物直接发出的声音。它是电影一种重要的叙事、抒情的艺术方法。

**06.02.112　背景音乐　background music；BGM**
又称"配乐"。在电视剧、电影、动画、电子游戏、网站中用于烘托气氛的一种音乐。

**06.02.113　合成画面　picture composition**
通过电视特技的抠像处理等方法，将多个画面综合在一个新的、统一的画面中的特技手段。

**06.02.114　试片　preview**
一部影片公映前，基于影片交易、新闻发布或宣传等目的而举行的放映活动。

**06.02.115　批量复制　bulk copy**
将母带、母盘上的信息进行成批翻录的生产活动。

**06.02.116　多边形建模　polygon**
用小平面来模拟曲面制作出各种形状三维物体的建模方法。

**06.02.117　平衡线路　balanced line**
音频领域中抗干扰性强、传输距离远的以双芯电缆为主要连接方式的线路。

**06.02.118　变形球建模　meta modeling**
利用一些具有"黏性"的球体相互堆积塑造模型的方便直观的建模方法。

**06.02.119　运动捕捉　motion capture**
通过传感设备记录人体在三维空间中的运动轨迹,将其转化为抽象运动数据,再据以驱动虚拟人运动。

**06.02.120　抓取　capture**
保存显示屏上当前的信息。

**06.02.121　插入效果　insert effect**
在某一独立的音轨中插入给音色施加效果的效果器。

**06.02.122　声画对位　counterpoint of sound and picture**
影视片中出现声音和画面两相分离时的一种声音处理方法。

**06.02.123　AB 贴　cassette front and rear printed cover**
贴于盒式音带 A、B 两面的装帧纸。

**06.02.124　节目　programme**
具有特定主题和思想,由相对完整的音频、视频等材料组合成的独立单元。

**06.02.125　录制　recording**
以重现信息为目的,把声音和影像记录下来的过程。

**06.02.126　重放　playback; replay**
将已录信号按其原来形式再现的过程。音频信号的重放称为放音,视频信号的重放称为放像。

**06.02.127　微剧本　micro script**
只有简单的几个场景,人物设置力求简约,所描述的事件也很简单的微型剧本。

## 06.03　电子出版

**06.03.001　电子出版　electronic publishing**
以数字代码方式将图、文、声、像等信息编辑加工后存储在磁、光、电介质上,通过计算机或具有类似功能的设备读取使用的一种出版形式。

**06.03.002　阅读设备　reading device**
专门用于显示数字化文本、图像等信息,便于读者阅读数字化内容的设备。

**06.03.003　阅读软件　reading software**
借助计算机或类似设备使用电子书的软件。

**06.03.004　手持终端　handheld terminal; HHT**
便于拿在手上交互的数据处理设备。

**06.03.005　平板电脑　tablet personal computer; tablet computer; tablet**
以触摸屏作为输入方式,体型小、易携带的个人电脑。用户可以通过内建的手写识别、屏幕上的软键盘、语音识别等方式进行输入。

**06.03.006　掌上电脑　personal digital assistant**
又称"个人数字助理"。也写作 PDA,辅助个人工作的数字工具。主要提供记事、通信录、行程安排、文档编辑、游戏、播放多媒体、上网等功能。

**06.03.007　电子阅读器　electronic reader**
运用电子墨水或其他类纸化显示技术,对文字、图形图片的数字信息进行阅读、复制、编辑的便携设备。

**06.03.008　电子书阅读器　e-book device; e-book reader**
一种阅读电子图书的便携设备。

**06.03.009　电子书制作生成器　electronic product generator**
电子书制作软件。可将常用的文字、图像文档集成为电子书的格式。

**06.03.010　电子墨水　electronic ink**
一种类似纸墨对环境光反射差异显示数字信息的新技术材料。

**06.03.011　电子纸　electronic paper**
像纸一样阅读舒适、超薄轻便、可弯曲、超低耗电的显示技术材料。

**06.03.012　电子传播　e-media**
集文字、图片、视频、音频等传统媒介和现代传播形式于一体,融合有关互联网、通信、数字媒体、应用软件等技术产生的一种新的媒体生产和传播方式。

**06.03.013　电子出版流程　electronic publishing process**
在电子出版过程中的基本操作顺序规范。

**06.03.014　电子出版系统　electronic publishing system; EPS**
用电子方法处理文字、图形、图像信息,并予以出版的综合工作系统。

**06.03.015　内容管理系统　content management system**
统一协调内容创建、内容编辑、数据存储等功能的管理软件。

**06.03.016　电子版权页　electronic copyright page**
电子出版物中应包括中国标准书号/中国标准连续出版物号、出版单位名称、著作权人等信息的页面。

**06.03.017　电子文本　electronic text**
一种以电子媒体形式存在的、可在联机方式下使用或通过在线获得的基于文字的作品。

**06.03.018　电子文档　electronic document**
以计算机外存介质为载体的文件档案。

**06.03.019　电子信息资源　electronic information resource**
把数字化的文字、图形、图像、声音、动画等信息存放在光、电、磁等非印刷型介质上,以电信号、光信号的形式传输,并通过网络通信、计算机或终端等方式再现出来的信息资源。

**06.03.020　内容格式　content format**
内容数字信息的组织格局和形式。

**06.03.021　内容加密　content encryption**
采用加密算法和技术处理数字内容防止其外泄的过程。

**06.03.022　内容制作　content fabrication**
根据脚本创作和选择素材加工整合形成特定内容产品的过程。

**06.03.023　压缩　compression**
在保持数据携载信息相对完整的前提下,对数据进行减少字节数量的处理。

**06.03.024　无损压缩　lossless compression**
原始数据能被完全恢复的数据压缩过程。

**06.03.025　有损压缩　lossy compression**
利用人类对图像或声波中的某些频率成分不敏感的特性,允许损失一定信息的数据体量,原始数据不能被完全恢复的数据压缩过程。如 MPEG-2 是有损压缩系统。

**06.03.026　对称压缩　symmetrical compression**

压缩和解压缩占用相同的计算处理能力和时间的压缩方法。适用于实时压缩和传输场合,如音视频会议系统。

**06.03.027 非对称压缩** asymmetric compression

压缩和解压缩需要不同的计算处理能力和时间的压缩方法。

**06.03.028 发布** publish

消息的接收与发送范式。指发送者不是有目标地发送其消息给特定的接收者。

**06.03.029 订阅** subscribe

消息的接收与发送范式。指发送者有目标地发送其消息给约定的接收者。

**06.03.030 人机交互** human-computer interaction; man-machine interaction

人与计算机之间使用某种语言和交流方式为完成确定任务的信息交换过程。

**06.03.031 人机交互技术** human-computer interaction techniques

通过计算机输入输出设备实现人与计算机信息交换的技术。

**06.03.032 交互设计** interaction design; IaD

对系统间的信息交互行为进行的规范和说明。

**06.03.033 人机界面** human-computer interface

又称"用户界面""使用者界面"。系统和用户之间进行信息交换的窗口。

**06.03.034 运行环境** runtime environment

执行程序必需的硬软件条件。

**06.03.035 多媒体设计** multimedia design

产品利用多媒体技术充分展现内容的规划过程。

**06.03.036 多媒体脚本** multimedia script

将多媒体产品设计细化到每个屏幕的呈现并将其用适当格式记录所形成的文档。

**06.03.037 多媒体素材** multimedia materials; multimedia source material

多媒体设计中用到的各种听觉和视觉材料。

**06.03.038 多媒体检测** multimedia detection

对多媒体素材、半成品和成品的检测。

**06.03.039 多媒体内容校对** multimedia content check

对多媒体形式出版物内容进行的校对。

**06.03.040 打包** packing

将某电子出版物的所有信息资源和经过编辑、链接的程序集合成一个或几个完整的文件的过程。

**06.03.041 题名帧** title frame

影视、幻灯、电子出版物等制品的片头画面,显示制品的题名与责任者、出版制作者等信息的帧。

**06.03.042 外观标识** visual identification

电子出版物和音像制品外装帧面上用于标示其属性的信息。

**06.03.043 外装帧面** outer binding and layout surface

电子出版物和音像制品具有装潢和识别作用的外表面。

**06.03.044 载体标识面** carrier identification surface

电子出版物和音像制品载体上用于标示出版物属性信息的表面。

**06.03.045 文本朗读引擎** text reading engine

用计算机为用户朗读文本的一种软件或一种方法。

**06.03.046 文件格式** file format

电脑为了有效识别内部存储信息而使用的对

信息的特定编码方式。

**06.03.047　RTF 文件格式**　rich text format；
　　　　　　　　RTF

又称"多文本格式"。一种类似 DOC 格式
（Word 文档）的文件，具有较好的兼容性，能
在不同操作系统下的不同应用软件之间进行
文本和图像信息的交换。

**06.03.048　GIF 文件格式**　graphics inter-
　　　　　　　　change format；GIF

又称"图像交互格式"。GIF 中的数据是一种
基于串表压缩算法（LZW 算法）的连续色调
的无损压缩格式。由于容量较小，在早期的
互联网中传播较广。

**06.03.049　JDF 文件格式**　job definition for-
　　　　　　　　mat；JDF

又称"作业定义格式""业务定义格式"。用
于记录、传递、交互控制生产作业和其他过程
所需要的数据和指令的文件规范。

**06.03.050　PDF 文件格式**　portable document
　　　　　　　　format；PDF

又称"便携文件格式"。用于存储页面信息
对象（包括文字、图形、图像、音频和视频等）
的一种跨平台、跨终端与应用程序和操作系
统的文件格式，广泛用于互联网上数字化信
息传播和电子文档发行。

**06.03.051　EPS 文件格式**　encapsulated post-
　　　　　　　　script；EPS

按照 PostScript 规范对文字、图形和图像信息
进行描述，并且将一个页面中所有信息封装
在一个独立的文件内部的一种文件格式。

**06.03.052　WAV 文件格式**　waveform audio
　　　　　　　　file format；WAV

一种未经压缩的数字音频文件格式。

**06.03.053　WMA 文件格式**　windows media
　　　　　　　　audio；WMA

一种高压缩率的数字音频文件格式，其压缩

率一般可以达到 1∶18。

**06.03.054　MOV 文件格式**　MOV format；
　　　　　　　　MOV

苹果公司开发的一种音频、视频文件封装类
型，即 QuickTime 封装格式（也称影片格式）。
可用于存储有压缩要求的数字媒体类型。

**06.03.055　TIFF 文件格式**　tag image file for-
　　　　　　　　mat；TIFF

又称"标记图像文件格式"。存储数字图像
数据的一种规范。

**06.03.056　RM 文件格式**　real media；RM

一种流媒体视频文件格式。它可以根据网络
数据传输速率的不同自适应地采用不同的压
缩比率，适用于在互联网上进行视频文件的
实时传送和播放。

**06.03.057　RMVB 文件格式**　real media vari-
　　　　　　　　able bit；RMVB

一种使用可变压缩率的视频文件格式。RM-
VB 中的 VB 指 VBR（可改变的比特率），较
上一代 RM 格式画面清晰了很多。

**06.03.058　WMV 文件格式**　windows media
　　　　　　　　video；WMV

由 ASF 文件格式升级延伸来的一种流媒体
格式。

**06.03.059　ASF 文件格式**　advanced stream-
　　　　　　　　ing format；ASF

高级串流格式。作为 Windows Media 的核
心，为 Windows 98 所开发的串流多媒体文件
格式。

**06.03.060　JPEG 文件格式**　joint photograph-
　　　　　　　　ic experts group；JPEG

一种图像格式。既拥有极高的压缩比，又具有
高品质的图像质量，适宜于互联网传播，由联
合图像专家组开发并命名为"ISO 10918-1"。

**06.03.061　MPEG 文件格式**　moving picture

experts group；MPEG

一种有压缩的数字视频文件格式。由国际标准化组织(International Organization for Standardization，ISO)和国际电工委员会(International Electrotechnical Commission，IEC)下属的"动态图像专家组"所颁布和维护的标准，包括 MPEG-1、MPEG-2 和 MPEG-4 等视频格式。

**06.03.062　MP4 文件格式**　moving picture experts group 4

一套用于音频、视频信息的压缩编码标准，由国际标准化组织和国际电工委员会下属的"动态图像专家组"制定。

**06.03.063　磁盘**　disk；disc；magnetic disk

以磁形式储存并通过电磁脉冲读写信息的一种圆盘形存储介质。磁盘按其盘基制造材料区分，可分为软磁盘、硬磁盘。按使用功能分为固定式和可移动式。

**06.03.064　缩微平片**　microfiche

又称"缩微胶片"。载有多幅缩微文献按平面排列的胶片，需借助光学放大装置阅读和使用。

**06.03.065　缩微胶卷**　microfilm

连续载有缩微文献的胶卷，需借助光学放大装置阅读和使用。

**06.03.066　幻灯片**　slide

使用幻灯投影器观看的载有平面静止影像的单幅透明胶片或玻璃片。

**06.03.067　投影片**　project film

用投影器放映的载有文字或图像的透明片，多张投影片可叠加放映。

**06.03.068　IC 卡**　integrated circuit card

以半导体存储器为存储介质的出版载体。

## 06.04　网 络 出 版

**06.04.001　网络出版**　internet publishing；online publishing

又称"互联网出版""在线出版"。互联网信息服务提供者将自己或他人创作的作品经过选择和编辑加工登载在互联网上或者通过互联网发送到用户端，供公众浏览、使用或下载的在线传播行为。

**06.04.002　网络出版服务**　online publishing service

通过信息网络向公众提供具有编辑、制作、加工等出版特征的数字化作品的服务形式。数字化作品包括原创作品的数字化，已出版作品的数字化，将上述作品通过选择、编排、汇集等方式形成网络文献数据库等数字化作品，以及主管部门认定的其他类型的数字化作品。

**06.04.003　网络出版支撑系统**　network publishing support system

在互联网环境下支持网络出版实现的系统。包括计算机硬件系统、软件系统、网络通信设备及各种服务。

**06.04.004　网络发行**　network distribution

将出版物相关数据存储在网络服务器上，供用户在联网的计算机或者类似功能的设备上调阅或下载。

**06.04.005　互联网服务提供者**　internet service provider

提供上网、服务器托管、电子邮件等服务的组织。通常大型的电信公司都会兼任互联网服务提供者，如中国电信、中国移动等。

**06.04.006　互联网内容提供者**　internet content provider；ICP

向用户提供互联网信息业务和增值业务的组织，包括提供网站内容和与之相关的服务的组织。我国对经营性 ICP 实行许可证制度，对非经营性 ICP 实行备案制度;未取得许可或者未履行备案手续的,不得从事互联网信息服务。

**06.04.007　信息网络传播权保护条例**　Regulations on the Protection of the Right of Information Network Communication

2006 年 7 月 1 日颁布,2013 年 1 月 30 日通过修订,修订后的条例自 2013 年 3 月 1 日起施行。该条例共 27 条,包括合理使用、法定许可、避风港原则、版权管理技术等一系列内容,更好地区分了著作权人、图书馆、网络服务提供商、读者各自可以享受的权益,网络传播和使用都有法可依。

**06.04.008　互联网+**　internet+
基于互联网,运用信息技术,使互联网与传统产业融合的创新产业生态的发展路径。

**06.04.009　"互联网+"行动计划**　internet+ action plan
推动移动互联网、云计算、大数据、物联网等与制造业结合,促进电子商务、工业互联网、互联网金融健康发展的国家计划。

**06.04.010　网络媒体**　network media
由一定的组织或个人建立的,以互联网为主要载体,以文字、声音、图像等形式提供各种新闻与信息服务的一种数字化、多媒体的传播媒介。

**06.04.011　互联网+出版**　internet+ publishing
基于互联网,运用信息技术,使互联网与传统出版产业融合的创新产业生态的发展路径。

**06.04.012　出版+互联网**　publishing +internet
基于传统出版,使用互联网技术开发产品、挖掘市场、改进服务、提高效率。

**06.04.013　融合发展**　fusion development; integration development
高新技术发展促进不同产业或行业或业务交融为一体,形成新产业、新业态的动态过程。

**06.04.014　移动互联网**　mobile internet
将移动通信和互联网结合,综合了移动通信随时、随地、随身和互联网分享、开放、互动优势的传播网。

**06.04.015　物联网**　internet of things
通过感知设备,按照约定协议,连接物、人、系统和信息资源,实现对物理和虚拟世界的信息处理并作出反应的智能服务系统。

**06.04.016　数字网络媒体**　digital network media
整合了传统媒体和互联网的功能,集成图、文、音视频等表现形式和传播方式的媒体总称。包括超链接、即时互动等网络元素,并提供电子索引、即时注释等服务。

**06.04.017　交互媒体**　interactive media
信息传出方与接受方相互指示,决定所传内容、时间、数量和方式从而实现传播的媒体。

**06.04.018　网络出版技术**　web publishing technology
利用计算机及计算机网络实现出版物生产和流通的技术。

**06.04.019　跨媒体出版技术**　cross-media publishing technology
对内容一次编辑后以不同的媒体形式出版的技术。

**06.04.020　移动流媒体技术**　mobile streaming media technology
把连续的影像和声音信息经过压缩处理后放到网络服务器上,让移动终端用户能够一边下载一边收听收看,而不必等整个多媒体文件下载完成才能看的技术。

**06.04.021　网络传播**　internet communication
利用计算机技术和网络通信技术进行信息传递、获取和利用的传播方式,融合了大众传播的单向性和人际传播的双向性特点,具有全球性、互动性及多对多的综合性传播优势。

**06.04.022　协同出版**　collaborative publishing
通过网络协作把创作者、管理者和编辑即时沟通起来的出版方式。可把广告人和读者都聚集在这个平台上完成出版和反馈。

**06.04.023　分布式数据处理**　distributed data processing
又称"DDP"。将操作分散到计算机网络各节点进行的数据处理。DDP 需要借助各节点间的数据通信做到集体协作。

**06.04.024　超文本**　hypertext
一种电子文档格式,用超链接的方法将各种不同空间的文字信息组织在一起的网状文本,可显示文本及与文本之间相关的内容,其中包含有可以链接到其他字段或者文档的链接,允许从当前阅读位置直接切换到链接所指向的其他字段或者文档。

**06.04.025　超链接**　hyperlink
超文本中的文字、图像、图形等页面元素同该文档中的其他一些元素,或者其他的超文本文档、文件等之间形成的链接。超链接是互联网信息之间的一种非线性组织方式,既可以实现文件与文件之间、网页与网页之间的跳转,也可以在文件和网页内部实现无限制跳转。超链接应包括两个部分,即链接的载体和链接的目标。

**06.04.026　本地虚拟化**　native virtualization
大数据环境下的一种虚拟化基本形式。按此种形式,在本地裸机上运行管理程序,该程序管理由操作系统和应用组成的多个虚拟机。

**06.04.027　主机虚拟化**　hosted virtualization
大数据环境下的一种虚拟化基本形式。按此种形式,可在本地裸机上创建由操作系统和应用软件组成的多个虚拟机。

**06.04.028　云计算**　cloud computing

一种通过网络将可伸缩、弹性的共享物理和虚拟资源池以按需自服务的方式供应和管理的模式。资源池包括服务器、操作系统、网络、软件、应用和存储设备等。

**06.04.029　云数据可移植性**　cloud data portability
从一个云服务到另一个云服务的数据可移植性。

**06.04.030　云部署模型**　cloud deployment model
根据对物理或虚拟资源的控制和共享方式组织云计算的方式。注:云部署模型包括社区云、混合云、私有云和公有云。

**06.04.031　私有云**　private cloud
云服务仅被一个云服务客户使用,并且资源被该云服务客户控制的一类云部署模型。

**06.04.032　公有云**　public cloud
云服务可被任意云服务客户使用,并且资源被云服务提供者控制的一种云部署模型。

**06.04.033　云服务代理**　cloud service broker
负责在云服务客户和云服务提供者之间协调的一类云服务合作者。

**06.04.034　云服务类别**　cloud service category
拥有某些相同质量集合的一组云服务。一种云服务类别能包含一种或多种云能力类型的能力。

**06.04.035　云服务提供者**　cloud service provider
提供云服务的参与方。

**06.04.036　云服务提供者数据**　cloud service provider data
由云服务提供者控制,与云服务运营相关的一类数据对象。注:云服务提供者数据包括但不限于资源的配置和使用信息、云服务特定的虚拟机信息、存储和网络资源配置信息、数据中心的整体配置和使用信息、物理和虚拟资源的故障率、运营成本等。

**06.04.037 云服务用户 cloud service user**
云服务客户中使用云服务的自然人或实体代表。实体包括设备和应用等。

**06.04.038 通信即服务 communications as a service**
为云服务客户提供实时交互与协作能力的一种云服务类别。能提供应用能力类型和平台能力类型。

**06.04.039 计算即服务 compute as a service**
为云服务客户部署和运行软件提供配置和使用计算资源能力的一种云服务类别。为了运行某些软件,除计算资源外可能还需要一些其他资源。

**06.04.040 平台即服务 platform as a service**
为云服务客户提供云能力类型中的平台能力类型的一种云服务类别。

**06.04.041 软件即服务 software as a service**
为云服务客户提供云能力类型中的应用能力类型的一种云服务类别。

**06.04.042 数据存储即服务 data storage as a service**
为云服务客户提供配置和使用数据存储及相关能力的一种云服务类别。

**06.04.043 基础设施即服务 infrastructure as a service**
为云服务客户提供云能力类型中的基础设施能力类型的一种云服务类别。

**06.04.044 简单对象访问协议 simple object access protocol**
在 web 上交换结构化和固化的信息用的一种简单的、基于 XML 的协议。

**06.04.045 资源池化 resource pooling**
将云服务提供者的物理或虚拟资源集成起来服务于一个或多个云服务客户。

**06.04.046 结构化数据 structured data**
一种数据表示形式,按此种形式,由数据元素汇集而成的每个记录的结构都是一致的,并且可以使用关系模型予以有效描述。

**06.04.047 非结构化数据 unstructured data**
不具有预定义模型或未以预定义方式组织的数据。

**06.04.048 静态数据 data at rest**
处于静止状态,其典型特征表现为大数据的体量和多样性特征的数据。通常是存储于物理媒体中的数据。

**06.04.049 动态数据 dynamic data**
在系统应用中随时间改变的数据。动态数据的准备和系统切换的时间有直接关系。

**06.04.050 网络数据 network data**
用网络承载或记录信息的按一定规则排列组合的符号。

**06.04.051 元数据 metadata**
关于数据或数据元素的数据(可能包括其数据描述),以及关于数据拥有权、存取路径、访问权和数据易变性的数据。

**06.04.052 语义元数据 semantic metadata**
元数据的一个类型。一种有助于恰当理解数据元素的定义性描述的元数据。

**06.04.053 表结构 table structure**
为主体层内容提供表示语义的一种存储范例。

**06.04.054 键值结构 key-value structure**
一种存储范例,按此范例存储的记录由值中的关键词和一串数据组成。在键值结构下,数据通过关键词检索,同时由非关系数据库软件处理对值中数据的访问。其作用相当于带单一索引字段和列的关系数据库表的子集和(或)简化版。其变体之一是文档存储,在这种情况下,文档有多个值字段,其中任何一个都可以用作索引/关键词。

**06.04.055　数据可移植性　data portability**
无须重新输入数据就可将数据从一个系统方便地迁移至另一个系统的能力。

**06.04.056　数据提供者　data provider**
大数据参考体系结构中的一种逻辑功能构件,其作用是将新的数据或信息引入大数据系统。

**06.04.057　数据消费者　data consumer**
大数据参考体系结构中的一种逻辑功能构件,是使用大数据应用提供者提供的应用的末端用户或相似组织和系统。

**06.04.058　大数据　big data**
具有体量巨大、来源多样、生成极快且多变等特征,并且难以用传统数据体系结构有效处理的包含大量数据集的数据。

**06.04.059　大数据服务　big data service**
基于大数据参考体系结构提供的数据服务。

**06.04.060　分布式计算　distributed computing**
一种覆盖存储层和处理层的、用于实现多类型程序设计计算法模型的计算模式。分布式计算结果通常加载到分析环境。

**06.04.061　网络传输　network transmission**
依据网络传输协议,用一系列的线路(光纤、双绞线等)来进行通信的过程。

**06.04.062　网络通信　network communication**
相同网络协议的计算机进行的信息沟通与交流。它是计算机网络的核心功能。

**06.04.063　数字通信　digital communication**
以数字信号来表示所传输的信息的通信。

**06.04.064　数据整合　data consolidation**
共享或者合并来自两个或者更多应用的数据,创建一个具有更多功能的数据应用的过程。

**06.04.065　数据治理　data governance**
对数据进行处置、格式化和规范化的过程。数据治理是数据和数据系统管理的基本要素。数据治理涉及数据全生命周期管理,无论数据是处于静态、动态、未完成状态还是交易状态。

**06.04.066　互联网产业　internet industry**
基于互联网的产业。包括从事网络资源搜集和互联网技术的研发、应用,以及信息生产、贮存、传递、营销和服务的企业集合。

**06.04.067　虚拟产业　virtual industry**
基于数字虚拟商品的产业。即运用电脑技术把某个物理形态或过程转换成适合市场的数字化信息形态(虚拟产品),并通过网络交易消费而构成的产业。

**06.04.068　密钥　key**
各种用加密技术处理后生成的口令。

**06.04.069　私钥　private key**
由个人持有的与公钥算法一起使用的密钥对的秘密的一半。

**06.04.070　密钥管理　key management**
对密钥进行的管理。它涉及密钥和有关信息(如初始化矢量)的生成、分配、装载、认证、存储、归档、应用和销毁等规程,是支持在批准的用户之间建立和维护密钥关系的成套技术和过程。

**06.04.071　公钥　public key**
通过一种算法得到的一个密钥对中向外界公开的密钥。

**06.04.072　相关反馈　relevance feedback**
抽取有助于提高检得结果相关度的关键词用于原有检索式的修改,再据此检得更有用的相关结果。

**06.04.073　信息检索系统　information retriev-**

al system

能按某种方式建立有序信息特征的集合体以供查找信息的组织系统。分为印刷型检索系统和计算机检索系统。

**06.04.074 多语种信息检索** multiple language information retrieval

用户从多种语言构成的数据库中检得自己所熟悉的那种语言信息的方式。检索式和检得结果都用同一种语言表达。

**06.04.075 布尔检索** Boolean retrieval

通过"与(and)""或(or)""非(not)"三个逻辑算子达到特定目的的检索。

**06.04.076 全文检索** full-text retrieval；text retrieval technique

文本中任何有意义的字符串都可以作为检索"关键词"进行的检索。

**06.04.077 垂直搜索** vertical retrieval

针对某一个行业或专业的搜索引擎。

**06.04.078 高级检索** advanced retrieval

允许用户使用多于基本检索数据项的条目进行的检索。

**06.04.079 跨库检索** cross retrieval；cross-databank retrieval

同时对两个或两个以上数据库进行的检索。

**06.04.080 跨语种检索** cross language retrieval

用户所提交的检索式和检得结果使用不同语言的检索。

**06.04.081 智能检索** intelligent retrieval

以文献和检索词的相关度为基础，综合考查文献的重要性等指标，对检索结果进行排序，以提供更高效率的检索。

**06.04.082 语义检索** semantic retrieval

利用文档的概念语义进行检索的方式。

**06.04.083 模糊检索** fuzzy search

依据模糊集理论对模糊的检索需求和检索所得结果相关性进行判断的检索方式。

**06.04.084 个性化检索** personalized information retrieval

利用用户的信息对提问式或检索结果进行修改或者过滤的检索方式。

**06.04.085 定向搜索** beam search

通过对节点在有限空间内的扩张而进行的一种启发式搜索系统。

**06.04.086 移动搜索** mobile search

基于移动网络服务于手机终端的搜索技术。

**06.04.087 人机系统** man-machine system

由人和机器构成并依赖于人机之间相互作用而实现一定功能的系统。它是工程心理学研究的主要内容。

**06.04.088 开放平台** open platform

把可提供的服务封装成一系列计算机易识别的数据接口开放给第三方开发者使用的应用系统。

**06.04.089 客户端** client

与服务器相对应的为客户提供本地服务的程序。

**06.04.090 视频服务器** video server

一种对视音频数据进行压缩、存储及处理的专用嵌入式设备。

**06.04.091 批处理** batch processing

一种主要用于完成大规模重复性任务或大型计算问题的计算机处理方法。其特点是在过程开始时先设定任务参数或限制条件，然后任务自己运行，无须干预。

**06.04.092 字符识别** character recognition

又称"文字识别"。一种利用计算机自动识别字符的技术。

**06.04.093 信息资源 information resources**
生产管理及服务过程中所涉及的一切文件、图表和数据等信息的总称。

**06.04.094 信息安全 information safety**
信息网络的硬件、软件及其系统中的数据受到保护,确保其不遭破坏、更改和泄露。

**06.04.095 数字合成技术 digital synthesis technology**
运用计算机图形学的原理和方法,将多种素材整合进计算机将其编辑合成为单一图像输出的处理技术。

**06.04.096 网络多媒体 network multimedia**
综合运用计算机技术、网络技术、通信技术等实现多媒体信息共享的服务。

**06.04.097 协同编辑 collaborative editing**
在计算机网络环境的支持下,群体(可包括作者、读者、编者和审稿专家等)即时协作完成编辑任务的行为。

**06.04.098 内容加工 content modification**
编辑人员对作品内容进行规范化处理的过程。

**06.04.099 编码 coding**
根据一定的协议或格式把某种模拟信息转换成二进制数码流的过程。

**06.04.100 译码 decode**
根据既定的协议或格式把编码信息复原或解读出来的过程。

**06.04.101 置标语言 markup language**
又称"标记语言"。用标记标识某些信息以便计算机处理的书面语言。

**06.04.102 数字签名 digital signature**
使用公钥加密技术鉴别数字信息来源的技术方法。

**06.04.103 认证鉴别 authentication**
验证实体是否具有其宣称的身份的过程和行为。

**06.04.104 授权 authorization**
给予权利。一个权利实体赋予另一个权利实体某种权利的过程。

**06.04.105 许可 permission**
对数字内容可实施的操作。如浏览、播放、打印、复制、转让等。

**06.04.106 许可证 licence**
数字权利描述语言基本单位,即某一个权利发布者对另一个权利接受者的权利声明。

**06.04.107 网络隐私权 network privacy**
在网络传播过程中,公民享有私人生活安宁和私人信息依法受到保护,不被他人非法侵犯、知悉、搜集、利用或公开的一种人身权。

**06.04.108 网络侵权 network infringement**
在网络环境下发生的侵权行为。狭义上指一切发生于互联网空间的侵权行为。广义上指涉及网络的所有民事侵权行为。

**06.04.109 企业数字版权管理 enterprise digital rights management**
企业用来控制被保护数字对象的使用权的措施。

**06.04.110 版权开放 copyleft; copyright opening**
一种新的版权授权方式。在自由软件授权方式中增加著作权条款后,该自由软件除了允许使用者自由使用、散布、修改作品之外,要求使用者修改后的衍生作品必须以同等的授权方式释出以回馈社会。

**06.04.111 访问控制 access control**
又称"接入控制""存取控制"。数据资源只能由被授权实体按授权方式进行访问,控制实体对资源的访问,使实体只能在其权限范围内访问资源。

**06.04.112 内容保护** content protection
管理、技术或物理措施的实现,以防范未经授权访问内容。使数字内容具有安全性的措施。

**06.04.113 内容标识** content identification
一种字符串或模式,数据处理系统用它来标识数字内容和数字内容的使用。

**06.04.114 数字内容价值链** digital content value chain
数字内容产业中生产、加工、销售、分发、消费数字内容等环节。

**06.04.115 数字贸易** digital trade
依托互联网用数字交换技术为供求双方提供互动达成交易的商业模式。

**06.04.116 数字对象唯一标识符** digital object identifier;DOI
一种永久性的逻辑标识符,互联网环境下的数字对象,如文本、图片、软件等的数字标识符,具有唯一性、永久性的特点。

# 07. 出 版 物

## 07.01 综 述

**07.01.001 出版物** publication
以知识信息为内容,以一定的物质形态为载体,通过复制而传播的文化产品。

**07.01.002 正式出版物** formal publication
出版单位按规定程序出版的出版物。

**07.01.003 非正式出版物** informal publication
非公开发行,未进入流通领域的出版物。

**07.01.004 内部资料性出版物** in-house material
又称"内部出版物"。限定在某一系统、行业、单位和群体内部发行,不在市场上公开销售的出版物。

**07.01.005 非法出版物** illegal publication
内容或出版程序违反相关法律、法规的出版物。

**07.01.006 淫秽出版物** indecent publication
宣扬淫秽行为,没有艺术价值或者科学价值的出版物。

**07.01.007 色情出版物** pornographic publication
整体上不是淫秽的但其中一部分有淫秽内容,对普通人特别是未成年人身心健康有害、缺乏艺术价值或者科学价值的出版物。内容或出版程序违反相关法律、法规的出版物。

**07.01.008 违禁出版物** forbidden publication
政府规定禁止出版、印制、发行和进口的出版物。

**07.01.009 连续出版物** serial publication
有固定名称,连续地分期或分册、分部出版的出版物。通常具有编号,无预定结束日期。包括期刊、年度出版物、报纸和丛刊等。

**07.01.010 数字出版物** digital publication
利用数字技术对内容进行编辑加工、复制和发行的,并以二进制代码形式存在的、通过网络传播的数字内容产品。

**07.01.011 音像出版物** audio-video publication
又称"音像制品"。将声音和(或)图像信息编辑加工后存储在磁、光、电等介质上,可复制发行,通过视听设备播放使用的出版物。

**07.01.012　电子出版物**　electronic publication
以数字代码方式,将图、文、声、像等信息编辑加工后,存储在磁、光、电等介质上,可复制、发行,通过计算机或具备类似功能的设备进行播放使用的交互性出版物。

**07.01.013　网络出版物**　network publication
将图、文、声、像等信息编辑加工后,存放于互联网页面或数据库中,通过计算机网络传播,并通过计算机或类似设备阅读使用的出版物。

**07.01.014　数据库出版物**　database publication
将数字内容资源按照用户需要和数据库技术要求进行拆分、编排、存储,并通过网络发布和使用的数字出版物。数据库出版物的信息量大,时效性强,单条信息格式明确,可提供强大的检索功能。

**07.01.015　多媒体出版物**　multimedia publication
利用数字出版技术并结合多媒体技术制作出版,将图、文、声、像等信息存储在磁、光、电介质和网络上,通过计算机等终端设备进行播放和阅读的出版物。

**07.01.016　多媒体电子出版物**　multimedia electronic publication
综合表现音频、视频、图形、图像、动画和文本等信息的电子出版物。

**07.01.017　手机出版物**　mobile publication
一种以智能手机为载体进行内容传播的数字出版物。手机出版物不仅融合了报纸、期刊、电视、网络等媒体的内容和形式,还融合了大众传播、单/双向传播等方式,形成了多元化的传播网络,能够充分满足用户对信息及时性、碎片化和便携性的需求。

**07.01.018　光盘出版物**　CD-base publication
诞生于20世纪80年代中期的电子出版物的

一个大类。与其他磁介质的电子出版物相比,容量巨大和耐储藏的优势曾使其成为电子出版物中的方向性产品。

**07.01.019　活页出版物**　loose-leaf publication
书页不装订成册,可以随意分合的出版物。

**07.01.020　可更新活页出版物**　updating loose-leaf
由一部或多部基本卷册组成,并可用单页增补、抽出和(或)替换的出版物。

**07.01.021　少数民族语言文字出版物**　ethno-linguistics publication
用少数民族语言文字出版的出版物。

**07.01.022　政府出版物**　governmental publication
由政府机构编辑制作发行的出版物。

**07.01.023　内部发行出版物**　in-house publication
限定在一定范围内发行的出版物。

**07.01.024　宗教出版物**　religious publication
有关宗教及宗教内容的公开发行的或宗教团体内部性资料的出版物的统称。

**07.01.025　外文出版物**　foreign language publication
用外国语言文字出版的出版物。

**07.01.026　综合性出版物**　comprehensive publication
包含了多个学科和主题内容的出版物。

**07.01.027　专题出版物**　monographic publication
围绕专一主题将若干作品或作品的部分作为一个单独出版发行的出版物。

**07.01.028　多卷出版物**　multi-volume publication
又称"多集出版物"。具有统一名称和 ISBN

号、分册出版的出版物。

**07.01.029　系列出版物**　series of publications
一段时间内,连续出版、不限定顺序且以一个统一的题名为标识的出版物。

**07.01.030　双向倒转出版物**　tete-beche publication
一种设计成含有正向和反向页面的出版物。

**07.01.031　盲文出版物**　braille publication
用盲字符拼写语言文字,供盲人触摸识读的出版物。

**07.01.032　缩微出版物**　microform publication
利用缩微摄影技术翻拍作品或普通出版物而制成的缩微平片、缩微胶卷等出版物,需借助光学放大装置阅读和使用。

**07.01.033　读物**　reading matter
供人阅读的出版物。

**07.01.034　普及读物**　popular reading matter
又称"通俗读物"。内容简明易懂的大众化出版物。

**07.01.035　大众读物**　mass reader
又称"一般读物"。其读者为非定向性特征群体的出版物。通常指教育出版物和专业之外的读物,如文学类、少儿类、生活类、知识普及类等出版物。

**07.01.036　小众读物**　publication of small readership
其读者具有某种专业背景或特定爱好的出版物。

**07.01.037　科技读物**　reader in science and technology
全称"科学技术读物"。以介绍、论述科学技术知识为主要内容的出版物。

**07.01.038　科普读物**　reader in popular science
向社会普及科学思想、科学文化、科学技术知识等内容的出版物。

**07.01.039　课外读物**　extracurricular reader
供学生在课堂以外阅读的出版物。

**07.01.040　启蒙读物**　reader for enlightment
又称"童蒙读物"。为幼儿编写的供识字、认物用的出版物。

**07.01.041　儿童读物**　publication for children
供少儿阅读的各类出版物。

**07.01.042　青少年读物**　reader for children and youth
供青少年阅读的各类出版物。

**07.01.043　老年读物**　senior reader
为适应老年人阅读需求而出版的各类出版物。

**07.01.044　妇女读物**　reader for women
为适应妇女阅读需要而出版的各类出版物。

**07.01.045　有声读物**　audiobook
广义指音像制品的一部分;狭义指用特别复制技术,借助工具可发声的纸质出版物。

**07.01.046　干部读本**　reader for cadres
主要为党政干部阅读需要而出版的各类出版物。

**07.01.047　艺术印刷品**　art print
复制艺术作品的印刷物。

**07.01.048　黄页**　yellow page
国际通用按企业性质和产品类别编排的电话号码簿。国际惯例用黄色纸张印刷。

**07.01.049　电子报刊**　electronic newspaper and journal
以电子数字形式出版传播并通过相应设备阅读的报刊。

## 07.02 图　书

**07.02.001　图书** book
简称"书"。用文字或图画、符号等记录知识于纸张等载体,并具有相当篇幅的非连续出版物。

**07.02.002　典籍** classic work
经典文献的总称。

**07.02.003　禁书** forbidden book
官方禁止出版、印制、发行的图书。

**07.02.004　伪书** pseudograph; book of dubious authenticity
假冒出版单位、书名、作者或作品年代的图书。

**07.02.005　教材** teaching material
根据教学计划为教师和学生编辑的教学材料。

**07.02.006　教科书** textbook
又称"课本"。经教育行政部门组织审定的供教师和学生使用的教学用书。

**07.02.007　教辅图书** auxiliary teaching book
辅助教材的参考性图书。

**07.02.008　读本** textbook
有阅读和参考价值的图书。

**07.02.009　精装本** hardcover edition
又称"精装书"。以装潢讲究和耐保存的装饰材料作封面为主要特征的版本。

**07.02.010　豪华本** deluxe edition
专门设计,采用特种面料、高级纸张印制的版本。

**07.02.011　平装本** paperbound book
又称"简装本""平装书"。俗称"纸皮书"。以纸制软封面为主要特征的版本。

**07.02.012　袖珍本** pocket edition
幅面尺寸较小,便于携带的版本。

**07.02.013　大字本** enlarged symbol edition
将原出版物字号放大后出版的版本。

**07.02.014　预印本** preprinted copy
出版物正式出版前印制的版本。

**07.02.015　重印本** reprinted book
又称"重印书"。内容上不作修改,再次印刷的图书。

**07.02.016　缩印本** miniprint
将原出版物的幅面尺寸或字号缩小而成的版本。

**07.02.017　节本** abridged edition
又称"删节本""节选本""节略本"。书籍内容经过删节的版本。

**07.02.018　全本** unabridged edition
又称"足本"。书籍内容未经删节的版本。

**07.02.019　铅印本** letterpress
用铅版印刷机印制的版本。

**07.02.020　线装书** Chinese style book
一种装订线露在书外面的中国传统方法装订的书籍。

**07.02.021　立体书** pop-up
又称"可动图书""儿童立体书"。曾称"动书""玩具书""机关书"。书页中含有主要为儿童设计的立体结构或造型的图书。

**07.02.022　微型书** minature book
微型图书。

**07.02.023　口袋书** pocket book
又称"POOK"。体积小,可以放在口袋里,方便随时阅读的图书。

**07.02.024　异型书** special-shaped book

又称"造型书"。在形态、装帧、材质、阅读方式等方面与普通图书区别较大的图书。

**07.02.025　杂志书　mook**
杂志(magazine)和书籍(book)的结合体,具有杂志特征的图书。

**07.02.026　短版书　book out of a small print run**
印数少的图书。一般指每版印制的数量不超过1 000册的图书。

**07.02.027　断版书　short-of-print book**
不再印刷的图书。

**07.02.028　修订版　revised edition**
又称"修订本"。对原版本的内容进行修订后出版的图书版本。

**07.02.029　增订版　revised and enlarged edition**
又称"增订本"。在原有版本基础上进行增订后出版的图书版本。

**07.02.030　增补版　augmented edition**
又称"增补本"。在原书以外,对原书内容及体裁进行延伸创作,与原书配套出版的图书版本。

**07.02.031　限定版　limited edition**
又称"限量版"。销售时间、地域、数量等有所限制的图书版本。

**07.02.032　新书　new book; fresh book**
出版单位新近出版的图书。

**07.02.033　作者样书　author gratis copy**
按出版合同或其他约定,图书出版后,出版单位送给作者或译者的图书。

**07.02.034　绝版书　out of print edition**
简称"绝版"。印版已毁,不能重新印制的图书。

**07.02.035　初版书　first edition**
简称"初版"。第一次出版的图书。

**07.02.036　再版书　re-edition book**
经修订或重排后再次印刷出版的图书。

**07.02.037　新版书　new edition**
简称"新版"。内容有部分变动,采用了不同的装帧形式和(或)出版权转移后重新出版的图书。

**07.02.038　在版书　book in print**
处于出版和发行状态的图书。

**07.02.039　重点书　important book**
列入某级规划,在出版中享有资源优先配置权的图书。

**07.02.040　畅销书　best seller**
在一定时期内销量大的一般图书。

**07.02.041　常销书　midlist**
较长时间内在出版物市场动销频率较高,保持稳定销量的图书。

**07.02.042　长销书　lasting-selling book**
较长时间内在出版物市场动销的图书。

**07.02.043　滞销书　remaindered book**
在市场上不动销或基本不动销的图书。

**07.02.044　残破书　defective book**
因各种原因造成的残缺、破损或污损的图书。

**07.02.045　特价书　discounted book**
因滞销、残损或促销需要等原因,以低于定价的价格销售的图书。

**07.02.046　常备书　ever-prepared book**
为保证供应而常年储备的图书。

**07.02.047　库存书　stock book**
处于仓储备货、在架待销和运输途中等状态的图书。

**07.02.048　影印本　photocopy**

又称"影印书"。用照相或扫描等方法制版印制的图书。

**07.02.049 善本 rare book**
具有文物价值、学术价值、艺术价值或某一方面特殊价值的古籍刻本、写本或拓本。

**07.02.050 孤本 only copy extant; only existing copy**
仅存一份的书籍版本。

**07.02.051 抄本 antigraph; transcript; hand-copied book**
依据某一底本手工抄写的本子。

**07.02.052 长版书 long-format book**
经过两次或两次以上的修订、重版后依然出版的图书。

**07.02.053 普及版 popular edition**
在原有版本外出版发行的,一般开本较小、装订简易、定价较低的,易于大量销售的版本图书。

**07.02.054 小册子 booklet; brochure; pamphlet**
平装本出版物的一种。篇幅较少的印刷品。

**07.02.055 卷 volume**
①又称"部""册"。图书出版中内容著述的结构单位,通常单独成册。②期刊出版中以年或半年为限、合并若干期的结构单位。

**07.02.056 多卷书 multi-volume book**
又称"多卷本"。一部著作分若干卷册出版的图书。

**07.02.057 分册 fascicule**
又称"分卷"。出版物的实体单元。为出版、印刷和阅读使用方便,将一部篇幅较大的书分成若干册。

**07.02.058 单册 single copy**
独立成册出版的出版物。

**07.02.059 专著 monograph**
专门写作的专业的主题内容的图书。

**07.02.060 学术著作 academic work**
围绕某一学科或某一专题,将有关知识归纳成理论,进行系统论述的著作。

**07.02.061 单行本 offprint**
单独刊行和流传的版本。

**07.02.062 合订本 bound volume**
将分册或分期出版的出版物合并装订后出版的版本。

**07.02.063 集 collection**
由单个作品汇集编选而成的出版物。

**07.02.064 全集 completed edition**
具有一定数量作品的一个或多个作者的全部著作编成的图书。

**07.02.065 选集 anthology; selected work**
选录一人或多人的作品而成的集子。

**07.02.066 专集 collection of works; collected works**
按某一特定的主题集中有关文章和资料加以汇编的图书。

**07.02.067 补编 supplement**
对已出版的某种图书进行内容补充、补遗、勘误等,与原书形成一个整体关系的图书。

**07.02.068 续编 sequel**
又称"续集"。本身相对完整,但又与先期出版的作品相衔接的作品。

**07.02.069 汇编 compilation**
汇集某一作者或专题的作品或文件资料而成的书刊。

**07.02.070 论文集 collection of papers**
汇辑或选辑某一专题多篇学术论文的图书。

**07.02.071 纪念集 memorial book**

为纪念某一人物或事件专门编印的文集。

**07.02.072　选本**　selected work
从某类作品、某位作者或多位作者的著作中选择一部分篇章，或者从完整的作品中节选部分内容编辑成的版本。分为精选本和节选本。

**07.02.073　分辑**　anthology
具有共同题名，各自独立出版或不独立出版的出版物。

**07.02.074　大众类图书**　mass market book；popular book
受众面广，内容与大众的日常生活、休闲阅读、知识普及等相关的图书。

**07.02.075　教育类图书**　educational book
内容与教学活动相关的图书。

**07.02.076　专业类图书**　professional book
内容涉及行业、职业和专业学科领域的图书。

**07.02.077　工具书**　reference book
系统组织编辑某方面资料，用于解难释疑、指引线索的出版物。

**07.02.078　辞书**　lexicographic work；dictionary
以字条、词条、条目为单元，按一定的方式编排和检索的工具书。是字典、词典和百科全书的统称。

**07.02.079　字典**　wordbook；character dictionary
以字条为单元，对字头的形、音、义及用法或其他属性作出说明的工具书。

**07.02.080　词典**　dictionary
又称"辞典"。收集词汇，以词条为单元，按某种顺序排列并加以解释的工具书。

**07.02.081　百科全书**　encyclopaedia；encyclopedia
以条目为单元，系统概述各种知识或某一方面完备知识的大型工具书。

**07.02.082　手册**　handbook；manual
又称"指南（guide）"。汇集某一方面常用的基本资料，供随时翻检查考的工具书。

**07.02.083　名录**　directory
根据一定范围和标准，收录专名资料，并按一定顺序编排的工具书。可分为人名录、地名录、行业名录等。

**07.02.084　地图**　map
按照制图学法则，将地球表面各种自然和社会的现象，在平面上绘制而成的图。

**07.02.085　地图集**　atlas
汇编多幅地图的出版物。

**07.02.086　古籍**　ancient book；antiquarian material
古代书籍。通常指 1912 年以前在中国书写或印刷的图书。

**07.02.087　方志**　local chronicle；chorography
又称"地方志"。以一定体例记载某一地方自然、地理、政治、经济、文化、人物、风俗等方面历史和现状的综合性资料的工具书。

**07.02.088　画册**　album
将绘画、雕塑、工艺美术、摄影等美术作品的画片印制并装订成册的图书。

**07.02.089　连环画**　picture-story book
用连续画面和简短文字叙述故事或内容的出版物。

**07.02.090　小人书**　children picture book
以少年儿童为主要读者对象的连环画册。幅面尺寸较小，每页一幅画面。

**07.02.091　年画**　new year picture
过年时，中国民间用于表现欢乐吉庆气象和除旧迎新的图画。

**07.02.092　招贴画　poster; placard**
用于公开张贴的宣传画或广告画。

**07.02.093　字帖　copybook**
书法的临摹范本。

**07.02.094　挂图　wall map**
用于悬挂展示图形或表格式资料的图。

**07.02.095　乐谱　music book**
用符号、文字或数字记录的音乐作品。

**07.02.096　论著　treatise**
带有研究性或议论性的著作。

**07.02.097　译著　translated work**
将某种著作译成另外一种语言的著作。

**07.02.098　译丛　translated series**
系列翻译作品冠以总书名而出版的图书。

**07.02.099　论丛　series of essays**
某一领域相关论文的集合图书。

**07.02.100　参考书　reference book**
主要用于查询的图书。

**07.02.101　皮书　paper book**
由一系列权威研究报告组成,对年度有关经济、社会等领域的现状和发展态势进行分析、预测的图书。

**07.02.102　绘本　picture book**
以绘画为主,附有少量文字的图书。

**07.02.103　图鉴　illustrated edition**
以图形形式记述事物发展变化为主要内容的资料性工具书。一般按年度出版。

**07.02.104　图谱　drawing spectrum**
又称"图录"。用绘画、摄影等方式记录事物及人物形象的工具书。

**07.02.105　百科词典　encyclopedic dictionary**
将综合性词条及书目汇集,以某种顺序排列或加以解释,供人们检索、查阅、参考的工具书。

**07.02.106　年鉴　yearbook; almanac; annals**
汇辑一年内的重要事件、文献、统计资料或学术观点,按年度连续出版的工具书。

**07.02.107　丛书　book series**
将若干种相互关联的单独著作汇集成套、冠以总名的图书。

**07.02.108　年谱　chronicle of one's life**
按年度分月日记载某人生平主要活动或重要事迹的著作。

**07.02.109　碑帖　a rubbing from a stone inscription**
碑和帖的合称。石刻和木刻文字的拓本或印本。

**07.02.110　表谱　table spectrum**
以表格、谱系、编年等形式记载人物、事件、年代的工具书。

**07.02.111　类书　literature reference book**
辑录多门类或某一门类的资料,按照分类或分韵的方式编排的工具书。

**07.02.112　集成　integration**
收录文献丰富、内容全面的类书或丛书。

**07.02.113　笺谱　collection of paper slip drawings**
①印有诗画的信纸。②将印有图画等的笺纸汇编成的簿册。

**07.02.114　历书　almanac; calendar book**
按照一定历法记述年、月、日、节气、节日等内容的图书。如年历、月历、日历、台历、挂历等。

**07.02.115　总集　complete collection**
汇编多人作品而出版的图书的集合。

**07.02.116　大全　complete collection**

汇总编辑某一作者的所有作品或某个专题的全部相关作品而成的图书或图书集合。

**07.02.117 大系 long series**
系统汇集某个方面的作品或者文献,并按一定体例编排的多卷本书籍。

**07.02.118 丛编 compiled collection**
根据特定的读者对象,选择若干专题,选编作品或文献而形成的介于图书和期刊之间的出版物的集合。

**07.02.119 汇编本 collected edition**
将若干文章或文献汇编而成的图书。

**07.02.120 选编本 selected and compiled work**
从某类作品、某位作者或多位作者的作品中选编部分作品而形成的图书。

**07.02.121 改写本 rewritten edition**
对原版本内容进行改写的版本。

**07.02.122 改编本 adopted edition**
对原版本内容改写和重新编排而成的版本。

**07.02.123 简写本 simplified edition**
对原版本内容用简明语言缩写的版本。

**07.02.124 抽印本 offprint**
从整本图书或期刊的印刷版中抽出一部分来单独印刷的版本。

**07.02.125 合集 collected edition**
作品的集合。一般分文集和专集两种。有时大型资料的汇集也称合集。

**07.02.126 文集 anthology; collected works**
从不同的作者或同一作者的诸多作品中选出部分作品而编印出版的图书集合。

**07.02.127 文库 library**
多册成套的图书集合。一般是按照编辑计划,选择已印行的出版物,分门别类配套而编成。同一文库中的图书,版式、装帧基本相同。

**07.02.128 文选 selection; selected works**
选录文章而编成的图书集合。

## 07.03 报 纸 期 刊

**07.03.001 报纸 newspaper**
以新闻为主要内容的散页定期的连续出版物。

**07.03.002 日报 daily newspaper**
每周出版四次及以上的报纸。

**07.03.003 晚报 evening newspaper**
每天傍晚出版发行的综合性城市报纸。

**07.03.004 晨报 morning newspaper**
每天凌晨印刷出版的报纸。

**07.03.005 午报 noon newspaper**
午间出版的报纸。

**07.03.006 周报 weekly newspaper**
出版周期为一个星期的报纸。

**07.03.007 月报 monthly newspaper**
每月出版一期的报纸。

**07.03.008 综合性报纸 comprehensive newspaper**
报道国内外时政要闻和各行各业重大事项及动态的报纸。

**07.03.009 机关报 organ newspaper**
由政党、国家机关、社会团体主办的宣传自己主张的报纸。

**07.03.010 专业报 professional newspaper**
以传播特定专业领域信息为主要内容的报纸。

**07.03.011 文摘报 digested newspaper**
以对在各类出版物和媒体上发表的新闻、文

章、文献等进行综合性、专业性或专门性的二次集合为内容的报纸。

**07.03.012 对开报纸** newspaper in folio
幅面是全张新闻纸(781 毫米×1 086 毫米)对折的报纸。

**07.03.013 四开报纸** newspaper in quarto
幅面是全张新闻纸对折再对折的报纸。

**07.03.014 微缩报纸** newspaper in miniature
缩小版面的报纸。有的需要借助放大工具阅读。

**07.03.015 全国性报纸** national newspaper
面向全国的报纸。

**07.03.016 地方报纸** local newspaper
面向本地的报纸。

**07.03.017 同人报** newspaper published by fellows with the same ideals
由志同道合者出资并主办的报纸。

**07.03.018 党报** party newspaper
政党的机关报。

**07.03.019 地方党报** local party newspaper
政党的地方分支机构主办的机关报。

**07.03.020 都市报** metropolis newspaper
以报道都市生活、文化、娱乐为主体的报纸。

**07.03.021 校报** school newspaper
院校主办的报纸。

**07.03.022 社区报** community newspaper
以特定地区的居民为读者对象的小型地方报纸。

**07.03.023 中文报** Chinese newspaper
以中国的语言文字,特指以汉族的语言文字出版的报纸。

**07.03.024 外文报** foreign language news-paper
以外国的语言文字出版的报纸。

**07.03.025 邸报** palace newspaper
又称"邸抄""阁抄""朝报""条报"。中国古代朝廷传知朝政的文书和传递政治情报的新闻文抄。

**07.03.026 期刊** periodical; journal
定期出版且周期不大于一年的装订的连续出版物。

**07.03.027 杂志** magazine
不定时出版的装订的连续出版物。我国常不计期刊与杂志的区别。

**07.03.028 试刊号** trial issue
为检验办刊效果,报刊正式出版前进行试验性编印所形成的出版物。

**07.03.029 创刊号** inaugural issue
正式出版发行的报刊的首期。

**07.03.030 终刊号** final issue
永久性停止出版的报刊的最后一期。

**07.03.031 复刊号** resumption issue
已经停止出版的报刊又以原名称恢复出版后的首期。

**07.03.032 样刊** sample periodical
期刊出版后,出版单位向作者或有关管理机构提供的期刊。

**07.03.033 合刊** combined issue
一种期刊预定连续出版的两期因故合并为一期出版,并标有连续的两个顺序号。

**07.03.034 专业性刊物** professional journal
由某一社会专业团体或专业机关主办的以报道本专业的业务活动信息为主的刊物。

**07.03.035 过刊** back number; back fill
最新一期刊物出版前的各期期刊。

**07.03.036　期刊合订本　one-volume edition of periodicals**

将一定时期内某刊已出版的各期刊物合册出版,以方便读者收藏使用的出版物。

**07.03.037　期刊精华本　carefully selected edition of periodicals**

又称"期刊精选本"。精选某刊一定时期内刊登的优秀内容,汇辑成册、另行出版的出版物。

**07.03.038　选刊　selected writing**

专门选择刊登已发表作品的期刊。

**07.03.039　诗刊　poetic periodical**

专门刊发诗歌及相关作品的期刊。

**07.03.040　党刊　party newspaper or magazine**

政党机关刊物。

**07.03.041　中文刊　Chinese periodical**

以中国的语言文字,特指以汉族的语言文字出版的期刊。

**07.03.042　外文刊　foreign language periodical**

以外国的语言文字出版的期刊。

**07.03.043　综合性期刊　comprehensive periodical**

内容涉及面较广,题材涵盖面较宽,政治、经济、法律、文学、艺术、天文、地理、生物等都广泛涉及的期刊。

**07.03.044　商业期刊　commercial periodical**

具有商业性质的期刊。消费类期刊依靠零售、订阅等市场销售方式运营,收入主要源于广告的期刊。

**07.03.045　核心期刊　core journal**

根据影响因子等因素,按照某种标准划分出的能够反映某一学科现有学术研究和发展水平的期刊。

**07.03.046　丛刊　publication series**

一组各自独立又相互有关的连续出版物,每种有其自身的题名,还有适用于整组出版物的题名。丛刊可以有编号或无编号。

**07.03.047　机关刊物　official organ**

由政党、国家机关、社会团体主办的宣传自己主张的刊物。

**07.03.048　学报　acta; journal**

又称"学刊"。由高等院校、研究机构、学术机构主办的学术性期刊。

**07.03.049　时政期刊　political journal**

以时事政治为主要内容的期刊。

**07.03.050　公报　communique**

政府或政党向民众公开发布报告的刊物。

**07.03.051　学术期刊　academic journal**

集中发表特定学科领域文献,经过同行评议且内容具有学术研究价值的期刊。

**07.03.052　大众期刊　popular magazine**

面向公众(不区分职业或学科)的期刊。

**07.03.053　会刊　proceeding**

基于本学会、协会、研究会的工作的刊物,或展会、会议主办方办的面向参会人员的刊物。

**07.03.054　行业期刊　industry journal**

面向本行业及相关方的期刊。

**07.03.055　专业期刊　professional periodical**

某个专业领域的期刊。

**07.03.056　技术期刊　technical journal**

以刊登技术、工艺、设计、设备、材料等为主要内容的期刊。

**07.03.057　科普期刊　popular science periodical**

以刊登科学普及知识为主要内容的期刊。

**07.03.058　文摘期刊　digest periodical**

简称"文摘"。专门刊载某方面书、报、刊内容摘要的期刊。

**07.03.059　画刊　illustrated magazine；pictorial magazine**
以刊登摄影作品或美术作品为主的期刊。

**07.03.060　内部期刊　restricted periodical；inside periodical**
简称"内刊"。党派、机关、军队、团体等主办的具有内部性或保密性的业务指导期刊。

**07.03.061　公司刊　company magazine**
公司办的面向内部和(或)相关单位的刊物。

**07.03.062　行业报刊　industrial newspaper and journal**
专门报道某行业事物和动向的报刊。

**07.03.063　企业报刊　corporate newspaper and journal**
企业主办的面向内部或业务往来单位的报刊。

**07.03.064　院校报刊　academic newspaper and journal**
院校主办的面向校内和校际交流的报刊。

**07.03.065　少儿期刊　children's periodical**
面向少年儿童的期刊。

**07.03.066　妇女期刊　women's periodical**
面向妇女的期刊。

**07.03.067　期　issue；number**
连续出版物的结构单位。报刊出版一次一般称为一期。

**07.03.068　周刊　weekly periodical**
每周出版一期的期刊。

**07.03.069　半月刊　semi-monthly periodical**
半月出版一期的期刊。

**07.03.070　月刊　monthly periodical**
按月出版的期刊。

**07.03.071　双月刊　double monthly periodical**
两个月出版一期的期刊。

**07.03.072　季刊　quarterly periodical**
按季出版的期刊。

**07.03.073　半年刊　semi-annual periodical**
半年出版一期的期刊。

**07.03.074　年刊　annual periodical**
按年出版的期刊。

**07.03.075　专辑　album**
正常刊期内,深入报道或集中探讨某个事件或集中探讨某个主题的整期期刊。

**07.03.076　增刊　supplement**
报刊在正常刊期之外增加出版的刊次。

**07.03.077　专刊　special issue**
又称"特刊"。报刊用一期的全部或一期中相当篇幅刊载某一方面内容的文章,并作特别标明的报刊出版物。

**07.03.078　辑刊　non-periodical anthology of papers**
学术机构出版刊行的成套的、定期或不定期的论文集。

## 07.04　音像制品与电子出版物

**07.04.001　音像制品　audiovisual products**
录有声音、影像等内容的录音带、录像带、唱片、光盘、U盘、磁盘等制品,包括音像软件、学习软件。

**07.04.002　录音制品　audiowork**
表演的声音和其他声音的录制品。包括录音带、唱片、激光唱盘、磁盘、U盘及网络在线传播的声音制品。

**07.04.003 录像制品 videowork**

电影作品以外的任何有伴音或者无伴音的连续相关形象、图像的录制品。包括录像带、激光视盘、高密度光盘等，以及网络在线传播的影像制品。

**07.04.004 数字音像制品 digital audio-visual publication**

在移动网络、宽带互联网、有线电视网通过下载和点播等方式传播的数字方式记录的音像制品。

**07.04.005 样带 sample tape**

出版单位不进行销售，用作样本的磁带类音像出版物。

**07.04.006 样盘 sample disc**

出版单位不进行销售，用作样本的光盘类音像出版物。

**07.04.007 盒式音带 recorded audio cassette**

以盒式录音磁带为载体，录有音频节目的出版物。

**07.04.008 VHS 像带 VHS recorded program tape**

以 VHS 录像磁带为载体，录有视频和音频节目的出版物。

**07.04.009 演示带 demo tape**

专门制作的包含产品的片断和相关信息，用于演示、介绍、宣传产品的磁带。

**07.04.010 演示盘 demo disc**

专门制作的包含产品的片断和相关信息，用于演示、介绍、宣传产品的光盘。

**07.04.011 数字音频广播 digital audio broadcasting；DAB**

继 AM、FM 传统模拟广播之后的第三代广播，是用数字信号表达音频的广播。

**07.04.012 数字多媒体广播 digital multimedia broadcasting；DMB**

在数字音频广播的基础上发展起来的加有可视内容的广播。

**07.04.013 交互式电视点播系统 interactive TV on demand system**

利用有线电视网络，采用多媒体技术，将声音、图像、图形、文字、数据等集成为一体，向特定用户播放其指定的视听节目的业务服务系统。

**07.04.014 互动电视 interactive television；ITV**

又称"交互式电视"。用数字格式显示并通过宽带网络技术具有交互性的电视。

**07.04.015 交互式网络电视 internet protocol television；IPTV**

一种利用宽带有线电视网向家庭用户提供包括数字电视在内的多种交互式服务的电视。

**07.04.016 全交互式电视 full interactive television**

一种将电视节目和数字多媒体等综合信息服务传送给用户，并且能够对用户发出的请求做出应答的高级新型电视业务。

**07.04.017 流媒体电视 streaming television**

运用流媒体技术，分时读取数据、连续播放的数字电视。它是网络信息时代的新一代高清电视，不用连线就可与家庭数码产品实现信息和内容的共享。

**07.04.018 音乐电视 music television；MTV**

一种运用电视技术手段，以音乐语言为抒情表意方式，以画面语言为辅助表现形态，给观众审美感的电视文艺节目类型。

**07.04.019 移动电视 mobile television**

在公共汽车等可移动物体内通过电视终端以接受无线信号的形式收看电视节目的技术应用。

**07.04.020 数字电视 digital television；DTV**

又称"数位电视""数码电视"。一种节目信号的摄取、记录、处理、传播、接收和显示均采用数字技术的电视系统。

**07.04.021　电视购物　television shopping**
一种商家通过电视广告等方式向消费者提供产品及配送服务以使消费者购买商品的售卖方式。

**07.04.022　高清晰度电视　high definition television**
简称"高清电视"。数字电视技术的最高标准可提供的最佳视音频效果的电视。

**07.04.023　数字电影　digital film**
又称"数码电影"。使用数字技术制作、发行、传播、放映的电影。

**07.04.024　三维电影　three-dimensional movie**
又称"3D 电影""立体电影"。利用人双眼的视角差和会聚功能制作的可产生立体感的电影。

**07.04.025　四维电影　four-dimensional movie**
又称"4D 电影"。在三维立体电影和周围的环境模拟组成的四维空间中,以 3D 立体电影为基础加环境特效、模拟仿真而组成的新型影视产品。

**07.04.026　巨幕电影　huge screen**
放映银幕比宽银幕电影的银幕更宽、纵向高度也大得多的电影,以及银幕呈环形或穹形等特殊形状的电影。

**07.04.027　全息电影　holographic movie**
一种在全息摄影基础上发展起来的有纵深感的立体影像,亮度范围比普通摄影和电影大得多的新型影片类型。

**07.04.028　艺术电影　art movie**
与商业电影相对立的一种电影类型。广义上的艺术电影还指对世界、社会、生命之个人

的、原创的、批判性的表达,对电影语言的实验性尝试。

**07.04.029　微电影　micro film**
又称"微型电影"。专门运用在各种新媒体平台上播放的,适合在移动状态和短时休闲状态下观看的,具有完整策划和系统制作体系支持的,具有完整故事情节的"微(超短)时"放映、"微(超短)周期制作(1~7 天或数周)"和"微(超小)规模投资(每部几千元至数万元)"的视频短片。

**07.04.030　推理片　reasoning film**
在侦探片基础上发展起来的突出推理的影片类型。

**07.04.031　西部片　western movie**
又称"牛仔片"。指美国好莱坞特有的、以反映西部牛仔生活为主题的影片类型。

**07.04.032　喜剧片　comic film**
以产生笑的效果为特征、以笑激发观众爱憎的影片。常用不同含义的笑声,鞭笞社会上一切丑恶落后的现象,歌颂现实生活中的美好进步事物。

**07.04.033　灾难片　disaster film**
以自然或人为的灾难为题材的故事影片。其特点是表现人处于极为异常状态下的恐慌心理,以及灾难所造成的凄惨景象。

**07.04.034　战争片　war movie**
以描绘一场战争为主要内容的故事影片。多着重于表现人们在战争中的命运,有时也对战略战术及巨大战争场面进行描绘。

**07.04.035　侦探片　detective movie**
以侦破错综复杂的犯罪案件为题材的故事影片。常以正义与犯罪之间的冲突为核心,而以正义战胜邪恶为结局。

**07.04.036　协拍片　association of film**
以外方(其他国家或地区)投资并享有影片

著作权,我方提供劳务和其他协助并取得报酬的方式所制作的影片。

**07.04.037　预告片　trailer**
将精华片段,经过刻意安排剪辑,以便制造出令人难忘的印象,而达到吸引人的效果的电影短片。预告片属于电影的广告,是营销的一部分。

**07.04.038　电脑动画　computer animation**
又称"计算机动画"。指使用计算机制作的动画。

**07.04.039　二维动画　2D animation; two-dimensional animation**
又称"2D 动画"。借助计算机 2D 位图或矢量图创建编辑的,同手绘动画类似的一种动画。

**07.04.040　三维动画　3D animation; three-dimensional animation**
又称"3D 动画"。借助三维动画软件在计算机中创建虚拟三维世界的一种动画。

**07.04.041　闪动画　swishmax**
又称"flash 动画(flash animation)"。运用 Flash 软件将音乐、声效等富有新意的元素融合在一起,制作出高品质的网页动态效果的动画。

**07.04.042　沙动画　sand animation**
用沙为材料,在一块打前光灯或者是背光灯的玻璃上用沙子来绘制各种图像,然后作为帧拍摄下来制作而成的动画。

**07.04.043　木偶动画　puppet animation**
以立体木偶而非平面素描或绘画来拍摄的动画。

**07.04.044　黏土动画　clay animation**
使用黏土或橡皮泥甚至口香糖这些可塑形的材质来制作的定格动画。

**07.04.045　图像动画　graphic animation**
使用非绘画类型的平面图像制作的定格动画。

**07.04.046　实体动画　pixilation**
使用积木、玩具、娃娃等实体来制作的定格动画。

**07.04.047　变形动画　morph animation**
用计算机处理的具有景物对象形体变化特征的二维或三维动画。

**07.04.048　玻璃动画　paint-on-glass animation**
在玻璃片上绘制的动画。

**07.04.049　剪纸动画　cutout animation**
以纸或者是衣料为材质制作的定格动画。剪纸动画是将中国民间剪纸艺术运用到美术片设计制作的一种中国特有的美术片类型。

**07.04.050　路径动画　path animation**
让每个对象根据指定路径进行运动的动画。

**07.04.051　音乐动画　animated musical**
根据音乐制作的动画。与歌曲动画不同,音乐动画多选世界名曲,没有台词,用符合乐曲内涵、节奏并富有视觉冲击力的动画画面来诠释音乐的意境。

**07.04.052　无纸动画　paperless animation**
通过数字化仪器(电子画笔)绘制动画,并将上色、合成、后期处理,直到作品完成的全过程都在屏幕上完成的动画。

**07.04.053　定格动画　stop-motion animation**
又称"静格动画""静止动画"。以现实的物品为对象,应用摄影技术来制作的一种动画形式。

**07.04.054　片头动画　title animation; preamble animation**
放在电影、电视剧、电视栏目、电脑游戏等正式内容之前,通常用节目内容典型片段和 3D 动画组合演绎而成的动画。

**07.04.055 针幕动画** pinscreen animation

用一块有许多可以活动的针的板,通过不同的针的上升下降来实现动画效果的动画。

**07.04.056 模型动画** claymation animation

以制作好的模型为对象来制作的定格动画。

**07.04.057 全数字动画** full-digital animation

人物形象绘制、场景设计、情节发展等工作全部在计算机上完成的动画。

**07.04.058 全动作动画** full animation

又称"全动画"。在制作时精准和逼真地表现各个动作的动画。

**07.04.059 轮廓剪影动画** profile silhouette animation

影像上表现为背光且只能看到黑色轮廓剪影的动画。

**07.04.060 胶片绘制动画** drawn-on-film animation

又称"直接动画""无摄像机动画"。在电影胶片上直接绘制制作而成的动画。

**07.04.061 电子图书** electronic book; ebook

又称"电子书(e-book)"。以数字代码方式将图、文、声、像等信息存储在磁、光、电介质上,辅以电子技术手段阅读的图书。电子图书包括电子书的内容、电子书阅读软件和电子书阅读器三个基本要素。

**07.04.062 电子期刊** electronic journal; e-journal

集图、文、声、像等于一体的形式上保留了印刷版式特征的期刊。

**07.04.063 电子杂志** electronic magazine; e-magazine

集图、文、声、像等于一体的一种不定期连续性电子出版物。

**07.04.064 电子报纸** electronic newspaper; e-newspaper

把新闻和广告等内容以数字化形式保存在计算机内,读者通过通信终端或计算机访问的报纸。

**07.04.065 电子辞书** electronic encyclopedic dictionary

以数字代码方式将图、文、声、像等信息存储在磁、光、电介质上,辅以电子技术手段使用的辞书。

**07.04.066 电子词典** electronic dictionary; e-dictionary

以数字代码方式将信息存储在磁盘、光盘、集成电路等介质上的用计算机类工具可快速查询的词典。

**07.04.067 电子课本** electronic textbook; e-textbook

通过电子技术以图、文、声、像等形式综合展现内容的有交互功能的智能化课本。

**07.04.068 电子版地图** electronic edition map

采用多媒体和计算机技术,以数字方式存储和查阅的地图。

**07.04.069 电子地图** electronic map

以数字形式来表示,通过专用的计算机软件显示、读取、检索和分析的地图。

**07.04.070 电子书包** electronic schoolbag; e-schoolbag

将教材内容数字化,整合成具有文本、音频、视频、动画等功能的资源包,供学习者通过终端阅读设备进行学习的一种数字教育产品。

**07.04.071 电子名片** electronic card; e-card

把单位或个人的多媒体宣传资料整合成一种自动播放的多媒体文件,刻录成名片形状的光盘。

**07.04.072 电子菜谱** electronic menu; e-menu

采用平板电脑作为载体的一种可以替换传统纸菜谱和点菜宝的电子设备。

**07.04.073　电子音乐**　electronic-acoustic music; electronic music

简称"电音"。指任何以电子合成器、效果器、电脑音乐软件、鼓机等电子设备产生的电子声响。

**07.04.074　计算机音乐**　computer music

指计算机技术与音乐艺术相结合的音乐。

**07.04.075　多媒体印刷读物**　multimedia print reader; MPR

指将数码信息技术应用到纸质印刷的出版物上,通过特定的信息符号(MPR码)将印刷读物的文字、图片同与其对应的多媒体音视频内容文件相关联的出版物。

**07.04.076　有声书**　audiobook

由一人或多人依据文稿并借助不同的声音表情和录音格式所录制的,以磁、光、电介质和网络为载体并带有播放功能的图书。

## 07.05　网络出版产品与服务

**07.05.001　科学网络数据库**　Web of Science Database

由美国汤姆森科技信息集团(Thomson Scientific)基于 web 开发的大型综合性、多学科、核心期刊引文索引数据库。

**07.05.002　科学引文索引**　Science Citation Index; SCI

由美国科学信息研究所创建的收录不同国家和地区的科学期刊和论文,进行一定统计分析的科技文献检索工具。

**07.05.003　中国科学引文数据库**　Chinese Science Citation Database; CSCD

由清华大学和中国科学院的资源与技术优势结合,以及多年的数据积累发展成的我国规模最大、最具权威性的科学引文索引数据库(创建于 1989 年)。

**07.05.004　社会科学引文索引**　Social Sciences Citation Index; SSCI

由美国科学信息研究所创建的目前世界上可对不同国家和地区的社会科学论文进行统计分析的大型检索工具。

**07.05.005　引文数据库**　citation database

将各种引用文献的内容按照一定规则记录集成的规范数据库。

**07.05.006　知识仓库**　knowledge warehouse

以知识元为基本单元,以知识元链接为枢纽,实现知识管理与知识服务的基础数据库。是一种较为复杂的知识库组织形式。

**07.05.007　在线教育**　online education

一种基于互联网的教育和学习形式,又称为"e-learning",或"远程教学""网络教学"。它具有高效率、探索性强的特点,是对传统教学模式的拓展延伸,可实现随时随地的教学实践。

**07.05.008　知识服务**　knowledge service

是一种为满足受众特定需求,向其有偿或无偿提供内容的劳动方式。一般包括信息采集、内容组织、知识提取、渠道搭建和服务响应等环节。

**07.05.009　融媒体**　convergence-media

一种将广播、电视、互联网不同媒体形态的优势互为整合和利用,使其内容、功能、渠道、方法、管理和价值得以全面提升的一种全媒体运营模式。

**07.05.010　数据仓库**　data warehouse

支持企业或组织进行决策分析处理,面向主题、集成、不可更新、随时间不断变化的数据集合,其作用是为决策者提供所需的信息。

一个完整的数据仓库一般包括基础设施、用户界面、数据挖掘、知识发现、历史数据、数据库管理系统和应用程序。

**07.05.011　数字图书馆　digital library**
又称"电子图书馆"。利用数字技术收集、转换、描述和存储图书馆馆藏信息,并通过互联网提供信息服务的机构,它是传统图书馆功能的扩展。

**07.05.012　数字博物馆　digital museum**
运用数字网络技术,将实体博物馆的藏品以数字化方式完整呈现于网络上的博物馆。

**07.05.013　数字期刊　digital periodical**
以数字化形式存储于光、磁等介质或网络中,并通过数字媒体进行发行和阅读使用的一种连续型数字出版产品。

**07.05.014　数字学术期刊　digital academic journal**
以刊载学术论文、研究报告、评论等文章为主,经同行评审或审稿后,将某一学科或领域的研究成果以数字形式出版、传播和发行的期刊。

**07.05.015　数字大众期刊　digital general periodical**
面向普通读者,以刊载知识性和趣味性文章为主的,以数字形式出版、传播和发行的期刊。

**07.05.016　开放存取期刊　open access periodical**
可以在公共网络(public internet)中免费获取,并允许所有用户不受经济、法律和技术限制,阅读、下载、复制、分发、打印、搜索或超链接论文全文的期刊。

**07.05.017　数字报纸　digital newspaper**
又称"数字报"。利用数字技术手段采集、编辑新闻稿件、图片资料等内容信息,通过计算机网络进行传输,借助计算机、移动阅读设备、公共展示设备等终端阅读设备进行读取的一种新型媒介形态。

**07.05.018　数字音乐　digital music**
广义的数字音乐,指通过数字方式进行生产、存储、传播、消费的音乐产品,既包括在线音乐、无线音乐等非物质形态的音乐产品,也包括 CD、VCD 等物质形态的音乐产品。狭义的数字音乐,指通过数字方式进行生产、存储并通过有线或无线方式进行传播、消费的非物质形态的音乐产品。

**07.05.019　数字动漫　digital cartoon and animation**
全称"数字动画和数字漫画"。采用数字技术制作动画和漫画内容,并通过互联网、移动互联网,以及 IPTV、移动电视、手持视听设备等媒体终端进行传播,主要以内容收费、投放广告、开发衍生产品等实现盈利的一种产品。

**07.05.020　数字油画　digital painting**
又称"数字彩绘""编码油画"。通过特殊工艺将画作加工成线条和数字符号,绘制者只要在标有号码的填色区内填上标有相应号码的颜料,就可以完成的手绘油画产品。

**07.05.021　数字广告　digital advertising**
通过电子显示设备在户外公共场所(如机场、医院、超市等处)呈现的广告。电子显示设备主要有视频播放器、框架刷屏机、LCD 显示屏、LED 显示屏等。

**07.05.022　数字有声书　digital talking book**
一组符合 DAISY 标准的文件集。这些文件可由 XML 文档、文本或声音文件组成。

**07.05.023　数字报刊　digital press**
基于数字技术,集文字、声音、图像、动画、视频等元素于一体的报刊。

**07.05.024　数字化学习　electronic learning; e-learning**
指通过电子、计算机、远程通信等技术手段开展的学习与教学活动。数字化学习提供具有丰富资源与全新沟通机制的学习环境，可以不受时间与空间的限制进行个性化学习。

**07.05.025　在线学习社区**　online learning community

以教学为主要功能，通过互联网进行授课和学习的社区，是互联网虚拟社区与数字教育相结合的产物。一个成熟的在线学习社区需要有优质的内容资源、一定规模的注册用户和较高参与度的核心用户。

**07.05.026　学习共享空间**　space of shared learning

为满足学习者对协作式学习环境的需要而兴起的一种以学习者为中心的，融合互联网技术（IT 技术）、多媒体设施、学习帮助服务和参考咨询功能为一体，以培育学习者信息素养、实践技能、信息检索能力为目标的新型服务创新模式。学习共享空间由实体环境和虚拟环境共同组成，前者是学习者学习、交流、合作和活动的物理场所；后者是运用现代信息技术在网络平台上为学习者构建的共享思想和知识的虚拟场所。

**07.05.027　虚拟研究环境**　virtual research environment

为分布在世界各地的科研人员建立的具有开放共享、分布协同和安全可控的网络化、数字化科研平台。能够不受组织边界的约束来推动研究进程，帮助个体研究人员完成研究工作中日益复杂的研究任务，同时有助于跨学科、跨国界的研究组织间的合作。

**07.05.028　虚拟教室**　virtual classroom

在互联网上利用多媒体通信技术构造出的学习环境，可以使处在不同地理空间的教师和学生进行学习和交流。

**07.05.029　计算机辅助教学工具**　computer assisted instruction tool

在计算机辅助下开展教学活动所使用的器具

或采取的手段。利用计算机辅助教学工具既可以直观、生动地展示抽象的学习内容，也可以为学生提供有针对性的学习辅导等。

**07.05.030　多媒体课件**　multimedia courseware

在一定的学习理论指导下，根据教学大纲的要求，经过教学目标确定、教学内容与任务分析、教学活动及界面设计等环节，用计算机应用软件制作的、反映某种教学策略和教学内容的现代化程序性教具。

**07.05.031　慕课**　massive open online course；MOOC

全称"大规模开放在线课程"。一种将分布在世界各地的授课者和学习者通过网络无限参与和开放访问的方式联系起来的大规模的线上虚拟教室。除了提供传统的课程资料，许多慕课还提供交互式课程，以支持学生、教师和教学助理之间的交流互动。

**07.05.032　私播课**　small private online course；SPOC

全称"小规模限制性在线课程"。一种结合了实体课堂和在线学习的混合式教学模式。私播课专注于特定的小规模学习群体，学习者必须保证学习时间和学习强度、参与在线讨论、完成规定的作业和考试等，通过者将获得课程完成证书。

**07.05.033　微课**　micro lecture

按照课程标准和教学实践要求，以视频为主要载体，围绕某个知识点或教学环节组织起来的呈现碎片化学习内容、过程及扩展素材的一种新型教学资源。微课的核心组成内容是课堂教学视频，同时还包含与该教学主题相关的教学设计、素材课件、教学反思、练习测试，以及学生反馈、教师点评等辅助性教学资源。

**07.05.034　微视频**　micro video

泛指时间很短、内容广泛、形态多样的可通过个人计算机、手机、摄像头、数码摄像机

（DV）、数码相机（DC）、MP4 等多种视频终端摄录或播放的视频短片。

**07.05.035　虚拟演播室　virtual studio**
拍摄时由电子系统生成的道具、布景都是摸不着的虚拟背景所组成的演播室。

**07.05.036　二维虚拟演播室　two-dimensional virtual studio**
以一张或一组平面图像为背景，根据摄像机的参数变化对整幅图像进行缩放或平移处理，以提供相应背景的虚拟系统所组成的演播室。

**07.05.037　三维虚拟演播室　three-dimensional virtual studio；3D VS**
一种利用数字计算机技术，结合三维技术、三维空间、三维模型、三维跟踪以实现虚拟光效及特技效果的虚拟场景的演播室。

**07.05.038　网络游戏　online game**
简称"网游"。指由软件程序和信息数据构成的，经互联网、移动通信网等信息网络传播的，通过手机、网页浏览器和其他终端形式运行的游戏产品和服务。

**07.05.039　网络文学　network literature**
基于网络创作和传播的一种文学形态，它同传统文学一样具有诗歌、小说、散文和戏剧等体裁或形式，但是它的表现形式更加多样，如超文本和多媒体作品形式。

**07.05.040　网络地图　web map；online map**
以数字方式存储并通过网络传播的地图，它利用地理信息系统、定位导航系统、遥感技术等来储存、处理和传送地图数据。

**07.05.041　网络广告　internet advertisement**
通过付费方式在互联网上刊登或发布文字、声音、图像、影像、动画等多媒体形式的商业信息，并以沟通和劝说为目的的一种广告传播形式。

**07.05.042　网络社区　internet community**
一种以提供对话、交流和交往服务为主的网上环境，包括论坛、贴吧、公告栏、群组讨论、在线聊天、交友、个人空间、无线增值服务等，同一主题的网络社区集中了具有共同兴趣的访问者。

**07.05.043　网络百科全书　online encyclopedia**
基于互联网的、开放式的、由多人协同创作的、涵盖众多知识门类的大型工具书平台。网络百科全书强调自由内容和协同编辑，用户可以通过网络进行创作、浏览、修改和发布内容。

**07.05.044　在线翻译　online translation；online interpretation**
一种基于互联网的、多语言的机器翻译（machine translation，MT）服务，提供文本翻译和语音翻译。在线翻译依托语料库统计、神经网络等技术处理语言类型差异、习语翻译和异常的语言隔离等问题。

**07.05.045　网络数据库　online database**
又称"在线数据库"。一种经由互联网相互关联的数据库信息的集合。在线数据库以后台（远程）数据库为基础，加上一定的前台（本地计算机）程序，通过浏览器向所有网络用户提供公共检索和信息服务。

**07.05.046　书目数据库　bibliography database**
又称"索引型数据库""目录型数据库"。指存储有关主题领域各类文献资料的目录、题录和文摘等书目信息的数据库。

**07.05.047　全文数据库　full-text database**
将一个完整信息源的全部内容转化为计算机可以识别、处理的信息单元而形成的数据集合。全文数据库是由包含正文在内的文献完整信息内容所构成的数据库。

**07.05.048　条目式数据库　entry database**

将数字内容资源加工形成条目化数据（即按内容分割的细目），并提供条目的分类浏览、检索、关联等服务的数据库。

**07.05.049  学术论文数据库  academic paper database**

对某个科学领域中的学术问题进行研究后，记录科学研究的过程、方法及结果，用于学术交流、讨论或出版发表的学术论文构成的数据库。通常包括学位论文数据库和学术会议论文数据库。

**07.05.050  专题数据库  subject database**

由特定主题、特定领域、特殊行业相互关联的数据和信息所构成的数据库。专题数据库可在有关软件的支持下，为特定服务对象提供专门的信息服务。

**07.05.051  事实型数据库  factual database**

指把大量的事实、规则、概念组成的知识存储起来进行管理的数据库。事实型数据库提供的是最原始的客观事实、统计数字、音像图谱等，这些信息可以直接利用。

**07.05.052  多媒体数据库  multimedia database**

以文本、图像、音频和视频等多媒体数据为内容组成的数据库。多媒体数据库具有数据量大、结构复杂和时序性等特点。

**07.05.053  知识库  knowledge base；KB**

针对某一或某些领域问题求解的需要，采用某种或若干知识表示方式在计算机存储器中存储、组织、管理和使用的互相联系的知识片集合。

**07.05.054  机构知识库  institutional repository**

利用网络及相关技术，依附于特定机构而建立的数字化学术数据库。机构知识库收集、整理并长期保存机构及其社区成员所产生的学术成果，并在将这些资源进行规范、分类、标引后，按照开放标准与相应的互操作协议，允许机构及其社区内外的成员通过互联网免费获取使用。

**07.05.055  手机报纸  mobile newspaper**

以手机为媒介，由报社、移动通信商和网络运营商共同搭建的新闻信息传播平台。用户可通过手机阅读纸质报纸上的新闻、图片，或者接收传统媒体无法展现的音频、视频等多媒体内容。

**07.05.056  手机期刊  mobile magazine；mobile phone magazine**

直接在手机上阅读的多媒体期刊，支持网页在线阅读和阅读器下载阅读。

**07.05.057  手机小说  cell phone novels**

通过手机键盘完成内容创作，或以手机为载体进行阅读和传播的小说类文学作品。

**07.05.058  手机游戏  mobile game；mobile phone game**

简称"手游"。运行在手机上的游戏软件。手机游戏主要分为两类：一是文字类游戏，包括短信游戏和无线应用通信协议浏览器游戏两种；二是图形类游戏，通常以动画的形式来发展游戏情节。

**07.05.059  彩铃  polyphonic ringtone；coloring ring back tone**

全称"个性化多彩回铃音业务"。由被叫客户为呼叫自己移动电话的其他主叫客户设定特殊音效（音乐、歌曲、故事情节、人物对话）的回铃音的业务。

**07.05.060  彩信  multimedia messaging service；MMS**

全称"多媒体消息服务"。实现即时的手机端到端、手机终端到互联网，或互联网到手机终端的以文字、图像、影像、声音和动画等为表现形式的多媒体信息传送服务。

**07.05.061  用户生成内容  user generated content；UGC**

用户将自己原创的内容通过互联网平台进行展示或提供给其他用户的活动，是 Web 2.0 环境下一种新兴的网络信息资源组织模式，具有去中心化、用户参与、协同创作等特点。

**07.05.062　音频分享平台　audio sharing platform**
利用互联网所具有的开放、共享、多媒体等特性，以用户为导向，通过制作和传播音频内容获取收益的互联网信息平台。音频分享平台的内容包括面向垂直领域的专业内容、面向大众的泛娱乐化内容，以及传统广播电台的优质内容等。

**07.05.063　视频直播平台　live video platform**
利用互联网及流媒体技术为用户提供有声视频直播服务的互联网信息平台。视频直播属于社交网络服务的一种，通过真实、生动的传播，营造出强烈的现场感，以达成印象深刻、记忆持久的传播效果。

**07.05.064　即时通信　instant messenger**
简称"IM"。通过实时性和丰富化的即时沟通功能实现信息的传递与交流的一种线上即时聊天工具。IM 支持文字聊天、语音聊天、视频聊天、文档传输、个人状态标记等功能。

**07.05.065　博客　blog**
又称"网络日志（weblog）"。一种以传播个人思想为主，内容不断更新的，能够按时间顺序展示个人知识集合的沟通交流平台。

**07.05.066　微博　microblog**
基于用户关系的信息分享、传播与获取的平台。用户可以通过 web、wap 网站和各种客户端组建个人社区，以 140 字左右的文字更新信息，并实现信息的即时分享。微博具有广泛的参与性、便捷性、自主性。

**07.05.067　移动应用程序　mobile application program**
在移动操作系统支持下运行，通过执行一组

功能、任务或活动以满足最终用户需要的软件程序。

**07.05.068　小程序　app；applet**
一种不需要下载安装即可使用的移动应用程序。小程序是开发难度较低，占用内存空间较少，并且能够满足用户需求的基础应用。

**07.05.069　信息检索服务　information retrieval service**
根据用户检索需求为其提供信息服务的过程。信息检索服务包含"存"和"取"两个基本内容，"存"是指将海量信息进行数字化并存储在高度组织化的数据库系统中的过程；"取"是指根据用户的信息需要，进行快速、高效、准确的查找，并从数据库中获取相关内容资源的过程。

**07.05.070　信息发现服务　information discovery service**
通过元数据信息聚合、统一索引构建等方式链接多个数字资源库，提供电子文献导航、统一的检索界面、检索结果整合与排序、原文获取等功能，发掘并展示数字内容资源的一种服务形式。

**07.05.071　数据库包库服务　database package service**
包库用户一次性订购数据库产品，并在限定的 IP 范围内不受次数限制地使用数据库产品中的内容；服务提供方按照订购期限、订购内容、并发用户数等收取包库费用的发行模式。数据库包库服务主要适用于需求量大、使用频率高的高校、科研机构和企事业单位。

**07.05.072　按需订阅服务　on-demand subscription service**
根据用户的内容偏好、使用行为、购买行为而采取的，满足用户内容资源订购与服务需求的发行模式。按需订阅服务订阅方式灵活且能满足用户的个性化需要。

**07.05.073 虚拟咨询服务** virtual reference service；virtual inquiry service

又称"数字参考服务""网络参考咨询服务"。信息服务机构通过收集、整理和加工自有内容资源和网络信息资源，采用电子邮件、常见问题解答（frequently asked questions，FAQ）系统、实时问答等多种方式向用户提供的参考咨询服务。其实质是一种基于互联网的帮助服务。

**07.05.074 定题服务** customerized service

指信息服务机构根据用户的特定需求，确定服务主题，然后围绕主题进行文献信息的收集、筛选、整理和加工，以定期或不定期的形式提供给用户的一种信息服务业务。

**07.05.075 学术服务** academic service

指信息服务机构提供的各种有助于科研人员开展科学研究和科学交流活动的服务总称。学术服务主要包括：信息的定制与推送等个性化服务，跨库检索、知识搜索等各种检索服务，检索结果的相关统计分析等增值服务，引

文分析、论文影响因子分析等科学评价服务，组织学术会议、论坛等交流服务，等等。

**07.05.076 个性化服务** personalized service

一种针对不同用户提供不同的服务策略和服务内容的服务模式，其实质是以用户为中心，满足用户的个性特征和需求特征的服务。

**07.05.077 社会化网络服务** social network service；SNS

又称"社交网络服务"。指为一群拥有相同兴趣与活动的人创建虚拟社区，并提供多种联系和交流方式的服务。这类服务通常基于互联网，包括电子邮件、即时通信、文件分享、讨论群组等互联网信息服务。

**07.05.078 基于位置的服务** location-based service；LBS

通过运营商的无线通信网络或外部定位方式获取移动终端用户的位置信息，在地理信息系统的支持下，为用户提供相应服务的一种增值服务。

# 08. 著 作 权

## 08.01 综 述

**08.01.001 知识产权** intellectual property right

是基于创造成果和工商业标记依法产生的权利的统称。包括专利权、商标权、著作权等。

**08.01.002 工业产权** industrial right

又称"产业产权"。指工业和其他产业中具有实用经济意义的一种无形财产权。是指著作权之外的知识产权，主要包括专利权与商标权。

**08.01.003 著作权** copyright

又称"版权"。是指基于文学艺术和科学作品依法产生的权利，包括著作人身权和著作

财产权。广义的著作权包括邻接权。

**08.01.004 版权产业** copyright industry

经营具有版权属性的产品或服务，并依靠版权法和相关法律保护而生存发展的产业。

**08.01.005 核心类版权产业** core copyright industry

创造有版权的作品，研制、生产和传播享有版权的作品或受版权保护的产品的产业。主要包括广播影视业、录音录像业、图书报刊出版业、戏剧创作业、广告业、计算机软件和数据处理业等。

**08.01.006 部分版权产业** partial right industry

产业内部分产品享有版权保护的产业。较典型的如纺织业、玩具制造业和建筑业等。

**08.01.007　发行类版权产业**　publication distribution right industry

以批发、零售、租借方式向消费者传输和发行有版权的作品的产业。如书店、音像制品连锁店、图书馆、电影院线和相关的运输服务业等。

**08.01.008　版权关联产业**　copyright-related industry

生产和发行的产品完全或主要与版权物品配合使用的产业。如计算机、收音机、电视机、录像机、游戏机和音响设备等产业。

**08.01.009　著作权法**　copyright law

又称"版权法"。是指调整因著作权的产生、控制、利用和支配而产生的社会关系的法律规范的总称。

**08.01.010　著作权人**　copyright owner

又称"版权人""版权所有者"。即著作权主体。依法对文学、艺术和科学作品享有著作权的人或法人。著作权人可分为原始著作权人和继受著作权人。

**08.01.011　著作权客体**　object of copyright

著作权法律关系中权利人的权利和义务人的义务所共同指向的对象。

**08.01.012　合著**　joint publication; co-author

两位或两位以上的作者共同创作一种作品。

**08.01.013　著作权保护**　protection of copyright

又称"版权保护"。依法对著作权人的著作权予以确认和保障。

**08.01.014　邻接权**　related right

又称"相关权"。与著作权相关的权利。传播者在传播文学、艺术和科学作品或自然事

物过程中对相关客体依法享有的权利。邻接权包括录音制作者、录像制作者、表演者、广播电视组织的权利,以及出版者的版式设计权等。

**08.01.015　著作权利用**　copyright utilization

著作权人通过对权利的行使而获得财产收益。

**08.01.016　创作**　creation

直接产生文学、艺术和科学作品的智力活动。

**08.01.017　独创性**　uniqueness

又称"原创性""初创性"。作品经独立创作产生而具有的非模仿性(非抄袭性)和差异性。构成受著作权保护的基本要件之一。作品只要是作者独立构思的产物,在表现形式上与已有作品存在差异,就可以视为具有独创性。

**08.01.018　著作权的取得**　acquisition of copyright

著作权产生的时间和条件。著作权自作品创作完成之日起自动产生。

**08.01.019　邻接权的取得**　acquisition of related right

邻接权产生的时间和条件。邻接权自录音制品和录像制品首次制作、表演首次发生、广播电视节目首次播放、含有版式设计的书刊首次出版之日起自动产生。

**08.01.020　著作权保护延及**　relevance of copyright protection

著作权保护所能延及的范围。著作权保护只延及作品的表达形式,不延及作品内容所涉及的思想、原理、技艺、方法和操作过程等。

**08.01.021　著作权集体管理**　collective management of copyright

著作权人或与著作权相关的权利人授权著作权集体管理组织集中行使权利人的有关权利。著作权人行使著作权的一种形式。

**08.01.022 著作权行政管理** copyright administrative management

国家机关依据法律赋予的职权对著作权工作进行管理的行为。包括国家中央机关和省级及省级以下政府部门对著作权的管理。

**08.01.023 作品自愿登记** voluntary registery of one's work

著作权人自愿向著作权行政管理部门设立的作品登记机构登记其作品。作品无论是否登记,作者或其他著作权人依法取得的著作权不受影响。

**08.01.024 著作权认证** copyright attestation

在涉外著作权合同登记中对授权的真实性进行核查。

**08.01.025 著作权代理** copyright agency; copyright agent

受著作权人委托,代表著作权人处理有关著作权事务。

**08.01.026 著作权鉴定** copyright evaluation

由专门机构对存在著作权纠纷的不同作品表达的相同或相似度进行比对。

**08.01.027 国际著作权公约** international copyright convention

与著作权有关的国际公约。

**08.01.028 保护文学和艺术作品伯尔尼公约** Berne Convention for the Protection of Literary and Artistic Works

简称"伯尔尼公约(*Berne Convention*)"。关于著作权保护的国际条约,1886 年 9 月 9 日于瑞士伯尔尼签订。世界上第一个由多个国家签订的国际著作权公约,是著作权领域最重要的国际公约,涉及领域广泛,包括基本原则、受保护作品、最低保护限度及对发展中国家的特殊规定。中国于 1992 年成为该公约成员国。

**08.01.029 世界版权公约** Universal Copyright Convention

联合国教科文组织主持起草的国际著作权公约,1955 年 9 月 16 日生效。现文本于 1971 年在巴黎修订。1992 年,中国成为该公约成员国。

**08.01.030 保护录音制品制作者防止未经许可复制其录音制品日内瓦公约** Geneva Convention for the Protection of Producers of Phonograms Against Unauthorized Duplication of Their Phonograms

简称"保护录制者公约""日内瓦公约(*Geneva Conventions*)"。1971 年 10 月 29 日在日内瓦缔结,我国于 1992 年 11 月 7 日加入。该公约共 13 条,对防止盗制录音制品和出售盗制录音制品及防止擅自进口等方面有重要作用。

**08.01.031 与贸易有关的知识产权协议** Agreement on Trade-Related Aspects of Intellectual Property Rights; TRIPS Agreement

俗称"TRIPS 协议"。该协议作为关贸总协定乌拉圭回合谈判的最后文件之一,于 1994 年 4 月 15 日由关贸总协定各成员签订。关于著作权的保护,该协议规定,各成员必须遵守《伯尔尼公约》(1967 年文本)第 1~21 条及附件的实体规定,该协议项下的版权保护应延伸到表达方式,但不包括思想、程序、操作方法和数学概念。

**08.01.032 世界知识产权组织版权条约** WIPO Copyright Treaty; WCT

俗称"WIPO 版权条约"。1996 年 12 月在日内瓦召开世界知识产权组织(World Intellectual Property Organization, WIPO)关于版权和邻接权若干问题的外交会议,通过该条约。主要内容是对《伯尔尼公约》1971 年巴黎文本某些实质性条款的修改。2007 年 6 月,该条约在中国生效。

**08.01.033 世界知识产权组织表演和录音制品条约** WIPO Performances and Phonograms Treaty；WPPT

俗称"WIPO 表演和录音制品条约"。1996年12月在日内瓦召开世界知识产权组织关于版权和邻接权若干问题的外交会议,通过该条约。是在 1961 年《罗马公约》的基础上为表演者和录音制品制作者制定的专门的国际条约。2007 年 6 月,该条约在中国生效。

**08.01.034 视听表演北京条约** Audio Visual Performance Beijing Treaty

2012 年 6 月 24 日经世界知识产权组织外交会议通过,26 日在北京缔结,旨在为视听表演者提供著作权保护。这是第一个在中国缔结并以中国城市命名的国际知识产权条约。2014年 7 月 10 日,中国政府向世界知识产权组织递交批准《视听表演北京条约》的政府声明。2020 年 4 月 28 日,该条约正式生效。

**08.01.035 国民待遇原则** national treatment principle

《伯尔尼公约》的基本原则之一。各成员国应给予其他成员国的作品与本国作品相同的保护。如果各国法律规定有区别,应当按照公约规定的最低标准予以保护。

**08.01.036 自动保护原则** automatic protection principle

《伯尔尼公约》的基本原则之一。作者依国民待遇原则在其他同盟成员国享有和行使其作品的著作权,不需要履行任何手续。也即,作者著作权的获得不以履行公约某成员国规定的手续(即使该国有此规定)为条件。

**08.01.037 独立保护原则** exclusive protection principle

《伯尔尼公约》的基本原则之一。各成员国的作品在其他成员国享受保护的范围和水平,由各成员国自行确定。但公约规定的最低保护标准除外。

**08.01.038 国籍原则** nationality principle

中国著作权法适用原则之一。中国著作权法对具有本国国籍作者的保护是基于作品的完成,无论其是否发表,均可以依照中国著作权法享有著作权。

**08.01.039 互惠原则** principle of reciprocity

中国著作权法适用原则之一。外国人或无国籍人的作品,根据作者所属国或者经常居住地所在国与中国签订的协议或共同参加的国际条约,受中国著作权法的保护。

**08.01.040 地域原则** regional principle

中国著作权法适用原则之一。未与中国签订协议或者共同参加国际条约的国家的作者及无国籍人的作品首次在中国参加的国际条约的成员国出版的,或者在成员国和非成员国同时出版的,受中国著作权法的保护。

**08.01.041 公之于众** release to the public

对发表的解释。著作权人自行或经著作权人许可,将作品向不特定的人公开,但不以公众知晓为构成条件。

**08.01.042 中国版权金奖** China Copyright Gold Prize

中国国家版权局与世界知识产权组织开展的合作项目,每两年评选一次,是中国版权领域内评选的唯一国际性奖项,也是国内版权领域的最高奖项。

## 08.02 著作权客体

**08.02.001 作品** work

文学、艺术或科学技术领域里具有独创性并能以一定形式表现的智力成果。

**08.02.002 文字作品** written work

小说、诗词、散文、论文等以文字形式表现的作品。

**08.02.003　口述作品　oral work**
即兴的演说、授课、法庭辩论等以口头语言形式表现的作品。

**08.02.004　音乐作品　musical work**
歌曲、交响乐等能够演唱或者演奏的带词或者不带词的作品。

**08.02.005　戏剧作品　dramatic work**
话剧、歌剧、地方戏等供舞台演出的作品。

**08.02.006　曲艺作品　quyi work；quyi folk vocal art work**
相声、快书、大鼓、评书等以说唱为主要形式表演的作品。

**08.02.007　舞蹈作品　choreography work；dance work**
通过连续的动作、姿势、表情等表现思想情感的作品。

**08.02.008　杂技艺术作品　acrobatic work；acrobatic art work**
杂技、魔术、马戏等通过形体动作和技巧表现的作品。

**08.02.009　美术作品　fine art work**
绘画、书法、雕塑等以线条、色彩或者其他方式构成的有审美意义的平面或者立体的造型艺术作品。

**08.02.010　雕刻作品　engrave work；work of engraving**
属美术作品，受著作权法保护。

**08.02.011　雕塑作品　sculptural work；work of sculpture**
属美术作品，受著作权法保护。

**08.02.012　建筑作品　architechural work；work of architechure**
以建筑物或者构筑物形式表现的有审美意义的作品。

**08.02.013　摄影作品　photographic work**
借助器械在感光材料或者其他介质上记录客观物体形象的艺术作品。

**08.02.014　类电作品　work created like cinematically；work created similarly as a film**
以类似摄制电影的方法创作的作品。

**08.02.015　电影作品　cinematographic work；cinematic work；film work**
摄制在一定介质上，由一系列有伴音或者无伴音的画面组成，并且借助适当装置放映或者以其他方式传播的作品。

**08.02.016　图形作品　graphic work**
为施工、生产绘制的工程设计图、产品设计图，以及反映地理现象、说明事物原理或者结构的地图、示意图等作品。

**08.02.017　模型作品　model work**
为展示、试验或者观测等用途，根据物体的形状和结构，按照一定比例制成的立体作品。

**08.02.018　视听作品　audiovisual work**
通过机械装置能直接为人的视觉和听觉所感知的作品。

**08.02.019　民间文学艺术作品　work in folk literature and art**
在某些民族或地区世代相传、逐渐形成，无法确定具体作者的文学艺术创作，如民间故事、传说，民歌、民乐，民间舞蹈和民族礼仪等。

**08.02.020　实用艺术作品　work of applied art**
具有实用性的艺术作品。

**08.02.021　人身权　personal right**
又称"人身权利""精神权利"。著作权人依法享有的与人格和身份有关的权利。包括发表权、署名权、修改权和保护作品完整权。

**08.02.022　发表权　right of publication**
决定作品是否公之于众的权利。

**08.02.023　署名权**　right of authorship
表明作者身份,在作品上署名的权利。

**08.02.024　修改权**　right of alteration
修改或者授权他人修改作品的权利。

**08.02.025　保护作品完整权**　right of integrity
保护作品不受歪曲、篡改的权利。

**08.02.026　财产权**　property right
又称"财产权利""经济权利"。著作权人依法享有的使用或授权他人使用其作品的权利。包括复制权、发行权、出租权、展览权、表演权、放映权、广播权、信息网络传播权、摄制权、改编权、翻译权、汇编权等。

**08.02.027　复制权**　right of reproduction
以印刷、复印、拓印、录音、录像、翻录、翻拍等方式将作品制作一份或者多份的权利。

**08.02.028　发行权**　right of distribution
以出售或者赠予的方式向公众提供作品的原件或者复制件的权利。

**08.02.029　出租权**　right of rental
有偿许可他人临时使用电影作品和以类似摄制电影的方法创作的作品、计算机软件的权利,计算机软件不是出租的主要标的的除外。

**08.02.030　展览权**　right of exhibition
公开陈列美术作品、摄影作品的原件或者复制件的权利。

**08.02.031　表演权**　right of performance
公开表演作品,以及用各种手段公开播送作品的表演的权利。

**08.02.032　放映权**　right of showing
通过放映机、幻灯机等技术设备公开再现美术、摄影、电影和以类似摄制电影的方法创作

的作品等的权利。

**08.02.033　广播权**　right of broadcast
以无线方式公开广播或者传播作品,以有线传播或者转播的方式公开传播广播的作品,以及通过扩音器或者其他传送符号、声音、图像的类似工具公开传播广播的作品的权利。

**08.02.034　信息网络传播权**　right of communication through information network
以有线或者无线的方式向公众提供作品、表演或者录音录像制品,使公众可以在其个人选定的时间和地点获得作品、表演或者录音录像制品的权利,是著作权内容之一。

**08.02.035　摄制权**　cinemanufacture right; right of making cinematographic work
以摄制电影或者以类似摄制电影的方法将作品固定在载体上的权利。

**08.02.036　改编权**　right of adaption
改变作品,创作出具有独创性的新作品的权利。

**08.02.037　翻译权**　right of translation
将作品从一种语言文字转换成另一种语言文字的权利。

**08.02.038　汇编权**　right of compilation
将作品或者作品的片段通过选择或者编排,汇集成新作品的权利。

**08.02.039　著作权保护期限**　copyright protection period
著作权法对著作权受保护所规定的一定时间界限。一般而言,著作财产权具有法定保护期限,而除发表权以外的著作人身权可以受到永久保护。

## 08.03　著作权主体

**08.03.001　作者**　author
创作文学、艺术或科学作品的自然人、法人或

组织。

**08.03.002　原作者**　original author；originator

创作出具有原始(非衍生)独创性作品的作者。

**08.03.003　集体作者**　collective authorship

出于共同的目的和要求,共同进行创作的作者集合体。

**08.03.004　执笔人**　penner

多人合作创作文字作品时,负责起草和修改文稿的人。

**08.03.005　著作权归属**　ownership of copyright

著作权法规定著作权所属的具体情形。著作权通常属于创作作品的作者。同时,《中华人民共和国著作权法》规定了其他自然人、法人或其他组织享有著作权的情形。

**08.03.006　作者署名推定**　presumption of authorship

推断判定作者的情形。在无相反证明的情况下,通常推定在作品上署名的自然人、法人或者其他组织为作者。

**08.03.007　法人作品**　legal entity's work；legal body's work

由法人或者其他组织主持,代表法人或其他组织意志创作,并由法人或者其他组织承担责任的作品。

**08.03.008　法人作品的著作权归属**　ownership of a legal person's copyright

如何确定法人或其他组织原始取得著作权的情形。由法人或者其他组织主持,代表法人或其他组织意志创作,并由法人或者其他组织承担责任的作品,法人作品的著作权法人或其他组织被视为作者,对作品享有著作权。

**08.03.009　衍生作品**　derivative work

又称"演绎作品""派生作品"。通过改编、翻译、注释、整理已有作品而产生的作品。

**08.03.010　衍生作品的著作权归属**　ownership of copyright of derivative work

如何确定根据已有作品进行再创作的作品著作权归属的情形。通过改编、翻译、注释、整理已有作品而产生的作品,其著作权由改编、翻译、注释、整理者享有,但行使著作权时不得侵犯原作品的著作权。使用衍生作品应同时取得原作品著作权人和衍生作品著作权人的许可。

**08.03.011　合作作品**　work of joint authorship

两个以上的自然人,或者自然人与法人、其他组织,或者两个以上的法人、其他组织共同创作的作品。

**08.03.012　合作作品的著作权归属**　ownership of copyright of work of joint authorship

如何确定两人以上创作作品的著作权归属的情形。合作作品的著作权由合作作者共同享有。没有参加创作的人,不能成为合作作者。合作作品可以分割使用的,作者对各自创作的部分可以单独享有著作权,但行使著作权时不得侵犯合作作品整体的著作权。合作作品不可以分割使用的,著作权由合作作者共同享有,通过协商一致行使;不能协商一致,又无正当理由的,任何一方不得阻止他方行使除转让以外的其他权利,但是所得收益应当合理分配给所有合作作者。

**08.03.013　汇编作品**　work of compilation

汇编若干作品、作品的片段或者不构成作品的数据或者其他材料,对其内容的选择或者编排体现独创性的作品。

**08.03.014　汇编作品的著作权归属**　ownership of copyright of work of compilation

如何确定汇编作品著作权归属的情形。汇编作品的著作权由汇编人享有,但行使著作权时,不得侵犯原作品的著作权。汇编人汇编有著作权的作品,应当经过原作品著作权人的许可。

**08.03.015 影视作品 movie and television work**
摄制在胶片、磁带等一定物质载体上,由一系列相连的画面或者加上伴音组成的,需借助一定的机械装置才能放映、播放的作品。

**08.03.016 影视作品的著作权归属 ownership of copyright of movie and television work**
如何确定影视作品著作权归属的情形。影视作品的著作权归制片人享有。但编剧、导演、摄影师、作词者、作曲者等享有署名权。影视作品中的剧本、音乐等可以单独使用的作品,其作者有权单独使用其著作权。

**08.03.017 委托作品 commissioned work**
受托人根据与委托人所订立的合同,依据委托人的要求为其创作的作品。

**08.03.018 委托作品的著作权归属 ownership of copyright of commissioned work**
如何确定委托作品著作权归属的情形。委托创作的作品,著作权的归属由委托人和受托人通过合同约定。合同未作明确约定或者没有订立合同的,著作权属于受托人。为了平衡委托人和受托人的利益,《最高人民法院关于审理著作权民事纠纷案件适用法律若干问题的解释》第十二条对其作了细化补充:按照著作权法第十七条规定委托作品著作权属于受托人的情形,委托人在约定的使用范围内享有使用作品的权利;双方没有约定使用作品范围的,委托人可以在委托创作的特定目的范围内免费使用该作品。

**08.03.019 职务作品 work done in the course of employment; work of employment**
又称"雇佣作品"。是指自然人为完成法人或者其他组织工作任务所创作的作品。职务作品分为普通职务作品和特殊职务作品。

**08.03.020 职务作品的著作权归属 ownership of copyright of work of employment**
职务作品的权利归属按现行著作权法的规定分两种情形:普通职务作品的权利主体是作者,但作者的许可权受到限制;特殊职务作品的权利主体是法人或其他组织,作者仅享有署名权和受奖励权。

**08.03.021 自传体作品 autobiographical work**
叙述自己生平和事迹的作品。

**08.03.022 自传体作品的著作权归属 ownership of copyright of autobiographical work**
如何确定自传体作品著作权归属的情形。自传体作品的著作权归属应当由当事人约定;没有约定的,著作权应归该特定人物享有;关于执笔人、整理人对作品的完成付出劳动的,包括创造性和辅助性劳动,著作权人可以向执笔人或整理人支付适当的报酬。

**08.03.023 作品原件的展览权归属 ownership of exhibition right of one's original work**
作品原件所有权转移后如何确定著作权归属的情形。美术等作品原件所有权的转移,不视为作品著作权的转移,但美术作品原件的展览权由原件所有人享有。

**08.03.024 作者身份不明的作品 work of unknown author; anonymous work**
从通常途径不能了解作者身份的作品。如果一件作品未署名,或署了鲜为人知的笔名,但作品原件持有人或收稿单位确知作者的真实身份,不属于作者身份不明的作品。

**08.03.025 作者身份不明作品的著作权行使 copyright exercise of work of unknown author; copyright exercise of an anonymous work**

由作品原件的所有人行使除署名权以外的著作权。作者身份确定后,由作者或者其继承人行使著作权。

**08.03.026　孤儿作品　orphan work**
享有版权但很难甚至不能找到其版权主体的作品。

**08.03.027　无人继承作品　work without inheritance**
著作权无人继承又无人受遗赠的作品。

**08.03.028　无人继承作品的人身权保护　protection of personal right of work without inheritance**
无人继承的作品的人身权如何保护的情形。其署名权、修改权和保护作品完整权受著作权行政管理部门保护。

**08.03.029　国家享有著作权　nation-shared copyright**
国家对作品享有著作权及如何行使权利的情形。国家享有著作权的作品的使用,由国务院著作权行政管理部门管理。

**08.03.030　著作权继承和保护　copyright inheritance and protection**
著作权如何继承及不能继承的权利如何保护的情形。著作权可以依法继承。著作权属于自然人的,著作权人死亡后,著作权中财产权在保护期内的,依照《中华人民共和国继承法》的规定转移。在法定继承的情况下,由受遗赠人享有著作权。著作权中不能继承的署名权、修改权和保护作品完整权,由著作权人的继承人或受遗赠人保护。

**08.03.031　著作权承继　copyright succession; copyright inheritance**
又称“著作权继受”。著作权如何承继的情形。法人或者其他组织的著作权可以依法承继。著作权属于法人或者其他组织的,法人或其他组织变更、终止后,著作权中的财产权在著作权保护期内的,由承继其权利义务的法人或者其他组织享有;没有承继其权利义务的法人或者其他组织的,由国家享有。

## 08.04　邻　接　权

**08.04.001　录音制作者　audio maker**
指录音制品的首次制作人。

**08.04.002　录像制作者　video maker**
指录像制品的首次制作人。

**08.04.003　表演者　performer**
指演员、演出单位或者其他表演文学、艺术作品的人。

**08.04.004　表演者权　performer's right**
表演者依据法律因其表演所享有的人身利益和财产利益。

**08.04.005　机械表演权　mechanical performance right**
表演者从机械表演其录音录像制品中获取收益的权利。

**08.04.006　转播权　right of rebroadcasting**
一个广播电视组织同时播放另一个广播电视组织的广播、电视节目的权利。

**08.04.007　录制权　right of fixation**
广播电台、电视台对其播放的广播电视节目享有将其录制在音像载体上的权利。

**08.04.008　复制音像载体的权利　right to reproduce audio-visual carriers**
广播电台、电视台享有的复制已经录制的音像载体的权利。

**08.04.009　版式设计权　format right**
出版者有权许可或者禁止他人使用其出版的图书、期刊的版式设计。版式设计权的保护期为10年,截止于使用该版式设计的图书、期刊首次出版后第十年的12月31日。

## 08.05 著作权利用和转移

**08.05.001 著作权交易** copyright trade
又称"版权交易"。作品版权中全部或部分经济权利,通过版权许可或版权转让的方式,以获取相应经济收入的交易行为。

**08.05.002 著作权增值** copyright increment; appreciation of copyright; rise in value of copyright
又称"版权增值"。版权在首次利用后,通过再次或多次利用来增加其经济效益与社会效益。

**08.05.003 许可使用** licenced use
著作权人授权他人以一定的方式,在一定的时期和一定的地域范围内商业性使用其作品并收取报酬的行为。著作权许可使用并不改变著作权的归属。通过著作权许可使用合同,被许可人所获得的仅仅是在一定期间、在约定的范围内、以一定的方式对作品的使用权,著作权仍然全部属于著作权人,不会导致任何权利缺陷。

**08.05.004 著作权许可合同** copyright licence contract
又称"著作权许可使用合同"。著作权人与使用者之间就作品使用的期间、地域、方式等达成的协议。其中,有权许可他人使用作品的一方当事人被称为许可人,许可人通常就是著作权人,而根据合同授权获得作品使用权的一方当事人被称为被许可人。

**08.05.005 专有使用权** exclusive use
使用者经著作权人许可,在一定期间取得独占或排他形式使用作品的权利。专有使用权的内容由合同约定,合同没有约定或者约定不明的,视为被许可人有权排除包括著作权人在内的任何人以同样的方式使用作品;除合同另有约定外,被许可人许可第三人行使同一权利,必须取得著作权人的许可。可分为独占许可和排他许可两种情形。独占许可

是指在合同规定的时间和地域范围,版权所有人授予引进方使用该版权的专有权利,版权所有人不能在此范围内使用该版权,更不能将该版权再授予第三方使用。排他许可是指在合同规定的时间和范围内,版权所有人授权引进方使用其版权的同时,自己仍然保留继续在同一范围内使用该版权的权利,但不能将该版权授予第三方使用。

**08.05.006 使用报酬** remuneration for use
使用者因使用作品向著作权人支付的费用。

**08.05.007 作者酬金** work remuneration
又称"作品报酬"。因使用作品而向著作权人支付的报酬,如稿酬、版税等。

**08.05.008 版税** royalty
作者酬金的一种。作者或其他版权所有者从他人使用其作品所得收入中分得的部分。

**08.05.009 稿酬** author's remuneration; contribution fee
又称"稿费"。作者酬金的一种。使用作品者按规定或约定向作者或其他版权所有者支付的报酬。

**08.05.010 基本稿酬** basic remuneration
稿酬的一种。通常以千字(如文字稿)、若干行(如诗歌)或幅(如图画)为一个单位,按一定的付酬标准计算。

**08.05.011 印数稿酬** manuscript fee by print run
稿酬的一种。通常适用于以图书形式出版的作品。是在基本稿酬之外,根据图书的印数(以千册为单位)向作者或其他版权所有者支付的报酬。

**08.05.012 著作权转让** copyright transfer
著作权人将著作权中的全部或部分财产权有偿或无偿地移交给他人所有的法律行为。著

作权中的人身权不能转让。

**08.05.013　著作权转让合同　copyright transfer contract**
著作权人将著作财产权的一部分或全部移转给权利受让人，权利受让人应支付相应报酬的协议。著作权转让合同为双务、有偿合同。合同的客体为无形财产权。经转让后，受让人便取得该项无形财产的专有权。著作权转让合同的条款应包括：①对转让的著作财产权内容作具体的规定；②转让期限；③报酬；④出让人的担保责任；⑤违约责任。

**08.05.014　著作权贸易合同　copyright trade contract**
又称"版权贸易合同"。著作权所有人或代理人与作品使用人就著作权中某项或几项权利的有偿转移达成的协议。

**08.05.015　出版权转让合同　publication right transfer contract**
出版合同中明确规定著作权所有者将出版权让于出版者的合同。

**08.05.016　著作权质押　copyright pledge**
又称"著作权出质"。享有著作权的债务人或者第三人依法将其著作权中的财产权出质，将该财产权作为债权的担保的行为。债务人不履行债务时，债权人有权依法以该财产权折价或者以拍卖、变卖该财产权的价款优先受偿。其中债权人为质权人，债务人或者第三人为出质人。著作权质押的存在以有关主管部门办理的出质登记为其体现。

**08.05.017　著作权质权合同　copyright pledge contract**
享有作者财产权的债务人或第三人与债权人就作者财产权质押达成的协议。旨在由债务人或第三人将作者财产权出质于债权人以担保债务的履行。以著作权出质的，出质人和质权人应当订立书面质权合同，并由双方共同向登记机构办理著作权质权登记。

**08.05.018　出版合同　publication contract**
著作权人与出版单位就出版物出版事项所签订的合同。

**08.05.019　专有出版权　exclusive publishing right**
出版单位通过和作者订立合同，在预定的期限或地域内，获得出版作者作品的一种专有权利；也指图书的出版者依据图书出版合同享有的在一定期限内独占出版他人作品的权利。属于著作权许可使用的方式之一。专有出版权受法律保护。

**08.05.020　版权分销　copyright distribution**
向著作权人购买独家作品版权后，将该作品版权分销给其他使用者从中赚取差价的模式。

**08.05.021　内容付费　content payment**
又称"知识电商"。将媒体、教育的知识内容变现为图文、音频、电视剧、书籍、杂志、公众号文章、视频等各知识付费平台的内容，形成出版产品或服务，以实现商业价值。

**08.05.022　著作权信托　copyright trust**
著作权人通过转让或其他处分方式将著作权托付给受托人，受托人以自己的名义按照一定的目的对著作权进行管理或者进行其他处分的行为，信托人按照约定的标准获取一定的报酬。

## 08.06　著作权限制与著作权保护

**08.06.001　合理使用　fair use**
又称"自由使用""免费使用"。在法律规定或作者无保留相关权利的条件下，直接无偿使用已发表的享有著作权的作品，而无须经著作权人许可的著作财产权限制制度。合理使用所限制的是著作财产权，不影响著作人身权，即使用时应当指明作者姓名、作品名称，并不得侵犯著作权人依法享有的其他权利。

**08.06.002　法定许可　legal license**
在某种特定情况下,法律允许他人可不经著作权人同意使用已发表的作品,但应向著作权人支付报酬,说明作者姓名、作品名称和出处,并不得侵犯著作权人依照著作权法享有的其他权利的制度。是对著作权的一种限制。依中国著作权法规定,除著作权人明确作出不许使用等禁止性声明外,下列情况均适用法定许可:①其他报刊转载或者作为文摘、资料刊登已在其他报刊上刊登的作品;②表演者使用他人已发表的作品进行营业性演出;③使用他人已发表的作品制作录音制品;④广播电台、电视台使用他人已发表的作品制作广播、电视节目。

**08.06.003　强制许可　compulsory license**
在著作权人无正当理由而拒绝与使用者达成使用作品协议的情况下,使用者经向著作权行政管理部门申请并获授权而使用该作品。强制许可不必征得权利人同意,但应向其支付报酬。

**08.06.004　发行权的权利穷竭　the exhaustion of the right to issue**
又称"发行权一次用尽原则""首次销售原则"。作品原件或复制件经过著作权人同意永久进入市场后,著作权人无权再控制作品的销售或者赠予。

**08.06.005　侵权　tort; infringement**
一种侵害他人权益的行为。

**08.06.006　直接侵权　direct infringement**
未经著作权人的许可,也没有法律规定的免责事由,以复制、发行、演绎、表演、展览、信息网络传播等方式擅自实施受专有权利控制的行为。

**08.06.007　间接侵权　indirect infringement; contributory infringement**
行为人实施的行为并不构成直接侵犯他人的知识产权,但却诱导、怂恿、教唆、帮助别人实施他人知识产权,发生直接的侵权行为,行为人在主观上有诱导或唆使别人侵犯他人知识产权的故意,客观上为别人直接侵权行为的发生提供了必要的条件。

**08.06.008　侵权行为　tortious conduct**
侵犯他人的人身财产或知识产权,依法应承担民事责任的违法行为。侵权行为发生后,在侵害人与受害人之间就产生了特定的民事权利义务关系,即受害人有权要求侵权人赔偿损失。

**08.06.009　著作权侵权　copyright infringement**
违反著作权法侵害著作权人享有的著作人身权、著作财产权的行为。盗版指未经著作权人授权,对其的作品、出版物等进行复制、发行等侵犯著作权的行为;也指侵权的复制品。

**08.06.010　剽窃　plagiarism**
又称"抄袭"。将他人作品当作自己的作品发表并通过各种方式使用或授权他人使用的行为。是一种侵权行为。

**08.06.011　著作权侵权推定　presumption of copyright infringement**
依法可以推定侵权的情形。

**08.06.012　著作权调解　copyright mediation**
又称"著作权纠纷调解"。著作权纠纷的当事人在第三方的组织主持下,就著作权纠纷进行协商并达成协议。主要有法院调解、行政调解和社会调解三种渠道。

**08.06.013　著作权仲裁　copyright arbitration**
由仲裁机构对著作权纠纷进行裁决。

**08.06.014　著作权行政复议　administrative reconsideration of copyright**
当事人对著作权行政管理部门的处理决定有异议,依法向行政复议机关申请复议,并由行政复议机关进行行政复议的行政行为。

**08.06.015 著作权行政诉讼** administrative lawsuit of copyright

当事人对著作权行政管理部门的处理决定有异议，依法向人民法院提起的诉讼。

**08.06.016 避风港原则** safe harbor principle

发生著作权侵权案件时，当网络服务提供商只提供空间服务，并不制作网页内容，如果网络服务提供商被告知侵权，则有删除侵权内容的义务，否则就被视为侵权。如果侵权内容既不在网络服务提供商的服务器上存储，又没有被告知哪些内容应该删除，则网络服务提供商不承担侵权责任。后来避风港原则也被应用在搜索引擎、网络存储、在线图书馆等方面。避风港条款最早来自美国1998年制定的《数字千年版权法案》（DMCA法案）。最早适用于著作权领域，后来由于网络中介服务商没有能力进行事先内容审查，一般事先对侵权信息的存在不知情。所以采取"通知+移除"规则，是对网络中介服务商间接侵权责任的限制。

**08.06.017 红旗原则** red flag principle

如果侵犯信息网络传播权的事实是显而易见的，就像是红旗一样飘扬，那么网络服务提供商就不能装作看不见，或以不知道侵权的理由来推脱责任。如果在这样的情况下，不进

行删除、屏蔽、断开连接等必要措施的话，尽管权利人没有发出过通知，也应该认定网络服务提供商知道第三方侵权。是"避风港"原则的例外适用。

**08.06.018 诉前禁令** prohibation before litigation

提起诉讼前，法院责令侵权人停止有关行为的措施。法院有权依照一方当事人的请求，采取及时有效的临时措施，以防止迟误可能给权利人造成不可弥补的损害或者证据被销毁的危险。

**08.06.019 通知删除机制** notice and takedown regime

版权人或其授权的人向网络服务提供商发出侵权通知，告知其系统或网络内含有侵权材料，网络服务提供商按照通知要求删除其系统或网络内的侵权内容材料，不承担侵权责任或只承担有限的责任。1998年美国的《数字千年版权法案》首创此机制。

**08.06.020 可信时间戳** trusted timestamp

由权威组织机构签发的能证明数据电文（电子文件）在一个时间点是已经存在的、完整的、可验证的，具备法律效力的电子凭证。

# 英 汉 索 引

## A

AACS 高级内容访问系统 04.03.149

abbreviation 缩写 01.02.045

a book sold at a discount of 92% 一折八扣书 01.04.088

abrasion resistance 耐磨性 03.04.065

abridged edition 节本，＊删节本，＊节选本，＊节略本 07.02.017

abridged translation 节译 01.02.056

abridgement 缩写 01.02.045，删节 02.04.019

absence of subscribing 漏订 05.03.093

abstract 论文摘要 02.04.056

abstraction 摘要 01.02.047

academic journal 学术期刊 07.03.051

academic newspaper and journal 院校报刊 07.03.064

academic paper database 学术论文数据库 07.05.049

academic service 学术服务 07.05.075

academic work 学术著作 07.02.060

acceptance 采用，＊稿件采用 02.03.017

access control 访问控制，＊接入控制，＊存取控制 06.04.111

accompanying material 附件 02.06.106

accomplished publisher 出版家 01.03.037

accumulation montage 积累蒙太奇 06.02.078

acoustic image 声像 06.02.048

acquisition editor 组稿编辑 01.02.017

acquisition of copyright 著作权的取得 08.01.018

acquisition of related right 邻接权的取得 08.01.019

acrobatic art work 杂技艺术作品 08.02.008

acrobatic work 杂技艺术作品 08.02.008

acta 学报，＊学刊 07.03.048

adaptive differential pulse code modulation 自适应音频脉冲编码 06.02.005

ad between pages 夹送广告 05.05.201

added ordering 添订 05.03.092

added proofreading 增校 02.05.023

addendum 补遗 02.04.085

additional printing 加印 03.01.010

addition and deletion 增删 02.04.009

adhesion strength 粘接强度 03.05.046

adhesive binding line 胶粘装订联动线 03.05.064

adhesive layer 粘接层 04.03.129

adhesive layer coating 底胶旋涂 04.03.047

adjusting bibliography 调剂目录 05.05.018

adjustment 调剂 05.03.133

adjustment bookkeeping 冲转，＊转销 05.05.057

administrative lawsuit of copyright 著作权行政诉讼 08.06.015

administrative reconsideration of copyright 著作权行政复议 08.06.014

adopted edition 改编本 07.02.122

ADPCM 自适应音频脉冲编码 06.02.005

advanced access content system 高级内容访问系统 04.03.149

advanced retrieval 高级检索 06.04.078

advanced streaming format ASF文件格式 06.03.059

advertisements for publications 书业广告 01.04.087

advertiser 广告商 05.05.169

advertising agency 广告代理商 05.05.170

advertising agent 广告代理人 05.05.171

advertising body 广告正文 05.05.163

advertising interference ratio 广告干扰度 05.05.175

advertising planning 广告策划 05.05.174

advertising rate card 广告刊例 05.05.167

advertising size 广告规格 05.05.166

advertising slogan 广告语，＊广告口号，＊广告标语 05.05.165

advertising title 广告标题 05.05.162

advertorial 软文 02.08.109

AF 音频 06.02.009

afterword 后记，＊跋，＊附记，＊编后语，＊写在后面的话 02.04.065

agency 代理 05.03.046

agency-sold subs 代理订阅 05.03.079

audience survey　读者意见调查　05.01.020

audio and video products licensing system　音像制品许可制度　06.02.003

audiobook　有声读物　07.01.045，有声书　07.04.076

audio extraction　音频采集　06.02.022

audio frequency　音频　06.02.009

audio maker　录音制作者　08.04.001

audio nonlinear editing　音频非线性编辑　06.02.021

audio plug-in　音源插件　06.02.031

audio reading　有声阅读　02.07.007，听读　02.07.035

audio sharing platform　音频分享平台　07.05.062

audiotape　录音带　04.02.002

audio technology　音频技术　06.02.023

audio track　音轨　06.02.043

audio video interleaved format　音频视频交错格式，＊AVI　06.01.063

audio-video publication　音像出版物，＊音像制品　07.01.011

audio-visual bookstore　音像书店　05.02.032

audio visual editor　音像编辑　01.02.022

audiovisual language　视听语言　06.02.053

audiovisual material　视听材料　01.02.070

Audio Visual Performance Beijing Treaty　视听表演北京条约　08.01.034

audiovisual products　音像制品　07.04.001

audio-visual publishing review　音像出版评论　02.07.110

audiovisual reading　视听读　02.07.036

audiovisual work　视听作品　08.02.018

audiowork　录音制品　07.04.002

audited circulation　稽核发行量　05.01.013

augmented edition　增补版，＊增补本　07.02.030

augmented reality　增强现实，＊AR　06.01.064

augmented reality publishing　增强出版　01.03.049

authentication　认证鉴别　06.04.103

author　作者　08.03.001

author gratis copy　作者样书　07.02.033

authorial proofreading　作者校对，＊作者看样　02.05.014

authoring　编著　04.03.132

authoring system　编著系统　04.03.133

authorization　授权　06.04.104

authorized bookstore　特约经销店　05.02.049

author's annotations　原稿批注　02.04.018

author's preface　自序　02.04.061

author's profile　作者简介，＊著作者简介，＊作者介绍　02.04.050

author's remuneration　稿酬，＊稿费　08.05.009

autobiographical work　自传体作品　08.03.021

automatic indexing　自动标引，＊机器标引　06.01.061

automatic proofreading　自动校对　02.08.150

automatic protection principle　自动保护原则　08.01.036

automatic renewal　自动续订　05.03.095

automatic speech recognition　语音识别技术，＊自动语音识别　06.02.025

automatic storage and retrieval system　自动化立体仓库　05.04.067

autonomous reading　自主阅读　02.07.054

auxiliary piece　辅文　02.04.044

auxiliary teaching book　教辅图书　07.02.007

average reader　报刊中度读者　05.01.049

azimuth adjustment　方位角调整　04.02.048

# B

B/W ad　黑白广告　05.05.188

back cover　封底，＊底封，＊底封面，＊封四　02.06.092

back exposure　背曝光　03.03.018

back fill　过刊　07.03.035

background music　背景音乐，＊配乐　06.02.112

backlog　积压　05.03.136

back margin　订口　03.05.032

back number　过刊　07.03.035

backorder　拖欠订单　05.05.023

back side polishing　背面抛光　04.03.041

back translation　回译　01.02.057

back-wrapped binding　包背装　01.04.050

bad account　坏账　05.05.056

bag-making　制袋　03.05.059

balanced line　平衡线路　06.02.117

balance sheet　负债表　05.05.083

bamboo and wooden slips　简牍　01.04.033

banner　通栏标题　02.08.066

banner ad　通栏广告　05.05.181

book review 图书评论，＊书评，＊图书评介 02.07.096

bookseller 书商 05.01.014

book series 丛书 07.02.107

book-sewing machine 锁线机 03.05.073

bookshop 书店 05.02.022

bookshop block printing 坊刻 01.04.054

bookshop sale 门市销售 05.03.105

books in print 可供书 05.03.057

book size 开本，＊幅面尺寸 02.06.008

bookstore 书肆，＊书铺 01.04.058，书店 05.02.022

Boolean retrieval 布尔检索 06.04.075

borrowed fund 借入资金，＊吸收资金 05.05.087

bottom edge 书脚，＊书根 02.06.096

bottom margin 地脚 02.06.103

bottom radius 槽底半径 04.01.030

bound volume 合订本 07.02.062

box 书盒，＊书函 02.06.111

box-making 制盒 03.05.060

braille publication 盲文出版物 07.01.031

branch distribution office 分局 01.04.083

brochure 小册子 07.02.054

brust cutting area 条码标识区 04.03.067

bubble 起泡 03.05.083

Buchmann and Meyer pattern 光带宽度法，＊布克曼-迈耶尔法 04.01.035

bulk copy 批量复制 06.02.115

bulk subscriptions 大宗订阅 05.03.080

bundling pricing 捆绑定价法，＊搭售定价法 06.01.190

business distribution 营业性发行 05.03.013

business to business 企业对企业电子商务，＊B2B 06.01.195

business to consumer 企业对顾客电子商务，＊B2C 06.01.196

business to government 企业对政府电子商务，＊B2G 06.01.197

butterfly binding 蝴蝶装 01.04.049

buyout 买断 05.03.050

# C

calendar book 历书 07.02.114

calibration tape 校准带 04.02.013

capacitance pick-up head 电容拾音头 04.01.016

caption 图片文字说明 02.08.080

capture 抓取 06.02.120

carefully selected edition of periodicals 期刊精华本，＊期刊精选本 07.03.037

cargo damages rate 货损率 05.05.095

carrier 承运人 05.04.021

carrier identification surface 载体标识面 06.03.044

carton 周转箱 05.04.079

carton-making 制箱 03.05.061

cartoon 漫画 06.02.098

carver 刻工 01.04.062

case 书壳 02.06.112

cash discount 现金折扣 05.03.132

cassette front and rear printed cover AB贴 06.02.123

cassette tape 盒式磁带 04.02.015

casual reader 报刊轻度读者 05.01.050

cataloging in publication 图书在版编目 01.03.070

cataloging in publication data 图书在版编目数据 01.03.071

catalogue for onhand 现货目录 05.05.126

catch light 极高光 03.02.048

CD 紧凑型光盘 04.03.016

CD-base publication 光盘出版物 07.01.018

CD-DA 数字音频光盘 04.03.018

CD-i disc 交互式光盘 04.03.019

CD-R 可录CD光盘 04.03.006

CD-ROM 只读存储光盘 04.03.004

CD-RW CD光盘 04.03.005

cell 网穴 03.03.031

cell phone novels 手机小说 07.05.057

cell wall 网墙 03.03.032

centerfold 中插 02.04.049，中心页 02.06.084

center hole punch 冲孔 04.03.044

centering 居中 02.06.042

center insert 中插 02.04.049

center spread 中心页 02.06.084

center spread ad 中心跨页广告 05.05.192

centralization subscription 集中征订 05.03.068

centralized layout 集中式版面 02.08.126

ceramic pick-up head 陶瓷拾音头 04.01.018

chain bookstore 连锁书店 05.02.035

chain bookstore headquarter 连锁书店总部 05.02.036

chain operation 连锁经营 05.03.118

changing subscription 换订 05.03.098

channel bit 信道位 04.03.126

channel orientation 通道定向 04.01.048

chapter 章 02.04.033

character dictionary 字典 07.02.079

character font library 字符字形库，＊字库 02.06.018

characterisation 特征化 03.02.106

characterization 特征化 03.02.106

character library 字符字形库，＊字库 02.06.018

character outline 字符轮廓，＊字形轮廓 02.06.017

character recognition 字符识别，＊文字识别 06.04.092

character spacing 字距 02.06.023

characters per page 版面字数 02.06.011

charging 充电 03.04.105

checking and acceptance 验收 05.04.032

checking publications pm in stock prices 库存提成差价，＊库存分年核价 05.05.077

check of a clean proof against the proofreaders' marks on a large proof 大样对红 02.08.137

check of a large proof against the proofreaders' marks on a small proof 小样对红 02.08.136

check on a large proof 看大样 02.08.055

check on colored corrections 核红，＊对红，＊复红 02.05.028

chief director 总导演 06.02.090

chief editor 总编辑 01.02.012，主编 01.02.013

chief writer 主笔 02.08.024

children picture book 小人书 07.02.090

children's periodical 少儿期刊 07.03.065

children's reading 儿童阅读 02.07.003

China Copyright Gold Prize 中国版权金奖 08.01.042

China machine-readable catalogue 中国机读目录 05.05.014

China online information exchange for publications Product information format specification for books CNONIX 06.01.075

China Standard Book Number 中国标准书号 01.03.058

China Standard Link Identifier 中国标准关联标识符 06.01.077

China Standard Recording Code 中国标准音像制品编码 01.03.063

China Standard Serial Number 中国标准连续出版物号 01.03.059

Chinese exegetics 训诂学 01.01.009

Chinese information processing technology 中文信息处理技术 06.01.060

Chinese news classification 中文新闻信息分类 06.01.081

Chinese news markup language 中文新闻信息置标语言 06.01.229

Chinese newspaper 中文报 07.03.023

Chinese news technical standards 中文新闻技术标准 06.01.080

Chinese periodical 中文刊 07.03.041

Chinese Science Citation Database 中国科学引文数据库 07.05.003

Chinese style book 线装书 07.02.020

choreography work 舞蹈作品 08.02.007

chorography 方志，＊地方志 07.02.087

chroma 彩度 03.02.013，色度 03.02.016

chromatic aberration 色差 03.02.022

chromaticity 色度 03.02.016

chromium tape 氧化铬带，＊铬带 04.02.009

chronicle of one's life 年谱 07.02.108

chronology of events 大事年表 02.04.091

CIE LAB colour space CIE LAB 色空间 03.02.018

CIE LUV colour space CIE LUV 色空间 03.02.019

cinema line system 院线制 06.02.094

cinemanufacture right 摄制权 08.02.035

cinematic work 电影作品 08.02.015

cinematographic work 电影作品 08.02.015

CIP 图书在版编目 01.03.070

CIP data 图书在版编目数据 01.03.071

CIRC 交叉交织里德－所罗门码 04.03.093

circulation 发行 05.01.001，发行量 05.01.010

circulation audit 发行量稽核 05.05.135

circulation certification ＊发行量认证 05.05.135

citation 引文 02.04.051

citation check 核对引文 02.04.012

citation database 引文数据库 07.05.005

citation note 引文注 02.04.069

claimed circulation 宣称发行量 05.01.012

clamping area 夹持区 04.03.066

clarity and definiteness 齐清定 02.04.027

column 栏目 02.08.061

column breaking 破栏，＊跨栏 02.06.045

columnist 专栏记者 02.08.013，专栏作者，＊专栏作家 02.08.021

column journalist 专栏记者 02.08.013

column jumping 跳栏 02.08.132

column review 专栏评论 02.07.104

column separation page 专栏页 02.06.086

column writer 专栏作者，＊专栏作家 02.08.021

combination sale 混合销售 05.03.106

combined issue 合刊 07.03.033

comet streak 彗星条纹 03.04.079

comic film 喜剧片 07.04.032

commentator 评论员，＊新闻评论员 02.08.019

commercial periodical 商业期刊 07.03.044

commissioned book hand-copying 佣书 01.04.060

commissioned collection and delivery 代收代投 05.03.018

commissioned manuscript 组织稿 02.02.009

commissioned sutra hand-copier 写经生 01.04.061

commissioned work 委托作品 08.03.017

commissioning editor 组稿编辑 01.02.017

commitment to clearance 承转结算 05.05.065

commodity stocks capital 库存出版物资金 05.05.084

common e-document of blending XML CEBX 06.01.072

communications as a service 通信即服务 06.04.038

communication studies 传播学 01.01.015

communique 公报 07.03.050

community bookstore 社区书店 05.02.043

community newspaper 社区报 07.03.022

compact audio cassette 录音带 04.02.002，＊卡式录音带 04.02.015

compact disc 紧凑型光盘 04.03.016

compact disc-digital audio 数字音频光盘 04.03.018

compact disc-interactive 交互式光盘 04.03.019

compact disc-read only memory 只读存储光盘 04.03.004

compact disc-recordable 可录 CD 光盘 04.03.006

compact disc-rewritable CD 光盘 04.03.005

company magazine 公司刊 07.03.061

company-owned bookstore 直营店，＊正规连锁书店 05.02.037

comparative montage 对比蒙太奇 06.02.077

comparative publishing review 比较出版评论 02.07.109

comparative reading 比较阅读，＊对比阅读 02.07.051

comparison table of name translation 译名对照表 02.04.090

compilation 编纂 01.02.042，编写 01.02.043，汇编 07.02.069

compilation and authoring 编著，＊编撰 01.02.041

compilation and translation 编译 01.02.051

compiled collection 丛编 07.02.118

complementary colour 补色 03.02.009

complete collection 总集 07.02.115，大全 07.02.116

completed edition 全集 07.02.064

completed manuscript 完成稿 02.02.018

completeness 齐清定 02.04.027

complete translation 全译 01.02.054

composite publishing 复合出版 06.01.007

composition 排版 02.06.025

composition rules 排版规则 02.06.027

comprehension-oriented reading 理解阅读 02.07.029

comprehensive bookstore 综合书店 05.02.029

comprehensive coverage 综合报道 02.08.096

comprehensive newspaper 综合性报纸 07.03.008

comprehensive outlet 综合网点 05.02.019

comprehensive periodical 综合性期刊 07.03.043

comprehensive publication 综合性出版物 07.01.026

comprehensive publishing house 综合出版社 01.03.032

compression 压缩 06.03.023

compulsoriness 必读性 05.01.064

compulsory license 强制许可 08.06.003

compute as a service 计算即服务 06.04.039

computer animation 电脑动画，＊计算机动画 07.04.038

computer assisted instruction tool 计算机辅助教学工具 07.05.029

computer communication network 计算机通信网 06.01.106

computer drawing spectrum 计算机绘谱 06.02.037

computer graphics 计算机图形学 06.01.094

computer information retrieval 计算机信息检索 06.01.097

computerized imposition 计算机拼版 02.08.141

computer music 计算机音乐 07.04.074

computer network topology 计算机网络拓扑 06.01.095

computer resources 计算机资源 06.01.098

computer software 计算机游戏 06.01.093

computer to film　计算机胶片输出　03.02.156

computer to plate　计算机直接制版　03.03.002

computer to press　计算机在机制版　03.03.007

computer to proof　计算机打样　03.02.141

computer to screen　计算机直接制网版　03.03.054

concentric groove　锁槽，＊同心纹槽，＊同心槽　04.01.022

concertina binding　经折装　01.04.040

configure　配发　05.04.040

Confucian classics engraved on stone tablets　石经　01.04.027

connection area　连接区域，＊并行轨道路径读写连接区域　04.03.102

connector　接头　04.02.062

consignment　托运　05.04.019

consignment bookstore　代销店　05.02.051

consignor　托运人　05.04.020

consistency of the pallet transit　托盘作业一贯化　05.04.081

constant amplitude recording　恒幅录音　04.01.049

constant velocity recording　恒速录音　04.01.050

container　集装箱　05.04.077

containerization　集装化　05.04.075

content acquisition　内容资源获取　06.01.123

content backup　内容资源备份　06.01.126

content encryption　内容加密　06.03.021

content examination　内容资源审核　06.01.124

content fabrication　内容制作　06.03.022

content format　内容格式　06.03.020

content gatekeeping　内容把关　02.08.006

content identification　内容标识　06.04.113

content indexing　内容标引　06.01.152

content integration　内容资源整合　06.01.122

content management　内容资源管理　06.01.121

content management system　内容管理系统　06.03.015

content migration　内容资源迁移　06.01.128

content modification　内容加工　06.04.098

content payment　内容付费，＊知识电商　08.05.021

content protection　内容保护　06.04.112

content replication of recorder and rewritable disc　可录类光盘内容复制　04.03.100

content scrambling system　内容扰乱系统　04.03.146

content storage　内容资源存储　06.01.125

continues tone　连续调　03.02.043

continuous coverage　连续报道　02.08.098

continuous inkjet　连续喷墨　03.04.112

continuous montage　连续蒙太奇，＊线性蒙太奇　06.02.081

continuous tone controlled squelch system　亚音频　06.02.010

continuous tone value　连续调值　03.02.045

contrast　反差　03.02.061

contributing editor　特约编辑　01.02.018

contribution fee　稿酬，＊稿费　08.05.009

contributory infringement　间接侵权　08.06.007

control block　控制块　03.02.097

control data　控制数据　04.03.101

controlled indexing　受控标引　06.01.157

control patch　控制块　03.02.097

control strip　测控条　03.02.100

convergence-media　融媒体　07.05.009

convergence publication　融合出版　01.03.048

conveyor　输送机　05.05.121

cooperative publishing　合作出版　01.03.040

copper forme　铜版　03.03.012

copper mould　铜字模　01.04.030

copybook　字帖　07.02.093

copy editor　文字编辑　01.02.021

copying　拷贝　03.02.133

copyleft　版权开放　06.04.110

copy magnetic flat　复印磁平　04.02.054

copy of the volume　复本量　05.05.151

copy protection　＊复制保护技术　04.03.140

copy protection for pre-recorded media　预录媒体拷贝保护　04.03.147

copy ratio　复印比　04.02.053

copyright　著作权，＊版权　08.01.003

copyright administrative management　著作权行政管理　08.01.022

copyright agency　著作权代理　08.01.025

copyright agent　著作权代理　08.01.025

copyright arbitration　著作权仲裁　08.06.013

copyright asset　版权资产　06.01.034

copyright attestation　著作权认证　08.01.024

copyright distribution　版权分销　08.05.020

copyright evaluation　著作权鉴定　08.01.026

copyright exercise of an anonymous work　作者身份不明作品的著作权行使　08.03.025

copyright exercise of work of unknown author 作者身份不明作品的著作权行使 08.03.025

copyright increment 著作权增值，＊版权增值 08.05.002

copyright industry 版权产业 08.01.004

copyright infringement 著作权侵权 08.06.009

copyright inheritance 著作权承继，＊著作权继受 08.03.031

copyright inheritance and protection 著作权继承和保护 08.03.030

copyright law 著作权法，＊版权法 08.01.009

copyright licence contract 著作权许可合同，＊著作权许可使用合同 08.05.004

copyright mediation 著作权调解，＊著作权纠纷调解 08.06.012

copyright opening 版权开放 06.04.110

copyright owner 著作权人，＊版权人，＊版权所有者 08.01.010

copyright page ＊版权页 02.06.080

copyright pledge 著作权质押，＊著作权出质 08.05.016

copyright pledge contract 著作权质权合同 08.05.017

copyright protection period 著作权保护期限 08.02.039

copyright-related industry 版权关联产业 08.01.008

copyright succession 著作权承继，＊著作权继受 08.03.031

copyright trade 著作权交易，＊版权交易 08.05.001

copyright trade contract 著作权贸易合同，＊版权贸易合同 08.05.014

copyright transaction 数字版权交易 06.01.225

copyright transfer 著作权转让 08.05.012

copyright transfer contract 著作权转让合同 08.05.013

copyright trust 著作权信托 08.05.022

copyright utilization 著作权利用 08.01.015

core audience 核心受众 05.01.053

core copyright industry 核心类版权产业 08.01.005

core density 中心密度 03.02.066

core journal 核心期刊 07.03.045

core reader 核心读者 05.01.044

corporate newspaper and journal 企业报刊 07.03.063

corpus 语料库 06.01.138

correction 校正 02.08.050

correction notice 更正启事 02.08.075

correction of errors 改错 02.04.008

correspondence column 读者来信专栏 02.08.107

correspondent 通讯员 02.08.018

corrugated board 瓦楞纸板 03.04.060

corrugated board pre-printing 瓦楞纸箱预印工艺 03.04.069

corrugated flexographic printing 瓦楞纸板柔版印刷 03.04.067

corrugated printing & rooving machine 瓦楞纸板印刷开槽机 03.04.068

costly binding 豪华装 03.05.013

cost of publication 出版成本 01.03.024

cost per thousand impressions 千人成本 05.05.177

counterpoint of sound and picture 声画对位 06.02.122

cover 封面，＊封皮 02.06.088

coverage rate 覆盖率 02.07.076

cover design 封面设计 02.06.005

covering 包本 03.05.025

covering material 包面材料 03.05.041

CPM 千人成本 05.05.177

CPRM 预录媒体拷贝保护 04.03.147

creasing 压痕 03.05.050

creation 创作 08.01.016

credit renewal 未付续订 05.03.096

credit subscription 赊账订阅 05.03.077

crest line 岗线 03.05.036

critical reading 批判性阅读 02.07.056

CRM 报业客户关系管理系统 05.05.150

crop marks 裁切线 03.02.105

cropping 裁切 03.05.017

cross-databank retrieval 跨库检索 06.04.079

crosshead 小标题，＊分题，＊插题 02.08.068

cross-interleaved Reed-Solomon code 交叉交织里德-所罗门码 04.03.093

cross language retrieval 跨语种检索 06.04.080

cross-media publishing ＊跨媒体出版 06.01.013

cross-media publishing technology 跨媒体出版技术 06.04.019

cross montage 交叉蒙太奇，＊交替蒙太奇 06.02.079

cross retrieval 跨库检索 06.04.079

crowdfunding publishing 众筹出版 06.01.016

crowdsourcing publishing 众包出版 06.01.017

crystal cutter head 晶体刻纹头 04.01.019

crystal pick-up head 晶体拾音头 04.01.013

CSBN 中国标准书号 01.03.058

CSCD 中国科学引文数据库 07.05.003

CSRC 中国标准音像制品编码 01.03.063

CSS 内容扰乱系统 04.03.146

CSSN 中国标准连续出版物号 01.03.059

CTCSS 亚音频 06.02.010

CTFilm 计算机胶片输出 03.02.156

CTP 计算机直接制版 03.03.002

CTPress 计算机在机制版 03.03.007

CTProof 计算机打样 03.02.141

culture industry 文化产业 01.03.010

culture industry investment 文化产业投资 01.03.011

cumulative audience 累计受众 05.01.061

current affairs commentary 时评, *时事评论 02.08.104

current affairs news 时事新闻 02.08.106

current affairs page 时事版 02.08.086

current assets 流动资产 05.05.073

current issue highlight 封面要目, *封面文字 02.08.071

curved surface screen printing 曲面印刷 03.04.082

customerized service 定题服务 07.05.074

customer relationship management 客户关系管理 05.05.149

customer relationship management 报业客户关系管理系统 05.05.150

customized logistics 定制物流 05.04.012

customized publishing 定制化出版 06.01.015

cut 切口 03.05.035

cutout animation 剪纸动画 07.04.049

cutting edges 切口 03.05.035

cutting master format 母盘刻录格式 04.03.113

cutting on disk 胶盘刻纹 04.01.045

cyan 青色 03.02.005

cylinder bearer 滚枕 03.04.035

cylinder chrome-plating 滚筒镀铬 03.03.030

cylinder etching 滚筒腐蚀 03.03.028

cylinder griding 滚筒车磨 03.03.024

cylinder polishing 滚筒抛光 03.03.026

cylinder preparation 版滚筒制备 03.03.021

cylinder screen forme 圆网印版 03.03.044

# D

DAB 数字音频广播 07.04.011

daily active user 日活跃用户数, *日活数 06.01.115

daily newspaper 日报 07.03.002

damage rate of goods 货损率 05.05.095

dampening 润版, *润湿 03.04.030

damping unit 润湿装置 03.04.033

dance work 舞蹈作品 08.02.007

2D animation 二维动画, *2D动画 07.04.039

3D animation 三维动画, *3D动画 07.04.040

Darwin information typing architecture DITA 06.01.076

DAT 数字音频磁带, *4毫米磁带 04.02.004

data 数据 01.02.072

data analysis 数据分析 06.01.040

data at rest 静态数据 06.04.048

database 数据库 01.02.073

database package service 数据库包库服务 07.05.071

database publication 数据库出版物 07.01.014

database publishing 数据库出版 06.01.025

database publishing review 数据库出版评论 02.07.117

database security 数据库安全 06.01.052

data check 查对资料 02.04.013

data cleaning 数据清洗 06.01.041

data communication 数据通信 06.01.029

data consolidation 数据整合 06.04.064

data consumer 数据消费者 06.04.057

data edit 数据编辑 06.01.047

data file 数据文件 06.01.039

data governance 数据治理 06.04.065

data identification data 数据标识数据 04.03.118

data management 数据管理 06.01.049

data mining 数据挖掘, *资料采矿, *资料探勘 06.01.045

data portability 数据可移植性 06.04.055

data provider 数据提供者 06.04.056

data replica 数据备份 06.01.044

data security 数据安全 06.01.050

data semantic 数据语义 06.01.043

data sharing 数据共享 06.01.048

data sorting 数据整理 06.01.046

data source 数据源 06.01.037

data storage as a service 数据存储即服务 06.04.042

data structure 数据结构 06.01.042

data warehouse 数据仓库 07.05.010

dateline 新闻电头 02.08.078

date of first edition 首版时间 01.03.069

DAU 日活跃用户数, *日活数 06.01.115

DAW 数字音频工作站 06.02.029

days of payment 账期 05.05.051

DBC case 全角 02.06.046

DDP 盘片描述协议 04.03.112

dealer 经销商 05.02.009

debossing and embossing 压印刷 03.01.035

decentralized indexing 分散标引 06.01.156

deck 副标题 02.08.064

decode 译码 06.04.100

decoration of cutting edges 裁切面装饰, *切口装饰 03.05.055

de-emphasis 去加重, *后均衡 04.02.072

deep reading 深阅读, *深度阅读 02.07.045

defective book 残破书 07.02.044

degaussing device 消磁器 04.02.078

degaussing effect 消磁效果 04.02.080

degaussing head 消磁头 04.02.079

delamination 起膜 03.05.085

delivery 发货 05.04.039

delivery cycle 配送周期, *发货周期 05.05.100

delivery order 提货凭证 05.05.129

deluxe edition 豪华本 07.02.010

demanding supply 应索供应 05.03.116

demo disc 演示盘 07.04.010

demo tape 演示带 07.04.009

density 密度 03.02.063

deputy editor-in-chief of a journal 期刊副主编 02.08.010

derivative work 衍生作品, *演绎作品, *派生作品 08.03.009

desktop publishing 桌面出版 03.02.147

destruction of books 书厄 01.04.029

detective movie 侦探片 07.04.035

development 显影 03.04.107

device dependent colour 设备相关颜色 03.02.021

device independent colour 设备无关颜色 03.02.020

dictionary 辞书 07.02.078, 词典, *辞典 07.02.080

dictionary review 辞书评论 02.07.097

die cutting 模切 03.05.057

die-cutting machine 模切机 03.05.071

die-stamping 压印刷 03.01.035

difference between purchase 进销差价 05.05.078

differential pricing 差别定价法, *分层定价法 06.01.192

digested newspaper 文摘报 07.03.011

digest periodical 文摘期刊, *文摘 07.03.058

digital academic journal 数字学术期刊 07.05.014

digital advertising 数字广告 07.05.021

digital asset 数字资产 06.01.035

digital asset management 数字资产管理 06.01.216

digital audio 数字音频 06.02.011

digital audio and video 数字音像 06.02.001

digital audio broadcasting 数字音频广播 07.04.011

digital audio compact disc 数字音频光盘 04.03.018

digital audio device 数字音频设备 06.02.028

digital audio editing 数字音频编辑 06.02.020

digital audio tape 数字音频磁带, *4毫米磁带 04.02.004

digital audio-visual publication 数字音像制品 07.04.004

digital audio workstation 数字音频工作站 06.02.029

digital camera 数字照相机 03.02.154

digital cartoon and animation 数字动漫, *数字动画和数字漫画 07.05.019

digital communication 数字通信 06.04.063

digital composite publishing 数字复合出版 06.01.215

digital content 数字内容 06.01.020

digital content distributor 数字内容分销商 06.01.172

digital content industry 数字内容产业 06.01.027

digital content integrator 数字内容集成商 06.01.173

digital content organization 数字内容组织 06.01.160

digital content provider 数字内容提供商 06.01.170

digital content reorganization 数字内容重组 06.01.166

digital content retailer 数字内容零售商 06.01.174

digital content search 数字内容检索 06.01.165

digital content value chain 数字内容价值链 06.04.114

digital copyright 数字权利 06.01.217

digital copyright protection technology 数字版权保护技术 06.01.219

digital cryptography 数字加密技术 06.01.224

digital editor 数字编辑 06.01.023

digital encryption technology 数字加密技术 06.01.224

digital film 数字电影, *数码电影 07.04.023

digital fingerprinting technology 数字指纹技术 06.01.223

digital front end system 数字前端系统 03.02.144

digital general periodical 数字大众期刊 07.05.015

digital image 数字图像，*数字影像 06.02.072

digital image preparation 数字图像制备 03.02.130

digital image processing 数字图像处理 03.02.132

digital imaging 数字成像 03.04.102

digital information 数字信息 06.01.019

digitalization of publishing industry 出版数字化 06.01.004

digital library 数字图书馆，*电子图书馆 07.05.011

digital linear tape 数字线性磁带 04.02.005

digital marketing 数字营销 06.01.181

digital marketing strategy 数字营销战略 06.01.182

digital media 数字媒体 06.01.200

digital multimedia broadcasting 数字多媒体广播 07.04.012

digital museum 数字博物馆 07.05.012

digital music 数字音乐 07.05.018

digital music review 数字音乐评论 02.07.121

digital network media 数字网络媒体 06.04.016

digital newspaper 数字报纸，*数字报 07.05.017

digital object identifier 数字对象唯一标识符 06.04.116

digital painting 数字油画，*数字彩绘，*编码油画 07.05.020

digital periodical 数字期刊 07.05.013

digital press 数字报刊 07.05.023

digital printing 数字印刷 03.01.024

digital printing press 数字印刷机 03.04.100

digital product development 数字产品开发 06.01.159

digital product iteration 数字产品迭代 06.01.168

digital product packaging 数字产品封装 06.01.161

digital product testing 数字产品测试 06.01.163

digital project 数字放映机 06.02.096

digital proof 数字样张 03.02.139

digital proofing 数字打样 03.02.138

digital publication 数字出版物 07.01.010

digital publishing 数字出版 01.03.047

digital publishing business model 数字出版商业模式 06.01.178

digital publishing industry 数字出版产业 06.01.003

digital publishing industry chain 数字出版产业链 06.01.169

digital publishing platform 数字出版平台 06.01.018

digital publishing process 数字出版流程 06.01.119

digital publishing product 数字出版产品 06.01.002

digital publishing review 数字出版评论 02.07.115

digital publishing standards 数字出版标准 06.01.227

digital publishing technology 数字出版技术 06.01.001

digital reading 数字阅读 02.07.016

digital resources 数字资源 06.01.021

digital rights encryption 数字权利加密 06.01.162

digital rights management 数字权利管理，*数字版权保护 06.01.218

digital signature 数字签名 06.04.102

digital signature technology 数字签名技术 06.01.221

digital sound 数字声音 06.02.012

digital synthesis technology 数字合成技术 06.04.095

digital talking book 数字有声书 07.05.022

digital technology provider 数字技术提供商 06.01.171

digital television 数字电视，*数位电视，*数码电视 07.04.020

digital theater system 数字影院系统 04.03.122

digital trade 数字贸易 06.04.115

digital versatile disc 多用途数字光盘 04.03.010

digital versatile disc-audio 音频多用途数字光盘 04.03.012

digital versatile disc-random access memory 随机存取DVD光盘 04.03.009

digital versatile disc-read only memory 只读存储多用途数字光盘 04.03.013

digital versatile disc-recordable 可录DVD光盘 04.03.007

digital versatile disc-rewritable 可重写DVD光盘 04.03.008

digital versatile disc-video 视频多用途数字光盘 04.03.011

digital video 数字视频 06.02.049，数字摄像机 06.02.071

digital video editing 数字视频编辑 06.02.060

digital watermarking technology 数字水印技术 06.01.222

digital workflow 数字工作流程 03.02.143

digitization 数字化处理 06.01.139

digitization processing 数字化加工 06.01.140

digitized object 数字化对象 06.01.022

digitized sound *数字化声音 06.02.012

direct channel 直接渠道 05.03.007

direct distribution point of newspaper and periodical 报刊

直分点　05.02.059

direct imaging　直接成像　03.04.126

direct-indirect screen making　直接－间接法制版　03.03.053

direct infringement　直接侵权　08.06.006

directory　名录　07.02.083

direct platemaking machine　直接制版机　03.03.003

direct printing　直接印刷　03.01.027

direct sale　直销　05.03.111

direct sales mode　直接销售模式　06.01.187

direct screen making　直接法制版　03.03.051

direct thermography　直接热成像　03.04.122

dirty proof　红样　02.05.030

disaster film　灾难片　07.04.033

disc　磁盘　06.03.063

disc description protocol　盘片描述协议　04.03.112

discharging　放电　03.04.106

disc mark　盘标　04.03.110

discontinuation　停刊　02.08.164

discontinuation review　终刊评论，＊停刊评论　02.07.102

discontinuation statement　停刊词　02.08.083

discount　发行折扣　05.05.004

discounted book　特价书　07.02.045

disc tape　盘式磁带　04.02.014

disk　磁盘　06.03.063

disk reference plane　光盘基准面　04.03.069

disordered signature　错帖　03.05.078

dispatch　发运　05.04.055

dispatch list　发货单　05.05.024

dispatch mode　发运方式　05.04.056

display memory　显示存储器　04.03.169

dissolve off　溶变　04.03.158

distorted compensation value　缩版量　03.03.019

distortion　失真　06.02.039

distributed computing　分布式计算　06.04.060

distributed data processing　分布式数据处理，＊DDP　06.04.023

distributing　分发　03.05.001

distribution　发行　05.01.001，配送　05.04.058

distribution agency　发行单位　05.01.002

distribution agent　发行代理商，＊代理商　05.02.010

distribution association　发行协会　05.02.003

distribution center　配送中心　05.04.017

distribution channel　发行渠道　05.01.005

distribution commission　发行佣金　05.05.068

distribution company　发行公司　05.02.001

distribution corporation　发行企业　05.02.004

distribution cost　发行成本　05.05.067

distribution document　发行单证　05.05.127

distribution effect　发行效益　05.05.139

distribution fee　发行费用　05.05.131

distribution group　发行集团　05.02.005

distribution history　发行史　01.04.004

distribution information　发行信息　05.05.001

distribution loss ratio　发行损耗率　05.05.159

distribution mode　发行方式　05.01.008

distribution network　发行网　05.02.013

distribution office　发行所　01.04.081

distribution office of newspaper and periodical　发报刊局　05.02.057

distribution of newspaper and periodical　报刊分发　05.04.004

distribution outlet　发行网点　05.02.014

distribution positioning　发行定位　05.05.137

distribution processing　流通加工　05.04.046

distribution sale　分配寄销　05.03.038

distribution staff　发行工作者　05.02.002

distribution station　发行站，＊报刊发行站　05.02.021

distribution studies　发行学　01.01.003

distribution system　发行系统　05.03.145

distributor　发行人，＊发行者，＊发行商　05.01.003

dithering image processing　抖动图像处理　03.02.084

diversified reading　多元阅读　02.07.020

divided page design　＊单独页面设计　04.03.141

divided page proofreading　分版校对　02.08.148

DKAA　双钥非对称算法　04.03.150

DLT　数字线性磁带　04.02.005

DMB　数字多媒体广播　07.04.012

docbook　DocBook　06.01.066

doctor blade　刮墨刀　03.04.052

doctor blade streaks　刮墨刀线　03.04.078

document　文献　01.02.037，单证，＊单据　05.05.022

documentation science　文献学　01.01.013

document format　文档格式　06.01.146

document of settlement　结算单　05.05.028

document type definition　文档类型定义　06.01.070

DOI　数字对象唯一标识符　06.04.116

Dolby AC-3 杜比 AC-3 04.03.051

Dolby pro-logic 杜比定向逻辑环绕声 06.02.067

domain name system 域名系统，＊DNS 06.01.086

door-to-door service 门到门运输服务 05.04.024

dot 网点 03.02.033

dot area coverage 网点覆盖率，＊网点面积百分比，＊网点面积率 03.02.036

dot area percentage 网点覆盖率，＊网点面积百分比，＊网点面积率 03.02.036

dot gain 网点增大，＊网点扩大 03.04.028

dot shape 网点形状 03.02.041

double-byte character case 全角 02.06.046

double-layer disc 双层光盘 04.03.023

double monthly periodical 双月刊 07.03.071

double-page spread 跨页 02.06.085，通版 02.08.129

double-page spread illustration 跨页图 02.06.053

double pairs of keys asymmetric algorithm 双钥非对称算法 04.03.150

double-side adhesive tape 贴版双面胶带 03.04.056

double spread ad 跨页广告 05.05.191

doubtful account 呆账 05.05.055

downstream 后端生产线 04.03.081

draft manuscript 草稿 02.02.015

draft version 草稿 02.02.015

dragon scale binding ＊龙鳞装 01.04.039

dramatic work 戏剧作品 08.02.005

drawing 图画 01.02.066

drawing spectrum 图谱，＊图录 07.02.104

drawn-on-film animation 胶片绘制动画，＊直接动画，＊无摄像机动画 07.04.060

DRM 数字权利管理，＊数字版权保护 06.01.218

drop on demand 按需喷墨，＊随机喷墨 03.04.117

dropout 失落 04.02.074

drop size modulate 墨滴尺寸调制 03.04.114

drop velocity 墨滴速度 03.04.113

drum scanner 滚筒型扫描仪，＊鼓式扫描仪 03.02.153

3D sound effects 三维音效 06.02.042

DTD 文档类型定义 06.01.070

DTP 桌面出版 03.02.147

DTS 数字影院系统 04.03.122

DTV 数字电视，＊数位电视，＊数码电视 07.04.020

dual distribution 双轨发行 05.03.016

dual-layer disc 双层光盘 04.03.023

Dublin core metadata 都柏林核心元数据，＊DC 元数据 06.01.079

duplication 复制 01.03.076

duplication by electroplating 二版 04.01.044

durability 耐读性 05.01.065

DVD 多用途数字光盘 04.03.010

DVD-Audio 音频多用途数字光盘 04.03.012

DVD-R 可录 DVD 光盘 04.03.007

DVD-RAM 随机存取 DVD 光盘 04.03.009

DVD-ROM 只读存储多用途数字光盘 04.03.013

DVD-RW 可重写 DVD 光盘 04.03.008

DVD-Video 视频多用途数字光盘 04.03.011

3D VS 三维虚拟演播室 07.05.037

dye 染料 04.03.115

dye polymer 染料聚酯 04.03.116

dynamic data 动态数据 06.04.049

dynamic distortion 动态失真 04.01.037

dynamic publishing 动态出版 06.01.010

## E

ear 报耳，＊报眼 02.08.059

earpiece 报耳，＊报眼 02.08.059

ebook 电子图书 07.04.061

e-book ＊电子书 07.04.061

e-book device 电子书阅读器 06.03.008

e-book reader 电子书阅读器 06.03.008

EC 电子商务 05.05.046

e-card 电子名片 07.04.071

ECC 纠错码 04.03.098

ECC block 纠错块 04.03.097

e-commerce 电子商务 05.05.046

economic benefit 经济效益 01.03.007

EDC 检错码 04.03.088

edge index 梯标，＊踏步口，＊检标 02.06.109

edge of the type page 版口 02.06.014

EDI 电子数据交换 05.05.031

e-dictionary 电子词典 07.04.066

Edict on Private Possession of Books 挟书律 01.04.063

editing 编辑，＊编辑活动 01.02.001

editing and processing 编辑加工 02.04.001

electrostatic printing 静电印刷 03.01.039

electrostatic screen printing 静电网版印刷 03.04.081

elephant trunk 象鼻 01.04.048

e-magazine 电子杂志 07.04.063

embodied reading 具身阅读 02.07.077

embossing 压凹凸 03.05.049

e-media 电子传播 06.03.012

e-menu 电子菜谱 07.04.072

empty-loaded rate 车辆空驶率 05.04.093

encapsulated postscript EPS 文件格式 06.03.051

encryption of the transmission of typeset texts 传版加密 02.08.155

encyclopaedia 百科全书 07.02.081

encyclopedia 百科全书 07.02.081

encyclopedic dictionary 百科词典 07.02.105

endleaf 衬页 02.06.081

end mark 结束符 02.04.094

endnote 尾注，＊文后注 02.04.072

endpaper 衬页 02.06.081，环衬 02.06.082

endsheet 衬页 02.06.081，环衬 02.06.082

end user 终端用户，＊最终用户 06.01.185

e-newspaper 电子报纸 07.04.064

engraved block printing 雕版印刷术 01.04.041

engrave work 雕刻作品 08.02.010

engraving machine 凹版雕刻机 03.03.037

enlarged symbol edition 大字本 07.02.013

enterprise digital rights management 企业数字版权管理 06.04.109

enterprise resource planning 企业资源计划，＊企业资源规划 05.05.045

entertainment-oriented reading 消遣阅读 02.07.031

entrance surface 入射面 04.03.045

entrusted print 委印，＊委托印刷 03.01.004

entry database 条目式数据库 07.05.048

envelope 封，＊出厂包，＊自然包 05.04.050

EOS 电子订货系统 05.05.033

e-pay 电子支付 06.01.099

epilogue 后记，＊跋，＊附记，＊编后语，＊写在后面的话 02.04.065

e-procurement 电子采购 05.05.047

EPS 电子出版系统 06.03.014，EPS 文件格式 06.03.051

equilibrium 均衡 04.02.064

equity fund 自有资金 05.05.086

equivalent replacement 换洋 05.03.051

e-report 电子报表 05.05.048

ERP 企业资源计划，＊企业资源规划 05.05.045

errata 勘误表 02.04.093

error correction code 纠错码 04.03.098

error detection code 检错码 04.03.088

e-schoolbag 电子书包 07.04.070

essential contents 要目 02.04.042

e-textbook 电子课本 07.04.067

ethernet 以太网 06.01.108

ethnolinguistics publication 少数民族语言文字出版物 07.01.021

ethylene vinyl acetate hot-melt adhesive EVA 热熔胶，＊EVA 胶 03.05.043

EVA hot-melt adhesive EVA 热熔胶，＊EVA 胶 03.05.043

evaluative reading 评价性阅读 02.07.033

even folio 双码 02.06.071

evening newspaper 晚报 07.03.003

even page number 双码 02.06.071

ever-prepared book 常备书 07.02.046

Exabyte tape Exabyte 磁带 04.02.006

excerpted translation 摘译 01.02.055

excerption 节录 01.02.048

excerption and compilation 摘编 01.02.046

exchange ad 交换广告 05.05.195

exclusive 独家新闻 02.08.112

exclusive agency 独家代理 05.03.047

exclusive distribution 特约经销 05.03.033

exclusive interview 人物专访，＊人物特写 02.08.121

exclusive protection principle 独立保护原则 08.01.037

exclusive publishing right 专有出版权 08.05.019

exclusive sale 包销 05.03.029

exclusive use 专有使用权 08.05.005

exclusive wholesale 一级批发 05.03.002

executive chief-editor 执行主编 01.02.014

executive director 执行导演 06.02.091

experience a single payment 验单付款 05.05.066

expert reader 专家型读者 05.01.046

expert review 专家审稿 02.03.012

explanatory note 题解，＊题注 02.04.040，释义注 02.04.068

exposé 内幕新闻 02.08.113

expressed folio 明码 02.06.072

expressive montage 表现蒙太奇, ＊并列蒙太奇 06.02.076

extended gamut 扩展的色域 03.02.024

extensible markup language 可扩展置标语言 06.01.069

extensive reading 泛读 02.07.042

extensive review 泛审 02.03.004

external drum device 外滚筒型设备 03.03.004

external review 外审 02.03.010

extra 号外 02.08.088

extraction 节录 01.02.048

extracurricular reader 课外读物 07.01.039

extracurricular reading 课外阅读 02.07.025

eyebrow 报眉 02.08.058

eyebrow head 引题 02.08.065

# F

factual database 事实型数据库 07.05.051

fade in and fade out 淡入淡出 04.03.137

fair use 合理使用, ＊自由使用, ＊免费使用 08.06.001

fake news 假新闻 02.08.117

family block printing 家刻 01.04.053

fan 粉丝 06.01.205

fascicule 分册, ＊分卷 07.02.057

feathering 边缘发毛 03.04.080

feature 特写 02.08.101

feature bibliography 专题目录 05.05.016

feature production 专题制作 02.08.108

feature review 专题评论 02.07.105

Fe-Cr tape 铁铬带 04.02.010

feedback subscription 寄样订货 05.03.087

feed barrel 料筒 04.03.103

fee for distribution of newspaper and periodical 报刊发行费 05.05.069

female reading 女性阅读 02.07.004

file format 文件格式 06.03.046

file format of optical disc 光盘文件格式 04.03.057

file sharing 文件共享 06.01.100

file system ＊文件系统 04.03.057

file transfer protocol 文件传输协议, ＊文件传送协议 06.01.091

filler 补白 02.04.066

filling in 糊版 03.04.013, 堵版 03.04.097

film bonding 贴膜法 04.03.036

film copy level 复印电平 04.02.067

film disk 薄膜唱片 04.01.007

film for preventing degaussing 防消片 04.02.049

film laminating 覆膜 03.05.053

film laminating machine 覆膜机 03.05.074

film maker 视频制作师 06.02.057

film work 电影作品 08.02.015

final issue 终刊号 07.03.030

finalized manuscript 定稿 02.04.026

final mix mixer 终混录音师 06.02.019

final review 终审 02.03.009

final text 书稿 02.02.020

final version 书稿 02.02.020

fine art work 美术作品 08.02.009

finished manuscript 完成稿 02.02.018

finishing process 整饰工艺 03.05.048

first edition 初版书, ＊初版 07.02.035

first-grade proofreader 一级校对 01.02.032

first proofreading 一校, ＊初校 02.05.020

first publication ceremony 首发式 05.03.121

first reading 一读 02.08.054

fish tail 鱼尾 01.04.047

fixed asset 固定资产 05.05.072

fixed-layout document 版式文档 06.01.031

fixing 定影 03.04.109

flag 报头 02.08.057

flanging ad 翻口广告, ＊切口广告 05.05.187

flap 勒口, ＊折口 02.06.105, 折前口 03.05.031

flash animation ＊flash动画 07.04.041

flat-bed device 平面型设备 03.03.006

flat-bed scanner 平面型扫描仪 03.02.152

flat spine 平脊 02.06.064

flexographic forme 光聚合柔性版 03.03.014

flexographic press 柔性版印刷机 03.04.049

flexographic printing 柔性版印刷, ＊柔印 03.01.032

flexographic printing equipment 柔印设备 03.04.048

flooding 回墨 03.04.094

flush 顶格, ＊回行顶格排 02.06.032

flush layout 齐列式版面 02.08.127

FM dot 调频网点 03.02.035

# G

# H

head core 磁头芯 04.02.039

header 书眉 02.06.094

head for re-demagnetization 磁头消磁器 04.02.038

head gap 磁头缝隙 04.02.036

headline 标题，＊题名 02.04.036，要目 02.04.042，内容提要，＊提要 02.04.053，主标题，＊正题，＊中心标题，＊母题 02.08.063，大标题 02.08.067，要闻，＊重要新闻 02.08.100，头条新闻 02.08.119

headline page 要闻版 02.08.085

head margin 天头 02.06.102

heavy reader 报刊重度读者 05.01.048

HFS 分级文档系统 04.03.060

HHT 手持终端 06.03.004

hickie 空心点 03.04.063

hierarchical filing system 分级文档系统 04.03.060

high-def filming 高清拍摄 06.02.093

high definition compatible digital 高清晰度兼容数码 06.02.007

high definition disc 高清光盘 04.03.053

high definition television 高清晰度电视，＊高清电视 07.04.022

highlight 亮调 03.02.049

hinged illustration 合页图 02.06.054

history of books 书籍史 01.04.009

history of books in China 中国书籍史 01.04.019

history of dictionaries 辞书史 01.04.010

history of dictionaries in China 中国辞书史 01.04.020

history of distribution in China 中国发行史 01.04.015

history of editing in China 中国编辑史 01.04.013

history of electronic and digital publishing 电子数字出版史 01.04.011

history of electronic and digital publishing in China 中国电子数字出版史 01.04.023

history of newspaper industry in China 中国报业史，＊中国报学史 01.04.022

history of periodicals in China 中国期刊史 01.04.021

history of printing in ancient China 中国古代印刷史 01.04.016

history of printing in modern and contemporary China 中国近现代印刷史 01.04.017

history of publishing concept 出版观念史 01.04.006

history of publishing criticism 出版评论史 01.04.012

history of publishing in China 中国出版史 01.04.014

history of reading in China 中国阅读史 01.04.018

hoisting machinery 起重机械 05.04.084

holographic movie 全息电影 07.04.027

horizon of expectation 期待视域 02.07.078

horizontal typesetting 横排 02.06.030

hosted virtualization 主机虚拟化 06.04.027

hot foil-stamping 烫印 03.05.054

hot foil-stamping machine 烫印机 03.05.070

hot key 热键 04.03.156

hot news 热点新闻 02.08.111

hot word 热字 04.03.157

HTML 超级文本置标语言 06.01.068

HTTP 超文本传输协议 06.01.090

hue 色相，＊色调 03.02.011

huge screen 巨幕电影 07.04.026

human-computer interaction 人机交互 06.03.030

human-computer interaction techniques 人机交互技术 06.03.031

human-computer interface 人机界面，＊用户界面，＊使用者界面 06.03.033

human-machine integrated proofreading 人机结合校对 02.05.016

hum level 交流声电平 04.01.036

hybrid screening 混合型加网 03.02.032

hydrophilicity 亲水性 03.04.021

hydrophobicity 疏水性 03.04.022

hyperlink 超链接 06.04.025

hypermedia 超媒体 04.03.136

hypertext 超文本 06.04.024

hyper-text markup language 超级文本置标语言 06.01.068

hyper-text transfer protocol 超文本传输协议 06.01.090

# I

IaD 交互设计 06.03.032

ICC profile ICC 色彩特性文件 03.02.109

icon 图标 04.03.165

ICP 互联网内容提供者 06.04.006

ID error detection code 标识符错误检测码 04.03.042

IED 标识符错误检测码 04.03.042

initial review　初审　02.03.007

initiative subscription　主动分配　05.03.088

injection　注塑　04.03.130

injection molding machine　光盘注塑机　04.03.071

injection moulding　注塑　04.03.130

ink adhesive force　油墨黏着力　03.04.066

ink consumption　油墨消耗量　03.04.085

ink emulsification　油墨乳化　03.04.045

ink flooding blade　回墨板　03.04.089

inking unit　输墨装置　03.04.007

ink jet imaging　喷墨成像　03.04.111

ink jet printer　喷墨印刷机　03.04.101

ink jet printing　喷墨印刷　03.01.040

ink-jet printing press　喷墨印刷机　03.04.101

inkless printing　无墨印刷　03.01.042

ink piling　堆墨　03.04.043

ink set　置墨区　03.04.086

ink trail　剥离距离　03.04.087

ink trapping　油墨叠印　03.04.024

ink-water balance　水墨平衡　03.04.026

inner book waist　中径　03.05.037

in-page illustration　版内图　02.06.057

in-print bibliography　可供目录　05.05.019

inscriptions on stone　刻石文　01.04.028

insert　插页　02.06.087

inserted note　夹注，＊随文注　02.04.074

insert effect　插入效果　06.02.121

inserting　插页　02.06.087

inside back cover　封三，＊封底里　02.06.091

inside circulation　内部发行　01.03.054

inside distribution　内部发行　01.03.054

inside front cover　封二，＊封面里，＊封里　02.06.090

inside news　内幕新闻　02.08.113

inside page ad　内页广告　05.05.190

inside periodical　内部期刊，＊内刊　07.03.060

instant messenger　即时通信，＊IM　07.05.064

institutional repository　机构知识库　07.05.054

institutions of bamboo and wooden slips　简牍制度
　01.04.034

institutions of binding leaves into a volume　册页制度
　01.04.045

intaglio　手工雕刻凹版　03.03.033

intaglio printing　凹版印刷，＊凹印　03.01.036

integrated circuit card　IC卡　06.03.068

integrated logistics service　一体化物流服务　05.04.010

integrated publication　融合出版　01.03.048

integration　集成　07.02.112

integration development　融合发展　06.04.013

integration editing and distribution　编发合一　05.03.044

integration of editing and proofreading　编校合一
　02.05.032

integration of editing and writing　编著一体　01.04.078

integration of post and distribution　邮发合一　05.03.045

integration of reporting and editing　采编合一　02.08.039

intellectual audience　主智受众　05.01.058

intellectual property operation　知识产权运营，＊IP运营
　06.01.226

intellectual property right　知识产权　08.01.001

intelligent electronic data stream　智能化电子数据流
　03.02.145

intelligent retrieval　智能检索　06.04.081

intended audience　有意受众　05.01.056

intensive distribution　重点发行　05.03.015

intensive reading　精读　02.07.040

interaction design　交互设计　06.03.032

interactive CD　交互式光盘　04.03.019

interactive media　交互式媒体　06.01.201，交互媒体
　06.04.017

interactive reading　互动阅读，＊交互阅读　02.07.058

interactive television　互动电视，＊交互式电视
　07.04.014

interactive TV on demand system　交互式电视点播系统
　07.04.013

interface design　屏幕设计　04.03.155

interlayer adhesion　层间黏着性　04.02.024

interleaving　交织　04.03.092

internal drum device　内滚筒型设备　03.03.005

international book fair　国际图书博览会　05.03.129

International Cooperation for the Integration of Prepress, Press
　and Postpress　CIP3　03.02.114

International Cooperation for the Integration of Processes in
　Prepress, Press and Postpress　CIP4　03.02.115

international copyright convention　国际著作权公约
　08.01.027

International Standard Book Number　国际标准书号
　01.03.057

International Standard Link Identifier　国际标准关联标识
　符　06.01.078

International Standard Recording Code 国际标准录音制品编码 01.03.062

International Standard Serial Number 国际标准连续出版物号，＊国际标准刊号 01.03.060

internet+ 互联网+ 06.04.008

internet+ action plan "互联网+"行动计划 06.04.009

internet+ publishing 互联网+出版 06.04.011

internet advertisement 网络广告 07.05.041

internet audience 网络受众 05.01.062

internet communication 网络传播 06.04.021

internet community 网络社区 07.05.042

internet content provider 互联网内容提供者 06.04.006

internet industry 互联网产业 06.04.066

internet of things 物联网 06.04.015

internet protocol television 交互式网络电视 07.04.015

internet protocol version 6 IPv6 06.01.112

internet public opinion 网络舆情 06.01.234

internet publishing 网络出版，＊互联网出版，＊在线出版 06.04.001

internet service provider 互联网服务提供者 06.04.005

internet subscription 网上征订 05.03.071

interoperability 互操作性 06.01.083

interpretive community 阐释社群 02.07.082

interstitial signature 折缝空 03.05.077

introduction 前言，＊引言，＊前记 02.04.058, 绪言，＊绪论 02.04.060

inventory 库存 05.04.060

inventory cost 存货成本 05.05.075

inventory losses 盘亏 05.05.061

inventory management 库存管理，＊存货管理 05.05.118

inventory profit 盘盈 05.05.060

inventory sheet 盘存表 05.05.079

inventory verification 盘存，＊存货盘点 05.04.061

ionography 离子成像 03.04.124

IP address IP 地址，＊互联网地址 06.01.088

IPTV 交互式网络电视 07.04.015

IR 信息检索 06.01.062

irregular shaped disc 异型光盘 04.03.025

irregular size 异型开本，＊畸形开本 02.06.009

ISBN 国际标准书号 01.03.057

ISLI 国际标准关联标识符 06.01.078

ISO-9660 ISO 9660 格式 04.03.058

ISRC 国际标准录音制品编码 01.03.062

ISSN 国际标准连续出版物号，＊国际标准刊号 01.03.060

issuance fee rate of newspaper and periodical 报刊发行费率 05.05.160

issue 期 07.03.067

issuing code 报刊邮发代号，＊邮发代号 05.05.008

issuing contract 发行合同 05.01.015

item 目 02.04.035

ITV 互动电视，＊交互式电视 07.04.014

# J

jagged edge 锯齿边缘 03.02.102

JDF JDF 文件格式，＊作业定义格式，＊业务定义格式 06.03.049

jigsawing 穿插 02.08.134

jitter rate 抖晃率 04.02.044

JMF 业务消息格式 03.02.113

job ad 招聘广告 05.05.198

job definition format JDF 文件格式，＊作业定义格式，＊业务定义格式 06.03.049

job messaging format 业务消息格式 03.02.113

joint editing 共同编辑 02.04.003

joint photographic experts group JPEG 文件格式 06.03.060

joint publication 合著 08.01.012

joint publishing 联合出版 01.03.043

joint-stock bookstore 股份制书店 05.02.027

joint transport 联合运输 05.04.029

journal 期刊 07.03.026, 学报，＊学刊 07.03.048

journalism studies 新闻学 01.01.014

journalist 记者 02.08.012

journalist bureau 记者站 02.08.017

journalistic authenticity 新闻真实性 02.08.029

journalistic clue 新闻线索 02.08.028

journalistic effect 新闻效应 02.08.033

journalistic investigation 新闻调查 02.08.031

JPEG JPEG 文件格式 06.03.060

juicy titbit 花边新闻 02.08.116

junior full page ad 小全版广告 05.05.183

# K

Kaiming Bookstore's publishing ethics　开明风　01.04.089

KB　知识库　07.05.053

key　密钥　06.04.068

key frame　关键帧　06.02.107

key frame animation　关键帧动画　06.02.108

key management　密钥管理　06.04.070

key to entries　凡例　02.04.092

key-value structure　键值结构　06.04.054

keyword　关键词　02.04.055

kicker　引题　02.08.065

kiosk　报刊亭　05.02.066

knock at the door to distribute　敲门发行　05.03.019

knowledge base　知识库　07.05.053

knowledge element　知识元　06.01.134

knowledge management　知识管理　06.01.133

knowledge mining　知识挖掘　06.01.137

knowledge processing　知识化加工　06.01.143

knowledge service　知识服务　07.05.008

knowledge warehouse　知识仓库　07.05.006

Kuomintang's publishing　国民党党营出版业　01.04.074

# L

label　标签，＊置标，＊打标签　06.01.033

lacquer　光盘保护胶，＊腊克　04.03.033

lacquer coating　保护胶旋涂　04.03.034

lacquer disk　胶盘，＊胶片　04.01.040

lacquer original　胶盘原版　04.01.043

language improvement　润饰文字，＊修饰　02.04.007

large proof　大样　02.08.146

large proof issuing　签发大样　02.08.139

laser ablation mask　激光烧蚀掩膜　03.03.017

laser beam recorder　激光母盘刻录机　04.03.085

laser disc　激光视盘　04.03.027

laser engraver　激光雕刻机　03.03.041

laser flexographic forme-making　柔版激光制版　03.03.016

laser imagesetter　激光照排机　03.02.155

laser imaging　激光成像　03.02.146

laser record　激光唱片，＊CD　04.01.002

lasting-selling book　长销书　07.02.042

lateral recording　横向录音　04.01.051

law of editing　编辑规律　01.02.002

laws and regulations on publishing　出版法规　01.03.014

layout　报纸版面　02.08.084

layout analysis　版面分析　06.01.144

layout design　版式设计，＊版面设计　02.06.006

layout editor　版面编辑，＊版面主编　02.08.011

layout sketching　画版　02.08.130

LBR　激光母盘刻录机　04.03.085

LBS　基于位置的服务　07.05.078

LD　激光视盘　04.03.027

lead　导语　02.08.069

lead headline　头版头条新闻　02.08.120

lead-in area　导入区　04.03.120

leading　行距　02.06.024

leading shaft　主导轴　04.02.091

lead-out area　导出区　04.03.119

leftover material　边料　04.01.047

legal body's work　法人作品　08.03.007

legal entity's work　法人作品　08.03.007

legal license　法定许可　08.06.002

legend　图例　02.04.078

length reduction　压缩篇幅　02.08.051

letter of submission invitation　约稿信，＊约稿函　02.02.011

letterpress　铅印本　07.02.019

letterpress printing　铅印　03.04.047

letterset printing　干胶印，＊间接凸版印刷　03.04.070

levelled reading　分级阅读　02.07.022

lexicographic work　辞书　07.02.078

lexicographic work review　辞书评论　02.07.097

lexicography　辞书学　01.01.010

liabilities　负债　05.05.074

librarianship　图书馆学　01.01.011

library　文库　07.02.127

library science　图书馆学　01.01.011

library supplier　馆配商　05.02.012

library supply　馆配　05.03.117

# M

machine-readable catalogue 机读目录，＊机器可读目录 05.05.013

magazine 杂志 07.03.027

magenta 品红色，＊品红 03.02.006

magnetic bias ratio 偏磁比 04.02.068

magnetic coating 磁层 04.02.028

magnetic cutter head 磁性刻纹头 04.01.021

magnetic disk 磁盘 06.03.063

magnetic forme base 磁性版托 03.04.059

magnetic head 磁头 04.02.034

magnetic layer 磁层 04.02.028

magnetic particle 磁粉 04.02.031

magnetic powder 磁粉 04.02.031

magnetic record carrier 磁记录载体 04.02.016

magnetic tape 磁带 04.02.001

magnetic track 磁迹 04.02.032

magnetic variable reluctance pick-up head 可变磁阻拾音头 04.01.014

magnetization traces 磁迹 04.02.032

magnetization traces form 磁迹形位 04.02.033

magnetodynamic pick-up head 动磁拾音头 04.01.017

magnetographic printing 磁性印刷 03.01.047

magnetography 磁成像 03.04.125

magnetosphere resistance 磁层电阻 04.02.029

mailing booklist for subscription 目录征订，＊寄目征订 05.03.062

mail-order bookstore 邮购书店 05.02.033

mail-order sale 邮购销售，＊邮购供应 05.03.107

main body 正文 02.04.043

main title 主题名，＊正题名 02.04.037

make-up editor 版面编辑，＊版面主编 02.08.011

making label 制签 05.05.113

man-machine interaction 人机交互 06.03.030

man-machine system 人机系统 06.04.087

manual 手册 07.02.082

manuscript 稿件 01.02.038，写本，＊手写本 01.04.037，手稿 02.02.022

manuscript acquisition 组稿 02.02.001

manuscript archive 书稿档案 01.03.087

manuscript editing 编稿 02.08.048

manuscript evaluation 稿件评价 02.03.015

manuscript fee by print run 印数稿酬 08.05.011

manuscript receipt 收稿 02.03.001

manuscript review 审稿 02.03.002

manuscript solicitation 征稿 02.02.004

manuscript submission 投稿 02.02.006

map 地图 07.02.084

MARC 机读目录，＊机器可读目录 05.05.013

margin 页边，＊周空 02.06.101

market demand for a publication 出版物市场需求 02.01.006

market share 市场占有率 05.01.021

markup language 置标语言，＊标记语言 06.04.101

mask 蒙版 03.02.088

masking 蒙版工艺 03.02.089

massive open online course 慕课，＊大规模开放在线课程 07.05.031

mass market book 大众类图书 07.02.074

mass reader 大众读物，＊一般读物 07.01.035

master 母盘 04.03.107

master copy 底本 02.02.021

mastering system 母盘制作系统，＊母盘生产线 04.03.109

masthead 刊头 02.08.060

materials for planographic printing 印刷材料 03.04.036

max contrast 最大反差 03.02.062

maximum output level 最大输出电平 04.02.088

maximum recording magnetic flat 最高录音磁平 04.02.089

mayang 码洋 05.05.006

MD 小型音频光盘 04.03.017

mechanical performance right 机械表演权 08.04.005

mechanical recording 机械录音 04.01.052

media asset management ＊媒体资产管理 06.01.216

media convergence 媒体融合 06.01.212

media integration 媒体融合 06.01.212

mediology 媒介学 01.01.016

medium of publication 出版载体 01.03.023

memorial book 纪念集 07.02.071

meniscus 弯月面 03.04.115

merging of proofs 誊样 02.05.026

mesh area 膜版承载体面积 03.03.048

message 报文 05.05.032

messy code 乱码 06.01.055

metadata　元数据　06.04.051

metadata processing　元数据加工　06.01.141

metallization　金属化　04.03.095

metal printing　金属印刷　03.04.020

metal tape　金属带　04.02.008

meta modeling　变形球建模　06.02.118

metropolis newspaper　都市报　07.03.020

microblog　微博　07.05.066

microfiche　缩微平片，＊缩微胶片　06.03.064

microfilm　缩微胶卷　06.03.065

micro film　微电影，＊微型电影　07.04.029

microform publication　缩微出版物　07.01.032

micro lecture　微课　07.05.033

micro script　微剧本　06.02.127

micro video　微视频　07.05.034

middle tone　中间调　03.02.050

midlist　常销书　07.02.041

mid-production　中期制作，＊绘制阶段，＊绘制拍摄期
　06.02.103

midtone balance control patch　中间调平衡控制块，＊灰
　平衡控制块　03.02.099

milling　铣背　03.05.027

minature book　微型书　07.02.022

mini disc　微型唱片，＊MD　04.01.003，小型音频光盘
　04.03.017

minimal charging of postal circulation　报刊发行起点费
　05.05.070

miniprint　缩印本　07.02.016

misreading　误读　02.07.044

mis-register　套印不准　03.04.014

misreporting　报道失实　02.08.035

mixed pricing　混合定价法　06.01.191

mixed record　混录　04.02.057

MMS　彩信，＊多媒体消息服务　07.05.060

mobile application program　移动应用程序　07.05.067

mobile bookseller　流动书贩　05.02.065

mobile game　手机游戏，＊手游　07.05.058

mobile internet　移动互联网　06.04.014

mobile magazine　手机期刊　07.05.056

mobile newspaper　手机报纸　07.05.055

mobile payment　移动支付　06.01.198

mobile phone game　手机游戏，＊手游　07.05.058

mobile phone magazine　手机期刊　07.05.056

mobile publication　手机出版物　07.01.017

mobile publishing　移动出版　06.01.011

mobile rack　移动式货架　05.05.125

mobile reading　移动阅读　02.07.018

mobile sale　流动销售　05.03.109

mobile search　移动搜索　06.04.086

mobile streaming media technology　移动流媒体技术
　06.04.020

mobile television　移动电视　07.04.019

mobile terminal　移动终端，＊移动通信终端　06.01.117

model work　模型作品　08.02.017

mode of publishing　出版形式　01.03.022

mode of purchases and sales　购销形式　05.03.028

modernization of the publishing industry　出版业近代化转
　型　01.04.069

modern missionary publishing　近代传教士出版业
　01.04.070

modern new-style private publishing industry　近代民营新
　式出版业　01.04.072

modern publishers' entrepreneurship　近代出版企业家精神
　01.04.093

modulated groove　调制纹槽，＊调制槽，＊声槽
　04.01.023

Moire fringe　莫尔条纹，＊莫尔纹，＊龟纹　03.04.015

Moire pattern　波纹图形　04.01.039

monitoring　监听　06.02.040

monograph　专著　07.02.059

monographic publication　专题出版物　07.01.027

monophonic record　单声道唱片，＊单声唱片　04.01.005

montage　蒙太奇　06.02.074

monthly newspaper　月报　07.03.007

monthly periodical　月刊　07.03.070

MOOC　慕课，＊大规模开放在线课程　07.05.031

mook　杂志书　07.02.025

morning newspaper　晨报　07.03.004

morph animation　变形动画　07.04.047

motion capture　运动捕捉　06.02.119

motion designer　视频设计师　06.02.056

motivation research　购买动机调查　05.01.019

mottle　斑点　03.04.130

moulding　模塑　04.01.046

mould temperature controller　模温控制器　04.03.106

mounting device　装版设施　03.04.055

MOV　MOV 文件格式　06.03.054

movable type printing　活字印刷术　01.04.064

# N

network publishing support system 网络出版支撑系统 06.04.003

network security 网络安全 06.01.084

network transmission 网络传输 06.04.061

new book 新书 07.02.032

new book release 新书发布会，＊新书首发会 05.01.036

new edition 新版书，＊新版 07.02.037

New Literature publishing 新文学出版 01.04.073

new media 新媒体 06.01.199

new media production center 新媒体制作中心 06.01.213

news background 新闻背景 02.08.122

news brief 简讯 02.08.093

news caricature 新闻漫画 02.08.123

news cartoon 新闻漫画 02.08.123

news commentary 评论，＊新闻评论 02.08.103

news conference 新闻发布会，＊记者招待会 02.08.156

news informer 新闻报料人 02.08.020

newspaper 报纸 07.03.001

newspaper advertisement censor 报纸广告审查 05.05.173

newspaper advertising 报纸广告 05.05.161

newspaper advertising system 报业广告系统 05.05.168

newspaper and periodical delivery 报刊投递 05.04.005

newspaper circulation 报刊发行量 05.01.011

newspaper delivery 报纸投递 05.03.020

newspaper distribution 报刊配送发行，＊报刊发行 05.01.006

newspaper distribution channel 报刊发行渠道 05.01.007

newspaper distribution logistics 报纸发行物流 05.04.003

newspaper distribution mode 报刊发行方式 05.01.009

newspaper distribution system 报业发行系统 05.05.158

newspaper e-commerce 报业电子商务 05.05.155

newspaper in folio 对开报纸 07.03.012

newspaper in miniature 微缩报纸 07.03.014

newspaper in quarto 四开报纸 07.03.013

newspaper-internet interaction 报网互动 06.01.230

newspaper management 报业经营管理 05.05.156

newspaper manner 报刊风格 02.08.007

newspaper news technology 报业新闻技术 05.05.157

newspaper planning 报刊策划 02.08.008

newspaper printing 报纸印刷 02.08.167

newspaper published by fellows with the same ideals 同人报 07.03.017

newspaper publishing house 报社 01.03.035

newspaper retail 报纸零售 05.03.005

newspaper retail chain 报纸零售连锁店 05.02.041

newspaper' reader club 报业读者俱乐部 05.02.053

news portal 新闻门户，＊新闻门户网站 02.08.159

news release 新闻稿 02.08.158

news report 通讯 02.08.102

news spokesman 新闻发言人 02.08.157

newsstand 报摊 05.02.064

news story 消息 02.08.094

news timeliness 新闻时效性 02.08.032

new subscribing rate 新订率 05.03.140

new subscription 首次订阅 05.03.081

news value 新闻价值 02.08.030

newsworthiness 新闻价值 02.08.030

new title planning 选题策划 02.01.010

new title proposal 选题 02.01.007

new title proposal review 选题评论 02.07.107

new year picture 年画 07.02.091

noise 噪声 06.02.044

nom de plume 笔名 01.02.040

noneffective distribution 无效发行 05.03.026

nonlinear editing 非线性编辑 06.01.104

nonlinear reading 非线性阅读 02.07.048

non-normed current fund 非定额流动资金 05.05.089

nonoperating distribution 非营业性发行 05.03.014

non-periodical anthology of papers 辑刊 07.03.078

non-post-distributed newspaper and periodical 非邮发报刊 05.01.040

nontrade distribution ＊非贸易性发行 05.03.014

noon newspaper 午报 07.03.005

normed current fund 定额流动资金 05.05.088

notch binding 切孔胶粘订 03.05.008

note 注释，＊注解，＊附注 02.04.067

note correction 校正注释 02.04.014

notice and takedown regime 通知删除机制 08.06.019

number 期 07.03.067

number of pages 页数 02.06.074

# O

object of copyright　著作权客体　08.01.011

obsolescence reserve　呆滞损失准备金　05.05.085

occupancy rate　广告占版率　05.05.176

ODC　盒式光盘　04.03.024

odd folio　单码　02.06.070

odd page number　单码　02.06.070

off-contact distance　网距　03.04.084

official block printing　官刻　01.04.052

official organ　机关刊物　07.03.047

official press in the late Qing Dynasty　晚清官书局　01.04.068

off-line inspection　离线检测　04.03.175

offprint　单行本　07.02.061, 抽印本　07.02.124

offscreen voice　画外音　06.02.111

offset press　胶印机　03.04.031

offset printing　胶印　03.01.034

offset printing trouble　胶印故障　03.04.040

omnimedia　全媒体　06.01.209

omnimedia journalist　全媒体记者　06.01.214

on-demand subscription service　按需订阅服务　07.05.072

one-volume edition of periodicals　期刊合订本　07.03.036

on-file version　底本，＊底稿　02.02.021

online animation review　网络动漫评论　02.07.119

online bookstore　网络书店，＊网上书店　05.02.044

online database　网络数据库，＊在线数据库　07.05.045

online distribution　在线发布　06.01.150

online education　在线教育，＊e-learning，＊远程教学，＊网络教学　07.05.007

online education review　在线教育评论　02.07.118

online encyclopedia　网络百科全书　07.05.043

online first publication　网络首发　01.03.050

online first publishing　网络首发　01.03.050

online game　网络游戏，＊网游　07.05.038

online game review　网络游戏评论　02.07.120

online information exchange　ONIX　06.01.074

online inspection　在线检测　04.03.174

online interpretation　在线翻译　07.05.044

online learning community　在线学习社区　07.05.025

online literature publishing review　网络文学出版评论　02.07.116

online map　网络地图　07.05.040

online publishing　网络出版，＊互联网出版，＊在线出版　06.04.001

online publishing review　网络出版评论　02.07.114

online publishing service　网络出版服务　06.04.002

online review　网络评论，＊网评　02.07.113

online service mode　在线服务模式，＊云服务模式　06.01.179

online translation　在线翻译　07.05.044

only copy extant　孤本　07.02.050

only existing copy　孤本　07.02.050

ontology　本体　06.01.135

ontology of knowledge　知识本体　06.01.136

open access　开放获取，＊开放存取　06.01.012

open access periodical　开放存取期刊　07.05.016

open platform　开放平台　06.04.088

open reading　开放性阅读　02.07.034

open reel tape　盘式磁带　04.02.014

open-shelf book selling　开架售书　05.03.112

operation and maintenance of digital product　数字产品运维　06.01.167

opinion survey of readers　读者意见调查　05.01.020

opposite track path　反向轨道路径　04.03.075

optical character recognition　光学字符识别，＊OCR　06.01.145

optical density　光学密度　03.02.064

optical disc　光盘，＊光碟　04.03.001

optical disc cartridge　盒式光盘　04.03.024

optical disc format　光盘格式　04.03.054

optical disc mould　光盘模具　04.03.105

optical disc mould mirror　光盘模具镜面　04.03.096

optical disc recorder　光盘刻录机　04.03.070

optical disc replicating production line　光盘复制生产线　04.03.052

optical parameter　光盘光学参数　04.03.082

optical recording carrier　光记录载体　04.03.029

optimization of a new title proposal　选题优化　02.01.013

optimum magnetic bias　最佳偏磁　04.02.090

oracle bone literature　甲骨文献，＊龟甲兽骨文献　01.04.032

oral work　口述作品　08.02.003

orange paper of optical disc　光盘橙皮书　04.03.078

order　订单　05.05.128

# P

palace newspaper 邸报，＊邸抄，＊阁抄，＊朝报，＊条报 07.03.025

palletized unit 集装单元 05.04.074

pamphlet 小册子 07.02.054

pan 摇镜头 06.02.084

paper book 皮书 07.02.101

paperbound 平装，＊简装 03.01.050

paperbound book 平装本，＊简装本，＊平装书，＊纸皮书 07.02.011

paper-cover binding 平装，＊简装 03.01.050

paper-cutting machine 切纸机 03.05.072

paper delivery 收纸装置 03.04.008

paper-folding machine 折页机 03.05.067

paperless animation 无纸动画 07.04.052

paper reading 纸质阅读 02.07.012

paper solicitation 征文 02.02.003

paper submission 投稿 02.02.006

parallel montage 平行蒙太奇 06.02.082

parallel title 并列题名 02.04.039

parallel track path 平行轨道路径 04.03.074

parent-child reading 亲子阅读 02.07.002

part 编 02.04.032

partial colour change 局部色彩变化 03.02.095

partial magnetic noise level 偏磁噪声电平 04.02.070

partial magnetic noise magnetic flat 偏磁噪声磁平 04.02.069

partial response and maximum likelihood 部分响应最大似然 04.03.043

partial right industry 部分版权产业 08.01.006

party newspaper 党报 07.03.018

party newspaper or magazine 党刊 07.03.040

path animation 路径动画 07.04.050

patterning 波纹图形 04.01.039

payable sales 应付寄销款 05.05.106

pay during service 订阅代理 05.03.049

paying audience 付费受众 05.01.060

payment by deduction 坐支 05.05.059

payment on net sale 实销结算 05.05.063

PC 聚碳酸酯，＊PC 料 04.03.031

PCA 功率标定区 04.03.068

PCM 脉冲编码调制 06.02.004

PCS 特性文件联接空间 03.02.110

PDF PDF 文件格式，＊便携文件格式 06.03.050

pen name 笔名 01.02.040

penner 执笔人 08.03.004

perfect binding 胶粘订，＊无线胶订，＊胶订 03.05.004

perfect printing 双面印刷 03.04.009

performance testing 性能测试 04.03.170

performer 表演者 08.04.003

performer's right 表演者权 08.04.004

periodical 期刊 07.03.026

periodical publishing house 期刊社，＊杂志社 01.03.034

permeographic printing 孔版印刷 03.01.037

permission 许可 06.04.105

perpendicular magnetization 垂直磁化 04.02.025

persona 用户画像，＊用户角色 06.01.184

personal ad 个人广告 05.05.199

personal digital assistant 掌上电脑，＊个人数字助理 06.03.006

personalized information retrieval 个性化检索 06.04.084

personalized reading 个性化阅读 02.07.053

personalized service 个性化服务 07.05.076

personal right 人身权，＊人身权利，＊精神权利 08.02.021

phase change inkjet 相变喷墨 03.04.120

phase transition mastering 光刻胶相变刻录 04.03.063

philology 文献学 01.01.013

phonetic reading 语音阅读，＊声音阅读 02.07.008

phonograph 电唱机 04.01.010

photo-CD 照片光盘 04.03.021

photo-compact disc 照片光盘 04.03.021

photoconductor 光导体 03.04.104

photocopy 影印 03.01.011，影印本，＊影印书 07.02.048

photoemulsion 感光胶 03.03.049

photographic work 摄影作品 08.02.013

photography 照相成像 03.04.127

photo gravure 照相凹印 03.04.074

photopolymer forme 光聚合树脂版 03.03.013

photoresist 光刻胶 04.03.061

photosensitive plate 光敏印版 03.03.010

physical bookstore 实体书店 05.02.045

physical format of optical disc 光盘物理格式 04.03.055

physical parameter 光盘机械参数 04.03.083

physical sector 光盘物理扇区 04.03.124

picking 起毛，＊拉毛 03.04.046

pick-up head　拾音头　04.01.012

pictorial and textual information processing　图文信息处理，＊图文处理　01.02.071

pictorial magazine　画刊　07.03.059

picture　图画　01.02.066，图片　01.02.067

picture book　绘本　07.02.102

picture book reading　绘本阅读　02.07.014

picture composition　合成画面　06.02.113

picture-story book　连环画　07.02.089

piece　篇　02.04.031

piezoelectric inkjet　压电喷墨　03.04.119

pinscreen animation　针幕动画　07.04.055

pitch　槽距，＊纹槽间距　04.01.026

pitch uneven　槽距不匀　04.01.034

pixel　像素　03.02.053

pixel count　像素数　03.02.054

pixilation　实体动画　07.04.046

placard　招贴画　07.02.092

place of publication　出版地　01.03.068

plagiarism　剽窃，＊抄袭　08.06.010

plan for new title development　选题计划　02.01.009

planning editor　策划编辑　01.02.016

planographic printing　平版印刷　03.01.033

plastic thread sealing　塑料线烫订　03.05.007

plate copying　晒版　03.03.008

plate cylinder　印版滚筒　03.04.004

plate making　印版制作，＊制版　03.03.001

platform as a service　平台即服务　06.04.040

playback　重放　06.02.126

playback channel　重放通道　04.02.084

playback head　重放头　04.02.085

playback system　重放系统　04.02.086

player　播放器　04.03.134

2P method　双片法　04.03.039

pocket book　口袋书，＊POOK　07.02.023

pocket edition　袖珍本　07.02.012

POD　按需印刷，＊即时印刷　03.01.005

poetic periodical　诗刊　07.03.039

point of sale　销售时点系统　05.05.036

point size　字号　02.06.016

polarization　偏振　04.03.114

political journal　时政期刊　07.03.049

polycarbonate　聚碳酸酯，＊PC料　04.03.031

polygon　多边形建模　06.02.116

polyphonic ringtone　彩铃，＊个性化多彩回铃音业务　07.05.059

polyurethane reactive adhesive　PUR 热熔胶，＊PUR 胶　03.05.044

popular book　大众类图书　07.02.074

popular edition　普及版　07.02.053

popular magazine　大众期刊　07.03.052

popular reading matter　普及读物，＊通俗读物　07.01.034

popular science periodical　科普期刊　07.03.057

pop-up　立体书，＊可动图书，＊儿童立体书，＊动书，＊玩具书，＊机关书　07.02.021

pop-up box　供带盘　04.02.056

pornographic publication　色情出版物　07.01.007

portable document format　PDF 文件格式，＊便携文件格式　06.03.050

portal web　门户网站　06.01.101

POS　销售时点系统　05.05.036

positional accuracy　定位精度　03.04.135

positive line　正线　02.06.060

postal distribution　邮发，＊邮局发行　05.03.074

postal kiosk　邮政报刊亭　05.02.062

post-distributed newspaper and periodical　邮发报刊　05.01.039

poster　招贴画　07.02.092

post-film development　后电影开发　06.02.095

post-office distribution net　邮局发行网　05.02.056

postpress　印后　03.01.049

postpress equipment　印后设备，＊印后加工设备　03.05.062

post-production　后期制作　06.02.104

postscript　随文，＊附文　05.05.164

potential audience　潜在受众　05.01.054

potential reader　潜在读者　02.01.017

power calibration area　功率标定区　04.03.068

PPF　PPF 文件格式，＊印刷生产格式　03.02.112

preamble animation　片头动画　07.04.054

pre-editing meeting　编前会　02.08.041

pre-emphasis　预加重，＊预均衡　04.02.092

preface　序言，＊序　02.04.059

preliminary proofreading of proofs of composed pages　大样预校　02.08.147

pre-mastering　母盘前期制作　04.03.154

prepress　印前　03.01.017

prepress equipment　印前设备　03.02.148

preprinted copy　预印本　07.02.014

pre-production　前期制作，＊筹备阶段，＊筹备期　06.02.102

presensitive plate　预涂感光版　03.03.011

president of a publishing house　社长　01.03.036

press　出版社　01.03.031

press advertising　报纸广告　05.05.161

press annual review　报刊年度评论　02.07.103

press conference　新闻发布会，＊记者招待会　02.08.156

press freedom　新闻自由，＊新闻出版自由　02.08.034

press image　新闻图片　02.08.079

press interview　新闻采访　02.08.026

press release　新闻稿　02.08.158

press review　报刊评论　02.07.098

press run　期印数　02.08.168

pressure-sensitive label paper　压敏标签纸　03.04.057

presumption of authorship　作者署名推定　08.03.006

presumption of copyright infringement　著作权侵权推定　08.06.011

preview　预览　03.02.124，试片　06.02.114

price code accounting system　码价核算制　05.05.076

primary colour　原色　03.02.002

principle of reciprocity　互惠原则　08.01.039

principles of editing and processing　编辑加工原则　02.04.004

printability　印刷适性　03.04.001

print culture　印刷文化　01.03.005

printed cover　外装帧纸　02.06.117

printed matter　印刷品　01.03.077

printer　印刷者，＊承印者　03.01.002

printing　印刷　03.01.001

printing and processing cost　印制加工费　01.03.081

printing contract　印制合同　01.03.078

printing cost　印制成本　01.03.079

printing forme　印版　03.01.021

printing history　印刷史　01.04.003

printing house　印刷复制单位　03.01.003

printing ink　印刷油墨　03.01.015

printing machine　印刷机　03.01.048

printing material cost　印制材料费　01.03.080

printing method　印刷方式　03.01.022

printing of arch flowers　拱花　01.04.057

printing office　印刷所　01.04.082

printing pressure　印刷压力　03.04.002

printing sheet　印张　03.01.008

printing side　印刷面　03.04.095

printing speed　印刷速度　03.04.136

printing trouble　印刷缺陷　03.04.010

print on demand　按需印刷，＊即时印刷　03.01.005

print production format　PPF 文件格式，＊印刷生产格式　03.02.112

print proof　纸样　02.08.144

print run　印数　03.01.009

print space　版心　02.06.013

print through　透印　03.04.012

print-through　复印效应　04.02.055

priority digital publishing　优先数字出版　06.01.024

private cloud　私有云　06.04.031

private key　私钥　06.04.069

private warehouse　自营仓库　05.04.065

PRML　部分响应最大似然　04.03.043

procedure fee for newspaper and periodical charging　报刊变动手续费　05.05.071

proceeding　会刊　07.03.053

process colour　印刷原色　03.02.004

process colour ink　印刷原色油墨　03.04.038

processing of damaged book　残破书处理　05.05.107

processing of illustrations and tables　处理图表　02.04.023

process of editing　编辑过程　01.02.003

process printing　套印　01.04.055

producing line　联动线　03.05.063

product distribution　数字产品分销　06.01.186

production manager　制片人，＊影片制作人　06.02.088

product quality control　产品质量控制　06.01.164

professional book　专业类图书　07.02.076

professional journal　专业性刊物　07.03.034

professional newspaper　专业报　07.03.010

professional outlet　专业网点　05.02.018

professional periodical　专业期刊　07.03.055

professional reading　专业阅读　02.07.055

profile connection space　特性文件联接空间　03.02.110

profile silhouette animation　轮廓剪影动画　07.04.059

programme　节目　06.02.124

programme area　节目区　04.03.121

prohibation before litigation　诉前禁令　08.06.018

221

public warehouse　公共仓库　05.04.066

publish　发布　06.03.028

publisher　出版社　01.03.031，出版人，＊出版商，＊出版者　01.03.038

publisher review　出版人评论　02.07.088

publishers association　书业公会　01.04.092

publisher self-distribution　自办发行　05.03.010

publisher's note　出版说明，＊编辑说明　02.04.052

publishing　出版　01.03.001

publishing +internet　出版+互联网　06.04.012

publishing activity　＊出版活动　01.03.001

publishing business review　出版业务评论　02.07.089

publishing cost　出版成本　01.03.024

publishing culture　出版文化　01.03.004

publishing department of a university　大学出版部　01.04.091

publishing element　出版要素，＊出版生产要素　01.03.020

publishing enterprise　出版企业　01.03.026

publishing essential　出版要素，＊出版生产要素　01.03.020

publishing event review　出版事件评论　02.07.092

publishing flow　出版流程　01.03.019

publishing history　出版史　01.04.001

publishing history of the Communist Party of China　中国共产党出版史　01.04.024

publishing history of the reform and opening up　改革开放出版史　01.04.026

publishing history of the Republic of China　民国出版史　01.04.025

publishing house　出版社　01.03.031

publishing houses' stock　出版股　01.04.086

publishing in anti-Japanese base areas　抗日根据地出版业　01.04.076

publishing industry　出版业　01.03.008

publishing industry chain　出版产业链　01.03.021

publishing in Soviet areas　苏区出版业　01.04.075

publishing institution　出版单位　01.03.027，出版机构，＊编辑出版机构　01.03.028

publishing institution review　出版机构评论　02.07.093

publishing in the liberated areas　解放区出版业　01.04.077

publishing label　封签，＊出厂包标签，＊自然包标签　05.05.029

publishing life history　出版生活史　01.04.008

publishing on demand　按需出版　06.01.006

publishing orientation　出版导向　01.03.003

publishing phenomenon review　出版现象评论　02.07.091

publishing plan　发稿计划　02.08.042

publishing policy　出版方针　01.03.002

publishing policy review　出版政策评论　02.07.095

publishing process reengineering　出版流程再造　06.01.120

publishing profit　出版利润　01.03.025

publishing project planning　出版策划　01.03.017

publishing resource　出版资源　01.03.018

publishing review　出版评论　02.07.083

publishing review media　出版评论媒体　02.07.087

publishing status　出版状态　05.05.011

publishing studies　出版学　01.01.002

publishing system　出版体制　01.03.013

publishing technology review　出版技术评论　02.07.094

pull test　拉页测试　03.05.047

pulse-code modulation　脉冲编码调制　06.02.004

punctuation　标点符号　01.02.063

punctuation mark　标点符号　01.02.063

puppet animation　木偶动画　07.04.043

PUR adhesive　PUR 热熔胶，＊PUR 胶　03.05.044

purchase　采购，＊进货　05.03.084

purchases and sales contract　出版物购销合同　05.03.027

pure domestic purchase　国内纯购进　05.03.143

pure domestic sales　国内纯销售　05.03.144

put on shelf　上架　05.05.112

PV　页面浏览量　06.01.231

# Q

quality inspection application　申请检校　02.08.152

quality of a book　图书质量　01.03.086

quantity of order　订数　05.03.072

quarterly periodical　季刊　07.03.072

quarter page ad　1/4 版广告　05.05.180

query from a proofreader　校对质疑　02.05.033

query handling　处理质疑　02.04.025

query solving by an editor　编辑释疑　02.05.034

# R

rack　货架　05.04.083

radio frequency identification　射频识别　05.05.037

radio frequency identification system　射频识别系统　05.05.038

raggedness　粗糙度　03.04.132

random reader　随机读者　05.01.047

rare book　善本　07.02.049

raster　栅格　03.02.060

raster image processor　栅格图像处理器　03.02.128

rasterization　栅格化　03.02.127

rated output level　额定输出电平　04.02.047

rate of goods according with account　账货相符率　05.05.132

rate of new stock　新增存货率　05.05.093

rate of pay　回款率　05.05.092

rate of return to vendor　退货率　05.05.091

rate of tariff　运价率　05.05.096

rate of the goods in good condition　商品完好率　05.04.094

rational montage　理性蒙太奇　06.02.080

RDF　资源描述框架　06.01.071

readability　可读性　05.01.063

read and write speed of optical disc　光盘读写速度　04.03.065

reader　读者　02.01.014

reader club　＊读者俱乐部　05.02.052

reader feedback　读者反馈　05.01.029

reader for cadres　干部读本　07.01.046

reader for children and youth　青少年读物　07.01.042

reader for enlightenment　启蒙读物，＊童蒙读物　07.01.040

reader for women　妇女读物　07.01.044

reader groups　读者群　05.01.022

reader in popular science　科普读物　07.01.038

reader in science and technology　科技读物，＊科学技术读物　07.01.037

reader leading pricing　读者主导定价法　06.01.194

reader loyalty　读者忠诚度　02.07.073

reader minds　读者心理　05.01.027

reader-response criticism　读者反应批评　02.07.081

readers' amount　销数，＊期发数　05.03.131

reader service　读者服务　05.01.031

reader service department　读者服务部　05.02.055

readership　读者　02.01.014

readership rate　阅读率　02.07.070

readership survey　读者调查　02.01.015

reader studies　读者学　01.01.004

readers' demand　读者需求　05.01.026

readers' forum　读者座谈会　05.01.034

reader's letter　读者来信　05.01.033

reader's opinionaire　读者意见表　05.01.035

reader's review　读者评价　05.01.030

reader's visit　读者来访　05.01.032

reading　阅读　02.07.001，文章审读　02.08.053

reading addiction　阅读成瘾　02.07.064

reading colloquium　读书报告会　02.07.026

reading context　阅读情境　02.07.024

reading culture　阅读文化　02.07.067

reading device　阅读设备　06.03.002

reading experience　阅读体验　02.07.062

reading for all　全民阅读　02.07.021

reading habit　阅读习惯　02.07.063

reading history　阅读史　01.04.005

reading literacy　阅读素养　02.07.065

reading matter　读物　07.01.033

reading promotion　阅读推广　02.07.023

reading public　阅读公众　02.07.005

reading quantity　阅读量　02.07.069

reading revolution　阅读革命　02.07.068

reading software　阅读软件　06.03.003

reading studies　阅读学　01.01.005

reading tool　阅读工具　02.07.011

reading willingness　阅读意愿　02.07.027

read-only optical disc　只读类光盘　04.03.002

read-out surface　读出面　04.03.049

read power　读功率　04.03.050

real audience　实在受众　05.01.055

really simple syndication　简易信息聚合　06.01.082

real media　RM 文件格式　06.03.056

real media variable bit　RMVB 文件格式　06.03.057

rural reading room　农家书屋　05.02.042

# S

SACD　超级数字音频光盘　04.03.020

saddle stitching　骑马订装，＊骑马订，＊骑订　03.05.003

saddle stitching line　骑马装订联动线　03.05.066

safe harbor principle　避风港原则　08.06.016

safe storage　安全储存　06.01.053

sale　销售　05.03.104

sale by press　出版社自销　05.03.043

sale by proxy　代销　05.03.036

sale on consignment　寄销　05.03.035

sale on meetings　会议售书服务　05.03.119

sales classification　营销分类　05.03.054

sales department of newspaper and periodical　邮政报刊门市部　05.02.061

sales field　卖场　05.03.122

sales package　销售包装　05.04.045

sales territory　发行范围　05.01.004

sample bookstore　样本店，＊连锁书店样本店　05.02.040

sample copy　样书　01.03.073

sample copy for subscription　发样征订　05.03.063

sample copy inspection　样书检查　01.03.075

sample copy management　样书管理　01.03.074

sample disc　样盘　07.04.006

sample manuscript　样稿　02.02.014

sample periodical　样刊　07.03.032

sample tape　样带　07.04.005

sampling　采样　06.02.035

sampling aspect ratio　采样频率比　03.02.077

sampling frequency　采样频率　06.02.036

sampling interval　采样间隔　03.02.076

sand animation　沙动画　07.04.042

satellite drop　卫星墨滴　03.04.116

satellite transmission of typeset texts　卫星传版　02.08.154

saturated output level　饱和输出电平　04.02.019

saturation　饱和度　03.02.014

saw-tooth effect　锯齿效应　03.04.098

SBC case　半角　02.06.047

scanner　扫描仪　03.02.151

scanning　扫描　03.01.020

scanning reading　浏览式阅读　02.07.028

scanning resolution　扫描分辨力，＊扫描分辨率　03.02.072

schemata reading theory　图式阅读理论　02.07.080

Scholartree Market　槐市　01.04.059

school newspaper　校报　07.03.021

SCI　科学引文索引　07.05.002

Science Citation Index　科学引文索引　07.05.002

screen　网屏　03.02.029

screen angle　网目角度　03.02.040

screen forme　网印版　03.03.042

screen frequency　网目频率，＊加网线数　03.02.038

screening　加网　03.02.027

screen printing　网版印刷，＊丝网印刷，＊网印　03.01.038

screen reading　屏幕阅读　02.07.015

screen ruling　网目线数　03.02.039

screen stencil　丝网膜版　03.03.045

script　文字　01.02.061

scroll and rod binding　卷轴装　01.04.038

sculptural work　雕塑作品　08.02.011

scumming　起脏　03.04.042

search engine　搜索引擎　06.01.111

secondary colour　间色　03.02.003

secondary wholesale　二级批发　05.03.003

second-grade proofreader　二级校对　01.02.033

second proofreading　二校　02.05.021

second review　复审　02.03.008

section　节　02.04.034

sector　扇区　04.03.117

selected and compiled work　选编本　07.02.120

selected submission library　成品库　02.08.045

selected work　选本　07.02.072，选集　07.02.065

selected works　文选　07.02.128

selected writing　选刊　07.03.038

selection　文选　07.02.128

selection and compilation　编选，＊选编　01.02.044

selective translation　摘译　01.02.055

self-funded publishing　自费出版　01.03.042

sleeve forme 套筒印版 03.04.054

sleeve forme cylinder 套筒式印版滚筒 03.04.053

sleeve-type forme 套筒式凹版 03.03.036

slide 幻灯片 06.03.066

slipcase 函套,＊封套,＊书套 02.06.110

slitting 分切 03.05.056

slur patch 模糊控制块,＊变形控制块 03.02.098

small private online course 私播课,＊小规模限制性在线
课程 07.05.032

small proof 小样 02.08.145

small proof issuing 签发小样 02.08.138

smartphone 智能手机 06.01.238

snap-off 印版回弹 03.04.088

SNS 社会化网络服务,＊社交网络服务 07.05.077

social benefit 社会效益 01.03.006

socialist transformation of the publishing industry 出版业社
会主义改造 01.04.096

socialized reading 社会化阅读 02.07.061

social media 社交媒体,＊社会化媒体 06.01.202

social network service 社会化网络服务,＊社交网络服务
07.05.077

social news 社会新闻 02.08.110

social reading 社交阅读 02.07.060

Social Sciences Citation Index 社会科学引文索引
07.05.004

soft ad 软广告 05.05.193

softbound 软质封面 03.05.014

soft cover 软质封面 03.05.014

soft proofing 软打样 03.02.140

software as a service 软件即服务 06.04.041

solicited contribution 组织稿 02.02.009

solicit for subscription 征订 05.03.055

soliciting subscription and distribution 征订经销
05.03.034

soliciting subscription and exclusive sale 征订包销
05.03.030

solid 实地 03.04.025

sorting 拣选 05.04.041

sorting and picking system 分拣输送系统 05.04.072

sound art 声音艺术 06.02.038

sound card 声卡 04.03.160

sound designer 声音设计师 06.02.015

sound director 声音导演,＊对白导演,＊配音导演
06.02.014

sound fade in fade out 声音淡入淡出 04.03.161

sound retrieval system 声音恢复系统 06.02.008

sound shear 声音切变 04.03.162

sound sheet record 薄膜唱片 04.01.007

source 消息源 02.08.027

source code 源代码,＊源程序 06.01.054

source identified code 来源识别码 04.03.151

source of contributions 稿源 02.02.005

SP 增值服务提供商 06.01.109

space of shared learning 学习共享空间 07.05.026

spacer 光盘间隔层 04.03.087

spatial non-uniformity 空间非均匀性 03.04.128

special binding 特殊装 03.05.012

special column 专栏 02.08.062

special contributor 特约撰稿人 02.08.023

special correspondent 特约记者 02.08.015

special dispatch 专稿 02.08.091

special distributed newspaper and periodical 特发报刊
05.01.041

special format 异型开本,＊畸形开本 02.06.009

special issue 专刊,＊特刊 07.03.077

specialist bookstore 专业书店 05.02.028

specialized publishing house 专业出版社 01.03.033

special mailing subscription 专函征订 05.03.069

special news issue 新闻性专刊 02.08.089

special reporter 特派记者 02.08.014

special-shaped book 异型书,＊造型书 07.02.024

special theme 专题 02.08.090

speech narrator 语音旁白 06.02.032

speed 带速 04.02.042

speed reading 速读 02.07.043

spin coating 旋涂法 04.03.037

spine 书脊 02.06.100

spine inlay 中径纸板 03.05.038

spiral binding 螺旋装 03.05.011

splay crimple 八字皱 03.05.076

SPOC 私播课,＊小规模限制性在线课程 07.05.032

sponsor 主办单位 01.03.030,广告主 05.05.172

sponsored publishing 资助出版 01.03.044

sponsored subscription 赞助订阅 05.03.083

spot colour 专色 03.02.010

sputtering 溅镀 04.03.089

sputtering statio 溅镀机 04.03.091

sputtering target 溅镀靶材 04.03.090

squareness ratio 矩形比，＊矩形系数 04.02.063

squeegee angle 刮墨角度 03.04.090

squeegee area 刮墨区 03.04.091

squeegee pressure 刮墨压力 03.04.092

squeegee side 刮墨面 03.04.096

SRS 声音恢复系统 06.02.008

SSCI 社会科学引文索引 07.05.004

stacking 堆码，＊码垛，＊码盘，＊打码 05.04.052

stack of freight 货垛 05.04.053

stamper 模版 04.03.104

standard generalized markup language 标准通用置标语言 06.01.067

state-owned bookstore 国有书店 05.02.023

steady-state tape tension 稳态磁带张力 04.02.076

stencil carrier area 膜版承载体面积 03.03.048

stencil film 版膜 03.03.043

stencil film thickness 版膜厚度 03.03.047

stencil open area 膜版通孔面积 03.03.046

stencil printing 镂空版印刷，＊型版印刷，＊模版印刷 03.04.083

stepwise subscription 逐级征订 05.03.064

stereo 立体声 06.02.041

stereophonic pickup technology 立体声拾音技术 06.02.024

stereophonic record 立体声唱片 04.01.004

STM publishing STM出版，＊STMS出版 06.01.005

stock book 库存书 07.02.047

stock content resource 存量内容资源 06.01.129

stock cycle time 库存周期 05.05.101

stock location 货位，＊储位 05.05.111

stock-out rate 缺货率 05.05.094

stocktaking 盘点，＊实地盘存制 05.04.062

stock turnover rate 库存周转率 05.04.092

stone lithography 石印 03.04.017

stop-motion animation 定格动画，＊静格动画，＊静止动画 07.04.053

storage 保管 05.04.063，备货库，＊储存库，＊栈务库 05.04.068

storage and transportation outlet 储运网点 05.02.017

storage management 仓储管理 05.05.110

store promotion 卖场促销 05.03.125

storing 储存 05.04.038

storyboard 分镜，＊分镜图 06.02.105

strapping machine 捆扎机 05.05.123

strategic plan for new title development 选题规划 02.01.008

streak 条痕 03.04.041

streamer 通栏标题 02.08.066

streaming document 流式文档 06.01.032

streaming media 流媒体 06.01.203

streaming television 流媒体电视 07.04.017

strip and bar 条杠 03.04.133

structural adjustment 调整结构 02.04.005

structured data 结构化数据 06.04.046

structured processing 结构化加工 06.01.142

structure of readers 读者结构 05.01.023

style guidelines for authors 编写体例 02.04.022

stylus 唱针，＊放音针 04.01.009

sub-brand publishing house 副牌出版社 01.04.097

subhead 小标题，＊分题，＊插题 02.08.068

subheadline 副标题 02.08.064

subject database 专题数据库 07.05.050

subject indexing 主题标引 06.01.154

subjective audience 主情受众 05.01.059

submission acceptance rate 稿件采用率 02.08.043

submission invitation 约稿 02.02.002

submission library 预稿库 02.08.044

submission of manuscript for review 稿件送审 02.02.025

subscribe 订阅 06.03.029

subscription 报刊订阅 05.03.075

subscription bibliography for teaching publication 教材征订目录 05.05.015

subscription office of newspaper and periodical 订销局 05.02.060

subscription order 报订 05.03.090

subscription order deadline 报订期 05.03.091

subscription service provider 订阅服务提供商 06.01.175

substrate 承印物 03.01.014，盘基 04.03.111

subtitle 副题名 02.04.038

subtitle of a book 副书名 02.04.029

summary 内容提要，＊提要 02.04.053

super audio compact disc 超级数字音频光盘 04.03.020

superintendent institution 主管单位 01.03.029

super video compact disc 超级数字激光视盘 04.03.028

supplement 副刊 02.08.087，补编 07.02.067，增刊 07.03.076

supplementary note 补记 02.04.086

supplementary subscription 补订 05.03.097

supplier 供应商，*供货商 05.02.011

supplier relationship management 供应商关系管理 05.05.148

supply and marketing cooperative's outlet 供销社发行网点 05.02.048

supply chain management 供应链管理 05.05.147

surface magnetic induction 表面磁感应 04.02.021

surface noise 表面噪声 04.01.038

surprinting 套印 01.04.055

suspended subscribing rate 停订率 05.03.141

suspension 休刊 02.08.163

suspension and safekeeping 停售封存 05.03.137

suspension and scrapping 停售报废 05.03.138

suspension statement 休刊词 02.08.082

sutra-style binding 经折装 01.04.040

SVCD 超级数字激光视盘 04.03.028

swishmax 闪动画 07.04.041

symmetrical compression 对称压缩 06.03.026

sync frame 同步帧 04.03.123

sync signal 同步信号 06.02.034

synopsis 内容提要，*提要 02.04.053

systematic circulation 计划发行 05.03.012

systematic distribution 计划发行 05.03.012

system distribution 系统发行 05.03.011

system lead-in area 系统导入区 04.03.125

system of distribution 发行体制 05.05.138

system subscription 系统征订 05.03.065

# T

table 表格 02.04.079

table body 表身 02.04.082

table editing and placement 表格编排 02.06.050

table head 表头 02.04.081

table note 表注 02.04.084

table of contents 目录，*目次 02.04.041

table of contents page 目录页 02.06.078

table spectrum 表谱 07.02.110

table structure 表结构 06.04.053

tablet 平板电脑 06.03.005

table tail 表尾 02.04.083

tablet computer 平板电脑 06.03.005

table title 表题 02.04.080

tablet personal computer 平板电脑 06.03.005

tag 标签，*置标，*打标签 06.01.033

tag image file format TIFF 文件格式，*标记图像文件格式 06.03.055

tail 书脚，*书根 02.06.096

tail margin 地脚 02.06.103

tailpiece 尾花，*尾图，*尾饰，*压脚花 02.06.059

take by oneself 自提 05.04.057

take delivery 收货 05.04.033

tally 理货 05.04.035

tape 磁带 04.02.001

tape-based 带基 04.02.040

tape duplication 磁带复制 04.02.018

tape editor 磁带编辑 04.02.017

tape tension 磁带张力 04.02.030

target audience 目标受众，*目标顾客，*目标群体，*目标客群，*目标用户 05.01.052

target group index 目标群体指数，*TGI 指数 02.07.074

teaching material 教材 07.02.005

tear line 易撕线 03.05.051

technical design 技术设计 02.06.003

technical editor 技术编辑 01.02.019

technical illustration 技术插图，*科技插图，*图解性插图 02.04.047

technical journal 技术期刊 07.03.056

telecommunication network 电信网 06.01.105

telephone subscription 电话征订 05.03.070

telephoto lens 长焦镜头，*长焦距摄影镜头，*远摄镜头 06.02.086

television shopping 电视购物 07.04.021

template disk for reproduction 复制用样盘 04.03.143

template disk for testing 测试用样盘 04.03.135

temporary storage 流转库，*暂存库 05.04.069

tensile strength 拉断强度，*拉断力 04.02.065

termed subscription 整订 05.03.099

terminal 终端，*终端设备 06.01.116

terminal equipment manufacturer 终端设备制造商 06.01.177

terminal user 终端用户，*最终用户 06.01.185

termination 终刊 02.08.165

test tape 测试带 04.02.011

tete-beche publication 双向倒转出版物 07.01.030

TEU 标准箱 05.04.078

text 文本 01.02.062, 正文 02.04.043

text block 书芯 02.06.098

textbook 教科书, *课本 07.02.006, 读本 07.02.008

text composition 文字排版 02.06.026

text editor 文字编辑 01.02.021

text-image integration 图文合一 03.02.122

text input 文字输入 02.06.020

text reading engine 文本朗读引擎 06.03.045

text retrieval technique 全文检索 06.04.076

text script 文字脚本 04.03.168

text stringing 串文, *插文, *卧文 02.06.035

text typesetting 文字排版 02.06.026

text wrapping 串文, *插文, *卧文 02.06.035

The Book of Songs 诗经 01.04.031

the Campaign of Resisting Censorship 拒检运动 01.04.095

the criteria for publishing reviews 出版评论标准 02.07.086

the data center 数据中心 06.01.051

the digital certificate 数字证书 06.01.110

the effective gap length 有效缝隙长度 04.02.081

the exhaustion of the right to issue 发行权的权利穷竭, *发行权一次用尽原则, *首次销售原则 08.06.004

the five elements of journalism 新闻五要素 02.08.036

the five W's 新闻五要素 02.08.036

the history of editing concept 编辑观念史 01.04.007

the intrinsic function of publishing reviews 出版评论的内在功能 02.07.085

the mail-distribution unite 邮发合一 05.03.045

thematic word 主题词 02.04.054

theme reading 主题阅读 02.07.049

theoretical ink volume 理论油墨容积 03.04.093

the publishing boom of ancient books 古籍出版热潮 01.04.085

the purchase amount of book per person 人均购书额 05.05.134

thermal dye transfer printing 热升华印刷 03.01.044

thermal inkjet 热喷墨, *气泡喷墨 03.04.118

thermal plate 热敏印版 03.03.009

thermal printing 热敏印刷 03.01.045

thermal transfer 热转移 03.04.123

thermal transfer printing 热转移印刷 03.01.046

thermography 热熔印刷 03.01.041

the social function of publishing reviews 出版评论的社会功能 02.07.084

the third party logistics 第三方物流 05.04.013

the three-tiered review system 三审制, *三级审稿责任制度, *三级审稿制 02.03.006

the transition of newspaper industry 报业转型 06.01.211

the vaudeville montage 杂耍蒙太奇 06.02.075

the world wide web 万维网, *web, *环球信息网, *3W 06.01.107

the Year of Magazines 杂志年 01.04.090

thick line 反线 02.06.061

thin line 正线 02.06.060

third-grade proofreader 三级校对 01.02.034

third proofreading 三校 02.05.022

thread binding 线装 01.04.051

thread sewing 锁线订 03.05.005

three-dimensional animation 三维动画, *3D动画 07.04.040

three-dimensional movie 三维电影, *3D电影, *立体电影 07.04.024

three-dimensional reading 立体阅读 02.07.019

three-dimensional virtual studio 三维虚拟演播室 07.05.037

three-knife trimmer 三面切书机 03.05.069

three-knife trimming 三面切 03.05.026

three proofreadings and one through reading 三校一读 02.05.017

through reading 通读 02.03.005

through reading of a proof 通读校样 02.05.025

through transportation 直达运输 05.04.025

TIFF TIFF文件格式, *标记图像文件格式 06.03.055

tiny article 豆腐块文章, *豆腐块 02.08.077

title 标题, *题名 02.04.036, 刊名 02.08.001

title animation 片头动画 07.04.054

title correction 修正标题 02.04.006

title design ad 刊头广告 05.05.184

title frame 题名帧 06.03.041

title leaves 书名页 02.06.077

title modification 修正标题 02.04.006

title of a book 书名, *正书名 02.04.028

title of a series 丛书名 02.04.030

title orphaning 背题 02.06.040

title page 扉页，＊内封，＊副封面 02.06.079

to-be-signed submission library 待签稿库 02.08.046

tone gradation 阶调 03.02.042

toner 呈色剂 03.01.016

tone value 阶调值 03.02.046

tone value sum 阶调值总和 03.02.047

top edge 书头，＊书顶 02.06.093

top margin 天头 02.06.102

tort 侵权 08.06.005

tortious conduct 侵权行为 08.06.008

total price 码洋 05.05.006

total reach 总接触人次 02.07.075

track 光盘轨道 04.03.072

track pitch 轨道间距 04.03.073

track shot 推镜头 06.02.083

trade distribution ＊贸易性发行 05.03.013

traditional media 传统媒体 06.01.207

trailer 预告片 07.04.037

transcript 抄本 07.02.051

transcription 转录 04.02.087

transcription of changes from multiple proofs onto one 誊样 02.05.026

transfer 过版 03.03.027，转印 03.04.108

transfer of quality inspectors' marks onto one proof 合样 02.08.151

transfer of the prototype writing onto the block 上版 01.04.043

transfer station and dispersed delivery 转站分运，＊凑整分运 05.04.027

transfer station of newspaper and periodical 报刊转运站 05.02.058

transfer transport 转仓运输 05.04.028

transfer transportation 中转运输 05.04.026

transformation of a publishing house from a public institution to an enterprise 出版社转企改制 01.04.098

translated series 译丛 07.02.098

translated work 译著 07.02.097

translation 翻译 01.02.052

translation of books by advocates of the Westernization Movement 洋务派译书 01.04.071

translation revision 译稿校订 02.04.016

translator 译者 01.02.036

translator's note 译注 02.04.075

translator's preface 译序 02.04.064

transmission control protocol/internet protocol TCP/IP 06.01.089

transmission of typeset texts for printing 传版印刷，＊传版 02.08.153

transmission technology 传输技术 06.02.066

transportation 运输 05.04.023

transport package 运输包件 05.04.051

transverse magnetization 横向磁化 04.02.027

trapping 补漏白 03.02.093

tray 托盘 04.02.075

treatise 论著 07.02.096

trial issue 试刊号 07.03.028

trial publication 试刊 02.08.160

trial sale 试销 05.03.041

trial sales by press 初版分配试销 05.03.066

trial translation 试译 02.02.013

trial writing 试写 02.02.012

trim mark 裁切标记 03.02.104

trim marks 裁切线 03.02.105

trim size 开本，＊幅面尺寸 02.06.008

TRIPS Agreement 与贸易有关的知识产权协议，＊TRIPS 协议 08.01.031

trusted timestamp 可信时间戳 08.06.020

turn-in 包边 03.05.030

tweened 补间动画 06.02.110

twenty-feet equivalent unit 标准箱 05.04.078

two-dimensional animation 二维动画，＊2D 动画 07.04.039

two-dimensional bar code 二维码 05.05.010

two-dimensional virtual studio 二维虚拟演播室 07.05.036

two-page spread illustration 跨页图 02.06.053

type area 版心 02.06.013

typeface 字体 02.06.015

type of readers 读者类型 05.01.024

type page 版心 02.06.013

typesetting 排版 02.06.025

typesetting rules 排版规则 02.06.027

type size 字号 02.06.016

typical coverage 典型报道 02.08.097

typical investigation 典型调查 05.01.018

typography 排版设计 02.06.028

# U

UCA 底色增益 03.02.092

UCR 底色去除 03.02.090

UDF 通用光盘格式 04.03.059

UGC 用户生成内容 07.05.061

unabridged edition 全本，*足本 07.02.018

uncut book 毛边书 01.04.067

under color addition 底色增益 03.02.092

under colour reduction 底色去除 03.02.090

under colour removal 底色去除 03.02.090

unfinalized manuscript 未定稿 02.02.016

unification of style and format 统一体例格式 02.04.021

unification of terminology 统一名词术语 02.04.020

unified purchase and sale 统购包销 05.03.031

unified resource location 统一资源定位符 06.01.092

uniform layout 齐列式版面 02.08.127

unilaterally sale 单方寄销 05.03.037

unintended audience 无意受众 05.01.057

uniqueness 独创性，*原创性，*初创性 08.01.017

unique visitor 独立访客 06.01.232

united distribution 社店联合寄销 05.03.039

Universal Copyright Convention 世界版权公约 08.01.029

universal disc format 通用光盘格式 04.03.059

unmanned sale 无人售书 05.03.114

unsolicited delivery 主发，*主动发货 05.03.103

unstructured data 非结构化数据 06.04.047

unsubscribe 退订 05.03.102

untermed subscription 破订 05.03.100

updating loose-leaf 可更新活页出版物 07.01.020

URL 统一资源定位符 06.01.092

user experience design 用户体验设计 06.01.148

user generated content 用户生成内容 07.05.061

users information behaviour 用户信息行为 06.01.183

user's guide 凡例 02.04.092

UV 独立访客 06.01.232

UV curing 紫外固化 04.03.035

# V

vacuum dryer PC 料真空干燥机 04.03.032

valid circulation 有效发行 05.03.025

value-added logistics service 增值物流服务 05.04.011

variable data printing 可变数据印刷 03.01.007

variable groove depth 变槽深纹槽，*变槽深槽 04.01.025

variable groove pitch 变槽距纹槽，*变槽距槽 04.01.024

varied column 变栏 02.08.133

varnishing 上光 03.05.052

VCD 数字视频光盘 04.03.026

vector image 矢量图像 03.02.059

verification 核件 05.05.114

version for commentary 征求意见稿 02.02.017

vertical modulation angle 垂直调制角 04.01.033

vertical retrieval 垂直搜索 06.04.077

vertical typesetting 竖排，*直排 02.06.029

VHS recorded program tape VHS 像带 07.04.008

video 视频 06.02.047

video bitstream 视频码流，*码率 06.02.052

video cameraman 录像师 06.02.054

video capture 视频采集 06.02.062

video capture card 视频采集卡 04.03.163

video compact disc 数字视频光盘 04.03.026

video division 视频师 06.02.055

video editing 视频编辑 06.02.059

video editor 视频剪辑师 06.02.058

video maker 录像制作者 08.04.002

video on demand 视频点播 06.01.233

video output 视频输出 06.02.064

video processing 视频处理 06.02.063

video server 视频服务器 06.04.090

video sharing 视频分享 06.01.206

video streaming 视频流 06.02.051

video tape 录像带 04.02.003

video technology 视频技术 06.02.068

videowork 录像制品 07.04.003

virtual classroom 虚拟教室 07.05.028

virtual industry 虚拟产业 06.04.067

virtual inquiry service 虚拟咨询服务，*数字参考服务，

*网络参考咨询服务 07.05.073

virtual reality 虚拟现实，*VR 06.01.065

virtual reference service 虚拟咨询服务，*数字参考服务，*网络参考咨询服务 07.05.073

virtual research environment 虚拟研究环境 07.05.027

virtual studio 虚拟演播室 07.05.035

virtual studio system 虚拟演播室系统 06.02.070

virtual studio technology 虚拟演播室技术 06.02.069

visual identification 外观标识 06.03.042

VOD 视频点播 06.01.233

voice recognition 语音识别技术，*自动语音识别 06.02.025，语音辨识 06.02.045

voice synthesis 语音合成 06.02.026

volume 卷，*部，*册 07.02.055

voluntary chain bookstore 自愿连锁店，*自由连锁书店 05.02.039

voluntary registery of one's work 作品自愿登记 08.01.023

voluntary submission 自投稿，*自由来稿 02.02.007

VSS 虚拟演播室系统 06.02.070

# W

wall map 挂图 07.02.094

WAP 无线应用通信协议，*无线应用协议 06.01.103

warehouse 仓库 05.04.064

warehouse entry 入库 05.04.037

warehouse ground area utilization rate 仓库面积利用率 05.04.091

warehouse management system 仓库管理系统 05.05.034

warehouse-out 出库 05.04.054

warehouse-out error rate 出库差错率 05.05.133

warehouse receipt 仓单 05.04.086

warehouse space utilization rate 仓库空间利用率 05.04.090

warehousing 仓储 05.04.036

warehousing fee 仓储费用 05.04.088

war movie 战争片 07.04.034

water-based adhesive 水基胶 03.05.045

waterless offset printing 无水胶印 03.04.018

WAV WAV文件格式 06.03.052

waveform audio file format WAV文件格式 06.03.052

wax 蜡盘 04.01.041

way bill 运单 05.05.130

WCT 世界知识产权组织版权条约，*WIPO版权条约 08.01.032

wear resistance 耐磨性 03.04.065

Web 2.0 第二代互联网 06.01.102

web browser 网络浏览器 04.03.167

web editor *网络编辑 06.01.023

web-fed printing 卷筒纸印刷 03.01.030

web gravure press 卷筒凹印机 03.04.077

weblog *网络日志 07.05.065

web map 网络地图 07.05.040

Web of Science Database 科学网络数据库 07.05.001

web page 页 02.06.075

web publishing technology 网络出版技术 06.04.018

weekly newspaper 周报 07.03.006

weekly periodical 周刊 07.03.068

weighing device 称量装置 05.05.120

we media 自媒体，*自媒体平台 06.01.204

western movie 西部片，*牛仔片 07.04.031

Western-style binding 西式装订 01.04.066

wet-embossing 湿压法 04.03.038

wet-on-wet printing 湿压湿印刷 03.04.023

what you see is what you get 所见即所得 03.02.125

whirlwind binding 旋风装 01.04.039

white book of optical disc 光盘白皮书 04.03.080

wholesale 批发 05.03.001，批销 05.03.042

wholesale discount 批发折扣 05.05.049

wholesale outlet 批发网点 05.02.015

wholesaler 批发商 05.02.007，中盘 05.03.009

whole-word reading 整词阅读，*视觉阅读 02.07.009

winding parts of the tape 带盘 04.02.041

windows media audio WMA文件格式 06.03.053

windows media video WMV文件格式 06.03.058

wipe off 划变 04.03.145

WIPO Copyright Treaty 世界知识产权组织版权条约，*WIPO版权条约 08.01.032

WIPO Performances and Phonograms Treaty 世界知识产权组织表演和录音制品条约，*WIPO表演和录音制品条约 08.01.033

wire copy 通稿，*新闻通稿 02.08.105

wireless application protocol 无线应用通信协议，*无线应用协议 06.01.103

# X

# Y

# Z

# 汉 英 索 引

## A

安全储存 safe storage 06.01.053

*按 editorial note；editor's note 02.04.057

按需出版 publishing on demand 06.01.006

按需订阅服务 on-demand subscription service 07.05.072

按需喷墨 drop on demand 03.04.117

按需印刷 print on demand；POD 03.01.005

暗码 blind folio 02.06.073

暗调 shadow 03.02.051

凹版电子雕刻机 electronic gravure machine 03.03.040

凹版雕刻机 engraving machine 03.03.037

凹版印刷 intaglio printing 03.01.036

凹版制作 gravure forme making 03.03.020

*凹印 intaglio printing 03.01.036

凹印设备 gravure equipment 03.04.075

## B

八字皱 splay crimple 03.05.076

扒圆 rounding 03.05.028

*跋 epilogue；afterword 02.04.065

百科词典 encyclopedic dictionary 07.02.105

百科全书 encyclopaedia；encyclopedia 07.02.081

斑点 mottle 03.04.130

搬运 handling 05.05.117

版本 edition 01.03.039

版本记录块 edition record block 01.03.072

版本记录页 edition notice page 02.06.080

版本学 bibliology 01.01.006

版次 ① edition number ② page number 01.03.066

1/4 版广告 quarter page ad 05.05.180

版滚筒制备 cylinder preparation 03.03.021

版口 edge of the type page 02.06.014

版框 block chase 01.04.046

版面 page spread 02.06.010

版面编辑 make-up editor；layout editor 02.08.011

*版面布局 page layout 02.08.125

版面布局结构 page layout 02.08.125

版面分析 layout analysis 06.01.144

版面空间 page space 02.08.128

*版面设计 layout design 02.06.006

*版面主编 make-up editor；layout editor 02.08.011

版面字数 characters per page；words per page 02.06.011

版膜 stencil film 03.03.043

版膜厚度 stencil film thickness 03.03.047

版内图 in-page illustration 02.06.057

*版权 copyright 08.01.003

*版权保护 protection of copyright 08.01.013

版权产业 copyright industry 08.01.004

*版权法 copyright law 08.01.009

版权分销 copyright distribution 08.05.020

版权关联产业 copyright-related industry 08.01.008

*版权交易 copyright trade 08.05.001

版权开放 copyleft；copyright opening 06.04.110

*版权贸易合同 copyright trade contract 08.05.014

*版权人 copyright owner 08.01.010

*版权所有者 copyright owner 08.01.010

*WIPO 版权条约 WIPO Copyright Treaty；WCT 08.01.032

*版权页 copyright page 02.06.080

*版权增值 copyright increment；appreciation of copyright；rise in value of copyright 08.05.002

版权资产 copyright asset 06.01.034

版式 format 02.06.012

版式设计 layout design 02.06.006

版式设计权 format right 08.04.009

版式文档 fixed-layout document 06.01.031

版税 royalty 08.05.008

版心 type page; print space; type area 02.06.013

版子 shell 04.01.042

办刊宗旨 editorial purpose 02.08.003

半版广告 half page ad 05.05.179

半角 single-byte character case; SBC case 02.06.047

半年刊 semi-annual periodical 07.03.073

\*半色调 halftone 03.02.044

\*半色调处理 halftoning 03.02.028

\*半色调图像 halftone images 03.02.055

半通栏广告 half banner ad 05.05.182

半月刊 semi-monthly periodical 07.03.069

包背装 back-wrapped binding 01.04.050

包本 covering 03.05.025

包边 turn-in 03.05.030

\*包封 book jacket 02.06.107

包件整理 package dispensation 05.05.116

包面材料 covering material 03.05.041

包签 shipping label 05.05.030

包销 exclusive sale 05.03.029

包装 package 05.04.043

包装成形工艺 forming process for packaging 03.05.058

薄膜唱片 sound sheet record; film disk 04.01.007

饱和度 saturation 03.02.014

饱和输出电平 saturated output level 04.02.019

保管 storage 05.04.063

保护带 protection zone 04.02.020

\*保护间隔 protection zone 04.02.020

保护胶旋涂 lacquer coating 04.03.034

保护录音制品制作者防止未经许可复制其录音制品日内瓦公约 Geneva Convention for the Protection of Producers of Phonograms Against Unauthorized Duplication of Their Phonograms 08.01.030

\*保护录制者公约 Geneva Convention for the Protection of Producers of Phonograms Against Unauthorized Duplication of Their Phonograms 08.01.030

保护文学和艺术作品伯尔尼公约 Berne Convention for the Protection of Literary and Artistic Works 08.01.028

保护作品完整权 right of integrity 08.02.025

报道 report; reporting 02.08.095

报道失实 misreporting; inaccurate reporting 02.08.035

报订 subscription order 05.03.090

报订期 subscription order deadline 05.03.091

报耳 ear; earpiece 02.08.059

报刊变动手续费 procedure fee for newspaper and periodical charging 05.05.071

报刊策划 newspaper planning 02.08.008

报刊订阅 subscription 05.03.075

\*报刊发行 newspaper distribution 05.01.006

报刊发行方式 newspaper distribution mode 05.01.009

报刊发行费 fee for distribution of newspaper and periodical 05.05.069

报刊发行费率 issuance fee rate of newspaper and periodical 05.05.160

报刊发行量 newspaper circulation 05.01.011

报刊发行起点费 minimal charging of postal circulation 05.05.070

报刊发行渠道 newspaper distribution channel 05.01.007

\*报刊发行站 distribution station 05.02.021

报刊分发 distribution of newspaper and periodical 05.04.004

报刊分类广告 classified ad 05.05.197

报刊风格 newspaper manner 02.08.007

报刊国外发行代号 code of foreign distribution 05.05.009

报刊年度评论 press annual review 02.07.103

报刊配送发行 newspaper distribution 05.01.006

报刊评论 press review 02.07.098

报刊轻度读者 casual reader 05.01.050

报刊亭 kiosk 05.02.066

报刊投递 newspaper and periodical delivery 05.04.005

\*报刊需求广告 classified ad 05.05.197

报刊邮发代号 issuing code 05.05.008

报刊直分点 direct distribution point of newspaper and periodical 05.02.059

报刊中度读者 average reader 05.01.049

报刊重度读者 heavy reader 05.01.048

报刊转运站 transfer station of newspaper and periodical 05.02.058

报亏单 lose report bill 05.05.080

报眉 eyebrow 02.08.058

报社 newspaper publishing house 01.03.035

报摊 newsstand 05.02.064

报头 head; flag 02.08.057

报网互动 newspaper-internet interaction 06.01.230

报文 message 05.05.032

\*报眼 ear; earpiece 02.08.059

报眼广告 reported eye ad 05.05.185

# C

财产权  property right  08.02.026

*财产权利  property right  08.02.026

裁切  cropping  03.05.017

裁切标记  trim mark  03.02.104

裁切面装饰  decoration of cutting edges  03.05.055

裁切线  crop marks; trim marks  03.02.105

采编合一  integration of reporting and editing  02.08.039

采购  purchase  05.03.084

采写范围  reporting range; beat  02.08.038

采写任务  reporting assignment  02.08.037

采样  sampling  06.02.035

采样间隔  sampling interval  03.02.076

采样频率  sampling frequency  06.02.036

采样频率比  sampling aspect ratio  03.02.077

采用  acceptance  02.03.017

彩插  color insert  02.04.048

彩度  chroma  03.02.013

彩铃  polyphonic ringtone; coloring ring back tone  07.05.059

彩色广告  four-colour ad  05.05.189

彩色图像  color image  03.02.057

彩色图像编码  colour image encoding  03.02.118

彩信  multimedia messaging service; MMS  07.05.060

参考磁平  reference magnetic flat  04.02.022

参考频率  reference frequency  04.02.023

参考书  reference book  07.02.100

参考文献  references  02.04.088

残破书  defective book  07.02.044

残破书处理  processing of damaged book  05.05.107

仓储  warehousing  05.04.036

仓储费用  warehousing fee  05.04.088

仓储管理  storage management  05.05.110

仓单  warehouse receipt  05.04.086

仓库  warehouse  05.04.064

仓库管理系统  warehouse management system; WMS  05.05.034

仓库空间利用率  warehouse space utilization rate  05.04.090

仓库面积利用率  warehouse ground area utilization rate  05.04.091

槽底半径  bottom radius  04.01.030

槽角  groove angle  04.01.027

槽距  pitch; groove spacing  04.01.026

槽距不匀  pitch uneven  04.01.034

槽宽  groove width  04.01.028

槽深  groove depth  04.01.029

草稿  draft manuscript; draft version  02.02.015

*册  volume  07.02.055

册页制度  institutions of binding leaves into a volume  01.04.045

侧推力  side thrust  04.01.032

测控条  control strip  03.02.100

测试带  test tape  04.02.011

测试用样盘  template disk for testing  04.03.135

策划编辑  planning editor  01.02.016

层次  gradation  03.02.052

层次校正  gradation correction  03.02.087

层间黏着性  interlayer adhesion  04.02.024

叉车  forklift truck  05.04.082

插入效果  insert effect  06.02.121

*插题  subhead; crosshead  02.08.068

插图  illustration  02.04.045

插图编排  illustration editing and placement  02.06.051

插图设计  illustration design  02.06.007

*插文  text stringing; text wrapping  02.06.035

插页  ①insert ②inserting  02.06.087

查对资料  data check  02.04.013

差别定价法  differential pricing  06.01.192

产品质量控制  product quality control  06.01.164

*产业产权  industrial right  08.01.002

阐释社群  interpretive community  02.07.082

长版书  long-format book  07.02.052

长焦镜头  telephoto lens  06.02.086

*长焦距摄影镜头  telephoto lens  06.02.086

长镜头  long take  06.02.087

*长栏  single-column layout  02.06.043

长销书  lasting-selling book  07.02.042

常备目录  basic book list  05.05.020

常备书  ever-prepared book  07.02.046

常销书  midlist  07.02.041

畅销书  best seller  07.02.040

*唱校  proofreading by copy reading  02.05.007

唱盘　record player　04.01.008

唱片　record　04.01.001

唱针　stylus　04.01.009

抄本　antigraph；transcript；hand-copied book　07.02.051

抄本阅读　codex reading　02.07.013

＊抄袭　plagiarism　08.06.010

超级数字激光视盘　super video compact disc；SVCD　04.03.028

超级数字音频光盘　super audio compact disc；SACD　04.03.020

超级文本置标语言　hyper-text markup language；HTML　06.01.068

超链接　hyperlink　06.04.025

超媒体　hypermedia　04.03.136

超文本　hypertext　06.04.024

超文本传输协议　hyper-text transfer protocol；HTTP　06.01.090

＊朝报　palace newspaper　07.03.025

车辆空驶率　empty-loaded rate　05.04.093

沉浸式阅读　immersive reading　02.07.057

晨报　morning newspaper　07.03.004

衬页　endleaf；endpaper；endsheet　02.06.081

称量装置　weighing device　05.05.120

成品库　selected submission library　02.08.045

成像　imaging　03.02.134

呈色剂　toner　03.01.016

承印物　substrate　03.01.014

＊承印者　printer　03.01.002

承运人　carrier　05.04.021

承转结算　commitment to clearance　05.05.065

＊冲减　write-off　05.05.058

冲孔　center hole punch　04.03.044

冲销　write-off　05.05.058

冲转　adjustment bookkeeping　05.05.057

充电　charging　03.04.105

重版征订包销　republication and exclusive sales　05.03.067

重放　playback；replay　06.02.126

重放通道　playback channel　04.02.084

重放头　playback head；reproducing head　04.02.085

重放系统　playback system　04.02.086

重稿检查　repetition check　02.08.056

重译　retranslation　01.02.058

重印　reprint；reprinting　01.03.082

重印本　reprinted book　07.02.015

重印率　reprint rate　01.03.084

＊重印书　reprinted book　07.02.015

重影　ghost　03.04.016

抽印本　offprint　07.02.124

＊筹备阶段　pre-production　06.02.102

＊筹备期　pre-production　06.02.102

STM出版　STM publishing　06.01.005

＊STMS出版　STM publishing　06.01.005

出版　publishing；publication　01.03.001

出版+互联网　publishing +internet　06.04.012

出版策划　publishing project planning　01.03.017

出版产业链　publishing industry chain　01.03.021

出版成本　publishing cost；cost of publication　01.03.024

出版单位　publishing institution　01.03.027

出版导向　publishing orientation　01.03.003

出版地　place of publication；location of publication　01.03.068

出版法规　laws and regulations on publishing　01.03.014

出版方针　publishing policy　01.03.002

出版股　publishing houses' stock　01.04.086

出版观念史　history of publishing concept　01.04.006

出版管理　publication administration　01.03.012

出版合同　publication contract　08.05.018

＊出版活动　publishing activity　01.03.001

出版机构　publishing institution　01.03.028

出版机构评论　publishing institution review　02.07.093

出版技术评论　publishing technology review　02.07.094

出版家　accomplished publisher　01.03.037

出版利润　publishing profit　01.03.025

出版流程　publishing flow　01.03.019

出版流程再造　publishing process reengineering　06.01.120

出版伦理　publication ethics　01.03.016

出版评论　publishing review　02.07.083

出版评论标准　the criteria for publishing reviews　02.07.086

出版评论的内在功能　the intrinsic function of publishing reviews　02.07.085

出版评论的社会功能　the social function of publishing reviews　02.07.084

出版评论媒体　publishing review media　02.07.087

出版评论史　history of publishing criticism　01.04.012

出版企业　publishing enterprise　01.03.026

出版权转让合同 publication right transfer contract 08.05.015

出版人 publisher 01.03.038

出版人评论 publisher review 02.07.088

出版融合 publication integration 06.01.009

*出版商 publisher 01.03.038

出版社 publishing house; publisher; press 01.03.031

出版社转企改制 transformation of a publishing house from a public institution to an enterprise 01.04.098

出版社自销 sale by press 05.03.043

*出版生产要素 publishing element; publishing essential 01.03.020

出版生活史 publishing life history 01.04.008

出版史 publishing history 01.04.001

出版事件评论 publishing event review 02.07.092

出版数字化 digitalization of publishing industry 06.01.004

出版数字化转型升级 publication digitization transformation and upgrading 06.01.008

出版说明 publisher's note 02.04.052

出版体制 publishing system 01.03.013

出版文化 publishing culture 01.03.004

出版物 publication 07.01.001

出版物出租 publication rental 05.05.005

出版物定价 publication pricing 05.05.002

出版物供应链 publication supply chain 05.05.146

出版物购销合同 purchases and sales contract 05.03.027

出版物购销形式 form of sales 05.03.052

出版物流通 publication circulation 05.05.140

出版物流通环节 links of publication circulation 05.05.145

出版物评论 publication review 02.07.090

出版物商流 publication commodity circulation 05.05.141

出版物市场 publication market 02.01.003

出版物市场定位 publication market positioning 05.01.017

出版物市场调查 publication market research 02.01.004

出版物市场细分 publications market segmentation 05.01.016

出版物市场需求 market demand for a publication 02.01.006

出版物市场预测 publication market forecast 02.01.005

出版物条码 barcode for a publication 01.03.064

出版物物流 publication logistics 05.05.142

出版物信息流 publication information flow 05.05.144

出版物资金流 publication fund flow 05.05.143

出版现象评论 publishing phenomenon review 02.07.091

出版形式 mode of publishing; form of publishing 01.03.022

出版许可 publication imprimatur 01.03.015

出版学 publishing studies 01.01.002

出版要素 publishing element; publishing essential 01.03.020

出版业 publishing industry 01.03.008

出版业近代化转型 modernization of the publishing industry 01.04.069

出版业社会主义改造 socialist transformation of the publishing industry 01.04.096

出版业务评论 publishing business review 02.07.089

出版载体 medium of publication 01.03.023

*出版者 publisher 01.03.038

出版政策评论 publishing policy review 02.07.095

出版状态 publishing status 05.05.011

出版资源 publishing resource 01.03.018

出版座谈会 forum on publishing 05.01.037

*出厂包 envelope 05.04.050

*出厂包标签 publishing label 05.05.029

出库 warehouse-out 05.04.054

出库差错率 warehouse-out error rate 05.05.133

出血 bleed 02.06.048

出血版 bleed layout 02.06.049

出血图 bleed illustration 02.06.058

出租权 right of rental 08.02.029

*初版 first edition 07.02.035

初版分配试销 trial sales by press 05.03.066

初版书 first edition 07.02.035

*初创性 uniqueness 08.01.017

*初校 first proofreading 02.05.020

初审 initial review 02.03.007

储存 storing 05.04.038

*储存库 storage 05.04.068

*储位 stock location 05.05.111

储运网点 storage and transportation outlet 05.02.017

处理校样 proof processing 02.05.035

处理图表 processing of illustrations and tables 02.04.023

处理质疑 query handling 02.04.025

穿插  jigsawing  02.08.134

*传版  transmission of typeset texts for printing  02.08.153

传版加密  encryption of the transmission of typeset texts  02.08.155

传版印刷  transmission of typeset texts for printing  02.08.153

传播学  communication studies  01.01.015

传输技术  transmission technology  06.02.066

传统媒体  traditional media  06.01.207

串文  text stringing; text wrapping  02.06.035

创刊  inauguration  02.08.161

创刊词  inaugural statement  02.08.081

创刊号  inaugural issue  07.03.029

创刊评论  inauguration review  02.07.099

创作  creation  08.01.016

垂直磁化  perpendicular magnetization  04.02.025

垂直搜索  vertical retrieval  06.04.077

垂直调制角  vertical modulation angle  04.01.033

词典  dictionary  07.02.080

*辞典  dictionary  07.02.080

辞书  lexicographic work; dictionary  07.02.078

辞书评论  lexicographic work review; dictionary review  02.07.097

辞书史  history of dictionaries  01.04.010

辞书学  lexicography  01.01.010

磁层  magnetic coating; magnetic layer  04.02.028

磁层电阻  magnetosphere resistance  04.02.029

磁成像  magnetography  03.04.125

Exabyte 磁带  Exabyte tape  04.02.006

磁带  magnetic tape; tape  04.02.001

磁带编辑  tape editor  04.02.017

磁带复制  tape duplication  04.02.018

*磁带消磁器  overall degaussing device  04.02.083

磁带张力  tape tension  04.02.030

磁粉  magnetic powder; magnetic particle  04.02.031

磁记录载体  magnetic record carrier  04.02.016

磁迹  magnetization traces; magnetic track  04.02.032

磁迹形位  magnetization traces form  04.02.033

磁盘  disk; disc; magnetic disk  06.03.063

磁头  magnetic head  04.02.034

磁头堵塞  head clogging  04.02.035

磁头缝隙  head gap  04.02.036

磁头调整  head adjustment  04.02.037

磁头消磁器  head for re-demagnetization  04.02.038

磁头芯  head core  04.02.039

磁性版托  magnetic forme base  03.04.059

磁性刻纹头  magnetic cutter head  04.01.021

磁性印刷  magnetographic printing  03.01.047

丛编  compiled collection  07.02.118

丛刊  publication series  07.03.046

丛书  book series  07.02.107

丛书名  title of a series  02.04.030

*凑整分运  transfer station and dispersed delivery  05.04.027

粗糙度  raggedness  03.04.132

粗纹  coarse groove  04.01.031

存货成本  inventory cost  05.05.075

*存货管理  inventory management  05.05.118

存货目录  book inventory bibliography  05.05.021

*存货盘点  inventory verification  05.04.061

存量内容资源  stock content resource  06.01.129

*存取控制  access control  06.04.111

错帖  disordered signature  03.05.078

# D

*搭售定价法  bundling pricing  06.01.190

打包  packing  06.03.040

*打标签  tag; label  06.01.033

*打码  stacking  05.04.052

打样  proofing  03.02.136

大标题  headline  02.08.067

*大规模开放在线课程  massive open online course; MOOC  07.05.031

大全  complete collection  07.02.116

大事年表  chronology of events  02.04.091

大数据  big data  06.04.058

大数据服务  big data service  06.04.059

大系  long series  07.02.117

大学出版部  publishing department of a university  01.04.091

大样  large proof; proof of an imposed page  02.08.146

大样对红  check of a clean proof against the proofreaders' marks on a large proof  02.08.137

多卷书 multi-volume book 07.02.056

多媒体 multimedia 06.01.208

多媒体编辑工具 multimedia creative software tools 04.03.138

多媒体出版 multimedia publishing 06.01.013

多媒体出版评论 multimedia publishing review 02.07.111

多媒体出版物 multimedia publication 07.01.015

多媒体电子出版物 multimedia electronic publication 07.01.016

多媒体电子出版物评论 multimedia electronic publication review 02.07.112

多媒体稿库 multimedia submission library 02.08.047

多媒体检测 multimedia detection 06.03.038

多媒体脚本 multimedia script 06.03.036

多媒体课件 multimedia courseware 07.05.030

多媒体内容校对 multimedia content check 06.03.039

多媒体设计 multimedia design 06.03.035

多媒体数据库 multimedia database 07.05.052

多媒体素材 multimedia materials; multimedia source material 06.03.037

多媒体通信 multimedia communication 06.01.030

*多媒体消息服务 multimedia messaging service; MMS 07.05.060

多媒体印刷读物 multimedia print reader; MPR 07.04.075

多媒体终端 multimedia terminal 06.01.118

多媒体著作工具 multimedia authoring tools 04.03.139

多渠道发行 multi-channel distribution; multi-channel release 05.03.017

多式联运 multimodal transport 05.04.030

*多文本格式 rich text format; RTF 06.03.047

多用途数字光盘 digital versatile disc; DVD 04.03.010

多语种信息检索 multiple language information retrieval 06.04.074

多元阅读 diversified reading 02.07.020

# E

额定输出电平 rated output level 04.02.047

儿童读物 publication for children 07.01.041

*儿童立体书 pop-up 07.02.021

儿童阅读 children's reading 02.07.003

二版 duplication by electroplating 04.01.044

二级校对 second-grade proofreader 01.02.033

二级批发 secondary wholesale 05.03.003

二校 second proofreading 02.05.021

二维动画 2D animation; two-dimensional animation 07.04.039

二维码 two-dimensional bar code 05.05.010

二维虚拟演播室 two-dimensional virtual studio 07.05.036

# F

发报刊局 distribution office of newspaper and periodical 05.02.057

发表权 right of publication 08.02.022

发布 publish 06.03.028

发稿 release for typesetting 02.05.036

发稿计划 publishing plan 02.08.042

发行 distribution; circulation 05.01.001

发行成本 distribution cost 05.05.067

发行代理商 distribution agent 05.02.010

发行单位 distribution agency 05.01.002

发行单证 distribution document 05.05.127

发行定位 distribution positioning 05.05.137

发行对象 audience of distribution 05.05.136

发行范围 sales territory 05.01.004

发行方式 distribution mode 05.01.008

发行费用 distribution fee 05.05.131

发行工作者 distribution staff 05.02.002

发行公司 distribution company 05.02.001

发行合同 issuing contract 05.01.015

发行集团 distribution group 05.02.005

发行类版权产业 publication distribution right industry 08.01.007

发行量 circulation 05.01.010

发行量稽核 circulation audit 05.05.135

*发行量认证 circulation certification 05.05.135

发行企业 distribution corporation 05.02.004

发行渠道 distribution channel 05.01.005

发行权 right of distribution 08.02.028

发行权的权利穷竭 the exhaustion of the right to issue 08.06.004

*发行权一次用尽原则 the exhaustion of the right to issue 08.06.004

发行人 distributor 05.01.003

*发行商 distributor 05.01.003

发行时效 publication aging 05.03.024

发行史 distribution history 01.04.004

发行损耗率 distribution loss ratio 05.05.159

发行所 distribution office 01.04.081

发行体制 system of distribution 05.05.138

发行网 distribution network 05.02.013

发行网点 distribution outlet 05.02.014

发行系统 distribution system 05.03.145

发行效益 distribution effect 05.05.139

发行协会 distribution association 05.02.003

发行信息 distribution information 05.05.001

发行学 distribution studies 01.01.003

发行佣金 distribution commission 05.05.068

发行站 distribution station 05.02.021

发行折扣 discount 05.05.004

*发行者 distributor 05.01.003

发货 delivery 05.04.039

发货单 dispatch list 05.05.024

发货区 shipping space 05.05.119

*发货周期 delivery cycle 05.05.100

发排 send to typeset 03.02.001

发样征订 sample copy for subscription 05.03.063

发运 dispatch 05.04.055

发运方式 dispatch mode 05.04.056

发运周期 shipment cycle 05.05.099

法定许可 legal license 08.06.002

法人作品 legal entity's work; legal body's work 08.03.007

法人作品的著作权归属 ownership of a legal person's copyright 08.03.008

翻口广告 flanging ad 05.05.187

翻译 translation 01.02.052

翻译权 right of translation 08.02.037

凡例 user's guide; guide to entries; key to entries 02.04.092

反差 contrast 03.02.061

反盗版技术 anti-piracy technology 04.03.140

反线 reversed line; thick line 02.06.061

反向轨道路径 opposite track path; OTP 04.03.075

*反向物流 reverse logistics 05.04.007

泛读 extensive reading 02.07.042

泛审 extensive review 02.03.004

方位角调整 azimuth adjustment 04.02.048

方志 local chronicle; chorography 07.02.087

坊刻 bookshop block printing 01.04.054

防消片 film for preventing degaussing 04.02.049

访问控制 access control 06.04.111

放电 discharging 03.04.106

*放音针 stylus 04.01.009

放映权 right of showing 08.02.032

非定额流动资金 non-normed current fund 05.05.089

非对称压缩 asymmetric compression 06.03.027

非法出版 illegal publishing 01.03.045

非法出版物 illegal publication 07.01.005

非结构化数据 unstructured data 06.04.047

*非贸易性发行 nontrade distribution 05.03.014

非线性编辑 nonlinear editing 06.01.104

非线性阅读 nonlinear reading 02.07.048

非营业性发行 nonoperating distribution 05.03.014

非邮发报刊 non-post-distributed newspaper and periodical 05.01.040

非正式出版物 informal publication 07.01.003

扉页 title page 02.06.079

分版校对 divided page proofreading 02.08.148

分辨力 resolution; resolving power 03.02.070

*分辨率 resolution; resolving power 03.02.070

分布式计算 distributed computing 06.04.060

分布式数据处理 distributed data processing 06.04.023

分册 fascicule 07.02.057

*分层定价法 differential pricing 06.01.192

分发 distributing 03.05.001

分级文档系统 hierarchical filing system; HFS 04.03.060

分级阅读 levelled reading 02.07.022

分辑 anthology 07.02.073

分拣输送系统 sorting and picking system 05.04.072

分镜 storyboard 06.02.105

*分镜图 storyboard 06.02.105

分局 branch distribution office 01.04.083

# G

伽马值 gamma value 03.02.116

*改版 incorporation of corrections 02.05.027

改版评论 revamp review 02.07.101

改编本 adopted edition 07.02.122

改编权 right of adaption 08.02.036

改错 correction of errors 02.04.008

改革开放出版史 publishing history of the reform and opening up 01.04.026

改刊 relaunch 02.08.162

改刊评论 relaunch review 02.07.100

改写本 rewritten edition 07.02.121

改样 incorporation of corrections 02.05.027

感光胶 photoemulsion 03.03.049

感光膜片 indirect photosensitive film 03.03.050

干胶印 letterset printing 03.04.070

干部读本 reader for cadres 07.01.046

岗线 crest line 03.05.036

高级编辑 senior editor 01.02.029

高级检索 advanced retrieval 06.04.078

高级内容访问系统 advanced access content system; AACS 04.03.149

*高清电视 high definition television 07.04.022

高清光盘 high definition disc 04.03.053

高清拍摄 high-def filming 06.02.093

高清晰度电视 high definition television 07.04.022

高清晰度兼容数码 high definition compatible digital; HDCD 06.02.007

高校图书代办站 college book agency 05.02.054

稿酬 author's remuneration; contribution fee 08.05.009

*稿费 author's remuneration; contribution fee 08.05.009

稿件 manuscript 01.02.038

稿件布局结构 article layout 02.08.124

*稿件采用 acceptance 02.03.017

稿件采用率 submission acceptance rate 02.08.043

稿件处理 editor's decision 02.03.016

*稿件配置 organization of articles 02.02.001

稿件评价 manuscript evaluation 02.03.015

稿件送审 submission of manuscript for review 02.02.025

稿源 source of contributions 02.02.005

*阁抄 palace newspaper 07.03.025

ISO 9660 格式 ISO-9660 04.03.058

格式化文本 formatted text 06.01.056

格式加密 format encryption 06.01.057

格式转换 format conversion 06.01.147

隔页 separation page 02.06.083

个人广告 personal ad 05.05.199

*个人数字助理 personal digital assistant 06.03.006

个体书店 individual bookstore 05.02.026

*个性化多彩回铃音业务 polyphonic ringtone; coloring ring back tone 07.05.059

个性化服务 personalized service 07.05.076

个性化检索 personalized information retrieval 06.04.084

个性化阅读 personalized reading 02.07.053

*铬带 chromium tape 04.02.009

更正启事 correction notice 02.08.075

工具书 reference book 07.02.077

工业产权 industrial right 08.01.002

公报 communique 07.03.050

公共仓库 public warehouse 05.04.066

公开发行 public distribution; public circulation 01.03.053

公司刊 company magazine 07.03.061

公钥 public key 06.04.071

公益广告 public service announcement; PSA 05.05.194

公有云 public cloud 06.04.032

公之于众 release to the public 08.01.041

功率标定区 power calibration area; PCA 04.03.068

功能测试 function testing 04.03.144

拱花 printing of arch flowers 01.04.057

共同编辑 joint editing 02.04.003

共享阅读 shared reading 02.07.059

供带盘 pop-up box 04.02.056

*供货商 supplier 05.02.011

供销社发行网点 supply and marketing cooperative's outlet 05.02.048

供应链管理 supply chain management 05.05.147

供应商 supplier 05.02.011

供应商关系管理 supplier relationship management 05.05.148

购买动机调查 motivation research 05.01.019

购销形式 mode of purchases and sales 05.03.028

# H

后电影开发　post-film development　06.02.095

后端生产线　downstream　04.03.081

后记　epilogue；afterword　02.04.065

＊后均衡　de-emphasis　04.02.072

后期制作　post-production　06.02.104

蝴蝶装　butterfly binding　01.04.049

糊版　filling in　03.04.013

糊壳机　book case making machine　03.05.075

互操作性　interoperability　06.01.083

互动电视　interactive television；ITV　07.04.014

互动阅读　interactive reading　02.07.058

互惠原则　principle of reciprocity　08.01.039

互联网+　internet+　06.04.008

互联网+出版　internet+ publishing　06.04.011

互联网产业　internet industry　06.04.066

＊互联网出版　internet publishing；online publishing　06.04.001

＊互联网地址　IP address　06.01.088

互联网服务提供者　internet service provider　06.04.005

"互联网+"行动计划　internet+ action plan　06.04.009

互联网内容提供者　internet content provider；ICP　06.04.006

户外显示屏　outdoor screen　06.01.237

护封　book jacket　02.06.107

花边新闻　juicy titbit　02.08.116

划变　wipe off　04.03.145

画版　layout sketching　02.08.130

画册　album　07.02.088

画刊　illustrated magazine；pictorial magazine　07.03.059

画外音　offscreen voice　06.02.111

槐市　Scholartree Market　01.04.059

坏账　bad account　05.05.056

环衬　endpaper；endsheet　02.06.082

＊环球信息网　the world wide web　06.01.107

幻灯片　slide　06.03.066

＊幻影　ghost image　03.04.099

换订　changing subscription　05.03.098

换片器　record changer　04.01.011

换洋　equivalent replacement　05.03.051

黄色　yellow　03.02.007

黄页　yellow page　07.01.048

灰度图像　grayscale image；gray level image　03.02.056

灰平衡　gray balance　03.02.026

＊灰平衡控制块　midtone balance control patch　03.02.099

灰色成分替代　gray component replacement；GCR　03.02.091

＊回行　line breaking　02.06.036

＊回行顶格排　flush　02.06.032

回款率　rate of pay　05.05.092

回墨　flooding　03.04.094

回墨板　ink flooding blade　03.04.089

回译　back translation　01.02.057

汇编　compilation　07.02.069

汇编本　collected edition　07.02.119

汇编权　right of compilation　08.02.038

汇编作品　work of compilation　08.03.013

汇编作品的著作权归属　ownership of copyright of work of compilation　08.03.014

会刊　proceeding　07.03.053

会议售书服务　sale on meetings　05.03.119

绘本　picture book　07.02.102

绘本阅读　picture book reading　02.07.014

＊绘制阶段　mid-production　06.02.103

＊绘制拍摄期　mid-production　06.02.103

彗星条纹　comet streak　03.04.079

混合定价法　mixed pricing　06.01.191

混合销售　combination sale　05.03.106

混合型加网　hybrid screening　03.02.032

混录　mixed record　04.02.057

活页出版物　loose-leaf publication　07.01.019

活页装　loose-leaf binding　03.05.009

活字印刷术　movable type printing　01.04.064

货垛　stack of freight　05.04.053

货架　shelf；rack　05.04.083

货损率　cargo damages rate；damage rate of goods　05.05.095

货位　stock location　05.05.111

货物跟踪系统　goods-tracked system　05.05.035

# J

机读目录 machine-readable catalogue；MARC 05.05.013

机构知识库 institutional repository 07.05.054

机关报 organ newspaper 07.03.009

机关刊物 official organ 07.03.047

*机关书 pop-up 07.02.021

*机器标引 automatic indexing 06.01.061

*机器可读目录 machine-readable catalogue；MARC 05.05.013

机械表演权 mechanical performance right 08.04.005

机械录音 mechanical recording 04.01.052

积累蒙太奇 accumulation montage 06.02.078

积压 overstock；backlog 05.03.136

基本读者 basic reader 05.01.042

基本稿酬 basic remuneration 08.05.010

基本栏 basic column 02.08.131

基本运价 basic freight rate 05.04.089

基础设施即服务 infrastructure as a service 06.04.043

基于位置的服务 location-based service；LBS 07.05.078

基准带 benchmark tape 04.02.012

基准偏磁 baseline magnetic bias 04.02.061

*畸形开本 special format；irregular size 02.06.009

稽核发行量 audited circulation 05.01.013

激光唱片 laser record 04.01.002

激光成像 laser imaging 03.02.146

激光雕刻机 laser engraver 03.03.041

激光母盘刻录机 laser beam recorder；LBR 04.03.085

激光烧蚀掩膜 laser ablation mask 03.03.017

激光视盘 laser disc；LD 04.03.027

激光照排机 laser imagesetter 03.02.155

极高光 catch light 03.02.048

即时通信 instant messenger 07.05.064

*即时印刷 print on demand；POD 03.01.005

集 collection 07.02.063

集成 integration 07.02.112

集货 publication consolidation 05.04.042

集体书店 collective bookstore 05.02.025

集体作者 collective authorship 08.03.003

集中式版面 centralized layout 02.08.126

集中征订 centralization subscription 05.03.068

集装单元 palletized unit 05.04.074

集装化 containerization 05.04.075

集装箱 container 05.04.077

*辑封 separation page 02.06.083

辑刊 non-periodical anthology of papers 07.03.078

*辑页 separation page 02.06.083

计划发行 systematic distribution；systematic circulation 05.03.012

计算机打样 computer to proof；CTProof 03.02.141

*计算机动画 computer animation 07.04.038

计算机辅助教学工具 computer assisted instruction tool 07.05.029

计算机绘谱 computer drawing spectrum 06.02.037

计算机胶片输出 computer to film；CTFilm 03.02.156

计算机拼版 computerized imposition 02.08.141

计算机通信网 computer communication network 06.01.106

计算机图形学 computer graphics 06.01.094

计算机网络拓扑 computer network topology 06.01.095

计算机信息检索 computer information retrieval 06.01.097

计算机音乐 computer music 07.04.074

计算机游戏 computer software 06.01.093

计算机在机制版 computer to press；CTPress 03.03.007

计算机直接制版 computer to plate；CTP 03.03.002

计算机直接制网版 computer to screen 03.03.054

计算机资源 computer resources 06.01.098

计算即服务 compute as a service 06.04.039

记录 recording 03.02.135

记录分辨力 recording resolution 03.02.073

*记录分辨率 recording resolution 03.02.073

记录通道 record channel 04.02.058

记录头 recording head 04.02.059

记录系统 recording system 04.02.060

记者 journalist；reporter 02.08.012

记者站 journalist bureau 02.08.017

*记者招待会 news conference；press conference 02.08.156

纪念集 memorial book 07.02.071

技术编辑 technical editor 01.02.019

技术插图 technical illustration 02.04.047

技术副编审 associate senior technical editor 01.02.025

校对软件　proofreading software　02.05.015

校对质疑　proofreaders' query；query from a proofreader
　02.05.033

校核　proofreading and check　02.04.017

校勘　collation　01.02.050

校勘学　biblio-textual criticism　01.01.007

＊校色　colour correction　03.02.086

校是非　proofreading for errors　02.05.012

校样　proof　02.05.009

校异同　proofreading for differences　02.05.011

校正　correction　02.08.050

校正注释　note correction　02.04.014

校准带　calibration tape　04.02.013

教材　teaching material　07.02.005

教材征订目录　subscription bibliography for teaching publi-
　cation　05.05.015

教辅图书　auxiliary teaching book　07.02.007

教科书　textbook　07.02.006

教育类图书　educational book　07.02.075

阶调　tone gradation　03.02.042

阶调值　tone value　03.02.046

阶调值总和　tone value sum　03.02.047

接排　①run-on ②running-in　02.06.031

＊接入控制　access control　06.04.111

接头　connector　04.02.062

节　section　02.04.034

节本　abridged edition　07.02.017

节录　excerption；extraction　01.02.048

＊节略本　abridged edition　07.02.017

节目　programme　06.02.124

节目区　programme area　04.03.121

＊节选本　abridged edition　07.02.017

节译　abridged translation　01.02.056

洁净室　clean room　04.03.094

结构化加工　structured processing　06.01.142

结构化数据　structured data　06.04.046

结束符　end mark　02.04.094

结算　settlement　05.05.062

结算单　document of settlement　05.05.028

结账　closing the accounts　05.05.054

解放区出版业　publishing in the liberated areas
　01.04.077

借入资金　borrowed fund　05.05.087

金属带　metal tape　04.02.008

金属化　metallization　04.03.095

金属印刷　metal printing　03.04.020

紧凑型光盘　compact disc；CD　04.03.016

＊进货　purchase　05.03.084

进销差价　difference between purchase　05.05.078

近代出版企业家精神　modern publishers' entrepreneurship
　01.04.093

近代传教士出版业　modern missionary publishing
　01.04.070

近代民营新式出版业　modern new-style private publishing
　industry　01.04.072

＊禁售　prohibition of sale　01.03.055

禁书　forbidden book　07.02.003

＊禁载　prohibition of publication　01.03.051

禁止出版　prohibition of publication　01.03.046

禁止登载　prohibition of publication　01.03.051

禁止发行　prohibition of distribution；prohibition of circula-
　tion　01.03.052

禁止发售　prohibition of sale　01.03.055

经典阅读　classic reading　02.07.006

＊经济权利　property right　08.02.026

经济效益　economic benefit　01.03.007

经销　sell on commission　05.03.032

经销商　dealer　05.02.009

经折装　sutra-style binding；concertina binding
　01.04.040

晶体刻纹头　crystal cutter head　04.01.019

晶体拾音头　crystal pick-up head　04.01.013

精读　intensive reading　02.07.040

＊精神权利　personal right　08.02.021

精装　hard-cover binding　03.01.051

精装本　hardcover edition　07.02.009

精装联动线　hard-cover binding line　03.05.065

＊精装书　hardcover edition　07.02.009

静电成像　electrophotography　03.04.103

静电喷墨　electrostatic inkjet　03.04.121

静电网版印刷　electrostatic screen printing　03.04.081

静电印刷　electrostatic printing　03.01.039

＊静格动画　stop-motion animation　07.04.053

静态数据　data at rest　06.04.048

＊静止动画　stop-motion animation　07.04.053

纠错块　ECC block　04.03.097

纠错码　error correction code；ECC　04.03.098

居中　centering　02.06.042

局部色彩变化　partial colour change　03.02.095

矩形比　squareness ratio　04.02.063

＊矩形系数　squareness ratio　04.02.063

巨幕电影　huge screen　07.04.026

拒检运动　the Campaign of Resisting Censorship　01.04.095

具身阅读　embodied reading　02.07.077

锯齿边缘　jagged edge　03.02.102

锯齿效应　saw-tooth effect　03.04.098

聚碳酸酯　polycarbonate；PC　04.03.031

卷　volume　07.02.055

卷首语　foreword　02.08.073

卷筒凹印机　web gravure press　03.04.077

卷筒纸印刷　web-fed printing　03.01.030

卷轴装　scroll and rod binding　01.04.038

＊绝版　out of print edition　07.02.034

绝版书　out of print edition　07.02.034

均衡　equilibrium　04.02.064

# K

IC 卡　integrated circuit card　06.03.068

＊卡式录音带　compact audio cassette　04.02.015

＊卡通　animation　06.02.097

开本　format；book size；trim size　02.06.008

＊开放存取　open access　06.01.012

开放存取期刊　open access periodical　07.05.016

开放获取　open access　06.01.012

开放平台　open platform　06.04.088

开放性阅读　open reading　02.07.034

开架售书　open-shelf book selling　05.03.112

开明风　Kaiming Bookstore's publishing ethics　01.04.089

开天窗　blank　02.08.135

＊刊号　serial number　01.03.059

刊名　title　02.08.001

刊期　publication frequency　02.08.002

刊头　masthead　02.08.060

刊头广告　title design ad　05.05.184

勘误表　errata　02.04.093

看大样　check on a large proof　02.08.055

抗日根据地出版业　publishing in anti-Japanese base areas　01.04.076

拷贝　copying　03.02.133

珂罗版印刷　collotype printing　03.04.019

＊科技插图　technical illustration　02.04.047

科技读物　reader in science and technology　07.01.037

科普读物　reader in popular science　07.01.038

科普期刊　popular science periodical　07.03.057

＊科学技术读物　reader in science and technology　07.01.037

科学网络数据库　Web of Science Database　07.05.001

科学引文索引　Science Citation Index；SCI　07.05.002

颗粒度　graininess；granularity　03.04.129

可变磁阻拾音头　magnetic variable reluctance pick-up head　04.01.014

可变数据印刷　variable data printing　03.01.007

可重写 DVD 光盘　digital versatile disc-rewritable；DVD-RW　04.03.008

＊可动图书　pop-up　07.02.021

可读性　readability　05.01.063

可更新活页出版物　updating loose-leaf　07.01.020

可供目录　in-print bibliography　05.05.019

可供书　books in print　05.03.057

可供书目　list of books in print　05.03.058

可扩展置标语言　extensible markup language；XML　06.01.069

可录 DVD 光盘　digital versatile disc-recordable；DVD-R　04.03.007

可录 CD 光盘　compact disc-recordable；CD-R　04.03.006

可录类光盘　recordable & rewritable disc　04.03.003

可录类光盘内容复制　content replication of recorder and rewritable disc　04.03.100

可录类光盘生产　replication of（recorder）recordable and rewritable disc　04.03.099

可录类蓝光光盘　BD-recordable disc；BD-R　04.03.015

可信时间戳　trusted timestamp　08.06.020

刻本　block-printed edition　01.04.044

刻工　carver　01.04.062

刻石文　inscriptions on stone　01.04.028

客户端　client　06.04.089

客户关系管理　customer relationship management　05.05.149

＊课本　textbook　07.02.006

课外读物　extracurricular reader　07.01.039

课外阅读　extracurricular reading　02.07.025

空间非均匀性　spatial non-uniformity　03.04.128

*空码　blind folio　02.06.073

空心点　hickie　03.04.063

孔版印刷　permeographic printing　03.01.037

控制块　control patch；control block　03.02.097

控制数据　control data　04.03.101

口袋书　pocket book　07.02.023

口述作品　oral work　08.02.003

库存　inventory　05.04.060

库存出版物资金　commodity stocks capital　05.05.084

*库存分年核价　checking publications pm in stock prices　05.05.077

库存管理　inventory management　05.05.118

库存书　stock book　07.02.047

库存提成差价　checking publications pm in stock prices　05.05.077

库存周期　stock cycle time　05.05.101

库存周转率　stock turnover rate　05.04.092

跨库检索　cross retrieval；cross-databank retrieval　06.04.079

*跨栏　column breaking　02.06.045

跨栏图　multi-column illustration　02.06.056

*跨媒体出版　cross-media publishing　06.01.013

跨媒体出版技术　cross-media publishing technology　06.04.019

跨页　double-page spread　02.06.085

跨页广告　double spread ad　05.05.191

跨页图　double-page spread illustration；two-page spread illustration　02.06.053

跨语种检索　cross language retrieval　06.04.080

捆绑定价法　bundling pricing　06.01.190

捆扎机　strapping machine　05.05.123

扩展的色域　extended gamut　03.02.024

## L

*拉断力　tensile strength　04.02.065

拉断强度　tensile strength　04.02.065

*拉毛　picking　03.04.046

拉页测试　pull test　03.05.047

*腊克　lacquer　04.03.033

蜡盘　wax　04.01.041

来源识别码　source identified code；SID　04.03.151

栏目　column　02.08.061

*栏线　block chase　01.04.046

蓝光光盘　blu-ray disc；BD　04.03.014

朗读　loud reading　02.07.037

老年读物　senior reader　07.01.043

勒口　flap　02.06.105

类电作品　work created like cinematically；work created similarly as a film　08.02.014

类书　literature reference book　07.02.111

累计受众　cumulative audience　05.01.061

离线检测　off-line inspection　04.03.175

离子成像　ionography　03.04.124

礼品订阅　gift subscription　05.03.076

理货　tally　05.04.035

理校　proofreading by reasoning　02.05.003

理解阅读　comprehension-oriented reading　02.07.029

理论油墨容积　theoretical ink volume　03.04.093

理性蒙太奇　rational montage　06.02.080

历书　almanac；calendar book　07.02.114

*立体电影　three-dimensional movie　07.04.024

立体声　stereo　06.02.041

立体声唱片　stereophonic record　04.01.004

*立体声黑色赛璐珞质地密纹唱片　record　04.01.001

立体声拾音技术　stereophonic pickup technology　06.02.024

立体书　pop-up　07.02.021

立体阅读　three-dimensional reading　02.07.019

连环画　picture-story book　07.02.089

连校　proofreading by combining two proofs　02.05.024

连接区域　connection area　04.03.102

连锁经营　chain operation　05.03.118

连锁书店　chain bookstore　05.02.035

*连锁书店样本店　sample bookstore　05.02.040

连锁书店总部　chain bookstore headquarter　05.02.036

连续报道　continuous coverage　02.08.098

连续出版物　serial publication　07.01.009

连续蒙太奇　continuous montage　06.02.081

连续喷墨　continuous inkjet　03.04.112

连续调　continues tone　03.02.043

连续调值　continuous tone value　03.02.045

连载　serialization　02.08.092

联动线　producing line　03.05.063

联合出版　joint publishing　01.03.043

联合运输　joint transport　05.04.029

联盟式定价法　alliance pricing　06.01.193

＊联盟式计价法　alliance pricing　06.01.193

链接　link　04.03.152

亮调　highlight　03.02.049

＊量化声音　analog sound　06.02.013

＊PC料　polycarbonate；PC　04.03.031

料筒　feed barrel　04.03.103

PC料真空干燥机　vacuum dryer　04.03.032

列表　list　04.03.153

邻接权　related right　08.01.014

邻接权的取得　acquisition of related right　08.01.019

零库存技术　zero-inventory technology　05.04.073

零售　retail　05.03.004

零售商　retailer　05.02.008

零售网点　retail outlet　05.02.016

零售折扣　retail discount　05.05.050

浏览式阅读　scanning reading　02.07.028

流动书贩　mobile bookseller　05.02.065

流动销售　mobile sale　05.03.109

流动资产　current assets　05.05.073

流媒体　streaming media　06.01.203

流媒体电视　streaming television　07.04.017

流式文档　streaming document　06.01.032

流通加工　distribution processing　05.04.046

＊流向分拣　package dispensation　05.05.116

流转库　temporary storage　05.04.069

＊龙鳞装　dragon scale binding　01.04.039

镂空版印刷　stencil printing　03.04.083

漏订　absence of subscribing　05.03.093

录放头　recordback head　04.02.066

录像　image transcription　06.02.046

录像带　video tape　04.02.003

录像师　video cameraman　06.02.054

录像制品　videowork　07.04.003

录像制作者　video maker　08.04.002

录音材料　recording material　01.02.069

录音带　compact audio cassette；audiotape　04.02.002

录音工程师　recording engineer　06.02.017

录音制品　audiowork　07.04.002

录音制作者　audio maker　08.04.001

录制　recording　06.02.125

录制权　right of fixation　08.04.007

路径动画　path animation　07.04.050

乱码　messy code　06.01.055

轮廓剪影动画　profile silhouette animation　07.04.059

轮廓字库　outline font library　02.06.022

论丛　series of essays　07.02.099

论文集　collection of papers　07.02.070

论文摘要　abstract　02.04.056

论著　treatise　07.02.096

螺旋装　spiral binding　03.05.011

绿色印刷　green printing　03.01.006

略读　skimming reading　02.07.041

# M

CODEN码　coden　01.03.065

＊码垛　stacking　05.04.052

＊码价　list price　05.05.006

码价核算制　price code accounting system　05.05.076

＊码率　video bitstream　06.02.052

＊码盘　stacking　05.04.052

码洋　mayang；total price　05.05.006

买断　buyout　05.03.050

卖场　sales field　05.03.122

卖场促销　store promotion　05.03.125

卖场导购　shopping guide　05.03.123

卖场咨询　shopping consultation　05.03.124

脉冲编码调制　pulse-code modulation；PCM　06.02.004

漫画　cartoon　06.02.098

盲文出版物　braille publication　07.01.031

毛边书　uncut book　01.04.067

毛校　rough proofreading　02.05.019

＊贸易性发行　trade distribution　05.03.013

媒介学　mediology　01.01.016

媒体融合　media integration；media convergence　06.01.212

＊媒体资产管理　media asset management　06.01.216

美华字　Gamble's APMP type fonts　01.04.065

美术编辑　art editor；artistic editor　01.02.020

美术设计　art design　02.06.004

美术作品　fine art work　08.02.009

门到门运输服务　door-to-door service　05.04.024

门户网站　portal web　06.01.101

门市销售　bookshop sale　05.03.105

蒙版　mask　03.02.088

蒙版工艺　masking　03.02.089

蒙太奇　montage　06.02.074

孟赛尔色系　Munsell colour　03.02.017

密度　density　03.02.063

密纹唱片　long-play record；LP　04.01.006

密钥　key　06.04.068

密钥管理　key management　06.04.070

免费广告　free ad　05.05.196

＊免费使用　fair use　08.06.001

＊面封　front cover　02.06.089

民国出版史　publishing history of the Republic of China　01.04.025

民间文学艺术作品　work in folk literature and art　08.02.019

名录　directory　07.02.083

明度　lightness　03.02.012

明码　expressed folio　02.06.072

模版　stamper　04.03.104

＊模版印刷　stencil printing　03.04.083

模糊度　blurriness　03.04.131

模糊检索　fuzzy search　06.04.083

模糊控制块　slur patch　03.02.098

模拟保护系统　analog protection system；APS　04.03.148

模拟打样　analog proofing　03.02.137

＊模拟黑胶唱片　record　04.01.001

模拟化声音　analog sound　06.02.013

模拟视频　analog video　06.02.050

模拟图像处理　analog image processing　03.02.131

模拟图像制备　analog image preparation　03.02.129

模拟印刷　analog printing　03.01.023

模切　die cutting　03.05.057

模切机　die-cutting machine　03.05.071

模塑　moulding　04.01.046

模温控制器　mould temperature controller　04.03.106

模型动画　claymation animation　07.04.056

模型作品　model work　08.02.017

膜版承载体面积　stencil carrier area；mesh area　03.03.048

膜版通孔面积　stencil open area　03.03.046

莫尔条纹　Moire fringe　03.04.015

＊莫尔纹　Moire fringe　03.04.015

墨滴尺寸调制　drop size modulate　03.04.114

墨滴速度　drop velocity　03.04.113

默读　silent reading　02.07.038

母盘　master　04.03.107

母盘玻璃基片清洗　glass master cleaning　04.03.108

母盘刻录格式　cutting master format；CMF　04.03.113

母盘前期制作　pre-mastering　04.03.154

＊母盘生产线　mastering system　04.03.109

母盘制作系统　mastering system　04.03.109

＊母题　headline　02.08.063

木偶动画　puppet animation　07.04.043

目　item　02.04.035

＊目标顾客　target audience　05.01.052

＊目标客群　target audience　05.01.052

＊目标群体　target audience　05.01.052

目标群体指数　target group index　02.07.074

目标受众　target audience　05.01.052

＊目标用户　target audience　05.01.052

＊目次　table of contents　02.04.041

目录　table of contents　02.04.041

＊目录型数据库　bibliography database　07.05.046

目录学　bibliography　01.01.008

目录页　table of contents page　02.06.078

目录征订　mailing booklist for subscription　05.03.062

慕课　massive open online course；MOOC　07.05.031

# N

耐读性　durability　05.01.065

耐磨性　abrasion resistance；wear resistance　03.04.065

＊内部出版物　in-house material　07.01.004

内部发行　inside distribution；inside circulation　01.03.054

内部发行出版物　in-house publication　07.01.023

内部期刊　restricted periodical；inside periodical　07.03.060

内部资料性出版物　in-house material　07.01.004

＊内封　title page　02.06.079

内滚筒型设备　internal drum device　03.03.005

＊内刊　restricted periodical；inside periodical　07.03.060

内幕新闻 exposé; inside news 02.08.113

内容把关 content gatekeeping 02.08.006

内容保护 content protection 06.04.112

内容标识 content identification 06.04.113

内容标引 content indexing 06.01.152

内容付费 content payment 08.05.021

内容格式 content format 06.03.020

内容管理系统 content management system 06.03.015

内容加工 content modification 06.04.098

内容加密 content encryption 06.03.021

内容扰乱系统 content scrambling system; CSS 04.03.146

内容提要 ①summary; synopsis ②headlines 02.04.053

内容制作 content fabrication 06.03.022

内容资源备份 content backup 06.01.126

内容资源存储 content storage 06.01.125

内容资源管理 content management 06.01.121

内容资源获取 content acquisition 06.01.123

内容资源迁移 content migration 06.01.128

内容资源审核 content examination 06.01.124

内容资源整合 content integration 06.01.122

内页广告 inside page ad 05.05.190

逆向物流 reverse logistics 05.04.007

匿名审稿 anonymous review; anonymized review 02.03.011

年画 new year picture 07.02.091

年鉴 yearbook; almanac; annals 07.02.106

年刊 annual periodical 07.03.074

年谱 chronicle of one's life 07.02.108

黏土动画 clay animation 07.04.044

*牛仔片 western movie 07.04.031

农村网点 rural outlet 05.02.020

农家书屋 rural reading room 05.02.042

女性阅读 female reading 02.07.004

# O

*偶尔读者 loose reader 05.01.045

# P

排版 typesetting; composition 02.06.025

排版规则 typesetting rules; composition rules 02.06.027

排版设计 typography 02.06.028

*派生作品 derivative work 08.03.009

盘标 disc mark 04.03.110

盘存 inventory verification 05.04.061

盘存表 inventory sheet 05.05.079

盘点 stocktaking 05.04.062

盘基 substrate 04.03.111

盘亏 inventory losses 05.05.061

盘片描述协议 disc description protocol; DDP 04.03.112

盘式磁带 open reel tape; disc tape 04.02.014

盘盈 inventory profit 05.05.060

旁注 sidenote 02.04.071

配发 configure 05.04.040

*配书车 order picker 05.05.122

配送 distribution 05.04.058

配送中心 distribution center 05.04.017

配送周期 delivery cycle 05.05.100

配帖 collation 03.05.020

配页 gathering 03.05.019

配页机 gathering machine 03.05.068

*配音导演 sound director 06.02.014

*配乐 background music; BGM 06.02.112

喷墨成像 ink jet imaging 03.04.111

喷墨印刷 ink jet printing 03.01.040

喷墨印刷机 ink jet printer; ink-jet printing press 03.04.101

批处理 batch processing 06.04.091

批发 wholesale 05.03.001

批发商 wholesaler 05.02.007

批发网点 wholesale outlet 05.02.015

批发折扣 wholesale discount 05.05.049

批量复制 bulk copy 06.02.115

批判性阅读 critical reading 02.07.056

批销 wholesale 05.03.042

皮书 paper book 07.02.101

偏磁比 magnetic bias ratio 04.02.068

偏磁噪声磁平 partial magnetic noise magnetic flat 04.02.069

偏磁噪声电平 partial magnetic noise level 04.02.070

偏振 polarization 04.03.114

篇 piece 02.04.031

篇后注 article endnote 02.04.073

*篇章页 separation page 02.06.083

片头动画 title animation; preamble animation 07.04.054

剽窃 plagiarism 08.06.010

飘口 overhang cover edges 02.06.113

*拼版 imposition 02.08.140

拼大版 imposition 03.02.123

*品红 magenta 03.02.006

品红色 magenta 03.02.006

品味阅读 appreciation-oriented reading 02.07.030

平板电脑 tablet personal computer; tablet computer; tablet 06.03.005

平版印刷 planographic printing 03.01.033

平叠帖书芯 multi-layer block 03.05.023

平行轨道路径 parallel track path; PTP 04.03.074

平行蒙太奇 parallel montage 06.02.082

平衡线路 balanced line 06.02.117

平脊 flat spine 02.06.064

平面型扫描仪 flat-bed scanner 03.02.152

平面型设备 flat-bed device 03.03.006

平台即服务 platform as a service 06.04.040

平装 paperbound; paper-cover binding 03.01.050

平装本 paperbound book 07.02.011

*平装书 paperbound book 07.02.011

评价性阅读 evaluative reading 02.07.033

评论 news commentary 02.08.103

评论员 commentator 02.08.019

苹果数字多媒体机 Apple TV 06.02.002

屏幕设计 interface design 04.03.155

屏幕阅读 screen reading 02.07.015

破订 untermed subscription 05.03.100

破栏 column breaking 02.06.045

*破栏图 multi-column illustration 02.06.056

普及版 popular edition 07.02.053

普及读物 popular reading matter 07.01.034

普通带 ordinary tape 04.02.007

# Q

期 issue; number 07.03.067

期待视域 horizon of expectation 02.07.078

*期发数 readers' amount 05.03.131

期刊 periodical; journal 07.03.026

期刊副主编 deputy editor-in-chief of a journal 02.08.010

期刊合订本 one-volume edition of periodicals 07.03.036

期刊精华本 carefully selected edition of periodicals 07.03.037

*期刊精选本 carefully selected edition of periodicals 07.03.037

期刊社 periodical publishing house 01.03.034

期刊主编 editor-in-chief of a journal 02.08.009

期印数 press run 02.08.168

齐脚 foot-justified 02.06.034

齐列式版面 flush layout; uniform layout 02.08.127

齐清定 completeness; clarity and definiteness 02.04.027

*骑订 saddle stitching 03.05.003

*骑马订 saddle stitching 03.05.003

骑马订装 saddle stitching 03.05.003

骑马装订联动线 saddle stitching line 03.05.066

企业报刊 corporate newspaper and journal 07.03.063

企业对顾客电子商务 business to consumer 06.01.196

企业对企业电子商务 business to business 06.01.195

企业对政府电子商务 business to government 06.01.197

企业数字版权管理 enterprise digital rights management 06.04.109

*企业资源规划 enterprise resource planning; ERP 05.05.045

企业资源计划 enterprise resource planning; ERP 05.05.045

启蒙读物 reader for enlightenment 07.01.040

起脊 ridge 03.05.029

起毛 picking 03.04.046

起膜 delamination 03.05.085

起泡 bubble 03.05.083

起脏 scumming 03.04.042

起重机械 hoisting machinery 05.04.084

气垫式衬版 air backcushion 03.04.058

*气泡喷墨 thermal inkjet 03.04.118

千人成本　cost per thousand impressions；CPM 05.05.177

铅印　letterpress printing　03.04.047

铅印本　letterpress　07.02.019

签发大样　large proof issuing　02.08.139

签发小样　small proof issuing　02.08.138

签售　signature sale　05.03.120

\*前封面　front cover　02.06.089

\*前记　introduction　02.04.058

前口　fore edge　03.05.034

前期制作　pre-production　06.02.102

前言　introduction　02.04.058

\*前置周期　order cycle　05.05.097

潜在读者　potential reader　02.01.017

潜在受众　potential audience　05.01.054

浅阅读　shallow reading　02.07.046

强记阅读　rote memorization-oriented reading　02.07.032

强制许可　compulsory license　08.06.003

敲门发行　knock at the door to distribute　05.03.019

切孔胶粘订　notch binding　03.05.008

切口　cut；cutting edges　03.05.035

\*切口广告　flanging ad　05.05.187

切口留白　fore-edge margin　02.06.068

\*切口装饰　decoration of cutting edges　03.05.055

切纸机　paper-cutting machine　03.05.072

侵权　tort；infringement　08.06.005

侵权行为　tortious conduct　08.06.008

侵权追踪技术　infringement tracing technology 06.01.220

亲水性　hydrophilicity　03.04.021

亲子阅读　parent-child reading　02.07.002

青色　cyan　03.02.005

青少年读物　reader for children and youth　07.01.042

清理　cleaning　03.04.110

清晰度　sharpness　03.02.069

清晰度增强　sharpness enhancement　03.02.085

清样　clean proof　02.05.029

情报学　information science；informatics　01.01.012

区域物流中心　regional logistics center　05.04.016

屈服力　yield force　04.02.071

曲面印刷　curved surface screen printing　03.04.082

曲艺作品　quyi work；quyi folk vocal art work　08.02.006

去加重　de-emphasis　04.02.072

全本　unabridged edition　07.02.018

\*全动画　full animation　07.04.058

全动作动画　full animation　07.04.058

\*全国书市　national book trade fair　05.03.130

全国图书交易博览会　national book trade fair　05.03.130

全国性报纸　national newspaper　07.03.015

全集　completed edition　07.02.064

全交互式电视　full interactive television　07.04.016

全角　double-byte character case；DBC case　02.06.046

全媒体　omnimedia　06.01.209

全媒体记者　omnimedia journalist　06.01.214

全民阅读　reading for all　02.07.021

全数字动画　full-digital animation　07.04.057

全文检索　full-text retrieval；text retrieval technique 06.04.076

全文数据库　full-text database　07.05.047

全息电影　holographic movie　07.04.027

全译　complete translation　01.02.054

缺货登记　shortage registration　05.03.126

缺货率　stock-out rate　05.05.094

群文阅读　group text reading　02.07.050

# R

染料　dye　04.03.115

染料聚酯　dye polymer　04.03.116

热点新闻　hot news　02.08.111

热键　hot key　04.03.156

热敏印版　thermal plate　03.03.009

热敏印刷　thermal printing　03.01.045

热喷墨　thermal inkjet　03.04.118

PUR 热熔胶　polyurethane reactive adhesive；PUR adhesive 03.05.044

EVA 热熔胶　ethylene vinyl acetate hot-melt adhesive；EVA hot-melt adhesive　03.05.043

热熔印刷　thermography　03.01.041

热升华印刷　thermal dye transfer printing　03.01.044

热转移　thermal transfer　03.04.123

热转移印刷　thermal transfer printing　03.01.046

热字　hot word　04.03.157

人工智能　artificial intelligence　06.01.058

人机交互　human-computer interaction；man-machine interaction 06.03.030

人机交互技术 human-computer interaction techniques 06.03.031

人机结合校对 human-machine integrated proofreading 02.05.016

人机界面 human-computer interface 06.03.033

人机系统 man-machine system 06.04.087

人均购书额 the purchase amount of book per person 05.05.134

人身权 personal right 08.02.021

*人身权利 personal right 08.02.021

*人物特写 exclusive interview 02.08.121

人物专访 exclusive interview 02.08.121

认证鉴别 authentication 06.04.103

日报 daily newspaper 07.03.002

*日活数 daily active user; DAU 06.01.115

日活跃用户数 daily active user; DAU 06.01.115

*日内瓦公约 Geneva Conventions 08.01.030

溶变 dissolve off 04.03.158

融合出版 integrated publication; convergence publication 01.03.048

融合发展 fusion development; integration development 06.04.013

融媒体 convergence-media 07.05.009

冗余阅读理论 redundancy reading theory 02.07.079

柔版激光制版 laser flexographic forme-making 03.03.016

柔性版印刷 flexographic printing 03.01.032

柔性版印刷机 flexographic press 03.04.049

*柔印 flexographic printing 03.01.032

柔印设备 flexographic printing equipment 03.04.048

入库 warehouse entry 05.04.037

入射面 entrance surface 04.03.045

软打样 soft proofing 03.02.140

软广告 soft ad 05.05.193

软件即服务 software as a service 06.04.041

软文 advertorial; native ad 02.08.109

软质封面 softbound; soft cover 03.05.014

润版 dampening 03.04.030

*润湿 dampening 03.04.030

润湿液 fountain solution 03.04.039

润湿装置 damping unit 03.04.033

润饰文字 language improvement 02.04.007

# S

三级校对 third-grade proofreader 01.02.034

*三级审稿责任制度 the three-tiered review system 02.03.006

*三级审稿制 the three-tiered review system 02.03.006

三校 third proofreading 02.05.022

三校一读 three proofreadings and one through reading 02.05.017

三面切 three-knife trimming 03.05.026

三面切书机 three-knife trimmer 03.05.069

三审制 the three-tiered review system 02.03.006

*三网合一 3-network convergence 06.01.028

三网融合 3-network convergence 06.01.028

三维电影 three-dimensional movie 07.04.024

三维动画 3D animation; three-dimensional animation 07.04.040

三维虚拟演播室 three-dimensional virtual studio; 3D VS 07.05.037

三维音效 3D sound effects 06.02.042

散页装 free leaf binding 03.05.010

散装化 in bulk 05.04.076

扫描 scanning 03.01.020

扫描分辨力 scanning resolution 03.02.072

*扫描分辨率 scanning resolution 03.02.072

扫描仪 scanner 03.02.151

色标 colour target 03.02.120

色标样本 color code sample 02.06.063

色彩管理 color management 03.02.107

色彩校正 colour correction 03.02.086

*色彩空间 colour space 03.02.015

色彩深度 color depth 03.02.074

ICC 色彩特性文件 ICC profile 03.02.109

色彩特性文件 colour profile 03.02.108

*色彩位数 color depth 03.02.074

色差 chromatic aberration; colour difference 03.02.022

色度 chromaticity; chroma 03.02.016

CIE LUV 色空间 CIE LUV colour space 03.02.019

CIE LAB 色空间 CIE LAB colour space 03.02.018

色空间 colour space 03.02.015

色空间编码　colour space encoding　03.02.119

色口　colored cut edges；colored edges　02.06.067

色令　colour ream；se ling　03.01.012

色情出版物　pornographic publication　07.01.007

＊色调　hue　03.02.011

色温　color temperature　04.03.159

色相　hue　03.02.011

色域　colour gamut　03.02.023

色域映射　gamut mapping　03.02.094

沙动画　sand animation　07.04.042

晒版　plate copying　03.03.008

删节　abridgement　02.04.019

＊删节本　abridged edition　07.02.017

闪动画　swishmax　07.04.041

扇区　sector　04.03.117

善本　rare book　07.02.049

商品完好率　rate of the goods in good condition　05.04.094

商业期刊　commercial periodical　07.03.044

上版　transfer of the prototype writing onto the block　01.04.043

上光　coating；varnishing　03.05.052

上架　put on shelf　05.05.112

少儿期刊　children's periodical　07.03.065

少数民族语言文字出版物　ethnolinguistics publication　07.01.021

邵氏硬度　Shore hardness　03.04.064

赊销　sell on credit　05.03.040

赊账订阅　credit subscription　05.03.077

设备无关颜色　device independent colour　03.02.020

设备相关颜色　device dependent colour　03.02.021

社店联合寄销　united distribution　05.03.039

＊社会化媒体　social media　06.01.202

社会化网络服务　social network service；SNS　07.05.077

社会化阅读　socialized reading　02.07.061

社会科学引文索引　Social Sciences Citation Index；SSCI　07.05.004

社会效益　social benefit　01.03.006

社会新闻　social news　02.08.110

社交媒体　social media　06.01.202

＊社交网络服务　social network service；SNS　07.05.077

社交阅读　social reading　02.07.060

社论　editorial　02.08.072

社区报　community newspaper　07.03.022

社区书店　community bookstore　05.02.043

社长　president of a publishing house　01.03.036

射频识别　radio frequency identification；RFID　05.05.037

射频识别系统　radio frequency identification system　05.05.038

摄影作品　photographic work　08.02.013

摄制权　cinemanufacture right；right of making cinemato-graphic work　08.02.035

申请检校　quality inspection application　02.08.152

深度报道　in-depth coverage　02.08.099

＊深度阅读　deep reading　02.07.045

深阅读　deep reading　02.07.045

审读　review　02.03.003

审稿　manuscript review　02.03.002

审稿会　review session　02.03.013

审稿意见　reviewer's view　02.03.014

升降台　lift table；LT　05.04.085

＊声槽　modulated groove　04.01.023

声画对位　counterpoint of sound and picture　06.02.122

声卡　sound card　04.03.160

声像　acoustic image　06.02.048

声音淡入淡出　sound fade in fade out　04.03.161

声音导演　sound director　06.02.014

声音恢复系统　sound retrieval system；SRS　06.02.008

声音切变　sound shear　04.03.162

声音设计师　sound designer　06.02.015

声音艺术　sound art　06.02.038

＊声音阅读　phonetic reading　02.07.008

剩余伸长　residual elongation　04.02.073

失落　dropout　04.02.074

失真　distortion　06.02.039

诗经　The Book of Songs　01.04.031

诗刊　poetic periodical　07.03.039

湿压法　wet-embossing　04.03.038

湿压湿印刷　wet-on-wet printing　03.04.023

石经　Confucian classics engraved on stone tablets　01.04.027

石印　stone lithography　03.04.017

时评　current affairs commentary　02.08.104

时事版　current affairs page　02.08.086

＊时事评论　current affairs commentary　02.08.104

时事新闻　current affairs news　02.08.106

时政期刊　political journal　07.03.049

识字率　literacy rate　02.07.072

实地　solid　03.04.025

＊实地盘存制　stocktaking　05.04.062

＊实价　shiyang；net price　05.05.007

实体动画　pixilation　07.04.046

实体书店　physical bookstore　05.02.045

实销实结　payment on net sale　05.05.063

实洋　shiyang；net price　05.05.007

实用艺术作品　work of applied art　08.02.020

实在受众　real audience　05.01.055

拾音头　pick-up head　04.01.012

矢量图像　vector image　03.02.059

使用报酬　remuneration for use　08.05.006

＊使用者界面　human-computer interface　06.03.033

世界版权公约　Universal Copyright Convention　08.01.029

世界知识产权组织版权条约　WIPO Copyright Treaty；WCT　08.01.032

世界知识产权组织表演和录音制品条约　WIPO Performances and Phonograms Treaty；WPPT　08.01.033

市场占有率　market share　05.01.021

B-B 式胶印　blanket-to-blanket offset　03.04.029

事实型数据库　factual database　07.05.051

试刊　trial publication　02.08.160

试刊号　trial issue　07.03.028

试片　preview　06.02.114

试销　trial sale　05.03.041

试写　trial writing　02.02.012

试译　trial translation　02.02.013

视读　sight reading　02.07.039

＊视觉阅读　whole-word reading　02.07.009

视频　video　06.02.047

视频编辑　video editing　06.02.059

视频采集　video capture　06.02.062

视频采集卡　video capture card　04.03.163

视频处理　video processing　06.02.063

视频点播　video on demand；VOD　06.01.233

视频多用途数字光盘　digital versatile disc-video；DVD-Video　04.03.011

视频分享　video sharing　06.01.206

视频服务器　video server　06.04.090

视频技术　video technology　06.02.068

视频剪辑师　video editor　06.02.058

视频流　video streaming　06.02.051

视频码流　video bitstream　06.02.052

视频设计师　motion designer　06.02.056

视频师　video division　06.02.055

视频输出　video output　06.02.064

视频直播平台　live video platform　07.05.063

视频制作师　film maker　06.02.057

视听表演北京条约　Audio Visual Performance Beijing Treaty　08.01.034

视听材料　audiovisual material　01.02.070

视听读　audiovisual reading　02.07.036

视听语言　audiovisual language　06.02.053

视听作品　audiovisual work　08.02.018

释义注　explanatory note　02.04.068

收稿　manuscript receipt　02.03.001

收回　withdrawal from sale；withdrawal of a sold publication　05.03.139

收货　receiving；take delivery　05.04.033

收货区　receiving space　05.04.070

收货通知单　receiving advice document　05.05.026

收纸装置　paper delivery　03.04.008

手册　handbook；manual　07.02.082

手持终端　handheld terminal；HHT　06.03.004

手稿　manuscript　02.02.022

手工雕刻凹版　intaglio　03.03.033

手机报纸　mobile newspaper　07.05.055

手机出版物　mobile publication　07.01.017

手机期刊　mobile magazine；mobile phone magazine　07.05.056

手机小说　cell phone novels　07.05.057

手机游戏　mobile game；mobile phone game　07.05.058

＊手写本　manuscript　01.04.037

＊手游　mobile game；mobile phone game　07.05.058

首版时间　date of first edition　01.03.069

首次订阅　new subscription　05.03.081

＊首次销售原则　the exhaustion of the right to issue　08.06.004

首发式　first publication ceremony　05.03.121

受控标引　controlled indexing　06.01.157

受众　audience　05.01.051

授权　authorization　06.04.104

售缺　sellout　05.03.134

＊书　book　07.02.001

书报摊　book and newspaper stand　05.02.063

书背　book back　02.06.099

# T

他校　proofreading against other literature　02.05.002

他序　foreword　02.04.062

＊踏步口　edge index　02.06.109

烫印　hot foil-stamping　03.05.054

烫印机　hot foil-stamping machine　03.05.070

韬奋精神　Zou Taofen spirit　01.04.094

桃色新闻　sex scandal　02.08.115

陶瓷拾音头　ceramic pick-up head　04.01.018

套合　shrinking on　03.05.024

套帖　register signature　03.05.021

套帖书芯　single-layer block　03.05.022

套筒式凹版　sleeve-type forme　03.03.036

套筒式印版滚筒　sleeve forme cylinder　03.04.053

套筒印版　sleeve forme　03.04.054

套印　process printing; surprinting; overprinting　01.04.055

套印不准　mis-register　03.04.014

套准　register　03.04.003

套准标记　register mark　03.02.101

特发报刊　special distributed newspaper and periodical　05.01.041

特价书　discounted book　07.02.045

＊特刊　special issue　07.03.077

特派记者　special reporter　02.08.014

特殊装　special binding　03.05.012

特写　feature　02.08.101

特性文件联接空间　profile connection space; PCS　03.02.110

＊特许连锁书店　franchised bookstore　05.02.038

特约编辑　contributing editor　01.02.018

特约记者　special correspondent　02.08.015

特约经销　exclusive distribution　05.03.033

特约经销店　authorized bookstore　05.02.049

特约撰稿人　special contributor　02.08.023

特征化　characterisation; characterization　03.02.106

誊样　merging of proofs; transcription of changes from multiple proofs onto one　02.05.026

梯标　edge index　02.06.109

提货凭证　delivery order　05.05.129

＊提要　①summary; synopsis ②headlines　02.04.053

题解　explanatory note　02.04.040

＊题名　title; headline　02.04.036

题名帧　title frame　06.03.041

＊题注　explanatory note　02.04.040

天头　head margin; top margin　02.06.102

添订　added ordering　05.03.092

＊条报　palace newspaper　07.03.025

条杠　strip and bar　03.04.133

条痕　streak　03.04.041

条码标识区　brust cutting area; BCA　04.03.067

条码系统　bar code system　05.05.039

条码自动识别技术　bar code automatic identification technology　05.05.040

条目式数据库　entry database　07.05.048

调版　page adjustment　02.08.143

调出店　shift out of the shop　05.02.046

调幅加网　amplitude modulated screening　03.02.030

调幅网点　amplitude modulated dot; AM dot　03.02.034

调稿　article replacement　02.08.049

调剂　adjustment　05.03.133

调剂目录　adjusting bibliography　05.05.018

调频加网　frequency modulated screening　03.02.031

调频网点　frequency modulated dot; FM dot　03.02.035

调入店　shift into the shop　05.02.047

调色板　color palette　04.03.164

调整结构　restructuring; structural adjustment　02.04.005

4-6调制　four-six modulation　04.03.030

＊调制槽　modulated groove　04.01.023

调制纹槽　modulated groove　04.01.023

跳栏　column jumping　02.08.132

AB贴　cassette front and rear printed cover　06.02.123

贴版双面胶带　double-side adhesive tape　03.04.056

贴膜法　film bonding　04.03.036

＊铁带　ordinary tape　04.02.007

铁铬带　Fe-Cr tape　04.02.010

铁丝订　wire side-stitching　03.05.006

听读　audio reading　02.07.035

停订率　suspended subscribing rate　05.03.141

停刊　discontinuation　02.08.164

停刊词　discontinuation statement　02.08.083

＊停刊评论　discontinuation review　02.07.102

停售报废　suspension and scrapping　05.03.138

停售封存　suspension and safekeeping　05.03.137

通版　double-page spread　02.08.129

通道定向　channel orientation　04.01.048

通读　through reading　02.03.005

通读校样　through reading of a proof　02.05.025

通稿　wire copy　02.08.105

通栏　single-column layout　02.06.043

通栏标题　banner; streamer　02.08.066

通栏广告　banner ad　05.05.181

通栏图　banner illustration　02.06.055

＊通俗读物　popular reading matter　07.01.034

通信即服务　communications as a service　06.04.038

通讯　news report　02.08.102

通讯员　correspondent　02.08.018

通用光盘格式　universal disc format; UDF　04.03.059

通知删除机制　notice and takedown regime　08.06.019

同步信号　sync signal　06.02.034

同步帧　sync frame　04.03.123

同期录音师　simultaneous audiomaker　06.02.016

同人报　newspaper published by fellows with the same ideals　07.03.017

＊同心槽　locked groove; concentric groove　04.01.022

＊同心纹槽　locked groove; concentric groove　04.01.022

铜版　copper forme　03.03.012

铜字模　copper mould　01.04.030

＊童蒙读物　reader for enlightment　07.01.040

统购包销　unified purchase and sale　05.03.031

统一名词术语　unification of terminology　02.04.020

统一体例格式　unification of style and format　02.04.021

统一资源定位符　unified resource location; URL　06.01.092

捅版　page composition upsetting　02.06.039

头版头条新闻　lead headline　02.08.120

头条新闻　headline　02.08.119

投稿　manuscript submission; article submission; paper submission　02.02.006

投影片　project film　06.03.067

投影制版　projection screen making　03.03.055

透印　print through　03.04.012

凸版印刷　relief printing　03.01.031

＊凸印　relief printing　03.01.031

凸印故障　relief printing defect　03.04.061

图标　icon　04.03.165

图稿　original graphics　02.02.023

图画　drawing; picture　01.02.066

图鉴　illustrated edition　07.02.103

＊图解性插图　technical illustration　02.04.047

图例　legend　02.04.078

＊图录　drawing spectrum　07.02.104

图片　picture　01.02.067

图片剪裁　image cropping　02.08.052

图片文字说明　caption　02.08.080

图谱　drawing spectrum　07.02.104

图式阅读理论　schemata reading theory　02.07.080

图书　book　07.02.001

图书分类统计　classification statistic　05.05.108

图书馆学　library science; librarianship　01.01.011

图书广告　book advertisement　05.01.038

图书俱乐部　book club　05.02.052

＊图书评介　book review　02.07.096

图书评论　book review　02.07.096

图书清单　list of books　05.04.048

图书在版编目　cataloging in publication; CIP　01.03.070

图书在版编目数据　cataloging in publication data; CIP data　01.03.071

图书征订代码　book order number　05.05.012

图书质量　quality of a book; book quality　01.03.086

图书总单　general list of books　05.04.049

＊图文处理　pictorial and textual information processing　01.02.071

图文合一　text-image integration　03.02.122

图文信息处理　pictorial and textual information processing　01.02.071

图像　image　01.02.065

图像采集　image capture　03.02.075

图像处理　image processing　03.02.081

图像动画　graphic animation　07.04.045

图像分辨力　image resolution　03.02.071

＊图像分辨率　image resolution　03.02.071

图像覆盖率　image coverage rate　03.04.137

＊图像交互格式　graphics interchange format; GIF　06.03.048

图像校正　image correction　03.02.083

图像锐化　image sharpening　03.02.082

图像扫描　image scanning　03.02.078

图像元素　image element　03.02.068

图像阅读　image reading　02.07.010

图形　graph; graphics　01.02.064

图形处理　graphic processing　03.02.080

图形加速卡 graphics accelerator; graphic accelerator card 04.03.166

图形用户界面 graphical user interface; GUI 06.01.087

图形作品 graphic work 08.02.016

图注 illustration caption 02.04.077

团体订阅 group subscription 05.03.078

团体供应 group supply 05.03.115

推荐稿 recommended manuscript 02.02.008

推荐目录 recommendatory bibliography 05.05.017

推镜头 track shot 06.02.083

推理片 reasoning film 07.04.030

退订 unsubscribe 05.03.102

退稿 rejection 02.03.019

\* 退回修改 revision 02.03.018

退货 return to vendor 05.04.059

退货单 return list 05.05.027

退货率 rate of return to vendor 05.05.091

退修 revision 02.03.018

托盘 tray 04.02.075

托盘作业一贯化 consistency of the pallet transit 05.04.081

托运 consignment 05.04.019

托运人 consignor 05.04.020

拖欠订单 backorder 05.05.023

脱墨 roller stripping 03.04.044

脱销 out of stock 05.03.135

# W

瓦楞纸板 corrugated board 03.04.060

瓦楞纸板柔版印刷 corrugated flexographic printing 03.04.067

瓦楞纸板印刷开槽机 corrugated printing & rooving machine 03.04.068

瓦楞纸箱预印工艺 corrugated board pre-printing 03.04.069

外埠发行 outgoing distribution 05.03.023

外观标识 visual identification 06.03.042

外滚筒型设备 external drum device 03.03.004

外审 external review; outside review 02.03.010

外文报 foreign language newspaper 07.03.024

外文出版物 foreign language publication 07.01.025

外文刊 foreign language periodical 07.03.042

外文书店 foreign language bookstore 05.02.031

外装帧面 outer binding and layout surface 06.03.043

外装帧纸 printed cover 02.06.117

弯月面 meniscus 03.04.115

完成稿 completed manuscript; finished manuscript 02.02.018

\* 玩具书 pop-up 07.02.021

晚报 evening newspaper 07.03.003

晚清官书局 official press in the late Qing Dynasty 01.04.068

万维网 the world wide web 06.01.107

网版印刷 screen printing 03.01.038

网点 dot 03.02.033

网点覆盖率 dot area coverage; dot area percentage 03.02.036

\* 网点扩大 dot gain 03.04.028

\* 网点面积百分比 dot area coverage; dot area percentage 03.02.036

\* 网点面积率 dot area coverage; dot area percentage 03.02.036

网点形状 dot shape 03.02.041

网点增大 dot gain 03.04.028

网距 off-contact distance 03.04.084

网络安全 network security 06.01.084

网络百科全书 online encyclopedia 07.05.043

\* 网络编辑 web editor 06.01.023

\* 网络参考咨询服务 virtual reference service; virtual inquiry service 07.05.073

网络出版 internet publishing; online publishing 06.04.001

网络出版服务 online publishing service 06.04.002

网络出版技术 web publishing technology 06.04.018

网络出版评论 online publishing review 02.07.114

网络出版物 network publication 07.01.013

网络出版支撑系统 network publishing support system 06.04.003

网络传播 internet communication 06.04.021

网络传输 network transmission 06.04.061

网络地图 web map; online map 07.05.040

网络动漫评论 online animation review 02.07.119

网络多媒体 network multimedia 06.04.096

网络发行 network distribution 06.04.004

网络广告　internet advertisement　07.05.041

＊网络教学　online education　07.05.007

网络浏览器　web browser　04.03.167

网络媒体　network media　06.04.010

网络评论　online review　02.07.113

网络侵权　network infringement　06.04.108

＊网络日志　weblog　07.05.065

网络社区　internet community　07.05.042

网络首发　online first publishing；online first publication　01.03.050

网络受众　internet audience　05.01.062

网络书店　online bookstore　05.02.044

网络数据　network data　06.04.050

网络数据库　online database　07.05.045

网络通信　network communication　06.04.062

网络文学　network literature　07.05.039

网络文学出版评论　online literature publishing review　02.07.116

网络隐私权　network privacy　06.04.107

网络游戏　online game　07.05.038

网络游戏评论　online game review　02.07.120

网络舆情　internet public opinion　06.01.234

网目角度　screen angle　03.02.040

网目频率　screen frequency　03.02.038

网目调　halftone　03.02.044

网目调凹印　halftone gravure　03.04.073

网目调处理　halftoning　03.02.028

网目调图像　halftone images　03.02.055

网目调值　halftone value　03.02.037

网目线数　screen ruling　03.02.039

＊网评　online review　02.07.113

网屏　screen　03.02.029

网墙　cell wall　03.03.032

＊网上书店　online bookstore　05.02.044

网上征订　internet subscription　05.03.071

网纹辊　anilox roller　03.04.050

网穴　cell　03.03.031

网页制作　page making　06.01.149

＊网印　screen printing　03.01.038

网印版　screen forme　03.03.042

＊网游　online game　07.05.038

微博　microblog　07.05.066

微电影　micro film　07.04.029

微剧本　micro script　06.02.127

微课　micro lecture　07.05.033

微视频　micro video　07.05.034

微缩报纸　newspaper in miniature　07.03.014

微型唱片　mini disc　04.01.003

＊微型电影　micro film　07.04.029

微型书　minature book　07.02.022

违禁出版物　forbidden publication　07.01.008

伪书　pseudograph；book of dubious authenticity　07.02.004

尾花　tailpiece　02.06.059

＊尾饰　tailpiece　02.06.059

＊尾图　tailpiece　02.06.059

尾注　endnote　02.04.072

＊委托印刷　entrusted print　03.01.004

委托作品　commissioned work　08.03.017

委托作品的著作权归属　ownership of copyright of commissioned work　08.03.018

委印　entrusted print　03.01.004

卫星传版　satellite transmission of typeset texts　02.08.154

卫星墨滴　satellite drop　03.04.116

未定稿　unfinalized manuscript　02.02.016

未付续订　credit renewal　05.03.096

未折进的包边　overhang　03.05.039

位图　bitmap　03.02.067

文本　text　01.02.062

文本朗读引擎　text reading engine　06.03.045

文档格式　document format　06.01.146

文档类型定义　document type definition；DTD　06.01.070

＊文后注　endnote　02.04.072

文化产业　culture industry　01.03.010

文化产业投资　culture industry investment　01.03.011

文集　anthology；collected works　07.02.126

文件传输协议　file transfer protocol；FTP　06.01.091

＊文件传送协议　file transfer protocol；FTP　06.01.091

文件格式　file format　06.03.046

GIF 文件格式　graphics interchange format；GIF　06.03.048

JPEG 文件格式　joint photographic experts group；JPEG　06.03.060

JDF 文件格式　job definition format；JDF　06.03.049

MOV 文件格式　MOV format；MOV　06.03.054

MP4 文件格式　moving picture experts group 4　06.03.062

# X

06.01.213

新书 new book；fresh book 07.02.032

新书发布会 new book release 05.01.036

*新书首发会 new book release 05.01.036

新书预告 announcement of forthcoming books 05.03.061

新文学出版 New Literature publishing 01.04.073

新闻报料人 news informer 02.08.020

新闻背景 news background 02.08.122

新闻采访 press interview 02.08.026

*新闻出版自由 freedom of the press；press freedom 02.08.034

新闻电头 dateline 02.08.078

新闻发布会 news conference；press conference 02.08.156

新闻发言人 news spokesman 02.08.157

新闻稿 news release；press release 02.08.158

新闻价值 news value；newsworthiness 02.08.030

新闻漫画 news cartoon；news caricature 02.08.123

新闻门户 news portal 02.08.159

*新闻门户网站 news portal 02.08.159

*新闻评论 news commentary 02.08.103

*新闻评论员 commentator 02.08.019

新闻时效性 news timeliness 02.08.032

新闻调查 journalistic investigation 02.08.031

*新闻通稿 wire copy 02.08.105

新闻图片 press image 02.08.079

新闻五要素 the five elements of journalism；the five W's 02.08.036

新闻线索 journalistic clue 02.08.028

新闻效应 journalistic effect 02.08.033

新闻性专刊 special news issue 02.08.089

新闻学 journalism studies 01.01.014

新闻真实性 journalistic authenticity 02.08.029

新闻自由 freedom of the press；press freedom 02.08.034

新增存货率 rate of new stock 05.05.093

信道位 channel bit 04.03.126

信息安全 information safety 06.04.094

信息安全等级保护 information security level protection 06.01.085

信息采集 information collection 02.01.001

信息处理 information processing 02.01.002

信息发现服务 information discovery service 07.05.070

信息服务 information service 06.01.151

信息服务商 information service provider 06.01.176

信息管理和信息系统 information management and information system 06.01.096

信息检索 information retrieval；IR 06.01.062

信息检索服务 information retrieval service 07.05.069

信息检索系统 information retrieval system 06.04.073

信息网络传播权 right of communication through information network 08.02.034

信息网络传播权保护条例 Regulations on the Protection of the Right of Information Network Communication 06.04.007

信息资源 information resources 06.04.093

信息资源管理 information resources management 06.01.131

信息组织 information organization 06.01.132

*型版印刷 stencil printing 03.04.083

性能测试 performance testing 04.03.170

休刊 suspension 02.08.163

休刊词 suspension statement 02.08.082

修版 retouching 03.03.029

修订 revision 01.02.059

修订版 revised edition 07.02.028

*修订本 revised edition 07.02.028

修改权 right of alteration 08.02.024

*修饰 language improvement 02.04.007

修正标题 title correction；title modification 02.04.006

袖珍本 pocket edition 07.02.012

虚拟产业 virtual industry 06.04.067

虚拟教室 virtual classroom 07.05.028

虚拟现实 virtual reality 06.01.065

虚拟研究环境 virtual research environment 07.05.027

虚拟演播室 virtual studio 07.05.035

虚拟演播室技术 virtual studio technology 06.02.069

虚拟演播室系统 virtual studio system；VSS 06.02.070

虚拟咨询服务 virtual reference service；virtual inquiry service 07.05.073

许可 permission 06.04.105

许可使用 licenced use 08.05.003

许可证 licence 06.04.106

*序 preface 02.04.059

序言 preface 02.04.059

*绪论 introduction 02.04.060

绪言 introduction 02.04.060

续编 sequel 07.02.068

续订 renew subscription 05.03.094

# Y

印刷技术　graphic technology　03.01.013

印刷面　printing side　03.04.095

印刷品　printed matter　01.03.077

印刷缺陷　printing trouble　03.04.010

＊印刷生产格式　print production format；PPF　03.02.112

印刷史　printing history　01.04.003

印刷适性　printability　03.04.001

印刷速度　printing speed　03.04.136

印刷所　printing office　01.04.082

印刷文化　print culture　01.03.005

印刷压力　printing pressure　03.04.002

印刷油墨　printing ink　03.01.015

印刷原稿　original for print　03.01.018

印刷原色　process colour　03.02.004

印刷原色油墨　process colour ink　03.04.038

印刷者　printer　03.01.002

印张　printing sheet　03.01.008

印制材料费　printing material cost　01.03.080

印制成本　printing cost　01.03.079

印制合同　printing contract　01.03.078

印制加工费　printing and processing cost　01.03.081

营销分类　sales classification　05.03.054

营业性发行　business distribution　05.03.013

＊影片制作人　production manager　06.02.088

影视作品　movie and television work　08.03.015

影视作品的著作权归属　ownership of copyright of movie and television work　08.03.016

影像传媒　image media　06.02.073

影印　photocopy　03.01.011

影印本　photocopy　07.02.048

＊影印书　photocopy　07.02.048

应付寄销款　payable sales　05.05.106

应索供应　demanding supply　05.03.116

应用程序　application program　06.01.239

硬拷贝打样系统　hard copy proofing system　03.02.142

硬口　halo　03.04.062

硬膜　hard coat　04.03.040

硬质封面　hardbound；hard cover　03.05.015

佣书　commissioned book hand-copying　01.04.060

用户画像　persona　06.01.184

＊用户角色　persona　06.01.184

＊用户界面　human-computer interface　06.03.033

用户生成内容　user generated content；UGC　07.05.061

用户体验设计　user experience design　06.01.148

用户信息行为　users information behaviour　06.01.183

优先数字出版　priority digital publishing　06.01.024

邮发　postal distribution　05.03.074

邮发报刊　post-distributed newspaper and periodical　05.01.039

＊邮发代号　issuing code　05.05.008

邮发合一　integration of post and distribution；the mail-distribution unite　05.03.045

＊邮购供应　mail-order sale　05.03.107

邮购书店　mail-order bookstore　05.02.033

邮购销售　mail-order sale　05.03.107

＊邮局发行　postal distribution　05.03.074

邮局发行网　post-office distribution net　05.02.056

邮政报刊门市部　sales department of newspaper and periodical　05.02.061

邮政报刊亭　postal kiosk　05.02.062

油墨叠印　ink trapping　03.04.024

油墨黏着力　ink adhesive force　03.04.066

油墨乳化　ink emulsification　03.04.045

油墨消耗量　ink consumption　03.04.085

有版印刷　forme-based printing　03.01.025

有声读物　audiobook　07.01.045

有声书　audiobook　07.04.076

有声阅读　audio reading　02.07.007

有损压缩　lossy compression　06.03.025

有效读者　effective reader　02.01.018

有效发行　effective distribution；valid circulation　05.03.025

有效分辨率　effective resolution　03.04.134

有效缝隙长度　the effective gap length　04.02.081

有意受众　intended audience　05.01.056

鱼尾　fish tail　01.04.047

舆论导向　public opinion guidance　02.08.005

＊舆论引导　public opinion guidance　02.08.005

舆情监测　public opinion monitoring　06.01.235

与贸易有关的知识产权协议　Agreement on Trade-Related Aspects of Intellectual Property Rights；TRIPS Agreement　08.01.031

语料库　corpus　06.01.138

语言学　linguistics　01.01.017

语义出版　semantic publication　06.01.026

语义分析　semantic analysis　06.01.059

语义检索　semantic retrieval　06.04.082

杂技艺术作品　acrobatic work；acrobatic art work　08.02.008

杂耍蒙太奇　the vaudeville montage　06.02.075

杂志　magazine　07.03.027

杂志年　the Year of Magazines　01.04.090

\*杂志社　periodical publishing house　01.03.034

杂志书　mook　07.02.025

灾难片　disaster film　07.04.033

载体标识面　carrier identification surface　06.03.044

再版　republishing；republication　01.03.083

再版率　republishing rate　01.03.085

再版评论　re-edition review　02.07.106

再版书　re-edition book　07.02.036

在版书　book in print　07.02.038

\*在线出版　internet publishing；online publishing　06.04.001

在线发布　online distribution　06.01.150

在线翻译　online translation；online interpretation　07.05.044

在线服务模式　online service mode　06.01.179

在线检测　online inspection　04.03.174

在线教育　online education　07.05.007

在线教育评论　online education review　02.07.118

\*在线数据库　online database　07.05.045

在线学习社区　online learning community　07.05.025

\*暂存库　temporary storage　05.04.069

赞助订阅　sponsored subscription　05.03.083

\*造型书　special-shaped book　07.02.024

噪声　noise　06.02.044

责任编辑　responsible editor　01.02.015

责任校对　responsible proofreader　01.02.031

增补版　augmented edition　07.02.030

\*增补本　augmented edition　07.02.030

增订版　revised and enlarged edition　07.02.029

\*增订本　revised and enlarged edition　07.02.029

增校　added proofreading　02.05.023

增刊　supplement　07.03.076

增量内容资源　increment content resource　06.01.130

增强出版　augmented reality publishing；AR publishing　01.03.049

增强现实　augmented reality　06.01.064

增删　addition and deletion　02.04.009

增值服务提供商　service provider；SP　06.01.109

增值物流服务　value-added logistics service　05.04.011

栅格　raster　03.02.060

栅格化　rasterization　03.02.127

栅格图像处理器　raster image processor；RIP　03.02.128

摘编　excerption and compilation　01.02.046

摘要　abstraction　01.02.047

摘译　excerpted translation；selective translation　01.02.055

粘合　bonding　04.03.128

粘接层　adhesive layer　04.03.129

粘接强度　adhesion strength　03.05.046

粘脏　set-off　03.04.011

展览权　right of exhibition　08.02.030

展销　publication exhibition and sale　05.03.110

占行　line spanning　02.06.041

\*栈务库　storage　05.04.068

战争片　war movie　07.04.034

章　chapter　02.04.033

掌上电脑　personal digital assistant　06.03.006

账货相符率　rate of goods according with account　05.05.132

账期　days of payment　05.05.051

招聘广告　job ad　05.05.198

招贴画　poster；placard　07.02.092

\*召回　recall　05.03.139

照片光盘　photo-compact disc；photo-CD　04.03.021

照相凹印　photo gravure　03.04.074

照相成像　photography　03.04.127

\*折标　fold mark　03.02.103

折缝空　interstitial signature　03.05.077

折校　proofreading by copy folding　02.05.005

\*折口　flap　02.06.105

折前口　flap　03.05.031

折页　folding　03.05.018

折页标记　fold mark　03.02.103

折页机　paper-folding machine　03.05.067

褶皱　fold；wrinkle　03.05.084

针幕动画　pinscreen animation　07.04.055

侦探片　detective movie　07.04.035

主办单位　sponsor　01.03.030

主笔　chief writer　02.08.024

主编　editor-in-chief; chief editor　01.02.013

主标题　headline　02.08.063

主导轴　leading shaft　04.02.091

*主动发货　unsolicited delivery　05.03.103

主动分配　initiative subscription　05.03.088

主发　unsolicited delivery　05.03.103

主管单位　superintendent institution　01.03.029

*主机托管　server hosting　06.01.113

主机虚拟化　hosted virtualization　06.04.027

主情受众　subjective audience　05.01.059

主渠道　national distribution; public distribution channel　05.03.006

主任编辑　associate senior editor　01.02.028

主题标引　subject indexing　06.01.154

主题词　thematic word　02.04.054

主题名　main title　02.04.037

主题阅读　theme reading　02.07.049

主页面设计　general page design　04.03.172

主智受众　intellectual audience　05.01.058

助理编辑　assistant editor　01.02.026

助理导演　assistant director　06.02.092

助理技术编辑　assistant technical editor　01.02.027

*注解　annotation; note　02.04.067

注释　annotation; note　02.04.067

注塑　injection; injection moulding　04.03.130

驻外记者　overseas resident reporter　02.08.016

著作权　copyright　08.01.003

著作权保护　protection of copyright　08.01.013

著作权保护期限　copyright protection period　08.02.039

著作权保护延及　relevance of copyright protection　08.01.020

著作权承继　copyright succession; copyright inheritance　08.03.031

*著作权出质　copyright pledge　08.05.016

著作权代理　copyright agency; copyright agent　08.01.025

著作权的取得　acquisition of copyright　08.01.018

著作权法　copyright law　08.01.009

著作权归属　ownership of copyright　08.03.005

著作权行政复议　administrative reconsideration of copyright　08.06.014

著作权行政管理　copyright administrative management　08.01.022

著作权行政诉讼　administrative lawsuit of copyright　08.06.015

著作权集体管理　collective management of copyright　08.01.021

著作权继承和保护　copyright inheritance and protection　08.03.030

*著作权继受　copyright succession; copyright inheritance　08.03.031

著作权鉴定　copyright evaluation　08.01.026

著作权交易　copyright trade　08.05.001

*著作权纠纷调解　copyright mediation　08.06.012

著作权客体　object of copyright　08.01.011

著作权利用　copyright utilization　08.01.015

著作权贸易合同　copyright trade contract　08.05.014

著作权侵权　copyright infringement　08.06.009

著作权侵权推定　presumption of copyright infringement　08.06.011

著作权人　copyright owner　08.01.010

著作权认证　copyright attestation　08.01.024

著作权调解　copyright mediation　08.06.012

著作权信托　copyright trust　08.05.022

著作权许可合同　copyright licence contract　08.05.004

*著作权许可使用合同　copyright licence contract　08.05.004

著作权增值　copyright increment; appreciation of copyright; rise in value of copyright　08.05.002

著作权质权合同　copyright pledge contract　08.05.017

著作权质押　copyright pledge　08.05.016

著作权仲裁　copyright arbitration　08.06.013

著作权转让　copyright transfer　08.05.012

著作权转让合同　copyright transfer contract　08.05.013

*著作者简介　author's profile　02.04.050

抓取　capture　06.02.120

专稿　special dispatch　02.08.091

专函征订　special mailing subscription　05.03.069

专集　collection of works; collected works　07.02.066

专辑　album　07.03.075

专家审稿　expert review　02.03.012

专家型读者　expert reader　05.01.046

专刊　special issue　07.03.077

专栏　special column　02.08.062

专栏记者　column journalist; columnist　02.08.013

专栏评论　column review　02.07.104

# 其他

* VR    virtual reality    06. 01. 065

* web    the world wide web    06. 01. 107

CIP3    International Cooperation for the Integration of Pre-
press, Press and Postpress    03. 02. 114

CIP4    International Cooperation for the Integration of Pro-
cesses in Prepress, Press and Postpress    03. 02. 115

IPv6    internet protocol version 6    06. 01. 112

DITA    Darwin information typing architecture    06. 01. 076

BCM    billion cubic microns per square inch    03. 04. 051

CNONIX    China online information exchange for publications
Product information format specification for books
06. 01. 075

ONIX    online information exchange    06. 01. 074

DocBook    docbook    06. 01. 066

EPUB    electronic publishing    06. 01. 073

TCP/IP    transmission control protocol/internet protocol
06. 01. 089

CEBX    common e-document of blending XML    06. 01. 072

（G-4936.31）

ISBN 978-7-03-071685-9

9 787030 716859 >

定价:198.00 元